朱瑞熙　著

朱瑞熙文集

第五册

上海古籍出版社

学术论文(上)

目　　录

宋代的"科配"不是差役

漆侠先生在《王安石变法》一书第 46 页,论述北宋的差役时这样说:

> ……很多按照规定不负担差役的下户亦都应差,以至"下户半曾差作役"。像在辽州应役的人户有"第七等一户高荣,家业共直(值)十四贯文省,其人卖松明为活;第五等一户韩嗣,家业二十七贯文;第八等一户韩秘,家业九贯文;第四等一户,开饼店为活,日掠房钱六文";而在苛、岚等偏僻县份,甚至把十等户内卖水浆、柴火的孤老妇人也"一律科配"。因此,这种差役,就其实质说,不能不是劳役制的残余;而且亦必然地给农民以严重的痛苦。

在这里,漆先生引证了《欧阳修全集·河东奉使奏草》卷下《乞免浮客及下等人户差科札子》中的一段材料,认为"科配"是一种差役,是劳役制的残余,并且给农民带来了痛苦。

然而,根据我们的理解,"科配"不是一种差役,亦跟农民不相干。理由如下:

第一、欧阳修这一札子所提到的辽州高荣、韩嗣、韩秘等人,从其职业上看,全是一些以买(卖)松明、开饼店、卖水浆、柴火为职业的小贩;从其户等上看,有七等户、八等户、十等户。在欧阳修撰写这一札子时,只在城市居民（即坊郭户）中有这种户等，而在乡村户中则是划分为五等的。欧阳修在这一札子中也说过："往时因臣僚起请，将天下州县城郭人户，分为十等……"显然，这些人户都是城市居民。

漆先生说他们都是"应役的人户"，也是不对的。李焘《续资治通鉴长编》卷388元祐元年九月丁丑载吏部侍郎傅尧俞说："窃谓乡村以人丁出力，城郭以等第出财，谓之差科，相与助给公上。"章俊卿《山堂考索·后集》卷56说："宋州县之役，悉差乡户，坊郭之间，或有科配。"由此可见，农村的人户包括一般地主和自耕农都以丁男服差役，而城市居民只出财物。漆先生把对城市居民的"科配"说成差役显然是错了。

第二，"科配"的内容，据《庆元条法事类》卷48《科敷·厩库勑》说："诸公使库买物，不依实直【值】，若过三十日不还价，及部内科买配卖，各以违制论，不以去官赦降原减。"这里的"科买配卖"，就是科配的全称。刘挚《忠肃集》卷3《论助役十害疏》说："坊郭十等户，自来已是承应官中配价之物，及饥馑、盗贼、河防、城垒缓急科率，郡县赖之。"因为科配带有强制的性质，所以常常称为"科率"、"科扰"、"抑配"，例如在《庆元条法事类》卷48《科敷·赋役合》中，就有"诸官司不得非法圆融、科扰、抑配……"等类话头。

科配的东西只是实物。在《欧阳修全集·河东奉使奏草》中我们可以找到封建官府科配的例子，如配卖银（《乞减配卖银五万两状》《再乞减配银状》），配卖醋糟（《乞不配卖醋糟与人户札子》），科配和籴粮草（《乞减放逃户和籴札子》），配买羊畜（《乞住买羊》），等等。在《庆元条法事类》卷48《户婚敕》中说："诸进奉圣节礼物，辄于民间科配者，以违制论。"在前引刘挚的奏疏中也说是"配价之物"。其他的例子还很多，不一一列举了。

此外，从《宋会要辑稿》职官55之41宣和三年十二月十六日臣僚所说"常岁科配，皆出富户"，以及前引欧阳修的札子看来，科配的主要负担者乃是坊郭中的富户（官僚、女户等免除科配,见《条法事类》）;贫穷的城市居民即坊郭下户负担科配,是比较少见的现象,所以欧阳修看见辽州地区坊郭下户被科配的情况,就写奏札请求减免了。

（本文刊载于《光明日报》1963 年 10 月 23 日《史学》版）

关于北宋乡村下户的
差役和免役钱问题

北宋熙宁、元丰时期是王安石和宋神宗赵顼所领导的变法时期,其改革措施有青苗、免役、市易、保甲和农田水利等法。免役法就是其中最重要的一种新法,近来史家对此论述已颇多。但是,关于熙丰以前乡村下户的差役负担以及熙丰时期乡村下户的免役钱问题,却并未有一致的看法:在前一问题上,有的同志认为在变法以前下户的差役极重,但这种论断缺乏充分的根据。在后一问题上,有的同志认为,变法时期开封府界以外全国各地的下户是否一律交纳役钱,无法确定①;有的同志则认为原来规定下户免输役钱,但未能贯彻执行②。我们认为,根据我们现已掌握的史料,足以证明:(一)北宋前期乡村下户的差役是很轻的,跟上户相比,更是如此;(二)在熙丰时期,除开封府界的乡村下户依旧轮差壮丁和沿边个别州县免纳役钱而外,全国广大范围内的乡村下户皆须输纳役钱。

乡村下户——自耕农和半自耕农

乡村下户,是宋代农村中除佃客以外的主要的直接生产者。赵宋王朝为征收赋税和征发差役的方便,将乡村人户按土地和丁口(男劳

---

① 漆侠:《王安石变法》,第 120 页。
② 杨向奎:《论"王安石变法"》,载于《中华文史论丛》第二辑。

动力)的多寡,划分为五等,其中第一、二、三等户"乃从来兼并之家",称为上户,系农村中的地主;而第四、五等户则称为下户,系自耕农和半自耕农。下户的经济情况是这样的,由于他们耕地很少,甚至"才有寸土","其名虽有田,实不足以自给"①,因此不得不向地主或官府租种部分土地,充作地主或官府的佃户②。而在平时,他们又经常乞求于高利贷者,特别是其中的第五等户"尤更可怜,夏田才种,则指为借贷之本以度冬,秋田甫插,则倚为举债之资以度夏"③。因之备受地主阶级的压迫和剥削。

由于下户是宋代农村劳动队伍中的重要力量,其赋税是赵宋王朝养活大批官僚和军队的重要的经济源泉,因此他们的生产兴趣的高低以及在土地上耕作时间的能否保证,对当时农业生产的发展和封建国家的稳定起着重要的作用。对于下户而言,宋代的差役实质上是继唐代中叶以来的封建徭役的一种新的形式,是封建国家对下户劳动力的直接掠夺。下面我们来看一下北宋前期乡村下户的差役情况。

北宋前期乡村下户的差役负担

北宋前期即熙丰变法以前,封建官府是按户等来摊派差役的。一般的情况是户等高者担任较重的役色,反之,则担任较轻的役色。比如上户担任的役色有里正、耆长、户长、衙前等数种,其中又以衙前一役最为重难。因为衙前专以主管官物、送迎官吏、筹办时节燕宴,难免官吏的敲诈、侵盗以及水火之灾的失陷,所以往往倾家荡产。而封建官府因为只有上户才具备雄厚的财力,能够赔偿损失的官物,所以一般总要强使他们轮流担任。对于上户地主而言,差役的性质就主要不是对上户

---

① 真德秀:《真文忠公文集》卷10《申尚书省乞拨和籴米及回籴马谷状》。
② 《宋会要·食货》66之29《免役》,南宋宁宗开禧元年七月二十七日条(以下简称《会要》)云:"某人系下户,作何营运,或租种是何人田亩"。
③ 真德秀:《真文忠公文集》卷6《奏乞倚阁第四、第五等人户夏税》。

"劳动时间的侵夺"，而是封建国家对上户的地租的再分配的一种手段，它更具有赋税的性质。

至于这一时期乡村下户的差役，则有乡书手、壮丁、栏头等项。首先，乡书手，是乡里中的秘书、会计一类的职务，在里正和户长的手下协助"掌课输"，于第四等户中轮差。其人数每县多者一二十人，少者二三人，如台州、福州辖下诸县既是①。乡书手的负担并不重，而且常常得以在经管财务之时乘机中饱私囊。《庆元条法事类》中有数处对其舞弊行为采取了严惩的法令，如卷47《揽纳租税·户婚勅》说："诸州县吏人、乡书手……揽纳税租而受乞财物者，加受乞监临罪三等；杖罪，邻州编管；徒以上，配本州。"其次，壮丁，其职务是在耆长的管辖下，按其命令办事，如"逐捕盗贼"、"解送公事"。各县差到的人数，据福州的例子，可知约有一百名上下。皆于第四、五等户中轮差。再次，栏头，其职务是负责州县征收商税机关的税收事务，如台州有十余人，辖下各县多者十五人，少者四人；又如福州有三十余人，各县多者六人，少者三四人不等。服役期为三年。栏头在职时，虽然必须脱离生产，但常可乘隙"公共偷瞒"，敲诈商旅，从中渔利②。再次，尚有斗子、掏子、秤子、库子、孙子等，在官库中掌管斗秤负责官物的出纳事务，各县差到的人数，据《嘉定赤诚志》等书，可知每种役色均在十人以下。

从上述各种役色看来，北宋前期下户的差役确是相当轻的。同时，还因为官府是按户等来摊派差役的，下户的户数极多，尤其是第五等户，每次役满归乡至下次差充，相隔时间极长，所以每乡同时服役者不过十人或七八人，往往"在公者少，而安居者多③"。再者，从熙丰间各派的争论来看，尽管议论纷纭，莫衷一是，但各派都不曾说过变法以前下户的差役很重，恰恰相反，坚持差役法的一派常常以"旧日差役之时，

---

① 见《嘉定赤城志》卷17《吏役门》；《淳熙三山志》卷14《版籍类五·州县役人》。后者为浙江图书馆藏四库补钞本。
② 马端临：《通考》卷14《征榷考》；《庆元条法事类》卷36。
③ 李焘：《续资治通鉴长编》（以下简称《长编》）卷324，神宗元丰五年三月乙酉条。

下户元不充役"①为词反对免役法,而坚持免役法的一派有些人也承认对方"称下户元不充役","为论免役纳钱利害要切之言"。诚然,双方的话不无过甚之词,但由此亦反映出下户的差役在熙丰变法以前确实相当轻。

有的同志说北宋前期下户的差役很重,"很多按照规定不负担差役的下户亦都应差,以至'下户半曾差作役'"。又说辽州的下户,官府要"一律科配",所以"这种差役,就其实质说,不能不是劳役制的残余,而且亦必然地给农民以严重的痛苦"②。这些论据,我们认为都是不能成立的。所谓"下户半曾差作役",原是仁宗时人李觏所撰《往山舍道中作》一诗的片断,其全文是这样的:"截竹成舆不用轮,东行尽日稳宜身,前看叠嶂如无路,每到平田始见人。下户半曾差作役,朽株多已祀为神,生涯一撮诚何有,且免庸儿共拜尘。"仅仅根据这些,既看不出究竟是哪一个地区、哪一段时间内下户的差役很重,也不了解"差作役"是指何种役(兵役、杂徭等),更不明确这种役究竟重到哪种程度。所以,光凭"下户半曾差作役"一句诗,难以断定北宋前期下户差役的繁重。同时,所谓科配,在这里也不是乡村下户的差役,而是官府强迫人民买卖官物、借以取利的一种剥削方式③。至于有的同志引用的一些个别州县下户差役较重的材料,亦只能表明个别地区的特殊情况,不可推而广之、言过其实地说成是全国的普遍情况。

熙丰变法时期下户是否输纳免役钱

我们说乡村下户的差役轻,还因为跟上户相比,确是负担很轻。根据《宋史》、《长编》、《宋会要》的记载,主要是由于上户的衙前役过于繁重,服役者倾家荡产,易如反掌,才引起了役法的改革。熙宁元年(1068

---

① 司马光:《温国文正司马公文集》卷49《乞罢免役钱依旧差役札子》。
② 漆侠:《王安石变法》,第46页。
③ 《宋代的"科配"不是差役》,见《光明日报》1963年10月23日《史学》。

年）五月吴充首建改革差法之议，他说："今乡役之中，衙前为重，民间规避重役，土地不敢多耕而避户等，骨肉不敢义聚而惮人丁，故近年上户浸少，中下户浸多……宜早定乡役利害，以时施行。"稍后不久，神宗在审阅内藏库的奏疏时，亦发现有一名衙前不远千里而来京师，输金七钱，而库吏还要勒索，使之"逾年不得还"，于是引起神宗的怜悯之情，命令"制置三司条例司讲求利害之法"①。显而易见，役法的改革主要是由于上户担任的衙前一役负担过重，为了减轻其负担才提出的，而不是因为下户的差役太重。

在阶级社会中，剥削阶级"管理了社会的事务，并且他永不会错过机会，为着本身的利益而把愈益增加的劳动重负加到劳动群众的肩上"②。王安石派既然要使乡村上户从繁重的衙前役中解脱出来，又要乘机增加官府的收入，因此除了将一部分负担转嫁给坊郭户、官户等而外，大部分的负担就直接落到了下户的肩上。从熙宁二年开始议法，至熙宁四年十月一日推行新役法于全国，以及以后的整个变法时期，我们都可以找到许多有关乡村下户负担役钱的记载。

在议法过程中，就已有不少人主张向下户征收役钱。当时条例司检祥官苏辙曾表示反对，他说："天下郡县上户常少，下户常多，少者徭役频，多者徭役简，是以中下之户每得休闲。今不问户之高低，例使出钱助役，上户则便，下户实难，颠倒失宜，未见其可。"但因势单力寡，无人支持，其志难酬，遂辞职家居③。由此可见，在议法过程中，主张向下户征收役钱者确实大有人在。那么这些人是谁呢？据《长编》等书的记载，此时判司农寺的有吕惠卿、林旦、曾布、邓绾等人，显然是他们坚决这样主张的。

从熙宁四年十月一日颁布的新役法条文来看。该条文规定："凡当役人户以等第出钱，名免役钱；其坊郭等第户及〔未〕成丁、单〔丁〕、

---

① 《宋史》卷177《食货志·役法上》；《会要》食货65之2、3《免役》。
② 恩格斯：《反杜林论》，人民出版社1957年版，第187页。
③ 苏辙：《栾城集》卷35《制置三司条例司论事状》；《宋史》卷177《食货志·役法上》。

女户、寺观、品官之家旧无色役而出钱者,名助役钱。"①北宋前期下户原须负担一部分差役,他们亦属"当役人户",所以从这一规定,不仅不足以说明下户不纳役钱,而且恰好证明下户皆须出钱。

从免役法推行的过程来看。可分以下几个方面。首先,在新役法推行于全国的第八天(庚申),王安石派的主要角色之一邓绾就说:"司农寺法:'灾伤,第四等已下户应纳役钱,而饥贫者委州县闻于提举司考实,以免役剩钱内量数除之'。……借或下户役钱一千,以分数各减一二百,及二三百者各减三五十,亦不免赴官输纳,岂有所济! 当立为信,令凡遇凶歉,使诸路如蠲放租赋法,不待奏禀;岁小饥,侧〔则〕免最下等户;中饥,则免以次下户。"②由此可见下户均须输纳役钱以及下户应纳役钱的一个大概数字。

其次,王安石派、司马光派以及其他人物对向下户敷配役钱的态度,也值得注意。早在熙宁四年颁行新役法之前,即四月丁巳那天,司农寺上言,开封府界诸县人民岁纳役钱,其中乡村第四等以下户皆免输,除非单丁,既与上第五等轮差壮丁。朝廷"从之"。数日后,神宗对王安石说,第四等户的"助役钱","可惜直放了,不若使种桑,而役钱得免"。王安石不同意③。可见神宗对府界下户免纳役钱并不甘心情愿,即使已经免除了,也觉得太便宜了他们,所以打算使之增种桑树以为补偿。五年八月,有官员从陕西回京,请求蠲放中下户的役钱,但遭到神宗的反对。此时王安石在旁边也随声附和地说:"第五等出钱虽不多,如两浙一路已除却第五等下〔户〕,不令出钱外,尚收四万贯。若连本路州军有凶年以募人兴修水利,即既足以账救食力之农,又可以兴陂塘、沟港之废。陛下但不以此钱供苑囿、陂池、侈服之费,多取之不为虐也"④。多么精打细算! 乡村下户在全国主户总数中确实占到绝大多

---

① 马端临:《通考》卷12《职役考一》。
② 《长编》卷227,熙宁四年十月庚申条。
③ 《长编》卷222,熙宁四年四月丁巳条。
④ 《长编》卷237,熙宁五年八月辛丑条。

数,对他们征收的役钱虽然"不多",但积少成多,仍然是一笔巨额的款项。正如苏轼所说:"当时议者亦欲蠲免此等,而户数至广,积少成多,役钱恃此而足;若皆蠲免,则所丧大半,护法无由施行。"①王安石派把下户的役钱视为免役法成败的关键,而且还可为官府增加一笔收入,何乐而不为!

以上是王安石派的态度,再看一看司马光派和其他人物对下户交纳役钱的态度。司马光始终是王安石派新役法的积极反对者,其反对的理由之一,就是因为免役法规定向下户敷配役钱,增加其负担。在司马光有关役法的许多奏疏中,无不谈及此事。在熙宁初年,他说,免役法中"下等人户及单丁、女户等从来无役,今尽使之出钱,是孤贫鳏寡之人,俱不免役"。及至哲宗元祐元年(1086年)又说:"旧日差役之时,下户元不充役,今来一例出免役钱,驱迫贫民,剥肤椎髓。"②又如陈襄,熙宁间亦曾上疏说:"中产已下,多是农民,惟以薄产为业,别无营入……今来户户率缗,既有定额,无由蠲免,岁时输入,官司敦迫,谷益贱而钱益贵,常有逋负督责之扰。"③诸如此类的言论,不胜枚举。不难想象,如果他们的奏章所言纯系捕风捉影,无中生有,那么早就犯下了"欺君"的弥天大罪,王安石派也就不会听之任之而早把他们驳斥得体无完肤,以后也就不会再有人接二连三地上疏了。

再其次,从灾荒年份减免役钱的诏令来看。熙宁七年春季,两浙、淮南、河北、河东、京东、京西、陕西、荆湖、江南、福建诸路发生灾荒。三月壬寅下诏说:"灾伤路……其第四等以下户应纳役钱,而饥贫无以输者,委州县保明,申提举司体量指实,于役剩钱内量分数或尽蠲之,既不得以故支用有阙。"④可见这些路的下户皆须输纳役钱,否则就用不着蠲免了。再从《长编》中有关蠲免下户役钱的片断记载来看,至少有荆

---

① 苏轼:《苏东坡奏议集》卷6《论役法差雇利害起请划一状》。
② 司马光:《温国文正司马公文集》卷42《乞免永兴军路青苗助役钱札子》;卷49《乞罢免役钱依旧差役札子》。
③ 陈襄:《古灵先生文集》卷13《论役法状》。
④ 《长编》卷251,熙宁七年三月壬寅条。

湖北路的江陵府、岳、鄂、安、澧等州,淮南路、河北路、福建路的福、泉、漳州、兴化军,京东二路、广南二路、利州路的蓬、阆州,江南西路以及潼川府路的泸州江安县①,这些地区的下户皆纳役钱。当然,有些地区如成都府路、梓州路、夔州路、京西二路、江南东路等,尚未见有此类记载,但从以上几方面的论述,我们可以毫不怀疑地认为:王安石派向全国绝大多数地区的乡村下户征收了役钱。

开封府界和沿边个别州县下户不纳役钱

北宋是幅员比较辽阔的大国,各地区的政治和经济的发展是很不平衡的。尽管王安石派依照自己的主张只推行一种免役法,但是仍然有个别地区因情况特殊而保留了一部分乃至全部差役。开封府界各县就是这样的一个地区。

在熙宁四年正月二十二日后,王安石派总结了开封府界各县的试行经验,初步制订了关于新役法的条文。条文的起草者是邓绾和曾布,他们说:"畿内乡户计产业若家赀之贫富,上户分甲乙五等,中户上中下三等,下户二等,坊郭十等,岁分夏秋,随等输钱;乡户自四等,坊郭自六等以下勿输……他县仿此。"②这里,最值得注意的是府界内乡村下户免输役钱。四月丁巳,又规定:"开封府界诸县民岁纳役钱,其乡村第四等已下,并免;如非单丁,既与上第五等输〔轮〕差壮丁。"③这就是说府界下户免纳役钱不是无偿的,而是要服壮丁之役,亦即仍旧保持这部分差役。关于这一点,南宋人陈傅良也说过:"壮丁于第四、第五等二丁以上轮充,半年一替,并不出纳役钱。"④显然,府界诸县乡村下户被免除了役钱,但必须以服壮丁役作为补偿,其服役期为半年。

① 见《长编》卷252、253、277、281、291、301、324、414等。
② 《长编》卷227,熙宁四年十月壬子条。
③ 《长编》卷222,熙宁四年四月丁巳条。
④ 陈傅良:《止斋文集》卷21《转对论役法札子》。

有的同志之所以对府界以外州县的下户一律交纳役钱确定不了，是因为他们看到了这样一段材料："如《续资治通鉴长编》元丰三年（1080 年）二月纪事称：'役钱随所在民力敷出，户多民富则出钱不至第四、第五等而已足，户少民贫则须出至五等，各不同'（《长编》卷 302 原注）。"①查对原文，原来不是"二月纪事"，而是二月辛酉条。是日，判司农寺李定等人"乞开封府界诸县乡村第四等、第五等户敷出役钱，不听"。这是说李定等人见到全国绝大部分地区皆向下户征钱，所以企图在开封府界亦如此实行，但神宗不同意。于是在这一记载下面，李焘引了曾布所撰《朱史贴签》的这一段话作注。单从曾布的这段话来看，似乎只有社会经济落后既"户少民贫"的地区才敷及下户，"户多民富"地区的下户是不出役钱的。北宋经济最发展、人口最多的地区莫如两浙路，但如前所述，该路的下户亦须纳钱，那么比此更贫、人口更少的地区就可想而知了。同时，在新役法颁行时，虽然明文规定役钱宽剩率不得超过 20%，但在实行中官吏往往希功求赏，随意增收。据《宋会要》食货 65《免役门》的记载，熙宁九年，离新役法推行不过几年，但当年全国的役钱宽剩率就达到 60% 强，最高的一路竟达到了 140%！事实胜于雄辩。役钱征收如此之多，怎么会不敛及乡村下户呢？再据程颐《伊川文集》卷 7《明道先生行状》神宗时"司农（寺）建言，天下输役钱达户四等，而畿内独止第三，请亦及第四。先生（按既程颢）力陈不可。司农奏其议，谓必获罪，而神宗是之，畿邑皆得免"。这里说的正是上述元丰三年二月这件事。原来李定等人见到全国役钱皆征至第四等户，所以建议府界亦如此实行，当时因程颢上疏反对，神宗是之，遂使府界下户依旧免输役钱。由此更可证明，曾布的话只是一纸具文，并未付之实践。

再可看一下（明）杨士奇等辑《历代名臣奏议》卷 256 所载神宗时入冯山的《论免役疏》。此疏说："自熙宁四年以后，天下始知朝廷新法本在爱民，非为聚敛，靡不日夜讲究，因其乡俗之便，为国家划经久之

---

① 漆侠：《王安石变法》，第 120 页。

计。独衙前、弓手之类,稍难处划,不得不稍减岁月,然后成就。自去年冬天已后,访问诸处仅能成书;方议奏报,而旋有新制,令依仿府界之法,又令四等以下均出役钱;未几,又令只据税钱,不用等第,又令那移补助。半年之间,改动者数四……"

从这一奏疏中,不难看出熙宁间新役法的一些变化过程:一、自熙宁四年以后各地独自订出了役法新制,大约是以开封府界十月一日的总结条文为基础,因地制宜,斟酌增损;二、嗣后诸路拟成"役书"既新役法的条文,但刚要奏报,朝廷却重定新制,命令完全仿照府界的办法来实行;三、不久,又命令乡村下户均出役钱;四、旋即又下令不用户等,而只用税钱敷配。役钱的征收由用户等改为用田亩的夏税钱作为标准,据《长编》卷269记载,是在熙宁八年十月辛亥。由冯山所说"半年之间,改动者数四"上推半年,可知命令仿照府界之法及以后诸事皆应发生于熙宁八年初和七年底之交以后,这也恰与冯山所说"自去年冬天已后"吻合,可见以后三次变化都发生在熙宁七年冬和八年春稍后。所以,朝廷向乡村下户征钱的命令确实颁布过,而且就在熙宁七年或八年。虽然不久以后既改为用税钱敷配役钱,但如前所述,下户或多或少亦有一些田产,故仍有税钱的负担,这样,役钱的输纳就更难免了。当然,各路的执行情况仍然不可能完全相同,比如梓州路,据冯山此疏,熙宁八年时仍"只以等第为率",因此第四等以下户仍旧"均出役钱"。

有的同志在史料的引用和解释方面,也是不能使人同意的。为了论证府界以外各地下户是否交纳役钱,这位同志说:"章惇在元祐元年斥责司马光的奏章中亦曾指出,'庄田中年所收百斛以上'的人户,在'免役法中皆是不出役钱之人'(《宋会要稿》食货13之10)。"[1]但根据《宋会要稿》的记载,其原文是这样的:

　　　　知枢密院章惇言:……又更令凡庄田中年所收百斛以上亦纳

---

① 漆侠:《王安石变法》,第120页。

助役钱（按这是司马光的建议）即尤为刻剥。凡内地中年百硕斛斗，粗细两色相兼，共不直一十千钱……陕西、河东沿边州郡四五十千，免役法中皆是不出役钱之人。

　　显而易见，这位同志在删去"陕西、河东沿边州郡四五十千"等字的同时，又不着边际地摘取了"凡庄田中年所收百斛以上"等字冠于其上，这样，章惇的话就变得面目全非了。本来章惇的这段话是驳斥司马光的，因为司马光曾在《乞罢免役钱依旧差役札子》中，主张罢征"免役钱"，而只收"助役钱"。他说："乞依旧法于官户、僧寺、道观、单丁、女户有屋产，每月掠钱及十五贯，庄田中年所收斛斗及百石以上者，并令随贫富分等第出助役钱；不及此数者，与放免；其余产业，并约此为准。"①指的是庄田岁收百斛以上的人户交纳"助役钱"，征收的对象是官户、僧道等六色人户，并非指一般乡村下户所纳的"免役钱"。即使，退一步说，"庄田中年所收百斛以上"的人户是指乡村主户，那么也不可能是下户。按照北宋一般的农产量每亩一二斛计算，如其庄田均为自耕，则须有一百至五十亩的田才能岁收百斛粮食；如其庄田皆系出租，岁收百斛皆为地租，那么按照一般的主、佃对分制计算，则须有一百至二百亩才可。可见司马光指的是占田在百亩以上的六色人户的地主，而且还是每月兼收房钱十五贯以上的地主。

　　所谓"免役法中皆是不出役钱之人"，实际上是指陕西、河东边区州郡家产值四五十贯的乡村主户。这些特殊地区的这种主户免输役钱，在元丰间也曾规定过。如元丰二年（1079年）十月壬子诏："麟、并二州乡村户，毋出役钱。"这是因为"并边土薄，乡村户贫乏"的缘故②。由此可见，沿边个别州县不仅家产在四五十贯以下的人户免纳役钱，而且整个乡村五等户都如此。因此，有的同志断章取义地引用史料，随意地将个别地区的情况说成是全国普遍的情况，徒使问题更加混乱复杂，

① 司马光：《温国文正司马公文集》卷49《乞罢免役钱依旧差役札子》。
② 《长编》卷300，元丰二年十月壬子条。

而无助于问题的解决。

再者，章惇在元祐元年是否曾因司马光说过熙丰时期下户皆须出役钱而加以"斥责"呢？根据章惇的奏章，我们找不到这种"斥责"，相反地，章惇毫不隐讳地承认了熙丰时期役钱敛及下户的事实，并且还说下户"诚是不愿纳"。他说："大抵（司马）光所论事亦多过当，惟是称下户元不充役，今来一例纳钱；又钱非民间所铸，皆出于官，上农之家所多有者，不过庄田、谷帛、牛具、桑柘而已，谷贱已自伤农，官中更以免役及诸色钱督之，则谷愈贱。此二事最为论免役纳钱利害要切之言。"又说："臣民封事言民间疾苦，……臣愚所见，凡言（免役法）便者，多上等人户；言不便者，多下等人户。"①章惇是熙丰时期各项新法的主要谋划者之一，他经历了整个变法时期，洞悉免役法在贯彻执行过程中产生的弊病，特别是认识到向原来差役很轻的下户征钱，是不合理的，并且承认下户皆不愿纳。连章惇也承认熙丰间曾向乡村下户征收役钱，那就更能证明这是事实了。

免役法的失败原因之一

前已言及，王安石派改革役法主要是因为上户的衙前负担过重而引起的。当时下户的差役很轻，所以对于下户，役法之由差改为免，交纳役钱，只是使之增加一种新的负担而已。在役法问题上，宋神宗曾说："众擎易举，天下中下之民多而上户少，若中下尽免而取足上户，则不均甚矣。朝廷立法，但欲均耳！"②多么漂亮的言词！地主阶级的最高代表神宗就是用这种"平均主义"怪论来对待下户役钱问题的。按其逻辑，中下户确是比上户多得多，故牺牲下户的利益以减轻上户的负担，也是理所当然之事。事实上他也是这样做了。无怪乎时人讥之曰："使其当役而免之犹可也，而大半下户自终身不当与于役，今乃令岁岁

---

① 《长编》卷367，元祐元年二月丁亥条。
② 《长编》卷302，元丰三年二月辛酉条注。

输缗,谓之免役。窃以谓本不当役,何免之有? 是乃直率其缗以为常赋耳!"①使穷苦的下户出钱帮助上户免役,无异是挖下户之肉以补上户之疮。真是一针见血之论!

那么,役钱的征收究竟给乡村下户带来了怎样的危害呢?

首先来看一下乡村下户所负担的役钱数。如前所述,熙宁四年十月九日邓绾就已说过,下户的役钱为一千文至二三百文。哲宗元祐四年,苏轼也说:"贫下之人,无故出三五百钱,未办之间,吏率至门,非百钱不能解免,官钱未纳,此费已重。"②役钱原分夏、秋二料随二税输纳,邓、苏二人说的都是一料的数字,所以全年的役钱数又要比此数多上一倍。又如两浙路,熙宁六年第五等户约一百万户,共出五六万贯③,平均每户负担五六十文。根据《宋会要》所载熙宁九年诸路的役钱收支数字看,该路宽剩率最低,仅17%弱,而是年全国平均宽剩率达60%强。不难看出,两浙路役钱的征收原本最少,而第五等户也要负担五六十文,则第四等户和别路下户负担的役钱数必定在此数以上,根据熙丰间一般的米价一石卖四五百文计算,下户役钱多者出一二贯,则等于出三四石米;少者出五六十文,则亦等于出一二斗米。

不仅如此,役钱上还有一些附加税,如每千文役钱须纳"头子钱"五文。更如苏轼说:"吏卒至门,非百钱不能解免。"又加上了一层额外的负担。更严重的是,在新法执行的过程中,由于地方官吏不能按章办事,乱行"变法",因此有不少地区的乡村下户负担增加得很重。在定州安喜县,新役法实行时,第四等户原只有一千六百余户,因为役钱定额过高,只向上户敷配不能满足此数,遂自第五等升三千四百余户入第四等,又自第四等升七百余户入第三等。而当时这些下户的产业并未比前增加④。在淮南路,熙宁七年四月丙申下诏说:"闻淮南路推行新法,乡有背戾,役钱则下户太重"⑤。又如在新役法实行之时,刻薄的官

---

① 《长编》卷361,元祐元年正月戊戌条。
② 苏轼:《苏东坡奏议集》卷6《论役法差雇利害起请划一状》。
③ 《长编》卷248,熙宁六年十二月戊寅条。
④ 《长编》卷364,元祐元年正月戊戌条。
⑤ 《长编》卷252,熙宁七年四月丙申条。

吏"点阅民田、庐舍、牛具、畜产、桑枣、杂木,以定户等,乃至寒瘁小家农器、春磨、铲釜、犬豕,莫不估价,使之输钱"。当时,由于朝廷对这些地方官吏"开赏曲而劝宠之",因此盛行着以"刻削为功,干赏蹈利"的风气。这样,各路役钱的宽剩率纷纷扶摇直上,乡村下户的负担就愈益加重起来。

其次,可以看一看役钱对下户生产和生活的影响。诚然,下户的役钱跟上户相比,无疑要少得多。但就下户本身的经济情况而言,却不能不是一桩沉重的负担。北宋是自然经济占据统治地位的时代,一般乡村人户尤其是下户,他们拥有的不过是不多的谷、帛等劳动产品和自己的劳动力,"穷乡荒野,下户细民,冬至节腊,荷薪刍入城市,往来数十里,得五七十钱买葱茹盐醯,老稚以为甘美,平日何尝识一钱"[①]! 役钱的征收,迫使他们出卖一部分产品,而出卖之时,或因迫于期限,急于得钱,往往"不得半价,尽粜所收"[②],遭受商人的中间剥削。加之,熙丰间封建官府大量回笼货币,致使北宋前期以来的钱荒现象越加严重,流通过程中的现钱越来越少,钱重物轻,下户的农产品越来越不值钱了。但与此同时,役钱的数量却不断增加,以致下户必须卖出更多的产品才能凑足此数。这样,下户的生活就更加困难了。正如时人所说:"每见下户之输,未尝不出于艰难窘蹙之中,而州县未尝不得于鞭笞苛逼之下。"[③]既然必须用残酷手段强迫下户出钱,可见下户交纳役钱确实不是一件轻而易举之事。又如时人所说:"幸岁丰收成,而州县逼迫,不免贱价售之,无以养其私;若岁凶,则破易资产,或以倍称之息,举债于兼并。"[④]在役钱的重负之下,一旦遭到天灾无以交纳,下户只得重投高利贷的罗网,听任兼并之家的盘剥和掠夺,最后也免不了破产的命运。这就是役钱的征收对下户的严重危害。

---

① 张方平:《乐全集》卷25,《论免役钱札子》。
② 司马光:《温国文正司马公文集》卷47,《乞罢免役状》。
③ 《长编》卷364,元祐元年正月戊戌条。
④ 刘挚:《忠肃集》卷5,《论役法疏》。

　　总之，我们认为，导致免役法失败的原因之一，既在于王安石派采取了牺牲广大自耕农和半自耕农的利益的措施，对以前差役颇轻的下户征收了大量的役钱，严重地影响了他们的生产和生活，因此不可避免地加速了免役法自身的崩溃。当然，毋庸讳言，免役法的失败原因是多方面的，但由于这一问题相当复杂，又由于受篇幅的限制，因此我们将另文论述。

（本文刊载于《史学月刊》1964 年第 9 期）

试论唐代中期以后佃客的社会地位问题

在中国封建社会中,地主阶级不论在政治上或经济上都居于统治地位,而农民则处于被统治被奴役的地位。毛泽东同志指出:"中国历代的农民,就在这种封建的经济剥削和封建的政治压迫之下,过着贫穷困苦的奴隶式的生活。农民被束缚于封建制度之下,没有人身的自由。地主对农民有随意打骂甚至处死之权,农民是没有任何政治权利的。"①无数的历史事实证明,毛泽东同志的这一论断是颠扑不破的真理。中国历代的农民无不遭受地主阶级的经济剥削和政治压迫,生活惨苦,没有人身自由,没有任何政治权利。也可以这样说,中国历代的农民在经济上处于受地主剥削、生活贫穷困苦的地位,在政治上处于毫无权利、备受压迫的地位。

然而,最能集中地反映农民的政治地位和经济地位的,就莫过于农民在法律上所处的地位了。马克思主义经典作家指示我们,法律作为一种政治上层建筑,是一定的社会关系在统治阶级的意志和意识中的反映,并且反过来积极地维护统治阶级的利益。在封建社会中,地主阶级的国家总会利用立法,"为每个阶级确定了在国家中的特殊法律地位"②,借以巩固地主阶级对土地的垄断权和加强直接生产者对地主的隶属关系,从而保证地主对直接生产者的无情榨取。

---

① 《毛泽东选集》第二卷,第618至619页。
② 《列宁全集》第六卷,第93页原注①。

近几年来,有的同志认为,唐代中期以后,我国封建社会进入了一个新的发展阶段,"因此,佃客和部曲已不一样,它不是在法律上低于良人的一种固定的社会等级"。又有同志认为,中国封建社会中的租佃制,"使佃农比农奴有较多的人身自由","佃农对地主没有法律的依附"。也有同志认为,"佃农对地主的关系无论依附关系如何强烈,在法律上是平等的"①。尽管这些同志文章的论题不尽相同,叙述的方法也有所差别,但在封建社会(有的指唐中期以后)佃农和地主的法律地位上的观点则是一致的,即佃农在法律上与地主处于平等地位。我们不同意这种观点。

我们认为,自春秋、战国之交出现封建生产关系以来,一直到北宋以前,佃农②阶层作为农村主要的直接生产者,历经萌芽、形成和壮大等阶段。如果说春秋、战国之际佃农阶层尚处于萌芽阶段,那末至两汉、魏晋南北朝它就已进入形成阶段。但即使在魏晋南北朝,佃客也"皆注家籍",即其户籍附入于地主的家籍中,佃客要获得自由,必须经过放免和自赎等手续。这正说明佃客完全依附于地主,跟封建国家尚未发生直接的关系,还不算是封建国家的正式编户。因此,在这一阶段,封建统治者还没有在佃客的法律地位方面作过全面而详尽的规定。

但是到了唐代中期以后,佃客阶层日益壮大,封建统治者为了加强对佃客的统治,为了加重对佃客的剥削,就在人口统计时也将佃客统计在户籍册上,因而佃客也变成了封建国家的正式"编户"。因此,封建统治者越来越感到需要对佃客的法律地位加以全面而详尽的规定,以便在佃客挂名为封建国家"编户"而在现实生活中又与地主有极大的身份等级悬殊的同时,又能使地主和佃客在法律地位上根本不同,借以充分保证地主对佃客的压迫和剥削。

---

① 顺次为周良霄:《有关王安石变法思想的几个问题》,《历史教学》1963 年第 3 期;胡如雷:《关于中国封建社会形态的一些特点》,《历史研究》1962 年第 1 期;束世澂:《论领主制社会是封建初期必经的阶段》,《光明日报》1961 年 1 月 20 日。

② 本文中"佃农"一词,指的是现代意义上的佃中农、佃贫农,佃富农不包括在内。

在唐代中期以后，封建统治者对佃客的法律地位是逐步地从各方面来加以规定的。比如在北宋仁宗天圣五年（1027年）以前，江淮、两浙、荆、湖、福建、广南州军有所谓"旧条"，凡"私下分田客"即民间的分租制佃客"非时不得起移，如主人发遣，给与凭由，方许别住"①。这自然也是佃客在法律上低于地主的一个表现。但佃客的法律地位更主要地、更全面地体现在封建刑法的各种规定上。据《续资治通鉴长编》卷445哲宗元祐五年（1090年）七月乙亥条记载，刑部说："佃客犯主，加凡人一等。主犯之，杖以下勿论；徒以上，减凡人一等；谋杀、盗诈及有所规求避免而犯者，不减；因殴致死者，不刺面，配邻州本城；情重者，奏裁。"朝廷"从之"。这就是说，诸凡佃客侵犯地主，官府对其处罚要比普通人加重一等；而地主侵犯佃客，杖以下的罪，即不加追究，即是"徒"以上的罪，也比普通人减轻一等。此外，地主殴死佃客，也会得到官府的轻纵。显而易见，这一条法比较全面而详细地规定了佃客在法律上的地位低于地主一等。

我们说自北宋中期开始封建国家对佃客的法律地位进行比较详细的、全面的规定，并不等于说自唐代中期客户挂名为封建国家的"编户"以后直至北宋中期以前，佃客在法律上就跟地主平等了。这种推论是完全错误的。佃客法律地位的是否全面规定，跟佃客在法律上是否与地主处于平等地位，这是两回事，二者不可混为一谈。事实证明，在北宋前期，佃客在法律上并没有跟地主平等。据《容斋四笔》卷13《国初救弊》记载，北宋太宗时，建州有二名"田家客户"，仅因在地主的池塘内"以锥刺得鱼一斤半"，封建官府就罚其"杖脊黥面"，并"送阙下"。如果佃客在法律上和地主平等，就不会因为区区小事，受到封建官府这样重的刑罚。

自上所述，不难看出，不论在唐代中期至北宋中期之间，或者在北宋中期以后，佃客在法律上并没有跟地主平等过。有的同志认为唐代

---

① 《宋会要辑稿》食货1—24《农田杂录》。

中期以后或者在整个中国封建社会中,佃客和地主的法律地位平等,我们认为是完全错误的。

当然,法律作为一种政治上层建筑,反映着经济基础的需要,而这种反映往往是落后于现实生活的。由于首先在宋代的现实生活中,佃客的人身依附关系逐步加强,佃客和地主之间的身份等级日益悬殊(关于这一问题,已另文详论),而这种变化着的阶级关系必然会反映到封建国家的立法上来,于是出现了北宋中期以后佃客法律地位的逐步下降。

为了保证整个地主阶级对佃农的压迫和剥削,为了保证劳动人手的获得,封建国家在形式上也曾规定不得任意屠杀佃农。正如斯大林所说,在封建制度下,生产工作者是"封建主虽已不能屠杀,但仍可以买卖的农奴"①。在北宋中期较全面地规定佃客法律地位的条文中,对于那些任意屠杀佃客的地主,封建官府从维持其整个地主阶级的长期统治考虑,也不得不在形式上稍加惩罚,规定"不刺面",而"配邻州本城,情重者,奏裁"。当时佃客在法律上低于地主一等。及至南宋高宗绍兴初年,据《建炎以来系年要录》卷75绍兴四年四月丙午条,地主殴死佃客,得以减刑二等,"止配本城"。相形之下,佃客的法律地位又下降了一等,变为低于地主二等。及至元代,佃客的法律地位更有江河直下之势。《元史刑法志》记载:"诸地主殴死佃客者,杖一百七,征烧埋银五十两。"而"诸良人"杀死奴婢或奴隶,也不过是罚杖一百七或数十,并输纳转交给苦主的抚恤费银五十两。按照宋、元的刑法,其刑罚有笞、杖、徒、流、死五等,在南宋绍兴初年,对于那些殴死佃客的地主,封建国家曾在形式上规定应流配本城,但是到了元代,就改为仅罚杖一百七等,可以说佃客的法律地位又被降低了数等,几乎和奴婢或奴隶相同。

自北宋至元代佃客法律地位由明确地规定为低于地主一等,至低

---

① 《辩证唯物主义与历史唯物主义》,人民出版社1956年版,第34页。

于地主二等、三等和三等以上,是与佃客在现实生活中对地主的隶属关系的逐步加强一致的,佃客法律地位的明确规定与连续下降,不外表明佃客在法律上的依附关系的不断加强,而这种情况反过来又巩固了佃客人身依附关系不断加强的现状。

本来,尽管封建法律对任意杀害佃客的那些地主在形式上曾经规定要稍加惩罚,但事实上封建法庭也不会按此执行。可是,近来有的同志却还认为,"宋朝歧视佃农的法条,司法官吏往往不执行"。原因是"朱熹曾上疏力争说:'臣伏见近年以来,或以妻杀夫,或以子杀族父,或以地客杀地主,而有司议刑,卒从流宥之法……'"①我们认为这种看法是完全错误的,是与事实不符的。

诚然,一切封建法律的实施总免不了会出现若干特殊的例外,但更重要的是应该看到宋代司法官吏执行法律的普遍情况。在宋代,显然跟其他封建王朝一样,也出现了"八字衙门朝南开,有理无钱莫进来"的现象。南宋宁宗时有官吏说:"百姓有冤,诉之有司,将以求伸也。今民词到官,例借契钱,不问理之曲直,惟视钱之多寡,富者重费而得胜,贫者衔冤而被罚,以故冤抑之事,类皆吞声饮气。"②司法官员视得钱的多少来判断是非曲直,自然地主诉讼得胜,贫苦的农民"衔冤而被罚"。不仅如此,这些司法官吏还直接为地主恶霸所操纵,仰承其鼻息而行事。北宋人陈襄说:"奸豪居乡,则残虐细民,在公则劫持胥吏,讼至有司,胥吏奉承其意,惟恐或忤,以至以曲为直,以是为非。"③南宋高宗时人刘一止也说,不少"豪强有力之家",遇到"杀人公事",往往"变易情节,嘱托官司",或者贿赂"承勘胥吏,多以知证通说未明为由,以幸差官体究"。而所差的官吏也"止是一到地头,呼集邻社保甲,询问供诉而已"。何况"豪右之家所居乡村,宗族、姻亲、佃客之属常居其半",因

---

① 束世澂:《论汉宋间佃农的身份》,《中华文史论丛》第三辑,1963年。
② 《宋会要辑稿》刑法3—38《诉讼》,庆元四年十月二日条。
③ 陈襄:《州县提纲》卷2《示不由吏》。按此书,南宋人有所增补。

此往往为其"宛转为地,符合供证",以致往往"失实"①。南宋道学家朱熹也曾宣称,诸凡主、佃之间的狱讼,"必先论其尊卑、上下、长幼、亲疏之分,而后听其曲直之辞。凡以下犯上,以卑凌尊者,虽直不右,其不直者,罪加凡人之坐。其有不幸至于杀伤者,虽有疑虑可悯,而至于奏谳,亦不许辄用拟贷之例"②。言下之意,当主、佃之间发生诉讼之时,司法官吏必须按照二者的"名分"关系来权衡刑罚的轻重。从南宋中期的判例汇编《名公书判清明集》来看,朱熹等人确实是"言行一致"地在贯彻自己的主张,凡遇佃客和地主发生争讼,无不先论其"主仆之分",上下关系和尊卑关系,然后再定其是非曲直,甚而至于不分曲直,颠倒黑白,对法律乱加解释,对佃客竭尽迫害之能事。在这些判牍中,所谓"不顾名分"、"名分倒置"、"一主一佃,名分晓然"、"主佃名分"等词,简直成了封建法庭维护等级制度和迫害佃客的口头禅。更其甚者,是地主富豪"私置牢狱,擅用威刑,习以成风",肆无忌惮地压迫"贫民下户"③。比如北宋时渝州巴县,"多大姓,有杜生者,擅置官刑,笞挞仆隶至死,而郡胥受贿,不直其讼。川峡风俗,大率贫细无赴愬之地"④。类似的例子不胜枚举。由此可见,宋代的封建法庭彻头彻尾的代表着地主阶级狭隘自私的利益,怎么会"往往不执行""歧视佃农的法条"呢?同时,也可以看出,宋代的封建法律实际上就是地主阶级的意志,甚至个别地主的话,对于佃客来说也是法律。因此,我们认为,不能把封建法庭违反法律而宽宥佃客的个别罕见的现象加以夸张,当成了普遍的情况,从而认为这些条法形而虚设。事实上,剥削阶级的"法律的运用比法律本身还要不人道的多"⑤。

　　有的同志不仅认为"宋朝歧视佃农的法条,司法官吏往往不执行",而且还认为,在整个宋代,尽管在北宋晚年以后法律上歧视佃客,

---

① 刘一止:《苕溪集》卷12《议断罪囚》。
② 朱熹:《朱子大全》卷14《戊申延和奏札一》。
③ 《清明集》库本钱,背主赖库本钱;卫博:《定庵类稿》卷4《与人论民兵书》。
④ 《陇右金石录》卷3。转引自甘肃师大张邦炜同志论文。
⑤ 《马克思恩格斯全集》第一卷,第703页。

规定佃客侵犯地主必定加等论罪,但佃客的法律地位和政治地位是有"分歧"的。尽管佃客在法律上和地主不平等,但佃客仍然"在政治上和地主地位相等,同是'王民'"。因此,"农民和地主的政治地位相等,这是封建地主土地所有制社会的特点,有别于封建领主土地所有制的社会"。其理由只有一条,即南宋高宗绍兴时胡宏说过:"况主户之于客户皆齐民乎!"①我们认为,这种结论不仅既不符合历史事实,又和马克思列宁主义背道而驰,而且是十分危险的。

　　首先,我们来分析一下这位同志的所谓"论据"。如果读一读胡宏这句话的前言后语,我们就会知道胡宏所谓主、客户同为"齐民",并非指二者政治地位相等。胡宏说:"夫贵以贱为本,高以下为基者也,是以虽天子之贵,而保民如保赤子,况主户之于客户皆齐民乎! ……若主户者,不知保爱客户,呼之以狗奴,用之以牛羊,致其父母妻子盼盼相视,枵然丧其乐生之心,忘其怀土重迁之真性,惟恐去之不速者,则主户之罪也。夫如是者,官当戒斥主户,不受其诉。"②胡宏在讲主、客户同为"齐民"之前,就用贵贱、高下等词清楚地划分主、客户的等级差别,宣称主户(主要是地主)是贵者、高者,客户是贱者、下者,事实上就足以说明客户在政治地位上低于地主。因为,封建社会的阶级本来就是等级的阶级,主、客户也就是两个分野鲜明的等级,所以,二者等级的不同也恰好说明二者政治地位的不同。同时,胡宏所谓"皆齐民"的原意,也不是指客户和地主的政治地位相等。他担心地主过分酷虐佃客,会引起佃客大量逃亡,不能为地主"世世服役",所以认为地主应该给予客户以起码的做人的权利,不要"呼之以狗奴,用之以牛羊"。在这里,其"齐民"实际上是跟奴婢、牛羊等相对而言的,指的是不同于奴婢和牲畜的"人",跟客户的政治地位毫无干系。反之,从实际生活中地主普遍地像对待奴婢、牲畜那样对待佃客来看,佃客的政治地位完全不可能跟地主平等。

────────────

① 束世澂:《论汉宋间的佃农身份》。
② 《五峰集》卷2《与刘信叔书五首》。

其次，我们所说政治地位平等也不是抽象的。所谓政治地位平等，首先就意味着不复有政治上的特权阶层或阶级的存在。但是，"人们常常说，在中世纪，权利、自由和社会存在的每一种形式都表现为一种特权，一种脱离常规的例外"①。毛泽东同志也指示我们，中国历代的农民从来都是"没有任何政治权利"的。因而只有地主才是享有全部政治权利的特权阶级，所以农民和地主在政治上根本不可能平等。

以保甲法为例。保甲法，是北宋神宗时期"变法派"用来加强地主阶级对农民的专制统治的重要政策，保甲是浸透了封建专制主义反动毒素的一种封建的社会政治和军事的组织，也是乡村行政的基层组织。按照保甲制度，地主中所谓有行止、有心力、物力最高的人，亦即在地方上最有势力、占田最多的地主担任其中的骨干分子，如最有田有势的地主当"都保正"，其次者当"大保长"，再其次者当"小保长"。在这些保甲的骨干分子即封建统治的基石下面，统治着广大贫苦的自耕农和半自耕农的下户，而佃客也被纳入这一体系之中。保甲法无疑是赋予地主以一定的政治权力，冠以保长等半官性质的称号，俾能加强对广大下户和佃客的统治。据《宋会要辑稿》兵 2《乡兵》，熙宁九年五月十五日夔州安抚司勾当公事程之元说："编排保伍，系教阅路分客户，并附在保外。本州自来多兼并之家，至有数百客户者，以此编排不成。臣欲乞将主户下所管客户，依法编排，就令主户充都副保正等提辖，于人情、事势最为顺便。"这是说，凡实行保甲法的地区，因地主拥有的客户为数众多，故亦将客户编排在内，由地主担任都副保正等来统治。显然，这一措施的实行增加了地主管束佃客的权力。诚然，保甲法在熙丰间尚不及推广于全国，但其恶劣影响却是异常深远的，它加强了封建国家的统治力量，也加强了主佃关系中地主的地位。由此可见，佃客在政治上是被统治阶级，根本不可能跟地主平等。

再以佃客被剥夺向封建法庭控诉地主的权利为例。《宋会要辑稿》

---

① 《马克思恩格斯全集》第 1 卷，第 381 页。

食货 66《役法》光宗绍熙元年(1190 年)二月二十九日臣僚说:"……诡名挟户之家,除人力、佃客、干当掠米人不许告首外,田(四?)邻并受寄人,亦许。"言下之意,佃客永远只能充当封建法庭上的被告,而地主则可以随意控告佃客。根据这种不平等的规定,地主可以任情地宰割佃客,而佃客必须低首驯服,作为砧上的鱼肉来等待地主的压榨乃至屠杀。

再以佃客被当作地主的私人财产,被迫随同土地的买卖、赠送而更换主人为例。据元代人记载,宋代峡州(今湖北宜昌)"管下民户,辄敢将佃客计其口数立契,或典或卖,不立年分,与买卖驱口无异。间有略畏公法者,将些小荒远田地,夹带佃户典卖,称是'随田佃客',公行立契外,另行私立文约"①。这是地主立契典卖佃客的例子。又据《宋会要辑稿》食货 63《屯田杂录》孝宗乾道元年(1165 年),官僚杨存中献纳自己在楚州宝应县的田三万九千多亩,"并牛具、船屋、庄客等",以筹建两淮营田官庄。

再以佃客缺乏婚姻自由和生命权利不受保障为例。佃客男婚女嫁,往往"不由父母作主",而"惟听主户可否",并且必须事先向地主馈送钱帛等礼物。正如元初人所说:"佃客男女婚姻,主户常行拦当,需求钞贯、布帛礼数,方许成亲。"②这种恶习也一直传到了元代。宋代的地主还贱视佃客的生命并恣意屠戮佃客,据元代人自己供认:"亡宋已前,主户生杀,视佃户不若草芥。自归附以来,少革前弊。"③由此可见,佃客连婚姻都缺乏自由,连生命权利都得不到保障,哪里还谈得上跟地主处于平等的政治地位!

上面所举的一些例子,不过是无数的历史事实的一小部分。从大量的文献中,我们只看到广大佃客不仅在经济上遭受地主阶级的敲骨吸髓般的剥削,而且在政治上遭受地主阶级的种种欺压和迫害,佃客在

①② 《元典章》卷 57 刑部 19,诸禁、禁典雇、禁主户典卖佃户老小。
③ 《元典章》卷 42 刑部 4,诸杀·杀奴婢娼倡·主户打死佃客。

政治上是没有任何权利的。因此,有的同志主张佃客和地主在政治地位上相等,是违反历史事实的,是完全错误的。

　　总之我们认为,主张封建地主和佃农在法律上和政治上平等的论调,不仅不符合历史事实,而且是与马克思列宁主义、毛泽东思想背道而驰的。这种论调实质上美化了地主阶级,掩盖了历史上直到土地改革前地主阶级对农民进行残酷压迫的滔天罪恶,抹煞了地主和农民之间的阶级矛盾;这种论调实质上是把地主和农民这两个根本对立的阶级"合二而一"的阶级合作论。

(本文刊载于《史学月刊》1965 年第 6 期)

关于北宋乡村上户的
差役和免役钱问题

    北宋的差役,或称职役,是宋代役法的一个重要组成部分。此外尚有所谓"执干戈,冒锋镝"的兵役和"营土木,亲畚锸"的力役。北宋的差役一般是由乡村人户承担的,官僚地主和城市商人等享有免役的特权。关于乡村下户的差役和免役钱问题,我们已经撰文论述①。这里将进一步探讨乡村上户亦即农村中地主的差役负担和熙丰时期的役法改革,同时进一步阐明北宋差役法和免役法的阶级实质,借以揭露封建统治阶级所进行的一切改良的欺骗性。不当之处,请同志们指正。

一、北宋差役法的由来和性质

    有人认为,北宋的差役是"劳役制的残余"②。其实这是对于北宋差役法的一种误解。诚然,对于乡村下户而言,正如"前文"所说,这种差役是"继唐代中叶以来的封建徭役的一种新的形式,是封建国家对下户劳动力的直接掠夺",因此还称得上是"劳役"。但是,对于乡村上户,差役的性质则不然。众所周知,早在秦、汉时代,甚至在春秋、战国时期,就出现了一种所谓"乡亭之职"。据《周礼·地官》记载,在郊外,是实行家、邻、里、酂、鄙、县系统的基层组织,设邻长、里宰、酂长、鄙师、

---

①　见《史学月刊》1964 年 9 期,《关于北宋乡村下户的差役和免役钱问题》,以下简称"前文"。

②　漆侠:《王安石变法》,第 46 页。

县正等"各掌其政"。在汉代，据《汉书》《百官公卿表》记载，也设有亭长、三老、啬夫、游徼等职。直到唐代，这种乡官依旧存在。不过越到后来，因为封建官府按照乡官系统摊派差役过于繁重，在唐睿宗时就已出现了逃避差役的现象，因此到唐宣宗大中九年（855年），封建官府就规定："以州县差役不均，自今每县据人贫富及役轻重作差科簿"①，开始实行轮差的办法。这种办法在北宋前期基本上沿袭了下来。

乡官或"乡亭之职"，作为封建社会农村的一种社会基层组织的首脑，自然全部是由地主阶级占领的。毛主席说："旧式的都团（即区乡）政权机关，尤其是都之一级，即接近县之一级，几乎完全是土豪劣绅占领"②。宋代的农村也不例外。从地主阶级的阶级路线出发，赵宋王朝不遗余力地让地主分子来充当农村基层政权机关的首脑，规定"乃从来兼并之家"的第一、二、三等的上户，即农村中的大地主和中小地主及一部分富裕农民，分别担任里正、户长、耆长、衙前、弓手、手力等职务。如规定里正、户长有"催纳赋税"之权；耆长有"掌盗贼烟火"之权，并辖有一些下户自耕农承担的壮丁。又规定弓手在县尉之下，有"专捉盗贼"及调解斗讼公事之权；手力有"掌追催公事及在城赋税"之权；衙前则有主管官物和押纲运之权。而农村中的直接生产者——广大的下户自耕农和佃客，就在地主土豪所控制的农村政权机关下，受尽压迫和剥削，过着奴隶式的痛苦生活。

从"职"这一方面来看，地主土豪担任里正、耆户长等职，完全掌握农村基层政权，成为骑在农民头上作威作福的"乡里王"，这是封建国家赋予他们的特权。有权利，就要承担义务。所以，从"役"的方面来看，地主土豪又应为封建国家"效劳"，从各方面来支持封建国家。因此，当里正、户长的上户地主就要负责催纳赋税，当耆长、弓手者就要捕捉"盗贼"，当衙前者就要主管官物，负责纲运。由此可见，所谓差役或者职役，对于上户地主而言，乃是封建国家赋予他们的一种权利和义

① 《文献通考》卷12《职役考一》。
② 《毛泽东选集》卷1，第29页。

务：一方面，上户地主通过职役占领了农村基层政权机关，统治着广大农民；另一方面，又通过职役承担了封建官府规定的一些义务。这就是从上户地主角度来考察的北宋差役法的实质。

二、熙丰变法前上户的衙前役

在北宋，有关差役和雇役的争论往往集中在衙前问题上。这是因为衙前役和乡村上户的关系特别密切的缘故。

有人说，北宋的"各项差役特别是衙前役，严重地戕害了农民扩大再生产的积极性"，"对人民的骚扰最为严重"[1]。这是违反历史事实的。我们不妨来看一看衙前役究竟是谁担任的？衙前专替官府管理府库，辇运上供官物，筹办时节燕宴，送迎官吏，管理馆驿，等等。由于官吏百端诛剥，加之水火的损败，担任衙前者必须具有一定的财产才能赔偿，所以封建官府必"择民之物力最高者"，"其产业估可二百缗"[2]，乃令其担任此职。有的地区也以产业值三百贯以上的乡村上户充当衙前[3]。与此同时，封建官府也看准上户地主"有庄田家属，有罪难以逃亡"[4]，一般总是轮差上户担任衙前。所以，不论衙前一役如何的繁重，如何的痛苦，终究跟农民没有多大的直接关系。当然，有些上户地主也可能将衙前役的负担转嫁到下户自耕农的头上，但这毕竟不是普遍的情况。

上户地主担任衙前，一方面要替封建国家尽"义务"，另一方面，上户地主因此而取得一定的统治农民的权力。据《宋会要辑稿·职官·牙职》和《判知州府军监》记载，衙前的资级很多，自下而上，顺次有左右押衙、守阙教练使、左右教练使、都教练使、左右都押衙、兵马使、都知

---

[1]　漆侠：《王安石变法》，第47页。
[2]　晁说之：《嵩山集》卷1《元符三年应诏封事》；《淳熙三山志》卷13《版籍类四·州县役人》。
[3]　王得臣：《麈史》卷上《惠政》。
[4]　司马光：《温国文正司马公集》卷47《乞罢免役状》。

兵马使等，此外还有中军、子城、鼓角、宴设、作院、山河等使，"或不备置"。在宋初当衙前役对上户地主利多弊少而尚未使之视为畏途之时，他们对这些"官衔"还是颇感兴趣的，据记载，他们往往"求此名目，凌驾州乡，兼并纵肆"①。除此以外，上户地主还可以通过衙前役而取得朝廷的一官半职。据《嘉定赤城志》卷17《吏役门·州役人》，衙前"更重难日久，至都知兵马使者，试验其材，遣赴阙补官"。显然，衙前还是上户地主"攀龙鳞"而跻入官僚地主集团的途径之一。《庆元条法事类》卷52《解试出职》就记录了发解任期已满的都知兵马使的状式。如果当上了都知兵马使的上户，愿意赴京做官，所得官职有借职的三班差使、殿侍等②，如果不愿赴京，就在本州授与长史、司马等职③。担任衙前的上户地主完全是和农民站在对立地位的，他们不仅在平时骑在农民头上作威作福，而且在农民起义爆发之时纠集地主武装，勾结官府军队，对农民起义军进行顽抗。据《宋会要》职官48之1《上佐官》记载，太宗至道元年（995年）七月，"以峡（州）路渠州教练使范仁辩等十二人，并为诸州上佐。蜀'盗'之起，范仁辩等尝出私廪以助县官，又纠合义族，以全城邑，转运使以闻，故有是命"。所谓"蜀盗"，是地主阶级对爆发于太宗淳化四年（993年）西川地区的王小波、李顺起义的诬辞，而"教练使"则是衙前的一个资级。由于担任衙前的渠州地主范仁辩等十二人领压王、李起义"有功"，因此封建王朝不惜官爵，大加褒奖，使其超越许多衙前的资级，直接迁补为州的上佐官（即长史、司马等）。

从上所述，不难看出，衙前役一般是由乡村上户地主担任的，他们与农民完全处于对立的地位。因此，有人说衙前役严重地阻碍了农民扩大再生产的积极性，实际上不过是张冠李戴，是违反事实的。

诚然，衙前役对上户地主的利弊并不是一成不变的。虽然在宋初衙前役对上户地主还是利多弊少，但在宋初以后，衙前役愈益成为上户

① 《会要》职官48之96《牙职》，仁宗天圣六年十月。
② 《会要》职官48之97—98《牙职》，仁宗景祐元年十月九日。
③ 《会要》职官48之97《牙职》，仁宗天圣八年二月。

地主的严重负担,因此,为了减轻上户的重负,为了调整地主阶级内部的关系,封建官府在神宗熙丰变法以前对衙前已经或多或少的作了一些改革。宋初,封建官府规定,凡乡村一、二等户担任里正、押(司)录(事)满期以后,如果官府招募的"长名衙前"等不足,就可抽差他们担任衙前,原为押录者继续服役三年,原为里正者二年。比如福州的衙前,据《淳熙三山志》卷13记载,"(太祖)建隆以来,并召投名";如果不足,"即抽差年满押录、里正,押录三年,里正二年,替限内各管重难一次"。不过在宋初长名衙前并不很多,一般情况仍是抽差上户(里正等)服衙前役。此后,由于封建吏治愈益腐朽,上户担任衙前,主管官物,难免官吏们大鱼吃小鱼式的敲榨以及水火的损失,因此倾家荡产易如反掌。在宋人的文集和笔记中,我们可以找到许多衙前破产的事例。也因此,上户地主视衙前为畏途,尽力降低户等,逃避此役。北宋人毕仲游说,上户地主"既有千金产,而又欲兼五百金,则惮徭役之加重,欲取而中己者多矣。其心非不欲兼并,惧加重而不敢进也,甚至有隐寓田产于他人以避徭役……"①。当然,上户地主是贪得无厌的,不断兼并土地、剥削和压迫农民乃是其本性,"欲取而中己者"毕竟是少见的。同时,他们也会在兼并到大量土地后,巧施伎俩,或是"隐寓田产于他人",或是假装"弃田于人",或是使"霜母改缘","亲族分居",甚至是通过其政治上的代言人要求封建王朝对衙前役进行改革。因此,在宋初以后,代表上户地主利益而主张对衙前实行改革的种种议论,络绎不断地上申朝廷。

　　宋仁宗至和二年(1055年),封建官僚绞尽脑汁,终于设计出了一些改革方案。其中最著名的是蔡襄、韩绛的衙前"五则法"。该法废除里正衙前,只差乡户衙前:将上户按财力和衙前按重难各分五等,摊派时,就按户等轮差,户等高者服重役,户等低者服轻役。据《续资治通鉴长编》卷179记载:"凡差诸州军乡户衙前,以产钱与物力,从多至少,

---

① 《西台集》卷5《役钱议》。

置簿排定户数,分为五则;其重难差遣,亦分等第准此。若第一等重难十处合用十人,即排定第一等一百户;若有第二等五处,即排定第二等五十户,以备十次之役。其里正更不差人,所置簿封在通判厅,每遇差人,即长吏以下同按视之。转运使、提点刑狱巡历至州,即取簿点柜,仍察其违失者施行。”这一改革废除了里正,衙前改差乡户,实际上是将衙前役的负担均摊到全部乡村上户头上,但仍然没有越出差役的范围。

　　超越衙前差法范围的,是“长名衙前”法。长名衙前,一名投名衙前,是一种自愿报名接受官府雇佣而服役的衙前。如前所说,早在北宋初年,如福州就已有此类衙前出现了。但在宋初,此类衙前并不普遍,仅占衙前的一小部分而已。及至仁宗景祐年间(1034—1038 年),因为里正衙前负担过重,规定除西川、陕西、福建、两广、两浙等路依旧抽差里正衙前而外,其余各路皆可招募“有版籍者为衙前”。这还是一部分地区的衙前实行雇募。直到皇祐年间(1049—1054 年),又下令禁止役使乡户充当衙前,“使募人为之”①。于是长名衙前开始普遍起来。长名衙前是受雇的,官府给与的报酬是让其在一定年限内经营坊场、河渡。在神宗以前,长名衙前已较盛行,当时有长名和乡户衙前均分全国之势。王安石派的首领之一曾布在熙宁四年七月说过:“凡州县之役,无不可募人之理,今投名衙前半天下,未尝不主管仓库、场务、纲运官物。”②在长名衙前经营坊场、河渡等有利可图的地区,长名衙前就特别普遍。苏辙说:“若官自出卖(坊场等),即如川蜀、京东、淮浙等路旧来坊场优厚,人人愿为长名,元不差乡户去处。”又说:“熙宁以前,诸路衙前,多有长名人数,只如西川,全系长名,故衙前一役不及乡户;淮南、两浙长名太半以上;其余路分,长名亦不减半。”③可见在王安石派实行变法以前,在全国范围内,长名衙前已几乎占到衙前的一半以上,尤其是西川诸路,已完全实行长名衙前的制度。这样,在王安石变法前夕,衙

---

① 《通考》卷 12《职役考》。原文三禁止役使“长名衙前”,疑系“乡户衙前”之误。
② 《长编》卷 225,熙宁四年七月戊子。
③ 《栾城集》卷 36《论差兵五事状》;卷 37《乞令户部役法所会议状》。

前的差法和雇法业已并行不悖，所以当时并不是清一色的差法。

总之，在熙丰以前，衙前役已在不断进行改革。地主士大夫之所以"热心"地出谋划策，完全是因为衙前役对上户愈益利少衙多，妨碍了上户经济的发展。因此，衙前役不断改革的过役，实际上也就是地主阶级内部不断调整关系的过程，这和广大农民没有多大的直接的关系。

三、王安石派改革役法的真正目的

王安石派在熙丰时期似乎忙忙碌碌，辛辛苦苦，但是他们究竟为谁辛苦，为谁忙？

王安石派在新役法的条文中，宣称其"所宽优者村乡朴蠢不能自达之穷甿，所载取者乃仕宦并兼能致人语之豪户。"从表面上看，王安石派改革役法的目的似乎是为了抑制兼并，"宽优"农民的。但这完全是一种假象！正如"前文"所说，因为许多色役乡村下户还不够担任的资格，所以乡村下户尤其是东南地区的乡村下户的差役是很轻的。他们根本不需要封建官府的"宽优"，他们所要求"宽优"的只是"营土木，亲畚锸"的力役之征和"执干戈，冒锋镝"的兵役，因为只有这两种劳役才是他们最重的负担，严重地阻碍其经济的改善和生产的发展。

王安石派所要宽优的"村乡朴蠢不能自达之穷甿"既然不是乡村下户，那末只能是乡村上户了。事实也是这样。在熙丰前夕，尽管长名衙前已经"半天下"，但乡户衙前依旧大量存在，依旧是上户地主的沉重负担。因之，在熙丰前夕，代表上户利益而向封建王朝叫苦并要求彻底改革的声浪尘嚣日上，一时有非彻底改革不可之势。甚至在变法时期激烈反对新法的司马光，在宋神宗即位之初，也曾上疏指出，自废罢里正，置乡户衙前及实行五则法以来，"以州郡差使之烦，使民无敢力田积谷，求致厚产，至有遗亲背义，自求安全者"。又说："置乡户衙前已来，民益困乏，不敢营生，富者返不如贫，贫者不敢求富，日削月朒，有减无增"，因而使"民"（实即上户地主）不敢无限制地"益田畴，益庐舍"①。当时三司使韩绛也曾上疏力议乡户衙前之弊，就"害农之弊，无甚于差役之法，重者衙前，多致破产，次者州役，亦须厚费"，还列举了一些上户因担任衙前而破荡家产的例子②。及至神宗熙宁元年（1068 年），就有同知谏院吴充首建改革衙前差法之议。而宋神宗也目睹衙前横遭官吏勒索之苦，于是大发"慈悲"，下令"制置三司条例司讲求利害立法"（见"前文"）。关于熙丰役法改革的原因，苏辙曾有概括的论述。他说："衙前之害，自熙宁以前，破败人家，甚如兵火，天下同苦之久矣。先帝（按指神宗）知之，故创立免役法，勾收坊场，官自出卖，以免役钱雇投名人，以坊场钱为重难酬奖，及以召募官员军员押纲，自是天下不复知有衙前之患"③。可见役法的改革完全是由上户担任的衙前役负担过重而引起的。但是，为了卸除上户衙前负担的王安石派，一方面把绝大部分的负担转嫁到下户自耕农的身上，向从前差役很轻的下户征收所谓"免役钱"，另方面却又偏偏闪烁其词，故意装作新役法完全是为了"宽优"乡村中"穷甿"的。但事实证明，王安石派的这一作法，实际上是为了蒙蔽广大农民的耳目，而对农民设下的一次骗局。

四、又一次骗局

熙丰变法以前，宋朝的职役并非清一色的差法，熙丰时期，王安石派虽然实行了一套新的役法，但当时亦非单纯的雇法。

有人以为王安石派在熙丰时期实行的新役法完全是雇役，当役人户按等第出"免役钱"，坊郭等第户、未成丁、单丁、女户、寺观和品官之家等"旧无色役"者出"助役钱"，而由封建官府募人充役，因此"用货币代替了极大部分的差役，从而使劳役制残余更进一步地缩小，这不能不

① 《温国文正司马公集》卷 38《衙前札子》。
② 《会要》食货 65 之 1《役法》。
③ 《栾城集》卷 36《论差役五事状》。

算是一个进步的表现"①。事实证明,这不过是一种错觉。

首先,在熙丰时期,有的地区如开封府界,既废除了一部分色役的差法,也保存了一部分色役的差法。比如衙前废除了差法,开始实行募役,而壮丁、耆长等色役则依旧轮差,不过执役的乡村人户在服役期内可以免纳役钱。熙宁四年,府界试行新役法时,王安石派的主要首领之一曾布说:"(府界内)惟耆长、壮丁,以今所措置最为轻役,故但轮差乡户,不复募人。"②因而依旧轮差下户充当壮丁,第一、二等上户充当耆长。可见在府界内依旧保存了一部分差役。

其次,在全国广大范围内,王安石派一方面冠冕堂皇地宣称免除一切差役,改收免役钱,另方面却又不断施展伎俩,暗中偷偷地恢复差役,而役钱则继续征收,且越征越多。本来,征收役钱和宽剩役钱,是用来雇募役人的。但王安石派为了增加封建官府的财政收入,扩大"宽剩率",往往大量克减雇钱,因而应募者不多。据《通考》卷12《职役考》,南宋人陈傅良说,熙宁间罢差衙前时,全部官物纲运"皆募得替官管押",但"自令下,无应募者"。又如当时侍御史周尹说:"募役钱数外留宽剩一(二)分,闻州县希提举司风旨,广敷民钱,省役额,损雇直,而民间输数一切如旧。宽剩数多,募直轻,而仓法重,役人多不愿就募。"③官府雇不到役人或者只能雇到很少的役人,势必严重影响其官僚机构的正常工作,所以为了摆脱这种窘境,王安石派又恢复了一些役色的差法。

当然,王安石派不可能也不能明目张胆地在实行新役法之后不久立即恢复变法前的那套差役制度,不然,名不正,言不顺,会遭到很大的阻力。因此,他们便采用新的形式,在它的掩盖下,偷偷摸摸地恢复了差役法。这一新形式就是臭名昭著的保甲法。保甲法比免役法实行得早些,在熙宁三年十二月九日已订出了条目,之后就在各地陆续推行。

①　漆侠:《王安石变法》,第118页。
②　《长编》卷225,神宗熙宁四年七月戊子。另参阅"前文"。
③　《宋史》卷177《食货志上五·役法上》。

保甲法，是王安石派设计的旨在加强地主阶级对农民统治的一种新的社会基层组织。在保甲体系中，地主分子担任都副保正、大保长等职，占据了绝对的统治地位，至于广大的佃客和下户自耕农虽然也被纳入这一体系之中，但受到了比从前以里正、户长、耆长等为首脑的农村政权机关更为残酷的压迫和剥削。自熙宁七年开始，以王安石为首的变法派开始了恢复差役法的勾当。是年，变法派控制的司农寺建议废除户长、坊正，"其州县坊郭税赋、苗役钱，以邻近主户三二十家，排成甲次，轮置甲头催纳，一税一替"。神宗"从之"①。这就是说，开始轮差城、乡保丁充当甲头，使之催纳赋税、责苗钱和役钱等，每一税即半年轮换一次。这种甲头专以催税为职，故又称"催税甲头"。不仅如此，及至熙宁八年闰四月，王安石派又进一步规定："诸县有保甲处，已罢户长、壮丁，其併耆长罢之"。耆长和壮丁原来专管捕捉"盗贼"，调解斗殴诉讼以及管理烟火、桥梁、道路等事，现在全部责成都副保正、大保长负责，"都副保正视旧耆长，大保长视旧壮丁法"②。至熙宁九年，王安石派更进一步规定以保甲人户充弓手之役。是年十月，枢密院建议河东、河北等五路弓手，原额在60人以上的县，保留25人，50人以上的县保留20人，50人以下的县保留15人，"余以保甲填元额人数"③。如果按一县定额60人计算，则除25人为雇募弓手而外，其余35人则全部由保甲人户轮流充当。这些色役的雇钱，至熙宁十年又全部"封桩"起来，不再用之于雇募役人，因而所谓免役钱实际上已变为封建官府的一项额外收入。这些规定到元丰年间"遂著为令"，正式肯定了下来④。显而易见，被纳入保甲体系的乡村人户又被增加了不少负担。

　　保甲法和差役法的这种结合，在南宋时被称为"保役法"。作为熙丰变法派首领的王安石，曾不遗余力地推行此法。在实行甲头催税之

---

① 《长编》卷 257，神宗熙宁七年十月辛巳。
② 《长编》卷 263，熙宁八年闰四月乙巳。
③ 《会要》兵 2 之 12。
④ 陈傅良：《止斋先生文集》卷 21《转对论新法札子》。另见《长编》卷 360，元丰八年十月丙申上官公颖语。

初，宋神宗"疑其未便"，因之向王安石说："已令出钱免役，又却令保丁催税，失信于百姓。又保正只合令习兵，不可令贰事。"然而王安石却不以为然地说："保丁、户长，皆出于百姓为之。今罢差户长，充保丁催税，无向时勾追牙集科校之苦，而数年或十年以来方一次催税，催税不过二十余家，于人无所苦。"①本来户长催税是上户地主的职责，如今"令保丁催租，于是户长之役，移之保丁矣"②。而保丁是下户充当的，这样，原来上户的负担现在又有一部分转嫁给下户了。那末，下户充当甲头究竟增加了多少负担呢？根据《宋会要》记载，南宋高宗绍兴初年也实行保役法，当时有官僚说："朝廷罢催税户长，依熙丰法，改差甲头。盖谓递年大保长催科填满，率至破产，遂改革前制。曾不知甲头受害，又十倍于保长！且大保长皆选差物力高强，人丁众多者……今置甲头则不问物力、丁口，虽至穷下之家，但有二丁，则以一丁催科，既力所不办，又无以偿补，类皆卖鬻子女，狼狈于道。此不便一也。大保长催科，每一都不过四家，兼以保正副事皆循熟，犹至破产；今甲头每一都一料，无虑三十家，破产者又甚众。此不便二也。"③南宋初年的保役法，一般地说，跟北宋熙丰间的保役法并没有多大的差别，而改差甲头催税，则完全是熙丰法的重演。由上户催税，对上户而言，无异是如虎添翼，增加其统治农民的权力；但由下户充当甲头催税，情况则迥然不同，如果一旦遇到地主的刁难和官府胥吏的敲榨，他们就"无以偿补"，最后只落得"卖鬻子女，狼狈于道"。由此可见，王安石派实行保役，将上户的一部分差役转移到下户头上的结果，使下户增加了许多负担。

在实行新役法之初，征收役钱，不论是免役钱或者助役钱，王安石派都说是为了免除乡村人户的差役，而由官府雇募役人。但在实行过程中，王安石派却自食其言，不仅不断削减各种役色的雇钱，而且还悄悄地借保甲法之体还差役法之魂，将大部分重要的役色如里正、耆长、

① 《长编》卷263，熙宁八年闰四月甲寅。
② 真德秀：《真文忠公文集》卷29《福建罢差保长条令本末序》。
③ 《会要》食货65之77《免役》。

户长、弓手等恢复了差法。这样，在元丰末年以前，新役法出现了这样一种局面：一方面乡村人户的"佣钱不减"，另方面却又"差役如故"[①]。南宋末人马端临也曾指出："熙宁之征免役钱也，非专为供乡户募人充役之用而已，官府之需用、吏胥之廪给皆出于此。及其久也，则官吏可以破用，而役人未尝支给，是假免役之名以取之，而复他作名色以役之也。"又说："雇役，熙宁之法也，其弊也，庸钱白输，苦役如故。"[②]这是对北宋熙丰新役法比较切实的评论。毫无疑义，熙丰时期的新役法，既使乡村人户输纳了大量役钱，却又令其依旧执役。既然没有免役，却又征收免役钱，这如何称得上是免役法：由此可见，王安石派的所谓免役法，对于广大下户而言，不过是王安石派设下的一次骗局而已；通过这次役法改革，真正取得利益的是地主阶级的封建国家和上户地主。这就是王安石派免役法的阶级实质。

五、结　　论

综上所述，我们认为，熙丰时期王安石派的役法改革，乃是地主阶级的封建国家为了卸除农村上户的衙前役重负而进行的一次改良运动，其根本目的在于调整地主阶级内部的关系，进一步巩固和加强地主阶级对农民的专制主义统治。

通过役法改革，农村上户输纳了一些免役钱，即名副其实地得到了免役，终于摆脱了从前使之破荡家产"甚如兵火"的衙前役的束缚，因而得以"优游卒岁"，广事兼并。正如时人毕仲游所说，由于免役法的实行，"熙宁以来，虽无破家不幸之人，而大姓输缗钱之外，无复徭役，斥广田产，兼并下贫，曾无忌惮。故大姓兼中民，中民兼下户，流离散亡，转徙于四方。所以然者，斥广田产，恣其兼并，大姓之家所必至，而

---

① 舒璘：《舒文靖集》卷下《论保长》。
② 《通考》卷12。

岁损一万二万或三五万缗钱,则大姓之家所易为也"①。这是比较合乎事实的论断。

当然,毋庸讳言,王安石派也曾向官户征收"助役钱",并且一度受到一部分官僚地主的反对。但王安石派对于官户的态度是节节退让的,最明显的事实是,官户所纳役钱很快就得到了减半的优待。而且,从巩固和加强地主阶级对农民的统治出发,官僚地主虽然交纳了部分役钱,却换来了整个地主阶级统治的巩固和加强,因此归根到底,对官僚地主仍然是有利的。

至于在变法以前差役很轻的乡村下户,在这次役法改革中则是作为王安石派牺牲的对象而出现的。下户自耕农在役法改革中,不仅被迫向封建国家输纳大量役钱,依旧承担各种差役,而且遭到了因卸除衙前役重负而比前更加凶恶的上户地主的压迫和剥削。然而,王安石派却隐约其辞说什么进行役法改革为的是"宽优"农村中的"穷氓",无异是自欺欺人! 广大的乡村下户,要减轻或根本摆脱封建国家的劳役剥削,除了依靠自己的阶级斗争而外,就别无他法。从地主阶级那里,乡村下户得到的只能是比前更加残酷的压迫和剥削。

马克思列宁主义告诉我们,推动历史发展的根本动力是人民群众的阶级斗争,而不是任何剥削阶级的点滴改良。毛主席说:"在中国封建社会里,只有这种农民的阶级斗争、农民的起义和农兵的战争,才是历史发展的真正动力。"②对于封建社会地主阶级所进行的一切改良,必须充分揭露其阶级实质,揭露其欺骗性和反动性。任何宣扬和歌颂地主阶级的改良活动的理论,实质上就是贬低农民群众的阶级斗争,应该受到严厉的批判。

（本文刊载于《史学月刊》1965 年第 7 期）

---

① 《西台集》卷 5《役钱议》。
② 《毛泽东选集》第 2 卷,第 619 页。

宋代佃农所受地租剥削
及其抗租斗争

一、残酷的正额地租

封建地租是地主剥削佃客的主要方式。宋代地租的主要形式是实物地租,而实物地租又可分为分租和定额租两种。分租,就是地主出租土地时,规定佃客每年按收获总额比例应交的地租。其间较普遍的是"对分制",即地主掠夺佃客土地产品一半的制度。苏洵在《嘉祐集》卷5《田制》中说,地主富豪"地大业广,阡陌连接,募召浮客,分耕其中,鞭笞驱役,视以奴仆。……而田之所入,已得其半,耕者得其半"。主佃之间的分租比例,经常会因佃客本身经济条件的差异和各地区传统习惯的不同而略有变动。有的佃客自有耕牛和农具,有的仅有农具,有的则一无所有,因此地主掠夺佃客土地产品的比例也会随之而不同。北宋人陈舜俞在《都官集》卷2《厚生一》中说:"千夫之乡,耕人之田者九百夫,犁牛稼器无所不赁于人。匹夫匹妇男女耦耕,力不百亩,以乐岁之收五之,田者取其二,牛者取其一,稼器者取其一,而仅食其一。"这是佃客的土地产品分为五份,地主得二份,耕牛主得一份,农具主得一份,而佃客终年辛劳,却也只得一份。如果地主向佃客出租耕牛、农具,则地主独吞四份。南宋江西饶州,一般的情况是主、客对分,如果佃客借用地主的耕牛,就须向地主多交一成土地产品,称为"牛米"①。湖北鄂

---

① 参阅《容斋随笔》卷4《牛米》。

州的情况又略有不同,佃客自有牛具、种粮,土地产品地主得六分,佃客得四分,而借用地主的牛具、种粮,土地产品则地主得七分,佃客得三分①。有的地区在地主扣除种子和田赋(二税)以后,佃客才按比例取得产品②。有的地区,地主则一律按主七客三或主六客四的比例掠夺地租③。

　　至于定额租,则是由分租演变而来的。它规定佃客每年应向地主交纳一定数量的土地产品,地主可以不问收成的丰歉。在这种情况下,地主和佃客生产活动较少直接的联系,佃客的生产活动也有较多的独立性。但是,定额租并没有减轻佃客的负担,地主总会尽力把地租固定在一个较高的水平上,因此其数量一般决不会低于好年景的分租数额。这就是说,好年景的定额租和分租所代表的剥削率是接近的。一旦遇到凶年饥岁,土地减产,原定的租额照旧,佃客的负担就相应地加重,甚至地租的数量超过了当年的土地产量。

二、巧立名目的额外地租及其他

　　正额地租并没有满足地主阶级的贪腹,因此他们又挖空心思想出各种更为残酷的剥削方法,以便进一步攫夺留给佃客的那部分产品。可以说,中国封建社会额外地租的各种名目,除押租而外,在宋代几乎全部出现了。

　　首先是耗米。地主在收租时,借口要弥补因鼠雀、水火而造成的损耗,就向佃客多征一定量的租米,称为耗米或斗面。北宋徽宗时,成都正法院有常住田七八千亩,每年夏秋收租时都要增收斗面,其七八千亩大约可得七八千石租米,而斗面据记载竟达“五百斛”即五千斗,可知

---

① 参阅《双溪集》卷1《上林鄂州书》。
② 参阅《欧阳修全集·居士外集》卷9《原弊》。
③ 参阅《新安志》卷2《税则》。

斗面的征收率为每石租米将近一斗①。南宋时，据《江苏金石志》13《吴学粮田籍记二》记载，宁宗庆元二年（1196 年）平田府学田照例每石收耗米约一斗，同时白米每石还要纳带收钱三百四十六文，糜费钱约一百文。学田来自民田，其收租方式大体上仍然沿袭民间的惯例。从上述事实也可看出民间地主收租是增收耗米的，同时也可能征收一些"带收钱"和"糜费钱"。

其次是麦租。随着佃客逐步增加作物品种，提高产量，地主又总是对之垂涎三尺，会在不久之后，将这些土地产品大部分攫为己有，所以在宋代又出现了麦租等名目。北宋时南方较少种麦，直到南宋初年北方农民大量南迁，才开始普遍种植。在推广种麦之初，地主不收麦租，佃客种多少得多少。但曾几何时，麦租就出现了。据《江苏金石志》17《无锡县学淳祐癸卯续增养士田记》记载，度宗时无锡县的学田就是征收麦租的。又据《宝庆四明志》卷 14《学校》记载，理宗时庆元府（明州）奉化县的义廪也征收麦租。

第三是大斗收租。在定额租制下，地主对佃客的正额地租的剥削，至少在形式上难以随便增加，但量器却可以任意增大，所以大斗收租也就成为地主对佃客的又一种额外剥削。这种伤天害理的无耻行径，最初自然是偷偷摸摸干的，但实际上，这也是一种公开的秘密。据记载，这种收租量"入以大斗，而出以公斗，获利三倍"。甚至连官府自己经营的职田也用大斗收租，佃户自然敢怒而不敢言。此事终于被青城县（今四川灌县西南）的知县吕大防发现了，辗转地到了皇帝耳朵里，于是朝廷虚与委蛇地下诏整个成都府路都改用官斛收租②。由此可见，使用私斗收租不仅青城一县，整个成都府路也相当普遍。虽然封建王朝下诏禁止大斗收租。事实是越禁越多。南宋时，地主大斗收租更是不乏其例。据方回《续古今考》卷 19《论唐度量权衡·近代尺斗秤》记

---

① 参阅《成都文类》卷 39《正法院常住田记》。
② 参阅《宋史》卷 340《吕大防传》。

载，当时江浙地区的地主使用加二斗，加三斗收租，已屡见不鲜。所谓加三斗，就是《江苏金石志》中所载的一百三十合斗，这种大斗，封建官府的学校公开使用，且堂而皇之地勒石为碑。又据《夷坚志补》卷4《直塘风雹》记载，平江府常熟县有一家地主，也使用大大小小的私斗十三种。

第四是地主强迫佃客代纳二税。一般地说，佃客除向官府交纳身丁钱米等几项杂税外，跟官府并不发生直接的赋役关系。但是，地主豪强往往专横无赖，拒绝向官府输纳或者无限期地拖延应纳的赋税，而官府为了弥补这些亏欠，就将这些赋税全部直接均摊到佃客身上，强迫佃客交纳。《庆元条法事类》卷47的记载说，官府明文规定，倘若地主到期违欠租税，官府即可追求佃户补偿。这一法令无异是公开鼓励地主不纳二税，所以在南宋时佃客被迫代地主纳税的现象极为严重。据《宋会要辑稿》食货63之222《农田杂录》，孝宗淳熙四年（1177年）十二月九日有人说："〔今〕有田者不耕，而耕者无田。农夫之所以甘心焉，犹曰赋敛不及也。其如富民之无赖者，不肯输纳，有司均其数于租户。胥吏喜于舍强就弱，又从而攘肥及骨，是则耕者虽无田，而其实亦合有赋敛之扰。"这种情况以后愈加严重，据《会要》食货70之103《赋税》，宁宗嘉泰三年（1203年）十一月十一日"南郊赦文"说："佃户租种田亩，而豪宗巨室逋负税赋，不肯以时供输。守令催科，纵容吏胥，追逮耕田之人，使之代纳，农民重困。"这样，许多佃客又被添加了一种额外负担，从而变成了封建官府大部分赋税的直接负担者。

第五是增租划佃。在出现佃客永佃权的同时，宋代又出现了划佃的现象。地主为了保证加租，就缩短租佃期限，让佃户互相增租竞佃，以便将地租抬到最高的限度。尤其是在南宋，随着农业人口的日益增长，这种现象也就较为严重。据《建炎以来朝野杂记》甲集卷16《财赋三·官田》，高宗绍兴时，诸路闲田颇多，"既利厚而租轻，因有增租以攘之者，谓之划佃"。这里必须指出，宋代的增租划佃更多地出现在官僚地主和一般地主承佃的官田上，佃客之间的增租竞佃毕竟较少。

除上述外，高利贷也是宋代地主剥削佃客的另一重要方式。地主往往一手收租，一手放债，一人兼用地租和高利贷两种方式进行剥削。《欧阳修全集·居士外集》卷9《原弊》中说："当其（佃客）乏时，尝举债于主人，而后偿之，息不两倍则三倍。及其成也，出种与税而后分之，偿三倍之息。尽其所得，或不能足，其场功朝毕而暮乏食，则又举之，故冬春举食，则指麦于夏而偿；麦偿尽矣，夏秋则指禾于冬而偿也。"

三、佃客的经济和政治生活

在地主的正额地租和名目繁多、花样百出的额外地租以及高利贷的敲骨吸髓般的剥削之下，佃客的大部分土地产品被地主掠夺去了，佃客终年辛劳，所得无几。南宋人卫泾在其《上沈运使作宾书》中说："十月以后，场圃一空，小民所有，悉折而归大家。"这就是佃客在一般年景时的经济生活的真实写照。

由于地主高额地租的剥削，在一般年成，佃客全家一年的口粮尚不够自给，自然更谈不上扩大生产了。为要维持生活，佃客不仅需要自己终年辛勤劳动，而且需要全家老小投入各项紧张的生产活动，特别是依靠副业生产来维持全家最低限度的生活开支。及至遇到凶年饥岁，无以为生，遂被迫以农具或副业生产工具为质，向地主借贷口粮，或者出卖耕牛，或者出卖亲生儿女。而在天灾最为严重，告贷无门之时，佃客就只有逃荒行乞，或是起而斗争①。

地主恶霸为了满足自己贪得无厌的剥削欲望，就往往对佃客施展暴力，强制掠夺。有的地主擅自捆缚佃客逼租，毒刑拷打，如成都府路的地主就常因催租而迫使"耕夫自戕"。因此，佃客和地主之间存在着深刻的阶级矛盾。正如卫博在《定庵类稿》卷4《与人论民兵书》中所说："富家大室，擅兼并之利，诛倍称之息，械系设于私室，椎剥尽于肤

① 参阅《渭南文集》卷34《尚书王公墓志铭》。

髓,贫民下户,仇之到骨。"官府还明文规定,每年十月初一至明年正月卅日之间,为知县受理田主词讼,取索佃户欠租之日。最突出的是,自南宋理宗以后,官府唯地主之命是听,经常在地主的授意之下,直接由州县的"巡尉司"出面,追租讨债,仆仆道途,对佃客极尽迫害之能事。据黄震在《慈溪黄氏日抄分类》卷70中记载,理宗时平江府吴县(今江苏苏州)的巡尉司,经常接到诸司及州县送下的理索私租的"帖牒",每天不下数四,"一帖牒动追数十家,甚至百五六十家"。巡尉司本来不是专替地主催租的机关,而地主为了在农村中更好地作威作福,就凭借其势力"以为毒",常使弓兵五七十人为群,荷刀持枪,搜捕欠租的佃户。"每一户被追,则一保被劫,生生之计,悉为一空"。既而捕到解县,草草审讯,即"押下尉司,托名监租,强干遂阴嘱承监弓手,饥饿杀之"。被捕的佃户往往"但见百人往,不见一人还"。成批无辜的佃户,由于无力清偿欠租,受尽封建官府和地主的侮辱和迫害,终于平白含冤,死于非命。

四、佃客的抗租斗争

见于史籍的较早的一次佃客抗租斗争,发生在北宋神宗成都地区。据《成都文类》卷39《正法院常住田记》记载,北宋神宗时,成都府正法院的"佃甿",执耒辟壤,共得良田四千七百余亩,"寺僧稍欲检察,则其徒辄手棘待诸涂,往往相棒疾濒死"。僧侣地主"检察"佃客新开辟的良田,自然旨在征收地租,而佃客为了保卫自己胼手胝足、惨淡经营而得的土地,拒绝输租,就跟僧侣地主进行了激烈的斗争。

神宗以后,有关佃客抗租斗争的记载渐多。除个别的抗租斗争外,佃客还常常团结一致,共同对付地主,而且还有一定的组织。南宋人吕祖谦在《东莱吕太史文集》卷10《薛常州墓志铭》中说:"〔湖州〕土俗,小民悍强,甚者数十人为朋,私为约,无得输主户租。"又如《陆象山先生全集》卷8《与苏宰》中说江西抚州附近地区租种官田的佃客,因"租课甚重，罄所入，不足以输官"，乃"不复输纳，徒贿吏胥，以图苟免"。"春夏则群来耕获，秋冬则弃去逃藏。当逃藏时，固无可追寻，及群至时，则倚众拒捍"。

佃客中所受地主剥削压迫最重生活最为惨苦的"佃仆"阶层，也纷纷开展抗租斗争和其他形式的斗争。《容斋三笔》卷16《多赦长恶》中即曾记载，南宋高宗时，"婺州富人卢助教，以刻核（覈）起家。因至田仆之居，为仆父子四人所执，投置杵臼内捣碎其躯为肉泥"。

佃客的这种斗争，还常常发展为打击土豪劣绅、恶霸地主的武装暴动。据王柏《鲁斋王文宪公文集》卷20《王公墓志铭》载，南宋理宗时，江西建昌军（今江西南城）"多由富家征取太苟，而民不能堪。是时有罗动天者，怨其主谌氏，相挺劫其家，乘势入县焚毁"。这是佃客罗动天所领导的反对谌姓地主残酷剥削的暴动。袁燮《絜斋集》卷18《汪公墓志铭》载，宁宗时，两浙湖州吴兴县也"有纠合凶人，尽戕主家，而火其庐"的佃客暴动。《宋会要辑稿》兵13之20《捕贼》载高宗绍兴二十四年（1154年），衢州（今浙江衢县）也有佃客俞七、俞八领导的暴动。俞七、俞八"与佃主徐三不足，因集保户，持杖劫夺谷米，不计数目，并擒捉徐三等同往祠神烧香，鸣鼓结集徒伴至一千余人，前去严州界房劫财物，烧毁寿昌县等处仓库、居民屋宇，杀损平民，并拒抗官军"。这次暴动虽然历时不久，随即失败，但仍然给予当时的封建统治以巨大的打击。

佃客的抗租斗争，还常常直接发展成为反抗封建官府的武装暴动。由于在宋代尤其是南宋，封建官府公然为地主催租，百般苛虐佃客，因此佃客的斗争锋芒也就往往直接指向封建官府，迅速形成佃客和官府军队殊死战斗的局面。如前举黄震所记吴县巡尉司勒逼佃客之事，就曾激起佃客"举族连村"地"群起而拒捕"。官府军队"迫愈急"，佃客"拒愈甚"，"非佃伤官兵，则官兵伤佃，否则自缢自溺"，因此"不独田主、租户交相敌仇，而官司、人户亦交相敌仇，善良怵而为奸邪，田里化而为盗贼"。

　　地主用大斗进、小斗出的方式加重对佃客的剥削,也必然会引起佃客的反抗。在南宋理宗开庆间(1259年),秀州德清县爆发了佃客反对地主大斗收租而要求"降斗"的武装起义。事后,官吏黄震在谈到平江府吴县佃客的抗租斗争时,警告浙东路的官吏们说:"府第庄干,多取赢余,上谩主家,下虐租户,刻剥太甚,民怨入骨,往往结集拒捕。顷岁德清县降斗之事,尝烦官兵,今非昔比,尤当预戒。"由于地主及其狗腿"庄干"诛求无已,剥削太甚,佃客怨之入骨,因此往往团结一致抵抗封建官府的拘捕。而德清县的佃客反对地主大斗收租、要求"降斗"的斗争,官府又曾派军队前去镇压,可见这次斗争又直接发展成为佃客反对封建官府的武装起义了。

　　自上所述,可以看出,由于宋代地主阶级不断加重对佃客的经济剥削,除了苛重的正额地租而外,还巧立名目花样翻新地想出了各种额外地租,攫夺了佃客的大部分甚至全部土地产品,因此佃客过着极端贫穷困苦的奴隶式的生活。佃客是占到全国总户数70%强的农村直接生产者,由其所处的经济地位、政治地位、社会地位决定,必然要成为宋代农民的阶级斗争、农民的起义的主力军,成为最坚定的革命者。一部宋代史,自始至终,是农民遭受地主阶级残酷的经济剥削和政治压迫的苦难史,同时又是以佃客为主力的农民反抗地主阶级这种剥削和压迫的英勇斗争史。抗租斗争就是佃客所进行的阶级斗争的一种形式。

(本文刊载于《历史教学》1965年第10期)

"四人帮"歪曲王安石变法历史的险恶用心

  王安石是北宋地主阶级中一位进步的思想家和改革家,他在宋神宗时期实行的变法是地主阶级的一次改革自救运动,其根本目的在于巩固赵宋王朝和地主阶级对农民的长远统治。根本不是如同资产阶级野心家江青所宣扬的那样,是"为了对付外族的侵略,对内反抗高压政策"。这一切都是由王安石变法前北宋社会的主要矛盾决定的。

  王安石变法前夕,宋王朝已经走完了一个多世纪的路程。那时大地主和大商人垄断了许多经济部门,阻碍着社会生产力的继续发展。他们以雄厚的经济力量和政治势力,不断吞并土地,转嫁赋税,残酷地压榨和奴役广大直接生产者——佃客和下户;他们垄断城镇中的商行,残酷地盘剥手工工匠和小商贩,并不断破坏封建官府对茶盐酒等的专卖。随着大地主、大商人势力的发展,从宋真宗开始,宋王朝在政治上对内墨守成规、对外妥协苟安,作为宋朝封建国家机器主要组成部分的军队和各级官府,都在日益腐败。仁宗时,不断募兵,全国禁军、厢军总数一百二十多万人。这支与日俱增的庞大军队,平时缺乏必要的训练,战时纪律松弛,战斗力逐步减弱,因此跟西夏作战往往溃不成军,屡次败北。各级官僚机构也日益庞大,官员不断增加,地主士大夫通过科举、恩荫、纳粟等门路跻入仕途,全国大小官员总计一万七千多人。吏员据估计也有几十万人。他们因循苟且,希荣固宠,坐待升迁,贪污腐化成风,贿赂公行。当时有人指出:"仕进多门,人浮政滥,员多阙少,滋长奔竞,糜费廪禄。"①随着政治上的腐败,冗兵、冗官的巨额消费,使宋王朝陷入了难于摆脱的财政危机。与此同时,宋王朝对西北的强敌辽和西夏,采取了妥协和增加岁币的办法来换取苟安。这就是历来史书所说的宋朝"积贫"、"积弱"局面的一个梗概。

随着宋王朝的日益腐败,不堪地主、官府压迫和剥削的广大农民群众掀起了如火如荼的斗争。农民起义和士兵斗争互相呼应,"一年多如一年,一火(伙)强如一火"。著名的有王伦起义,张海、郭邈山、党君子起义,王则起义等。虽然这些斗争持续的时间都比较短,但给予宋王朝的打击是沉重的。一场革命风暴正在逐步酝酿成熟,宋王朝已处于风雨飘摇、朝不保夕的境地。由此可见宋朝社会的主要矛盾是地主阶级和广大农民之间的阶级矛盾,宋朝和辽朝、西夏统治阶级之间的矛盾并不居于主导地位。

由这一主要矛盾所决定,到宋神宗时期,摆在地主阶级改革家王安石面前的任务,就是用整顿军队和官僚机构、解决封建国家财政危机的办法,来巩固地主阶级对农民的统治。王安石主张使"民不加赋而国用足",就是稍加限制官府对农民的横征暴敛,使农民能够保持最低限度的生活,同时以"善理财"来增加宋王朝的"国用",办法是发展农业和手工业生产,并把大地主、大商人、大官僚的部分"生财之道"收归朝廷。具体措施有免役、青苗、市易、保甲、方田均税、将兵等法。

免役法的制订和推行曾经在官僚集团中激起轩然大波,变法派和保守派为此争论得十分激烈。以司马光为首的保守派主张维持原来的差役法,仍旧轮差乡村人户服役,以王安石为首的变法派则认为"害农之弊,无甚差役之法",主张改为免役。免役法规定,在乡村主户中按户等征收免役钱,随夏秋两税交纳;原来不负担差役的官户、女户、寺

---

① 李焘:《续资治通鉴长编》卷163。

观、未成丁户等,也要交纳役钱定额的半数,叫做"助役钱"。官府就用这两笔钱来雇人充役。此外,各地随定额加征十分之二的役钱,称为"免役宽剩钱",由各地存留备用。免役法实行后,农村上户地主得以免除以前轮差"衙前"役的沉重负担,不再因之而破家荡产。宋王朝在三项役钱的征收中增加了不少收入。

青苗法规定,官府在正月底和五月底之前,按户等高下,分两次借钱给农村和城镇人户,收成后加息二成,随两税交还。据变法派自己说,青苗法的实行是为了抑制"兼并之家"的高利贷剥削,"使农人有以赴时趋事,而兼并不得乘其急"。所谓"兼并之家"就是各地的大地主,他们"常在新陈不接之际",乘农民之急"以邀倍息",残酷地盘剥农民。青苗法规定借贷的限额是第一等户不得超过十五贯,二等户不得超过十贯,三等户六贯,四等、五等户三贯、一贯五百文。一、二等户是农村地主,一般不需要向官府借钱,但借额却最多;四、五等户是自耕农或半自耕农,最需要借钱,但借额却最少。这说明青苗法的主要目的是强使乡村上户地主出息,从他们手中夺取高利贷剥削的利息,为封建国家扩大财源。

市易法也是变法派和保守派争论的一个焦点。各地的商业原由城镇的"兼并之家"即大商人垄断,他们囤积居奇,操纵市场,左右物价,压榨中小商人。市易法规定,由朝廷在京城开封及各地城镇设置市易务,根据市场情况,由市易务决定适当价格以便向商人收购或出售货物;商人向市易务贷款或赊请货物,归还时加纳年息二分。以后又规定,各行商铺按营业额交纳"免行钱",免除行户对官府的各种供应。市易法的实行,既促进商品流通,又把大商人的高额利润收归朝廷,正如王安石所说,从此"货贿通流而国用饶矣"①。这跟青苗法的用意相似。

方田均税法,主要是丈量田亩,清查隐漏,均定田税。大地主肆无

①　王安石:《王临川集》卷41《上五事札子》。

忌惮地兼并土地,隐瞒田产和人口,乡村人户卖掉土地,却仍旧负担赋役。田产不实,赋役不均,官府税收锐减,成为宋王朝深感头痛的问题。方田均税法首先是丈量土地,然后根据土质评定等级,决定税额,造出土地清册。此法实行后,各路清查出大批隐田漏赋,替宋朝增加了一部分税收。

将兵法,是变法派整顿军队的一项重要措施。变法派一面省并军营,裁汰老弱,一面实行将兵法。该法规定,以"将"作为军队的编制单位,使将官"各专军政,州县不得关预"[1]。既提高了武将的职权,又加强了对军队的训练。各将还划分一定的防区,各地区常驻一定的军队,因而加强了封建军队对内统治和对外防御的职能。

以上新法实行的结果,为封建国家扩大了税源,使宋王朝财政的困难局面出现了转机。当时,"中外府库,无不充衍,小邑所积钱米,亦不减二十万"[2]。从朝廷到地方州县,都积聚了大量的钱帛粮食,足足可供宋王朝二十年之用[3]。这时,封建军队经过整顿,战斗力比前也有所提高。

综观上述,可以看出,这次变法是在王安石进步的"三不足"思想的指导下,企图通过"富国强兵"的途径,来巩固地主阶级的统治。在变法期间,以王安石为首的变法派和以司马光为首的保守派之间,曾经在各项新法的制订和推行上,围绕着革新还是保守,前进还是停滞等问题,展开了一次又一次激烈的斗争。这些斗争的实质首先是如何巩固和加强地主阶级对农民的统治,其次才是如何对待辽朝和西夏的威胁。因此,无论从王安石的思想倾向,或者从他制订的新法以及他的变法实践来看,王安石只能是宋朝地主阶级中的一位进步的思想家和改革家,完全没有必要给他戴上别的什么桂冠。"四人帮"及其写作班子肆意歪曲历史,随心所欲地解释存在于宋朝社会的各种矛盾,颠倒矛盾的主

---

① 韩琦:《韩魏公集》卷 19。
② 《宋史》卷 328《安焘传》。
③ 毕仲游:《西台集》卷 7《上门下侍郎司马温公书》。

次,歪曲王安石变法的性质,把它说成主要是为了"对付外族的侵略"、"抗战自卫"的"爱国行动",从而把王安石说成是什么"伟大的爱国主义者"或"杰出的爱国主义者"。这是十分荒谬的。

王安石变法前,封建国家大量招兵,军费激增,出现了严重的财政危机,同时,士兵骄惰,战斗力也逐步削弱。王安石认为"募兵不足恃",为了使"公私财用不匮",确保"宗庙社稷长久",兵制必须"变革"①。变革的措施之一,就是实行保甲法。保甲法规定,乡村民户十家组成保,五十家组成大保,十大保组成都保。从主户中挑选"物力最高"、"最有行止、心力、材勇,为众所服"者二人,即有田有势的地主恶霸充当都副保正,其次者充当大保长和保长。佃客也被编入保甲。主、客户有两丁以上者,必须抽一人当保丁,练习武艺。每一大保夜间轮差五人巡查,遇有"盗贼",击鼓报警,大保长及同保人户都必须出动追捕;同保内有犯"强窃盗"、"杀人放火"、"传习妖教"等案,知而不告,连坐治罪;保内如有"强盗"三人以上居留三天,邻居"虽不知情,亦科不觉察之罪"。这一制度推行的范围很广,内地、边区、汉族和少数民族都有,甚至还把"水居船户"、坑冶的"淘采、烹炼人"、制盐的"灶户"都编入其中。1076 年,全国保甲总计达六百九十多万人。由于地主恶霸完全控制了保甲制的领导权,因而这一支庞大的武装,就完全成为地主阶级的武装,保甲法也就成为地主阶级对农民实行封建专制统治的一项重要措施。王安石对此也说得非常明确,在保甲法制订时,他就预计"保甲之法成,则寇乱息而威势强矣"。在开封府界试行时,保守派冯京对宋神宗说,汉朝张角"能为变",是因为"有部分",现今组织保甲,恐"豪杰有乘之者"。王安石反驳说:"民散则多事,什伍之,则无事。"又说:"自府界立保甲,'贼盗'十减七分。"②这充分说明保甲法的矛头主要是针对广大农民,其实际效果是大大地加强了地主阶级的封建统治。无怪乎在北宋以后,历代的统治阶级,一直到国民党反动派,无不

---

① 李焘:《续资治通鉴长编》卷 221。
② 李焘:《续资治通鉴长编》卷 230。

沿用保甲制度,以此作为压迫城乡人民的一种比较严密的地方政治制度。

"四人帮"的御用写作班子罗思鼎之流颠倒黑白,极力美化保甲法,把保甲法说成"在当时主要是为了造成一支足以抵抗侵略的强大的武装力量,使遭受侵略的当地人民能够奋起自卫",似乎是一种全民皆兵的制度,这就完全抹煞了保甲法的阶级性,掩盖了保甲法的反动本质。显然,这是彻头彻尾的修正主义的谬论。

"四人帮"歌颂唐朝的府兵制,否定北宋的募兵制,更是一派胡言乱语。唐朝中叶以前的府兵制,并不是什么牧歌式的理想制度。府兵制规定,年满二十到六十岁的壮丁,都要应征服兵役,士兵自备甲仗、粮食和衣装,平时存入官库,行军时领取应用。当封建国家长期用兵,大批青壮年农民就被征调入伍,无法从事生产,甚至葬身疆场,严重影响了社会生产的正常进行。不少古代的诗歌和民谣记下了这一制度阻碍农业生产、给农民带来无穷痛苦的情景。唐朝中叶以后,随着社会经济的逐步发展,征兵制渐渐被募兵制代替。到了宋朝,沿袭前代召募士兵的办法来组织禁军和厢军,基本上解除了农民的兵役。兵、农的基本分离,保证农民能够有较多的时间在田间从事劳动,对农业生产的发展是有利的。所以,从府兵制到募兵制的变化,并不是历史的"倒退",而是一种社会的进步。"四人帮"不顾历史事实,硬把宋朝的募兵制说得比唐朝中叶以前的府兵制还要"腐朽落后",把实行募兵制的官员都说成是"顽固派",这完全是颠倒历史。其实,王安石也并没有取消募兵制,不过是组织保甲地主武装和募兵"相参"而已。

在王安石变法时期,宋王朝确实曾经多次主动出兵进攻西夏,但并没有取得如"四人帮"所吹嘘的那种"显著成效"。

"四人帮"的吹鼓手梁效说什么熙宁六年(1073 年)王韶西征河、岷等州的战役,"奏响了胜利的凯歌"。但事实如何呢? 王韶率兵西征,根本没有跟劲敌西夏的军队打过一仗,他所征服的只不过是那里的吐蕃人的许多部族。这些部族,是当时中国境内吐蕃族的支系,在宋以前就聚居在这一带,宋朝人称为"生羌"或"西蕃"。这些部族跟宋朝境内的汉族人民有着比较密切的联系,但跟宋朝或西夏官府都十分"隔绝"①,只有少部分归附宋朝或西夏。同时,这些部族彼此尚未联合,处于各自分散游牧或务农的状态。王韶主要是通过"招抚"手段征服了这些分散的部族,并不是像罗思鼎、梁效所宣扬的那样是宋朝"长期失陷的大片领土"或"沦没二百余年之旧疆"。不过,这总也算宋王朝的"胜利"了。

然而,在这一时期,宋朝跟西夏作战却打了两次大败仗。第一次是元丰四年(1081 年),第二次是在元丰五年(1082 年)。这两次大战,宋王朝由于指挥不灵及其他原因,被西夏打得狼狈不堪,损失严重,遭致惨败。"四人帮"的写作班子对这些历史事实视而不见,避而不谈,却只向读者宣传王韶经营熙河一带的战绩。其目的无非是企图造成一种假象,即王安石从王韶"奏响了胜利凯歌"后,似乎对西夏不断取得军事上的胜利,这样一来,王安石变法对抗西夏的"成效"就显著起来了。显然,这是不符合历史事实的。

列宁说:"在社会现象方面,没有比胡乱抽出一些个别事实和玩弄实例更普遍更站不住脚的方法了"。"四人帮"正是这样干的。他们不是从事实的全部总和与相互关系来研究王安石变法的阶级实质和历史作用,而是随心所欲地抽出一些个别事实和实例,极力夸大这次变法的次要方面即对抗辽、夏的一面,抹煞这次变法的主要方面即加强对广大农民统治的一面,从而廉价地赐给王安石一顶不伦不类的"伟大的"或"杰出的""爱国主义者"的桂冠,又硬给保守派头子司马光扣上一顶非驴非马的"卖国主义者"或"民族败类"的大帽子。他们这种置历史事实于不顾,信口雌黄的卑劣伎俩,充分说明了他们一伙所坚持的正是地主资产阶级的唯心主义历史观。

"四人帮"歪曲王安石变法的历史决不是偶然的,而是为他们阴谋

---

① 李焘:《续资治通鉴长编》卷 230。

篡党夺权制造反革命舆论。他们一方面通过美化、抬高王安石来比附自己，往自己脸上贴金，标榜他们一伙是坚持正确路线的"爱国主义者"，当代的"法家"，一方面又以批司马光为名，大批宰相，影射攻击敬爱的周总理和中央其他领导同志，妄图把老一辈的无产阶级革命家统统打倒，进而篡党夺权，复辟资本主义制度。这就是他们歪曲篡改历史的罪恶目的。

（本文刊载于《文史哲》1977 年第 4 期）

论北宋末年的梁山泊农民起义和宋江

　　中国封建社会发展到宋代,开始进入了一个新的历史阶段。广大农民反抗地主阶级的斗争,呈现出新的面貌。反对地主阶级残酷的经济剥削、争取社会财富的平均分配和争取社会平等权利的革命纲领,正式写上了宋代几次规模较大的农民起义的旗帜。农民阶级的斗争形式更是多种多样,从逃亡、抗租、抗税抢粮,到规模较大的武装起义,用各种方式反抗地主阶级的残酷剥削和压迫。农民阶级的反抗斗争遍布宋代各地。各种形式的斗争的次数,据初步统计,达到三百余次以上,其次数之多,在中国封建社会历史上是空前的。

　　在宋代三百多年的时间里,在农民阶级三百余次以上的斗争中,北宋末年宋江领导的梁山泊农民起义,不过是这些起义中规模较小的一次。只是由于南宋以后地主阶级的渲染,尤其是明代以后《水浒》小说的广为传播,才使这次起义在民间产生深刻的影响,成为家喻户晓的故事。因此,有必要进一步弄清梁山泊农民起义的经过、规模、宋江叛变投降、参与镇压方腊等问题,并对宋江本人及其领导的农民起义作出正确的历史评价。

宋江起义的经过

　　宋代梁山泊周围的农民和渔民曾经多次进行反抗封建统治的武装斗争。以宋江为首的起义是其中的一次。

宋江等人大约从1119年(宋徽宗宣和元年)十一月开始举行起义。《宋史·徽宗纪》记载,宣和元年十二月甲戌(二日),宋徽宗下诏:"京东东路盗贼窃发,令东、西路提刑督捕之。"李埴《皇宋十朝纲要》说,宣和元年十二月丙申(二十四日),下诏"招抚山东盗宋江"。这是关于这次起义爆发时间的最早记载。估计在这一年十一月这支起义队伍就开始活动了,所以到十二月初宋徽宗就下令"督捕"。

1120年(宣和二年)十月,方腊领导的两浙农民揭竿而起,声势浩大,进展迅速。稍后,知亳州侯蒙向宋徽宗献计说,宋江的起义军"横行齐、魏",官军数万,没有人敢抵抗,不如赦免宋江,让他去征讨方腊以赎罪过。齐州就是济南府,魏州就是大名府,前者属京东东路,后者属河北东路。说明起义军这时已由京东东路进入河北东路。因为起义军的活动基地在东平府境内的梁山泊,宋徽宗就任命侯蒙知东平府,让他去招降宋江。但侯蒙没有到任就病死了。同年十二月,宋徽宗调曾孝蕴去知青州,原因是京东"贼"宋江等在青、齐、单、濮四州地区活动。曾孝蕴去青州的任务就是镇压宋江的起义军。说明宋江的起义军已经从河北东路大名府一带转入京东东路的青州及京东西路的濮州和单州。接着,起义军沿汴水方向南下,进入京东东路境内,进攻淮阳军。随后,又北上向沂州进发。张守《毗陵集》记载,知沂州蒋圆"修战守之备,以兵扼其冲"。起义军被阻不得前进,向蒋圆交涉借道。蒋圆假意应允,实际拖延时间,侦察得起义军粮食已尽,立即出其不意"督兵麾击"。起义军战败,向北退入龟、蒙山区。此后,起义军向东进发,到密州一带的沿海活动。据葛胜仲《丹阳集》王登墓志铭和汪应辰《文定集》王师心墓志铭记载,王师心任海州沭阳县尉时,宋江等人由京东"浮海来寇"。这说明宋江的起义军在京东密州一带夺得了船只,渡海向南,进入海州沭阳境。在这里,起义军与官军发生激战,起义军不幸战败。

1121年(宣和三年)二月,起义军向楚、海州界进军。《宋史》和《东都事略》张叔夜传说,宋江起于河北,"转掠十郡,官军莫敢撄其锋"。知海州张叔夜预先派出间谍侦察起义军的动静,得悉起义军"径趋海濒,劫巨舟十余",便召募"死士"一千人,在近城处埋伏起来,又出动轻兵在海边十多里处,大张旗帜,引诱起义军下船交战,还派出身强力壮的兵卒潜伏在近船的海边。宋江的起义军终于中了张叔夜的奸计,上岸与官军酣战,被官军抢上巨舟放火。起义军见巨舟被焚,"皆无斗志",张叔夜的伏兵乘机出动,起义军大败,宋江的副手被俘。在军队溃散、身陷困境的严重时刻,宋江背叛了革命事业,向张叔夜屈膝投降。《三朝北盟会编》所引张叔夜《家传》也记录了这一事件。《家传》说:张叔夜出守海壖即海州时,突然遇到"剧贼",即"遣兵斩捕,贼势挫衄,相与出降"。张叔夜因而受到宋朝统治者的褒奖。《宋会要辑稿》说,同年五月三日,宋徽宗下诏奖励知海州张叔夜,因张在任时"能责所部斩捕贼徒,声绩著闻,寇盗屏迹",因而"进职一等,以为诸郡守臣之劝"。梁山泊的这支起义军,在宋江叛变投敌以后,就此宣告瓦解。

宋江起义的规模

过去有的同志把宋江领导的梁山泊农民起义的规模局限于三十六人。根据之一是《宋史·侯蒙传》记载,侯蒙曾向宋徽宗上书说,宋江以三十六人"横行齐、魏",官军数万不敢抵抗,推测宋江"才必过人"。根据之二是南宋以后流传的《宣和遗事》和宋末元初龚开所撰《宋江三十六赞》等,都说宋江以下只有三十六人。

其实,宋江领导的起义军不可能仅仅三十多人。如果认真分析一下有关文献,就不会得出"只有三十六人"的结论。侯蒙说,宋江以三十六人打败了数万名官军,似乎宋江真有特别超人的"天才"。但是,根据一般常识,三十六人跟数万名军队对敌,三十六人显然是难以取胜的。《宋史·张叔夜传》记载,宋江在海州遭到官军的袭击之前,曾经"劫巨舟十余(艘)",如果宋江手下只有三十多人,也难以控制这十余艘巨舟。

根据南宋初葛胜仲所撰王登墓志铭，我们认为宋江的起义军的规模曾经达到数千人之多。王登墓志铭说，"（王）师心为海州沭阳尉，遇京东剧贼数千人，浮海来寇。公（王登，师心之父）适就养在邑，命引兵邀击境上，馘渠首数十人，降其余众，一道赖以安堵。"对照汪应辰所撰王师心墓志铭："（王师心任）海州沭阳县尉……河北剧贼宋江者，肆行莫之御，既转略京东，径趋沭阳。公独引兵要击于境上，败之，贼遁去。"可知所谓京东"剧贼"就是宋江领导的起义军。在宋代的史籍中，当宋江的起义军活动在河北路时，就被污蔑为河北"剧贼"；当出现在京东路时，就被污蔑为京东"剧贼"。王登墓志污蔑起义军为京东"剧贼"，正说明这支起义军原来在京东路活动，这跟王师心墓志所说宋江的起义军"既转略京东，径趋沭阳"是一致的。当然，在王师心墓志中宋江的起义军被污蔑为河北"剧贼"，这是因为起义军早先曾经在河北路活动过的缘故。在王师心一生的仕宦生涯中，任海州沭阳尉时打败过宋江的起义军，是他"发迹"的开端，他因此而升官发财。如果王登墓志说的京东"剧贼"是指另外一支农民军，王师心墓志的作者肯定会大书特书，描绘一番，决不可能只字不提。既然这两篇墓志记载的两支农民起义军实际上就是同一支起义军，那末这支起义军肯定就是宋江领导的梁山泊农民军。所以，宋江的起义军的规模不仅是几十个人，而是数千人，所谓三十六人当是起义军大小领袖的总数。另外，起义军首领的总数也不是自始至终固定不变的，这三十六人的数字只能表示起义军打到济南府和大名府一带时首领的总数。回过头来，再看一下这一支规模为数千人的起义队伍，曾经转战四路十州，打败宋朝数万官军，并夺取十余艘巨舟，这才是完全可能而且符合事实的。

宋江叛变降宋

肯定宋江最后投降的历史记载，大致上可以分为三类。
第一类，是宋代的正史和别史的有关记载。

《宋史·徽宗纪》确定张叔夜在海州"招降"宋江,时间是宣和三年二月。《张叔夜传》则比较详细地描述这一经过情形,最后说宋江的起义军中了张的埋伏,"(宋)江乃降"。这是断定宋江在1121年二月降宋的有力证据。《宋史》成书的时间较晚,但元代人在编纂此书时,曾经大量采用宋代各朝的"国史"、"正史"的材料,而这些"国史"、"正史"可以说是记录宋代各朝历史的头手材料。尽管《宋史》编纂时间较短,书内存在不少谬误,但绝大部分材料还是可信的。

李埴《皇宋十朝纲要·徽宗纪》,在记述宋朝宣和元年十二月下诏"招抚"宋江后,又在第三年二月庚辰(十五日)条说宋江接受张叔夜的招抚而"出降"。李埴的这两条材料,连同以后宋江参与对方腊起义军镇压的记载,实际上转录自他父亲李焘的《续资治通鉴长编》,而李焘的这部编年巨著的这一记载比较可靠。这一点我们将在下一部分详细论述。

王偁在宋孝宗时期编写《东都事略》时,也曾大量利用"国史"的材料。据洪迈推荐王偁的札子说,王偁采用的资料,"其非国史所载而得之于旁搜者居十之一,皆信而有证,可以据依"。就是说,十分之九的资料得自"国史"。王偁所撰《张叔夜传》,其内容跟《宋史》张传大同小异,都说宋江最后降宋。当然,王偁在《徽宗纪》里,把宋江"就擒"的日子定为宣和三年五月丙申(三日),比《十朝纲要》和《宋史》要晚三个月,显然有误。原因是他看到五月三日宋朝褒奖张叔夜的诏书,以为宋江的投降也在此日,就大书"宋江就擒"于此日之下,不免张冠李戴。

第二类,是宋代人的家传。

《三朝北盟会编》曾经引用张叔夜的《家传》。这一《家传》收录了张叔夜1127年(宋钦宗靖康二年)初的几篇札子和奏疏。其中《督战勤王及劝都关中,以病乞致仕宫观札子》说:"臣本无技能,徒以片文只字,误历华近。逮出守海壖,会'剧贼'猝至,偶遣兵斩捕,'贼'势挫衄,相与出降。蒙恩进秩。"跟《宋史》、《东都事略》张叔夜传对照,张在知海州时,遇到的"剧贼"唯有宋江这支起义军,而且宋江等确实是在海州"相与出降"的。这篇札子出自张叔夜之手,应该说要比后人给他写的传记更为可信。这也是断定宋江最后降宋的有力证据。

第三类,是宋代人写的墓志铭。

张守《毗陵集》蒋圆墓志铭也肯定宋江降宋。该墓志写于 1135 年(宋高宗绍兴五年),离宋江投降不过十五年。墓志说,蒋圆因为击败宋江的起义军并迫使宋江最后"投戈请降",被提拔为开封少尹,宋徽宗曾向蒋"问宋江事",蒋"敷奏始末"。不久,蒋又奉旨审讯方腊。据《宋史》等书记载,童贯将方腊押到开封、举行献俘仪式,是在 1121 年七月二十六日,八月二十四日方腊就义。这说明宋江的最后投降最迟到这年七八月以前,否则蒋圆怎么可能向徽宗"敷奏始末"呢?

葛胜仲《丹阳集》王登墓志铭,认为宋江是在海州沭阳投降的。这一墓志写于 1127 年(靖康二年),离宋江降宋仅六年。但据汪应辰《文定集》王师心墓志,宋江在沭阳尚未投降,而是"遁去"。王登和王师心父子的两篇墓志的不同说法,究竟哪一篇可信呢? 在宋代,由于地主、官僚"碑碣稍众,有力者多辇金帛,以祈作者之谀",因此"往往文过其实"。墓志的作者只会夸大墓主的"功绩",而决计不会抹煞或缩小墓主的"功绩"。这早已成为宋代地主阶级流行的恶劣风气。据此不难看出,王师心墓志关于宋江在沭阳"遁去"的记载,比较可信,而王登墓志的作者实际上受当时写墓志的文过饰非风气的影响,为了替王登表功,不惜把曾经击败宋江一事,膨胀为全歼起义军并迫使宋江投降。

从以上三则材料可以看出,尽管个别材料出于种种原因,其记载跟事实有所出入,但不能因此而否定大部分材料的可靠性。根据这些材料,我们认为宋江最后叛变投降是肯定无疑的。

宋江叛变后参与镇压方腊起义

宋江在海州叛变投敌、断送梁山泊这次农民革命以后,是否参与宋朝官军对方腊起义军的镇压,是大家较为关心的问题。

　　首先，必须回答宋江后来是否成了宋朝官军的将领。按照北宋末年以后统治阶级的作法，把农民军中向宋朝投降的首领改编到官军中去，是常有的事情。据《建炎以来系年要录》记载，南宋初占据兴州、"僭号称帝"的史斌，本来是"宋江之党"。可能就是当年宋江手下三十六名首领之一。但据《宋史·卢法原传》，史斌又被宋朝称为"叛将"。这表明史斌随从宋江投降宋朝后曾当过官军的将领，南宋初年又反正了，因此被称为"叛将"。既然史斌已经当了官军的将领，作为史斌上级并带头投降的宋江更可能成为官军的将领。

　　其次，有的同志断定宋江投降后根本没有去征方腊，认为南宋史学家李焘所撰《续资治通鉴长编》有关宋江的记载不可信。我们认为，这种结论是站不住脚的。

　　研究宋代历史的人，都知道李焘的《续资治通鉴长编》保存了宋太祖到钦宗时期一百六十多年最丰富的史料。李焘着手准备编写《续资治通鉴长编》的时间离北宋灭亡还不到十几年，所采取的资料有实录、日历、会要、正史、御集、宝训、敕令、百司指挥等官方史料，还有百家小说、私史、家传、文集、奏议、行状等私人著作。在编写宋神宗到钦宗这段历史时，李焘认为这一部分"比治平以前特异，宁失之繁，无失之略"，同时主张对不同的史料作出判断，"无使各自为说"，这样才能"传信无穷"。李焘以毕生的精力，完成《续资治通鉴长编》这部编年巨著，网罗浩博，考订精审，所以此书以内容该详渊博见称。如果离开此书，研究宋代的历史必然会遇到很大的困难。

　　李焘在记载北宋许多次农民起义的过程时，所采择的史料比一些私史、笔记小说相对而言要更加符合实际。比如对方腊起义，不少私史、笔记都有一些歪曲事实的记录。关于方腊的籍贯、出身，据近年发现的《桂林方氏宗谱》，方腊本是安徽歙县人，因贫穷到浙东淳安县大地主方庚家做雇工。这是比较可靠的记载。但宋代有些私史、笔记，都把方腊当做淳安县人，是漆园主，当过里正。《续通鉴长编》就没有这类颠倒黑白的记载。如《续通鉴长编》说方腊起义后"杀里正方有常"，据《方氏宗谱》，方有常正是方庚的父亲。按照宋朝的规定，只有地主土豪才能担任里正或都副保正。可见李焘对方腊起义的记载要比其他私史、笔记准确一些。

在宋江领导的梁山泊农民起义问题上，李焘的记录同样也是比较可信的。南宋杨仲良根据《续资治通鉴长编》编写的《通鉴长编纪事本末》"讨方腊"条记载，宣和三年四月戊子（二十四日），宋朝东路军王禀等人攻陷睦州，即将到达方腊起义军的发源地帮源峒，这时西路军刘镇等人也已攻陷歙州，驻军峒后。刘镇的一路，由刘镇领中军，杨可世领后军，王涣则"统领马公直并裨将赵明、赵许、宋江既次峒后"，王禀的一路，由王禀将中军，辛兴宗将前军，杨惟忠将后军，"总裨将王渊、黄迪、刘光弼等，与刘镇合围夹击之"。李焘把宋朝东、西两路大军的主将、裨将都交代得清清楚楚，并没有勉强塞进去一个宋江名字的迹象。这些裨将的名单也不是李焘凭空虚构的，他们的名字在另外一些史籍上还出现过。

宋江1121年二月在海州投降，当了宋朝将领后，又是如何到达两浙的呢？由童贯率领的宋朝十多万大军离开京畿奔赴两浙的时候，还在这一年正月上旬。二十一日童贯到达镇江。这时宋江尚未投降，所以宋江不可能随童贯的大部队一起南下。《三朝北盟会编》所引《中兴姓氏奸邪录》，把宋江列入童贯最初率领南下的大军将领的名单里，是不分时间先后的笼而统之的记述。这种记述方法，使读者造成错觉，以为宋江是跟随第一批宋朝军队去征方腊的。因而有的同志就怀疑有关宋江征方腊的记载不是事实，甚至怀疑这些记载中出现的"宋江"二字是后人擅自添加的。其实，宋朝官军除了童贯率领南下的第一批以外，还可以有第二批、第三批。《宋会要辑稿》记载，自1121年三月十七日起，宋徽宗曾陆续派遣三支部队去两浙征讨方腊的"浙东余党"，这几支部队的人数都在二三千上下。这一记载证明，方腊起义军的英勇抵抗，杀伤了大批官军，使宋朝感到兵员不足，所以继续派遣一些小部队前去支援。宋江既已在二月向宋朝投降，当了官军的将领，就可能在二月以后跟一些小部队一起被派到两浙去,参与对方腊起义军的血腥屠杀。

在宋朝官军血洗帮源峒后,1121 年六月宋江又曾纠合辛兴宗,攻陷方腊军的上苑洞。李埴《皇宋十朝纲要》记录了这一事件。李埴是李焘的次子,他根据李焘的《续通鉴长编》撰成《皇宋十朝纲要》,这部书实际上是《续通鉴长编》的节本或目录。所以,李埴关于宋江纠合辛兴宗攻陷上苑洞的记载,不过是《续通鉴长编》原文有关部分的提要。杨仲良在编写《通鉴长编纪事本末》时,没有把宋江的事迹列为专题,大概认为宋江及其领导过的起义规模不大、影响较小,所以《续通鉴长编》中关于宋江的材料就没有多少保存下来。幸而在《通鉴长编纪事本末》"讨方腊"部分,仍然保留下宋江参与血洗帮源峒的罪行,李埴的《十朝纲要》记下了宋江勾结辛兴宗攻陷上苑洞的历史,才使宋江这个叛徒兼刽子手的真相大白。

历史证明,革命的叛徒在出卖灵魂向敌人纳款投降后,便转入了反革命的营垒。有些叛徒为了取信敌人,还不惜把同志献给敌人作见面礼。鲁迅先生曾经痛斥某些"奸商者",指出他们原来是"革命的骁将","杀土豪,倒劣绅,激烈得很",但当革命遇到困难,"一有蹉跌,便称为,'弃邪归正',骂'土匪',杀同人,也激烈得很,主义改了,而仍不失其骁。"(《答杨邨人先生公开信的公开信》)宋江就是鲁迅先生所说的这类"奸商"。既然他能在革命成败的关头,向敌人屈膝投降,并摇身一变,当了敌人的将官,主子命令他远征方腊、"带罪立功",他必定感激涕零,无不从命。而且为了表示"忠心",必定会卖力地去屠杀原来的阶级兄弟。

宋代历史上,类似宋江这种由叛徒到刽子手的角色数见不鲜。尤其是从北宋末年开始,因为农民阶级的斗争风起云涌,统治阶级的力量相对削弱,统治阶级对各地此起彼伏的农民起义经常采用"以贼制贼"的手法。当时民间流传的一些谚语,如"仕途捷径无过贼,上将奇谋只是招";"欲得官,杀人放火受招安";"要高官,受招安,欲待富,须胡做"，反映了统治阶级一手屠杀、一手招安的反革命两手政策。鲁迅先生曾经引用其中的一句，并指出"这是当时的百姓提取了朝政精华的结语"。统治阶级依靠这套伎俩，曾经把不少农民起义镇压下去。南宋初，洞庭湖畔爆发了钟相、杨太领导的农民起义。宋朝一面调遣重兵进行围攻，一面多次派人"招安"，收买叛徒，进行瓦解。最后，终于在起义军内部物色到黄佐、杨钦等人。黄佐在投敌后，继续潜伏在起义军中，进行破坏活动，不久即发兵袭击起义军另一将领周伦的水寨，杀死起义军不计其数。之后，又引诱起义军中最"骁悍"的将领杨钦，使杨钦接受宋朝的"招安"。杨钦降宋时，不仅"感激不自胜"，而且还怨恨投降得晚。此后，杨钦就任宋朝鄂州水军统制，四出镇压起义农民。1165 年，杨钦受命前往湖南郴州镇压李金领导的农民起义。杨钦受宠若惊，对起义农民"穷追深入"，大肆屠杀起义军的骨干，还帮助当地的财主们向农民反攻倒算，"复故田宅以千数"。杨钦的例子充分说明，革命的叛徒，为了博得主子的青睐，必然跪伏在主子的脚下，吠影吠声，对革命人民心狠手毒，无所不用其极。从杨钦看宋江，宋江在投敌后参与对方腊起义的残酷镇压就不足为怪。宋江投敌，参与镇压方腊起义，是他叛卖农民起义的必然发展。

宋江是否"诈降"？

有的同志根据 1939 年陕西省府谷县出土的《宋故武功大夫、河东第二将折公（可存）墓志铭》，认为宋江 1121 年二月向张叔夜投降是"为了保全被俘伙伴的性命曾一度诈降"，他"后来又反正了"。这一结论是值得商榷的。

折可存墓志记载："方腊之叛，（折可存）用第四将从军，诸人藉才，互以推公，公遂兼率三将兵，奋然先登，士皆用命，腊'贼'就擒，迁武节大夫，班师过国门，奉御笔，捕'草寇'宋江，不逾月，继获，迁武功大夫。"按此记载，在宋朝镇压方腊起义后，折可存"班师"回京，奉宋徽宗

"御笔"去追捕"草寇"宋江，不到一个月，就把宋江捉住了。据刘一止《苕溪集》杨震墓碑，杨震曾跟随折可存在血洗帮源峒后，追剿起义军另一名领袖吕师囊，直到黄岩县断头山将吕师囊活捉。再据明代弘治及清代同治《温州府志》，同年十月，宋朝官军"大兵四合"，"擒吕师囊，'群盗'悉平"。这表明黄岩断头山之战是宋朝官军和方腊起义军之间最后一次激战，从此起义军全部被镇压下去。折可存参加了这次战役。由此估计，折可存所部"班师"在这一年的十月以后，宋江最后被捕的时间则应更晚一些。

这里出现三个问题，一是折氏墓志是否有记载失真之处？二是如果不能否定墓志记载的真实性，那末宋江既然已经效忠宋朝，宋徽宗又为什么要派折可存去捉他？三是即使宋江后来真的反正了，应该如何看待他前一段当叛徒和屠杀两浙革命农民的历史？

从宋代的官衔、北宋末年的历史以及折可存的简历等方面考察，这篇墓志似乎没有任何记载失真之处，就是折可存"奉御笔"追捕宋江一事，根据现有史料，也不能肯定它不是事实。

在承认这篇墓志记载真实的前提下，我们认为，这篇墓志中关于宋江的记载虽然是十分简单的，但只要对这些记载结合宋江的前一段历史进行科学的分析，仍然可以得出比较符合事实的结论。对于宋江这个叛徒来说，既然他决心叛变投敌，后来又死心塌地紧跟宋朝官军参加对两浙革命农民的大屠杀，双手已沾满了革命人民的鲜血，犯下了累累罪行，他就完全站到了统治阶级一边，很少可能突然"天良发现"，

幡然悔悟，重新"落草"，如同有的同志说的"又反正了"。而且在两浙时，如果他过去真是向宋朝"诈降"，就必然会在战场上反正，投身到方腊起义军去。不该等到把方腊起义军斩尽杀绝，再回到北方去反正。"兔死狗烹"，历来是反动统治阶级惯用的伎俩。宋朝统治阶级从来是"猜忌武人"的，对"才必过人"和曾经当过"剧贼"的宋江也不能不疑信参半。一旦方腊起义平息，宋江这条走狗业已失去作用，为了杜绝后患，宋朝统治者极为可能向这个奴才开刀，指令折可存前去捕杀，把

他送上断头台。之后，又赐给他一个"草寇"的罪名，从而结束了他当叛徒的可耻的一生。退一步说，即使宋江真如有的同志所说"后来又反正了"，但也不能把他前一段时间当叛徒和屠杀两浙革命农民的罪恶历史一笔勾销。革命与反革命，投降与不投降，从来就有一条严格的界限。封建统治阶级是革命农民的敌人。革命队伍的实力和农民群众的生命既不能用向封建统治阶级乞求的办法保存，更不能用投降的办法来保存，只能依靠群众的智慧和英勇的斗争来保存。凡是对敌人放弃斗争、解除武装和屈膝献媚的行动就是丧失革命气节，就是变节投降。这里面不存在什么"诈降"。宋江在海州向敌人解甲求降，哪一处表现出有"诈"的意思？宋江唯敌人之命是从，不遗余力地去两浙残杀革命农民，哪一处表现出有"诈"的味道？

宋江和梁山泊农民起义的历史评价

中国人民的光荣斗争传统是反抗阶级压迫、反抗民族压迫的革命传统。宋代历史上许多可歌可泣的革命斗争正是这种传统的继续。宋代几次著名的农民起义，如北宋初川陕的王小波、李顺起义，北宋末两浙的方腊起义，南宋初湖北的钟相、杨太起义，以及宋江以后梁山泊农民的多次起义，这些起义坚持反抗封建制度，继承和发扬了中国人民的光荣斗争传统，成为鼓舞后人战斗的榜样，其影响是很深远的。把宋江及其领导的这次起义跟这些起义作一一比较，就能对宋江及其领导的这次起义作出正确的历史评价。

北宋初王小波、李顺提出了鲜明的"均贫富"的革命口号，建立了"大蜀"政权，改元"应运"，深受广大农民群众的拥护，起义军迅速发展成拥有数十万人的革命大军。跟宋江同时，两浙的方腊也建立了革命政权，自称"圣公"，建元"永乐"，起义军扩大到百万人以上。在宋江稍后几年，洞庭湖畔的钟相、杨太利用广阔的洞庭湖水面，与敌人展开了悲壮激烈的战斗，钟相自称"大圣天王"，改元"天载"，响亮地提出了

"等贵贱,均贫富"的战斗纲领,起义军发展到几十万人。在梁山泊地区,宋江领导的起义队伍瓦解后,当地农民和渔民继续向宋朝地主阶级的黑暗统治以及金朝奴隶主贵族展开斗争。1124年(宣和六年),知东平府蔡居厚残杀当地革命农民五百多人,说明当地农民的革命斗争始终没有停止。1125年(宣和七年),金朝奴隶主率军南侵,梁山泊的渔民和农民在张荣领导下,组织起拥有舟师数百人的队伍,进行抗击。以后又发展到上万人、增加船只几千艘,曾转战到泰州,俘、杀金军四千多名。这些起义无不把斗争的矛头直接指向封建政权及奴隶主贵族,指向皇帝,跟封建地主阶级及奴隶主贵族进行针锋相对的斗争,表现了敢把皇帝拉下马的大无畏精神,代表着农民起义中的革命路线。这些起义虽然失败了,但革命英雄的光辉业绩,万世长存。他们用生命和鲜血换取了当时社会的进步,建树了伟大的历史功勋。王小波、李顺、方腊、钟相、杨太以及梁山泊一些无名的农民领袖,他们有的在战场上英勇捐躯,有的在被俘后慷慨就义,他们赤诚的革命忠心,磅礴的革命气慨,在农民革命的历史上永远放射着不朽的光芒。

同一时代,同一历史条件,甚至同一地理条件,在几次农民起义或几支农民军中却出现了两种截然不同的领导人物,推行着两条完全相反的路线。一种人英勇斗争,坚贞不屈,从容就义,坚持革命到底;另一种人贪生怕死,叛卖变节,沦为可耻的叛徒。

跟王小波、李顺等农民英雄坚持的革命路线相反,宋江代表着另外一条路线。在梁山泊树起义旗以后,宋江没有领导起义军去建立农民的革命政权,也不曾提出任何政治的或经济的战斗口号,而且在起义后不久,就指挥起义军离开了良好群众基础和优越地理条件的活动基地——梁山泊,抛弃了自己队伍中拥有许多渔民、善于水上作战的长处,采用"流寇"式的作战方式,致使自己无法扩大队伍、补充损失,无法在群众中扩大影响,以致只能在战斗中疲于奔命,逐步削弱自己的力量。由于宋江的错误领导,起义军虽然曾经转战四路十州,打败数万官军,使地方官吏纷纷避匿,但从来没有攻下一州一县,没有杀伤宋朝官军的有生力量,也没有镇压多少官吏和地主,对宋朝封建统治的打击犹如蜻蜓点水,是比较轻微的。

正当宋江带领起义军由京东向淮南进发的时候,两浙方面方腊起义军刚占领杭州。革命力量迅速发展,革命声势威震东南,宋朝官军的主力已大部分投入两浙战场,京东等路"郡县无备"。这时如果宋江能利用这种有利形势,率领数千名义军向西疾奔,旌旗直指汴京,则将造成对宋朝的严重威胁,反过来也会减轻方腊起义军所受的压力,使宋朝处于南、北两支农民起义军夹击的境地,北宋末年局势必将大大改观,但宋江没有能利用这种有利的形势,却仍旧带领起义军踯躅于京东和淮南沿海一带,最后不可避免地被宋朝官军所击败。梁山泊起义军的覆灭,使宋朝得以腾出手来集中兵力去对付方腊,给方腊起义军带来了很大的困难,从而加速了"永乐"革命政权的失败。

在革命遭到失败、个人生命受到威胁的关键时刻,宋江没有经受住考验,终于向敌人俯首就缚,堕落成为农民革命的可耻叛徒,并且充当鹰犬,参与对两浙革命农民的血腥屠杀,进一步变为血债累累的刽子手,成为作恶多端的历史罪人。

宋江及其领导的这次起义,在瑰伟壮丽的中国古代农民战争的史册上,本来并不占有重要的和突出的地位。只是由于以它为历史背景的古典小说《水浒》的广泛流传,才在民间造成深刻的影响。《水浒》中的宋江是一个出卖农民革命的投降派。历史上宋江的事迹虽然没有像小说描写的那样典型,但宋江这个曾经是起义军的领袖、后来又堕落成为叛徒和刽子手的面目却是比较清楚的。

(本文刊载于《中国农民战争史论丛》第 1 辑,

山西人民出版社 1978 年版)

北宋王小波、李顺起义的几个问题

　　北宋初年川峡地区爆发的王小波、李顺起义，是中国封建社会中一次著名的农民起义。本文试就这次起义的社会背景、历史作用、失败原因、李顺的下落以及"王鸬鹚"的本名等问题作一探讨。

起义的社会背景

　　在中国封建社会中，凡是规模较大的农民起义，一般都发生在一个封建王朝的末期。但是，"众号百万"①的王小波、李顺起义，却在九六五年北宋灭亡后蜀不到三十年就揭竿而起，这是什么原因呢？

　　原来北宋初年，川峡地区（宋太宗淳化四年，宋朝全国划分为十六路，川峡地区称西川路和峡西路）是宋朝地主阶级和农民阶级矛盾最为尖锐的地区。

　　在唐末黄巢起义的过程中，革命农民严重地打击了大批的"衣冠"、"公卿"，即世族大地主。所谓"衣冠悉遭屠戮"，"天街踏尽公卿骨"②，正是这些寄生虫遭到起义军无情打击的生动写照。所以，在黄巢起义后，那些"历任数百年，冠冕不绝"的世族大地主，在大部分地区完全没落了。

　　这时，唯有川峡地区是个例外。唐僖宗广明元年（880年），黄巢率

---

① 张咏：《乖崖先生文集》卷8《上官正神道碑铭》。
② 韦庄：《秦妇吟》。

领起义大军逼近长安,唐僖宗惊慌逃窜,进入西川。各地侥幸逃脱起义军惩罚的世族官僚也纷纷聚拢到唐僖宗的周围。五代时期,唐朝的"衣冠之族多避乱在蜀","蜀主礼而用之,使修举故事,故其典章文物有唐之遗风"①。因此,川峡地区的世族官僚地主逃脱了农民大起义的扫荡,保留了比其他地区较为落后的生产关系。北宋初年,世族官僚仍旧过着穷奢极侈的腐朽生活。正如有的诗描写的那样,"奢僭极珠贝,狂佚务娱乐。虹桥吐飞泉,烟柳闭朱阁"。"斗鸡破百万,呼卢纵大噱。游女白玉珰,骄马黄金络"②。这些世族地主不分昼夜地斗鸡喝酒、游山玩水,是一伙地地道道的靠着吸吮劳动人民血汗为生的寄生阶级。

　　这些世族豪户往往拥有大批的"旁户",供他们奴役和剥削。"旁户"是具有何种身份的农民呢?《宋史·刘师道传》说:"川陕(应作峡)豪民多旁户,以小民役属者为佃客,使之如奴隶,家或数十户,凡租调庸敛,悉佃客承之。"《宋会要辑稿》说:"巴庸(应作蜀)民以财力相君,每富人家役属至数千户,小民岁输租庸,亦甚以为便。……旁户素役属豪民,皆相承数世。……"③说明"旁户"是隶属于世族豪户的"小民",他们租种世族豪户的土地,除向世族豪户交纳地租以外,还负担官府的赋税和徭役。世族豪户跟旁户的关系是一种强制关系,世族豪户对待旁户可以像对奴隶一样随意使唤,旁户要承担极为沉重的劳役地租。旁户和世族豪户的这种关系,已经延续了好几代,至少在五代甚至在唐朝末年就是如此。据《宋会要辑稿》另一条材料记载,"旁户"又称"旁下客户"④。如果这一"旁"字是依傍的"傍","旁户"就是一种依附户或投靠户。

　　总之,"旁户"即"旁下客户",是一种人身隶属关系比较严格的佃客,其社会地位从形式到实质,都比较接近于农奴,或者就是农奴。旁

---

① 《资治通鉴》卷266,后梁太祖开平元年九月。
② 《乖崖先生文集》卷2《悼蜀四十韵并序》。
③ 《宋会要辑稿》刑法2之5《禁约》。
④ 《宋会要辑稿》食货69之68《逃移》。

户对于世族豪户的这种隶属关系,之所以会"相承数世",是因为川峡地区未经唐末农民大起义的扫荡,因此,当北宋初年大部分地区的佃客对于地主的人身隶属关系稍有松弛的时候,川峡地区的旁户的身份地位依旧保持着唐朝末年的情形。

落后的生产关系是生产力进一步发展的障碍。人身隶属关系较为严格的旁户制度,不能不束缚着川峡地区社会经济的发展。广大旁户,作为农村的直接生产者,由于世族豪户的残酷压迫和剥削,处在社会的底层,过着贫穷困苦的生活。不仅如此,旁户还直接遭受官府的压榨,承担"租调庸敛"。农村生产者直接受到世族豪户和官府的双重压迫和剥削,这在其他地区还是不多见的。

北宋初年,川峡官府的赋役剥削极为苛重。张俞说,宋太宗"淳化之际,经制烬矣,赋税不均,刑法不明,吏暴于上,民怨于下"①。石普说:"蜀乱由赋敛苛急,农民失业。"②在两税、支移、折变等"常赋"以外,官府还设置"博买务",征调各州农民织作布帛,并禁止商人贩卖和农民出售。于是贪官污吏"析及秋毫",而"兼并者"得以"释贱贩贵",乘机投机倒把③。因此,不仅迫使许多小商贩失业,更严重的是阻碍了川峡农民家庭手工业的正常进行。川峡农民主要是旁户,本来就因世族豪户的残酷压榨,"耕稼不足以给",只得依靠家庭副业——手工纺织来维持最低限度的生活,而"博买务"垄断了布帛,"兼并者"得以大肆活动,这就断绝了旁户的最后一条生路,即使一些农村下户也大多"失家田业"④。

地主阶级的残酷压榨,使川峡农民的生活陷入绝境,甚至连维持简单再生产也成为不可能。广大农民对地主恨之入骨,正如张俞所说"民怨于下",农民和地主的阶级矛盾一直处于尖锐、紧张的状态。

宋太宗淳化四年(993年)春天,川峡遇到旱灾,"物价涌贵",但

①　庞仲荣等:《成都文类》卷22,张俞:《送张安道赴成都序》。
②　《三史》卷324《石普传》。
③④　曾巩:《隆平集》卷20《妖寇王小波》;见《皇朝编年备要》卷4。

"所利唯剥削"的宋朝官员不仅不予接济,反而继续督促州县横征暴敛,这样,就把逐步激化了的阶级矛盾推向顶点。因此,当王小波在青城领导许多饥民揭出义旗时,农民起义的星星之火立即燃成了燎原之势。

起义的历史作用

王小波、李顺领导的川峡农民,从淳化四年二月发动起义,到淳化五年(994 年)五月成都被宋军攻陷,战斗了一年零三个月。这是起义的高潮时期。接着,张余在嘉州等地坚持斗争了十个月。随后,起义进入低潮,王珂等人又在邛、蜀等州苦斗了一段时间。如果以至道二年(996 年)五月为起义最后失败的时间,那末这次起义共持续了近三年零四个月。

在这三年多的岁月中,川峡地区在王小波、李顺、张余等人的领导下,发生了翻天覆地的变化。起义军镇压了许多"害物贼货"的贪官污吏,处死了大批"素役属旁户"的世族豪户,侥幸活命的也被驱赶出当地,成为逃亡地主。起义军杀死贪官污吏、世族豪户,"不知纪极";川峡的地主"肝脑涂地",他们"人心恐悚",不寒而栗。起义失败以后,一些世族豪户聚居的城市,出现了"瓦砾积台榭,荆棘迷城郭。里第锁苔芜,庭轩喧燕雀"的荒凉景象。那些多少年来过着腐朽淫逸生活的"骄奢民",竟然"不能饱葵藿"①! 事实证明,经过王小波、李顺起义,川峡的世族地主受到了沉重的打击。这是王小波、李顺起义的第一个历史作用。

广大旁户积极参加起义军,成为起义军的基本力量。史称:"李顺之乱,皆旁户鸠集"②。

旁户们奋起杀死了世代压榨他们的世族豪户,挣脱了束缚他们父

① 《乖崖先生文集》卷 2《悼蜀四十韵并序》。
② 《宋史》卷 304《刘师道传》。

祖和自己的人身隶属关系的枷锁，获得了解放。起义失败以后，宋朝地主阶级对参加过起义的旁户进行了惨无人道的阶级报复，成千上万的旁户牺牲在"杀人如戏谑"的刽子手的屠刀下，旁户的鲜血洒遍川峡的土地，致使长江之水变赤。

尽管如此，由于起义军已经杀死了大批世族豪户，因此即便在起义失败以后，这些世族豪户原先役使的旁户，仍然保持着起义时取得的平民的身份。针对这种情况，宋太宗至道二年八月二十八日曾下诏"制置剑南、峡路诸州旁户"①。原因是有人上奏书，提出"李顺之乱，皆旁户鸠集"，建请"释旁户，为三耆长迭主之，畴岁劳，则授以官"②。言下之意，要求朝廷承认许多旁户已经取得的平民身份，予以解放。

这里，对于"释旁户"的"释"字，必须作一说明。1977 年中华书局出版的标点本《宋史》，依据百衲本，"释"字作"择"。如果"择"字是对的，那末从字面上解释，"择旁户"就是从旁户中挑选三人，轮流担任耆长，统治其他旁户，然后根据劳绩，授以官职。但事实证明，这一"择"字显然是误字，这种望文生义的解释也是站不住脚的。因为，第一，北宋初年，农村基层组织废乡称"管"，每管设三名耆长（即"三大户"）、户长。耆长"主盗贼、词讼"，户长"主纳赋"③。耆长必须是乡村第一、二等上户地主才有资格担任，耆长下属有壮丁，轮差第四、五等下户④。旁户作为农村最底层的劳动者，根本不可能担任耆长。第二，根据这条材料，在"上言者"之后，又记载宋太宗"遂下诏，令州县责任乡豪，更相统制三年，能肃静寇盗，民庶安堵者，并以其豪补州县职以劝之"。《太宗皇帝实录》至道二年八月丙寅条也记载："遂下诏，令州县检责，俾乡豪更相统驭三年，能肃静寇盗，民庶安堵者，并以其豪署州县职以劝之。"⑤表明只有"乡豪"才能"统制"旁户，然后论功升补州县的官职。

① 《宋会要辑稿》刑法 2 之 5。
② 《宋史》卷 304《刘师道传》，清乾隆四年校刻本。
③ 《宋会要辑稿》职官 48 之 25《县官》开宝七年条。
④ 赵彦卫：《云麓漫钞》卷 12。
⑤ 《太宗皇帝实录》卷 78。

由此可见，既然旁户不可能担任耆长，"上言者"就不会向宋太宗建请"择旁户为三耆长"，因此"择"当是误字，应从清乾隆四年校刻本作"释"字。

宋太宗在下达诏书后，据上引《宋会要辑稿·刑法》至道二年记载，又派职方员外郎时载、监察御史刘师道乘驿传带诏书赴川峡"谕旨"。回京后，时载等复奏："旁户素役属豪民，皆相承数世。一旦更以他帅领之，恐人心遂扰，因生他变。"宋太宗以为然，"其事遂寝"。这一记载与《宋史·刘师道传》基本相同。《宋史·刘师道传》说："师道以为迭使主领，则争忿滋多，署以名级，又重增扰害，廷奏非便，卒罢之。"这说明，宋朝官府的解放旁户、委任乡村土豪轮流"统制"等措施，后来都没有实行。

虽然如此，川峡许多农民在起义中摆脱旁户的身份而获得的平民地位业已成为既成事实，这是不易改变的。从宋太宗以后，有关旁户的文献记载骤然减少，似乎当时已经不存在旁户了。人们一谈起川峡农村的直接生产者，就只说"客户"或"浮客"如何，跟宋朝其他地区并无太大的差别。唯一记录川峡仍然存在旁户的，是宋仁宗皇祐四年（1052年）颁发的敕文："施、黔州诸县主户壮丁、寨将子弟（等）、旁下客户、逃移入外界，委县司画时（计）会所属州县追回，令著旧业，同助（祗应），把托边界。"①这一敕文说明，皇祐四年夔州路施州和黔州还存在着一定数量的旁户，这些旁户跟主户的壮丁、寨将的子弟等劳动者一样，处于相同的社会地位，官府禁止他们自由迁移，如果私自迁移，各县必须负责派人追回，令归旧业。施、黔等州之所以依然存在着一定数量的旁户，是因为这些地区"界分荒远，绵互山谷，地旷人稀"②。社会经济的落后，使这些地区仍旧保留着比较落后的社会关系，地主豪强必须依靠比较残暴的超经济强制，才能剥削直接生产者的全部剩余劳动和部分

---

① 《宋会要辑稿》食货 69 之 68—69《逃移》开禧元年（1205 年）六月二五日条。括号内字系据同书食货 69 之 66《逃移》淳熙十一年（1184 年）六月二十七日条补入。

② 《宋会要辑稿》食货 69 之 68—69《逃移》。

必要劳动。

旁户的逐步消失，以至只在边远的州县才存在一定的数量，这一事实说明：经过王小波、李顺领导的农民起义，大批旁户获得了人身自由。在起义失败以后，朝廷否定了有人提出的正式解放旁户，从法律上承认这一既成事实的建议；同时，宋朝又下诏允许"民能倍租入官者，皆得占其田"，豪右得以"广射上田"①，因此，大批旁户虽然获得人身自由，但是由于无田无地，最后又不得不沦为豪右的佃客。当然，这种佃客对于地主的人身隶属关系，要比原来的旁户松弛得多。促使川峡地区绝大部分旁户消失，代之以一般佃客，这就是王小波、李顺起义的第二个历史作用。

王小波在领导青城等地农民起义之初，就明确提出"我疾贫富不均，今为汝均之"②的纲领来号召群众。此后，在川峡广大农村里实行了"均贫富"的措施。起义军把"素役属旁户"的"富人大姓"叫到农民面前，勒令他们交出所有财粟，"据其生齿足用之外，一切调发"，用来救济贫苦农民③。及时地解决了"自来衣食借贷"的贫苦农民的经济要求。起义军对那些抗拒"调发"的地主，发动当地农民起来检举，然后进行搜查。地主阶级文人污蔑起义军"剽劫财帛"，"劫掠民家财货"，"诛求无厌"④，正表明起义军确实贯彻了"均贫富"的措施，才引起地主士大夫这样的仇恨。在起义失败以后，地主阶级对川峡农民进行了反攻倒算，但是，仍然有不少农民被宋朝视为"胁从徒党"，因而"宥而不问，放令归农"。有不少地主也在起义中被杀或被逐。这样，就出现了黄休复《茅亭客话·奢侈不久》中描写的这种情形：有些农民在起义时分得的地主的"金帛"，暂时被保存下来，有些人还比较富裕。但是，好景不常，"不一（一本作"十"）数年，灾厉疾疫，公私争讼，相继而作，财

---

①　欧阳修：《居士外集》卷12《谢涛墓志铭》；尹洙：《河南先生文集》卷12《谢涛行状》。
②　《皇朝编年纲目备要》卷4。
③　沈括：《梦溪笔谈》卷25《杂志二》。
④　黄休复：《茅亭客话》卷6《奢侈不久》、《金宝化为烟》。

物稍尽,车马屋宇皆为他人所有,其贫如初"。这一记载说明,在地主阶级反攻倒算之余,有相当数量的农民保持了起义时争得的胜利果实,而且保持了一段时间。相当数量农民的经济地位在一定时间内得到改善,这是有利于川峡地区农业生产发展的。宋代川峡地区的社会经济获得继续发展,与此密切有关。这就是王小波、李顺起义的第三个历史作用。

王小波、李顺提出的"均贫富"的战斗口号,对于中国封建社会中、后期农民的阶级斗争,有着深远的影响。诚然,"均贫富"的思想并不是王小波、李顺首次提出的,五代南唐时,黄梅县民诸佑在组织农民准备起义时,提出过"使富者贫,贫者富"①的思想。这一思想跟王小波、李顺"吾疾贫富不均,今为汝均之"的提法实质上并无多大差别,不过,王小波、李顺更明确地提出了均平的主张,这就比诸佑前进了一步。所以,认为王小波、李顺起义第一次明确提出了"均贫富"的革命主张,是比较符合事实的。"均贫富"的革命主张,以铿锵有力的语言,喊出了贫苦农民的心声,集中地反映了受尽压榨的贫苦农民的迫切要求,起到了鼓舞和组织贫苦农民向地主阶级进行不屈不挠斗争的作用。此后,南宋初年洞庭湖畔的钟相、杨么起义又在王小波、李顺"均贫富"主张的基础上,进一步提出了"均贫富,等贵贱"的革命纲领。从此,开始了中国封建社会中农民起义的新的历史阶段。这是王小波、李顺起义的第四个历史作用。

王小波、李顺起义推动历史发展的主要的作用,概括地说,就是它沉重地打击了川峡地区封建制度比较腐朽落后的环节,促使大部分带有农奴身份的生产者从历史上消失,代之以人身依附关系稍为松弛的佃农,从而促进了川峡社会经济的发展,使川峡在各个方面都赶上宋朝其他地区的步伐。从这个意义讲,这次起义是唐末黄巢起义的继续和终结。这次起义提出的"均贫富"的战斗口号,又为以后的农民战争指

---

① 陆游:《南唐书》卷11《陈起传》。

出了新的方向,从而开始了中国封建社会农民起义的新阶段。

起义的失败原因

跟中国封建社会中其他农民起义一样,王小波、李顺起义由于农民的阶级和历史的局限性,不能巩固和长期保持自己的革命政权,因此必然要走向失败。但是,李顺的"大蜀"政权正式建立以后之所以只坚持了不到半年时间,主要是因为这次起义的地方性质和由此产生的战略上的错误而造成的。

淳化五年正月,起义军攻克西川路首府成都后,李顺以宋朝的官制为蓝图,自称"大蜀王",设置中书令、太保、枢密使、知州等官职。从李顺"大蜀王"的称号,可以看出李顺并不打算推翻整个宋朝的封建统治,而只想占领西南一隅,当一个川峡地区农民的好皇帝。李顺这种只在当地进行革命活动、不愿出外斗争的地方主义思想,不能不在战略上产生保守、被动的错误,从而束缚自己的手脚,加速起义的失败。

在起义军几乎占领整个川峡,掀起这一地区农民斗争的高潮时,李顺没有集中重兵,越出西川范围,发动全国广大农民、手工业者起来造反,而仅仅派出数千人的兵力①去攻打川峡北上的门户——剑关,准备固守川峡。因此,不仅剑关没有攻下,而且秦陇一带赵包领导的数千名起义军也无法入川,最后被宋军镇压了下去。这时,李顺却派出二十万大军围攻梓州,连续八十日不下,坐失消灭敌人的良机,于是给宋朝地主阶级以充分的时间,从京畿抽调大批经过中央集权而增强了战斗力的禁军,分水、陆两路前往镇压。由陆路而来的军队顺利地越过了剑关而闯入西川。

在宋军重兵进入西川后,李顺依然没有集中兵力去消灭宋军的有

---

① 《续通鉴长编》卷35、《宋史》卷271《郭延浚传》、《宋史》卷308《上官正传》、《宋朝事实》卷17《削平僭伪》等均作起义军数千人攻剑门,《宋史纪事本末》卷16《蜀盗之平》、《隆平集》卷18《上官正传》作数万人。今从前说。

生力量,却继续分兵据守各个城市,这就给宋军以各个击破的机会。于是宋军接连攻陷绵、阆、巴、蓬、剑等州,并步步进逼"大蜀"政权的首府成都。宋军包围成都,随即发起进攻。在宋军的重重包围之下,起义军用生命和鲜血进行了顽强的抵抗,最后因寡不敌众、给养不足,成都终被攻破,守城的十多万起义军大部分壮烈牺牲,李顺也在战斗中殉难。

李 顺 的 下 落

在宋军攻陷成都以后,农民军领袖李顺的下落如何,是历史上的一个悬案。

据《续通鉴长编》记载,在宋军攻破成都时,"获'贼'帅李顺及伪枢密使计词、吴文赏等。"《宋史·太宗纪》、《皇宋十朝纲要·太宗》、《皇朝编年纲目备要》、《宋朝事实》、《隆平集》等史籍,也无不在此日下书"禽李顺"、"获'贼'李顺"、"获顺"等,肯定这时俘获了李顺。但是,宋朝在何时、何地杀害李顺的呢?以上这些史籍大多不曾提及,或语焉不详,使人费解。《隆平集》说:"擒顺,献首,余党招捕无遗。"[1]说明李顺在被俘后,并没有被押解到开封,而在某地被宋军杀害了。据《通鉴长编纪事本末·李顺之变》说,淳化五年五月丙子,"李顺、支党卫进、计词、吴文赏、李俊、徐师中、吴利涉及其徒芒荣等十二人,并磔于凤翔市"[2]。《宋史·太宗纪》也说:"磔李顺党八人于凤翔市。"[3]但没有时间。按照宋代编写史籍的习惯,对宋军所获农民起义军首领,总要书写处死的时间。既然宋军俘虏了李顺,就不会不记录处死的日子,何况《通鉴长编纪事本末》连处死李顺的将领卫进、计词等人的时间也都记载了。所以,结合上引《通鉴长编纪事本末》、《宋史》两条材料,准确的理解是:在淳化五年五月丙子,宋军把李顺及其将领卫进、计词等十二

① 《隆平集》卷 20《妖寇王小波传》。
② 《通鉴长编纪事本末》卷 13。
③ 《宋史》卷 5。

人（一作八人）以酷刑杀害在凤翔。

在宋朝统治阶级看来，宋军在成都俘获并在凤翔处死的李顺是确然无疑的。但耐人寻味的是，宋军在凤翔匆匆地处死李顺等人后，仅将李顺之首献给朝廷。所以，此后不久，在官场和民间对于官军所捕杀的李顺是否正身，就出现了种种传说和怀疑。比如，带御器械张舜卿曾向宋太宗密奏："臣闻顺已遁去，诸将所获，非也。"宋太宗大怒，说："平'贼'才数日，汝何从知之？徒欲害人功尔！"几乎将张舜卿处死①。宋太宗不愿别人对李顺一案提出怀疑，以免引起官员们尤其是派往川峡的官员们对李顺及其领导的起义军的恐惧心理和胡思乱想。

但是，在当时的官场中，李顺的存与亡仍然是一个谜。宋真宗天禧元年（1017 年）十一月，离淳化五年共二十三年，广州民李延志与兵士许秀等饮酒，李延志谈及王均和王小波造反经过，于是许秀等怀疑李延志就是李顺，即向州官告发。州官将李延志捕送开封。枢密院"以真获李顺称贺"，御史台"劾问得实"，肯定不是真李顺，即将李延志刺配安州，许秀等杖脊遣返原地②。这一事件无异是等于宋朝统治者自己供认。他们对于二十三年前捕杀的李顺是真是假，一直疑信参半，虽然对朝廷内外讳莫如深，但又极其敏感，所以一旦出现又一个李顺时，立即满朝震动，部分人还信以为真。

李延志事件发生后二十年左右，即宋仁宗景祐间（1034—1038年），又有人告发李顺仍在广州。巡检陈文琏捕得，认定这是"真李顺"，年已七十多，"推验明白，囚赴阙，覆按皆实"。朝廷以"平蜀将士功赏已行，不欲暴其事"为理由，"但斩顺，赏文琏二官，仍阁门祇候"。沈括于上述记载之后，又说：陈文琏在康定（1040—1041年）间老归泉州，"余尚识之。文琏家有《李顺案款》，本末甚详"。"顺得脱去三十余

---

① 王明清：《挥麈后录》卷5《黄巢、明马儿、李顺皆能逃命于一时》。
② 《续通鉴长编》卷90、《宋史》卷311《吕夷简传》、《五朝名臣言行录》卷6之1《丞相许国吕文靖公》。另，陆游《老学庵笔记》卷9所记与此不同，认为天禧初抓获的李顺是真，吕夷简反对公开杀顺，故仅在狱中处死。今不取。

年,乃始就戮"①,沈括的记述十分详尽,而且言之似乎有理,但如果仔细推敲,就会发现其中颇有漏洞。据沈括所说,宋仁宗景祐间在广州捕获的"李顺"是七十多岁的老翁,这时上距宋太宗淳化五年已整整四十多年,由此推算,李顺在淳化间仅三十多岁。宋代还没有发明照相技术,陈文琏根据什么来证明那个七十多岁的老翁,就是四十多年前的年轻人李顺呢?即使找到了证人,有谁能够完全记住四十多年前李顺的外貌呢?这是漏洞之一。李顺继承王小波的遗志,领导川峡农民斗争,建立"大蜀"政权,事实证明他是一位视死如归的勇猛战士。在成都失陷后,"大蜀"政权虽然遭到重大损失,但成都城十里以外仍控制在起义军之手,接着,起义军将领张余又在嘉、戎、泸、渝等八州浴血奋战了十个月,这时如果李顺仍然健在,以他"大蜀王"的声望,必然比张余等人更有号召力,他也决不会甘心去过隐居的生活。这是漏洞之二。由于存在这些漏洞,不能不使人对沈括的记载表示怀疑。当然,也不排斥这样一种可能,如同李延志曾经参加过王均起义一样,陈文琏捕得的那个"李顺"可能是参加过李顺起义的一位将士,因为他参加过起义,对起义的情形比较了解,所以在供词中对起义谈得较多,而且多所赞美,因此,在沈括的记录中也就出现了肯定李顺一些措施的言词。

　　既然在起义失败后宋朝捕获的三个"李顺"都不是真的,那末,李顺的下落究竟如何呢?从淳化五年二月初,开始担任陕府西路至西川随军转运使的工部郎中刘锡是最好的见证人。刘锡曾经跟随宋军一起攻陷"大蜀"政权的首府成都,亲身经历了这场鏖战②。数年以后,他写了一篇《至道圣德颂》,其中叙述宋军攻陷成都时李顺的下落说:"李顺力屈势穷,藏于群'寇',乱兵所害,横尸莫知,既免载于槛车,亦幸逃于枭首。"③说明在起义军保卫成都时,李顺跟广大战士并肩战斗,最后被宋军"所害",但其遗体下落不明。刘锡的这段话所以值得重视,是因

---

① 《梦溪笔谈》卷25《杂志二》。

② 《续通鉴长编》卷35。

③ （明）杨升庵:《全蜀艺文志》卷45。

为第一,刘锡身历其境,所记系耳闻目睹;第二,如果刘锡贪功邀赏,应该迎合宋太宗的观点,不至于跟宋太宗唱反调,既然他敢这样说,就证明他必有所据。因此,按照刘锡所说,李顺在成都失陷时被宋军乱兵杀害的可能性比较大些。

"王鸬鹚"的本名

至道元年二月张余牺牲后,起义军余部在"王鸬鹚"领导下重整旗鼓,继续战斗。《续通鉴长编》至道二年五月己未条说:"时'贼'党王鸬鹚复聚集剽略,伪称'邛南王'。"①《宋史·石普传》说:"顺余党复寇邛、蜀,伪称'邛南王'。"表明"王鸬鹚"在邛、蜀二州活动。从"王鸬鹚"的名字看,"鸬鹚"可能是姓王的起义军首领的外号,或者是宋朝地主阶级对他的污蔑之词。根据《宋史·曹克明传》,至道二年,曹克明曾率领一支宋军自雅州返回邛州,"遇'贼'王珂,战于延贡镇。"曹克明几乎被王珂率领的起义军所活捉。从活动的时间和地点分析,王珂很可能就是邛南王"王鸬鹚"的本名。

（本文刊载于《南开学报》（哲学社会科学版）1979 年第 1 期）

---

① 《续通鉴长编》卷 39。

历史上的宋江是否投降尚难定论

不久前,史学界就历史上的宋江起义问题展开了讨论。吴泰同志在《历史上的宋江是不是投降派?》[①]一文中,提出了历史上的宋江最后投降宋朝,并参与攻打方腊起义军等看法。在此前后,邓广铭、李培浩同志发表了《历史上的宋江不是投降派》[②]和《再论历史上的宋江不是投降派》[③]等两篇论文,主要认为宋江既未接受过宋朝的招安,又不曾攻打过方腊,宋江不是投降派。吴泰同志和邓、李二同志的看法截然对立,不分轩轾。

我们在编写《中国通史》第五册(人民出版社,1978 年 4 月版)时,也曾采用宋江在海州叛变降宋的说法。嗣后,不少读者来信询问,在有关宋江是否投降的几种说法中,究竟哪一种比较可信。

为此,我重新研究了史学界目前所掌握的全部史料,我认为,宋江是否投降过宋朝的问题,由于史料较少,而且互相抵牾之处甚多,现在一定要作某种十分肯定的结论,是比较困难的。吴泰同志和邓、李二同志的两种不同的看法,虽然都能自圆其说,但在一些重要论点上又都不能做到凿凿可据,不可避免地存在一些漏洞,从而影响了文章的说服力。因此,与其勉强作出结论,不如暂时存疑,留待以后进一步发掘史料。

---

① 载《光明日报》1978 年 6 月 8 日。
② 载《社会科学战线》1978 年第 2 期,以下简称《前论》。
③ 载《光明日报》1978 年 8 月 1 日,以下简称《再论》。

下面，我就宋江未投降说和投降说一一进行剖析。

首先，宋江未投降说。这一说法存在着两个问题不易解决。第一个问题，是宋江的最后结局不清楚，不能担保宋江最后一定不是投降派。

邓、李二同志在《再论》中认为："在北宋一代的官私案牍记载当中，全都没有说宋江曾接受北宋王朝的招安"，所以，"宋江不是投降派"。他们的立论依据主要是两条史料，即北宋末范圭撰《宋故武功大夫、河东第二将折公（可存）墓志铭》和元代徐植之撰《忠义彦通方公（庚）传》。折可存墓志铭说，在宋朝官军镇压方腊起义军后，折可存部官军"班师过国门，奉御笔：'捕草寇宋江。'不逾月，继获。"方庚传说："是年，宋江三十六人猖獗淮甸，未几，亦就擒。"邓、李二同志认为，折可存墓志铭是"关系到宋江起义军最终结局的一份最原始、最确实的材料"，方庚传又是"一篇应该受到重视的文字"（《前论》）。假定这两条史料都是准确无误的，同时，又假定《东都事略》、《宋史》、《皇宋十朝纲要》等史籍关于宋江接受知海州张叔夜招安的记载都是南宋人编造出来的，那末，人们不禁要问：宋江在被折可存部宋军擒获后，是坚贞不屈而就义，还是屈膝投降而偷生呢？他真正的最终结局是如何呢？上述两条"最原始、最确实的"和"应该受到重视的"史料，并没有回答这个问题。

值得注意的是，跟许多农民起义失败后领袖被官军捕杀不同，特别跟同一时期的农民起义领袖方腊在被俘后英勇就义不同，宋江在被擒后，所有史料都没有宋江被杀的记载。

因此，我认为，上述两条史料没有解决宋江的最终结局问题。如果邓、李二同志所说"宋江在被北宋官军击败俘获之前，一直是把反抗北宋王朝的斗争坚持进行着的"（《再论》）是正确的，那末，他们进而作出的"宋江不是投降派"的结论，就未免过早。试问，有什么确凿史料，能够证明宋江在失败被擒后一定不投降呢？

第二个问题，是有些重要论点缺乏必要的史料依据，所以难于成立。

邓、李二同志批评吴泰同志的文章，"是过多地凭借主观想象和推理推论写出来的"，文章中"到处都是'可能'、'很可能'……等类语句。"（《再论》）但是，细读他们的两篇文章，也发现他们的某些重要论点，照样缺乏如同他们对吴泰同志所要求的"确凿的历史资料"。跟吴泰同志不同的是，他们使用了"必即是"、"应只是"、"必也是"、"唯一可能的"、"完全合乎情理的"等等比较肯定的语句。

邓、李二同志反复强调："进入南宋时期后"，"宋江的声名已经洋溢乎各地，他已变成一个传奇式的人物"（《再论》）。在南宋孝宗乾道六年（1170年），"宋江已成为传奇式的人物"（《前论》）"所谓宋江受招安，只不过是南宋时人根据已被演为传奇的故事，写进官私著作里罢了"（《前论》）。他们以此作为自己否定南宋史籍中关于宋江投降记载的主要理由。但是，遗憾的是，他们在两篇文章中，都没有拿出一条史料来证明这个观点。按理，应该讲明，进入南宋后，宋江的声名怎样"洋溢乎各地"，又怎样变成一个"传奇式的人物"的；尤其是在这些"传奇式"的"故事"和"小说"里，宋江被描写成怎样的角色，是投降派，抑或革命派；李焘在宋孝宗淳熙四年（1177年）前编写《续通鉴长编》宋徽宗、钦宗部分时，王偁在淳熙十三年（1186年）前编写《东都事略》时，又是怎样"乐于相信"和"采取"这一"已经被编造出来，而且已经极为流行"的宋江"受招安"之说的。我相信，要找到证明早在宋孝宗乾道六年，或淳熙十三年以前，宋江已成为"传奇式的人物"的故事、小说等历史资料，其可能性是微乎其微的。

现在知道的有关宋江的故事或小说，只有《宣和遗事》和周密《癸辛杂志续集》卷上龚开撰《宋江三十六人赞》两种。《宣和遗事》中的宋江故事，确实把宋江描写成接受宋朝"招谕"的投降派，但它只是南宋末年到元初的作品。周密和龚开都是南宋末人，龚开《宋江三十六人赞·序》说："宋江事见于街谈巷语，不足采著，虽有高如李嵩辈传写，士大夫亦不见黜。"李嵩做过南宋光宗、宁宗、理宗三朝的画院祗候（见元代庄肃《画继补遗》卷下)。据龚开《序》,李嵩曾经以宋江为题材作画。但是,仍然不能肯定,李嵩的画中究竟把宋江描绘成怎样的角色。这里,也不排除这种可能,即李嵩所作宋江画,主要依据《东都事略》和《宋史》的张叔夜传。我认为,不光要看到民间的传闻、故事和小说对于历史记载的影响,还要看到历史记载对于民间的传闻、小说和故事的影响,而后一种影响往往是经常发生的。

　　邓、李二同志正是依据这种证据不足的宋江"传闻",来考订南宋的一些史籍。他们认为,葛胜仲《丹阳集》卷13《承议郎王公(登)墓志铭》,记述王登之子王师心作海州沭阳县尉时,"遇京东剧贼数千人,浮海来寇。公(王登)适就养在邑,会引兵邀击境上,馘渠酋数十人,降其余众,一道赖以安堵"。这篇墓志"因为是北宋末年所撰,只说是'剧贼'","没有牵涉到宋江"(《前论》)。但是,汪应辰《文定集》卷23《显谟阁学士王公(师心)墓志铭》就不然。这篇墓志铭记载:"时承平久,郡县无备,河北剧贼宋江者,肆行莫之御。既转掠京东,径趋沭阳。公(王师心)独引兵要击于境上,败之,贼遁去。"他们认为,这篇墓志"系南宋孝宗乾道六年所写,由于当时宋江已成为传奇式的人物,汪应辰就根据传闻在'剧贼'之后加上宋江之名……"因此,"汪应辰的记载是不真实的"(《前论》)。使人诧异的是,一再要求别人"依靠确凿的历史资料"立论的邓、李二同志,竟然也没有拿出一条像样的史料来证明汪应辰是怎样根据"传闻"、根据什么样的"传闻"来随意添加"宋江之名"的。既然找不到确凿的史料,就不应该否认汪应辰所撰这篇墓志的真实性。否则,这不正是典型的"凭借主观想象和推理推论写出来的"吗?

　　邓、李二同志在对张守所撰蒋圆墓志作错误考释①时,还断定墓志所述蒋圆打败宋江起义军后,"余众北走龟蒙间,卒投戈请降"一句,"在语法上是很不通顺的",认为"投戈请降"一语"缺少了主词"。因而,他们解释"北走龟蒙间"的"余众","必即是指这支起义军的主力而

---

① 邓、李后来纠正了这一错误,见《社会科学战线》1978年第3期。

言",而"投戈请降"的,"则应只是指少数被他俘获的人"(《前论》)。我认为,这也是一种缺乏根据的臆测之词。因为,第一,从语法上讲,张守这一句话本来很通顺,没有什么毛病。主词就是起义军的"余众","卒"是副词,作终、竟解释(《诗·邶风·日月》:"畜我不卒。"《史记·郦生列传》:"秦任刑法不变,卒灭赵氏。"卒,释为终),"卒投戈请降"就是终于放下武器投降。邓、李二同志在解释时,对比较关键的"卒"字避而不谈,而随意给"投戈请降"一语添上了一个"少数被他俘获的人"的主词。这不能不歪曲了张守的原意。第二、张守这篇墓志,清楚记述蒋圆任开封府少尹时,曾向宋徽宗"敷奏"宋江起义的"始末"。从墓志的前后文看,所谓"末"就是指宋江起义军的"余众"北撤到龟蒙地区,最后向宋朝"投戈请降"。自然,所谓"请降"只是略叙起义军的最终结局,但地点不一定就在龟、蒙。如果事实正如邓、李二同志所说那样,起义军的主力一直在龟、蒙地区活动,没有向宋朝投降,何来起义军之"末"! 蒋圆胆敢向宋徽宗谎报军情吗? 由此不难看出,邓、李二同志在这里虽然使用了"必即是"、"应只是"等似乎证据充足的肯定之词,但却毫无根据,同时,给史料随意添加主词的做法,也是不妥的。

邓、李二同志还把《桂林方氏宗谱》卷7《忠义彦通方公(庚)传》,作为宋江不曾降宋和征方腊的有力证明。元代人徐植之所撰这篇传记,涉及宋江事迹的仅仅十七字。可是因为它的节次紧接在方腊起义失败以后,所以邓、李二同志据以立论,证明宋江不仅没有接受张叔夜的招安,而且没有参与攻打方腊。他们认为,徐植之在写方腊传时,"是以一些与方庚生前活动直接相关的原始材料作依据的"(《前论》)。徐植之依据了哪些"原始材料"呢? 他们没有向读者交代。人们不禁会问:元朝人能够看到的"原始材料",为何南宋人反而看不到? 这些材料"原始"到什么程度? 他们曾经责问吴泰同志:为什么对《宋会要稿》"不肯置信","而偏要凭空悬揣我们所已不及见的《日历》、《时政记》等书可能有这样那样的记载"(《再论》)? 可是,在这里,他们也凭空悬揣徐植之依据了今天已不及见的什么"原始材料"。此外,方庚传中这十七字的记载，究竟有多大的史料价值，也是值得怀疑的。它所叙宋江事迹实在很笼统，也没有记载宋江开始造反的时间和经过，所记仅仅紧接在宣和三年（1121年）"八月丙辰，（方腊被）腰斩于市。所破州县，渐复枚宁。"之后，叙述"是年，宋江三十六人……亦就擒"。按此记载，似乎宋江在宣和三年才开始造反，当年被宋军擒获。显然，这与邓、李二同志在《前论》中提出的宋江起义开始于大观四年或政和元年的说法，相差了十年多。与一般说法（宣和元年十二月稍前），也相差了一二年。当然，也可以理解为它只是记述宣和三年的事迹，所以不涉及以前。不过，这正证明我以上对这十七字的评价是正确的。还有一点，跟没有讲明宋江开始造反的时间和经过一样，这十七字没有讲明宋江在宣和三年某月在淮南活动，也没有讲明在某月被宋军擒获，所以，难以判断宋江被擒是在方腊被俘之前或之后。因此，仅从叙述节次的先后，断定宋江被擒一定在方腊起义失败以后，是缺乏根据的。

如上所说，可以看出，宋江未投降说仍然存在一些漏洞，必须进一步发掘史料，加强论据，才能使自己的结论立于不败之地，使读者完全信服。

其次，宋江投降说。这一说法也存在一个不易解决的问题，即对于范圭所撰折可存墓志铭中有关"草寇宋江"的事迹，不能作出合理的解释。

折可存墓志说，折可存在参与镇压方腊起义后，奉宋徽宗命收捕"草寇宋江"，不过一月，即将宋江擒获。如果《皇宋十朝纲要》、《东都事略》、《宋史》、《续通鉴长编纪事本末》、《三朝北盟会编》等书所载宋江事迹确是事实，宋江已在海州向张叔夜投降，并奉命前往浙东去打方腊，那末，在宋军镇压方腊起义后，为什么又冒出了一个"草寇宋江"呢？这就给史学家们提出了一个必须解答但又不易解答的难题。

早年，张政烺同志在《宋江考》一文中，首先引用这篇墓志铭，并且提出了宋江"诈降"说。他肯定《东都事略》、《宋史》等书关于宋江向张叔夜投降的记载是真实的，宋江"为了保全被俘伙伴的性命曾一度诈降张叔夜,但是没参加征方腊",从折可存墓志证明,宋江"后来又反正了,一一二二年夏最后失败被擒"①。宋江"诈降"说,实际上肯定宋江降宋属实,不过又认为这种投降的目的是"为了保存实力",是"临时妥协"。在中国农民战争史上,农民起义领袖在人困马乏、腹背受敌的情况下,暂时向敌人假投降,是有一些例子的。但是,对于宋江来说,却没有确实的史料可以证实他接受张叔夜招安是"诈降"。所以,这种说法归根到底只是一种估计,在史学界接受者也不多。

吴泰同志在文章中,认为宋江接受了张叔夜的招安,又"参加对方腊的最后围攻",之后,宋王朝"认为原先要让宋江为'平东南之乱'效力的目的已经达到,宋江对宋王朝来说也已经没有用处,即反过手来逮捕宋江,把他收拾掉"。折可存墓志铭"进一步证实了宋江'就擒'的结局","还……提供了一点宋江如何'就擒'的经过"。这一说法的最大缺陷,确如邓、李二同志所说,是使用了较多的"完全是可能的"、"不是不可能"、"很可能"等推测推论之词。特别是对折可存墓志铭的解释,宋王朝如何决定杀死宋江,全由分析而得,缺少必要的史料作为根据。所以,不能不减弱了它的说服力。

对于折可存墓志铭,事实上可以有好几种解释。前面已提及三种,即宋江未投降说,宋江诈降说,宋江投降说。还有另一种解释,即一般宋代史籍所载"剧贼"宋江和折可存墓志所说"草寇"宋江不是同一个人。我认为,现有史料不排斥这种可能性。理由如下:

据南宋刘一止《苕溪集》卷48《杨公(震)墓碑》,折可存部宋军在镇压方腊起义军余部吕师囊后,"复有号余大翁者,以万众围永嘉逾月,公(杨震)从(姚)平仲、(折)可存兼驿星驰,解之;且白大帅,贷胁从无知之民,不可以数计"。余大翁起义军活动的时间和地区,据清代同治《温州府志》卷30《杂记·寇警》说:"方(腊)寇甫退,其党俞道安啸聚梅溪作乱。教授刘士英仍率众捍御,巡简(应作"检")陈萃

①　张政烺:《宋江考》,载《中国农民起义论集》,三联书店1958年版。

往捕,死之,贼遂陷乐清。七月十六日,俞道安率贼十余万,自乐清渡（浙）江,……"进而包围温州城。"八月二十三日,贼退。""至十月,大兵四合,杀俞道安于永宁山谷中。"明弘治《温州府志》卷17,也有大致相同的记载。《宋史》卷453《丁仲修传》也说:"方腊党俞道安陷乐清,将渡江。巡检陈华往捕,死之……"说明刘一止所说余大翁,即俞道安。折可存部宋军是在宣和三年十月,才把俞道安起义军镇压下去的。因此,折可存"班师"的时间,约在宣和三年十月稍后,估计不超过宣和三年年底。

《宋会要辑稿》兵12之26—27,宣和四年正月十一日,中书省奏札说:"检会宣和三年十二月十九日,奉御笔:'河北群贼,自呼赛保义等,昨于大名府界往来作过,良民为之惊扰,久之未获,恻然于怀。'乃降御笔处分,令大名府路安抚使邓洵仁选择兵将,河北漕臣吕颐浩、黄叔敖应副随军粮草,提点刑狱高公纯不以远近粘踪捉杀,廉访使者钱怿随逐监督。不逾一月剿除。……"如果对照折可存墓志铭:"班师过国门,奉御笔,捕草寇宋江,不逾月继获。……"就可发现,这两条史料有着一定的关系。折可存墓志铭说"草寇"宋江在"国门"一带活动。所谓国门,无非是指宋朝的几个陪都。折可存部从浙东调回北方,一般会经过南京应天府和北京大名府,所以,"国门"必定是指这两地中的一地。这跟《宋会要辑稿》所载"自呼赛保义"的农民领袖在大名府地区活动,在地点上有相同之处。此其一。如上所述,折可存部是宣和三年十月稍后一段时间"班师"北归的,《宋会要辑稿》所载是在宣和三年十二月,从路程看,折可存部在十二月到达"国门"之一大名府,也是比较合乎情理的。此其二。折可存墓志铭提到"奉御笔……"与《宋会要辑稿》完全相同。此其三。折可存墓志说"不逾月,继获",而《宋会要辑稿》说"不逾一月,剿除",两者相差无几。此其四。根据这四点,我认为,应该注意这两条史料之间的联系,范圭写折可存墓志时,很可能曾依据宣和四年正月十一日中书省的这篇奏书。如果这种估计可以成立的话,《宋会要辑稿》所载在大名府一带活动的"赛保义",就是折可存墓志所说在"国门"活动的"草寇"宋江。这样，被折可存擒获的被封建统治者污蔑为"草寇"而自称"赛保义"的宋江，就可能跟宋代一般史籍所说的"剧贼"的宋江不是同一个人。

在中国农民战争史上，借用在群众中颇有威望的农民领袖的旗号或名字，以相号召，屡见不鲜。方腊起义时，就有不少农民假借方腊的旗号在各地进行革命活动。《宋会要辑稿》兵12记载，宣和三年正月、二月间，两浙、江东许多县镇的农民，"妄称贼徒（指方腊）姓名，贴写文字，意在作奸，诈惑农民，不得安居"。或者"诈称凶贼徒党，放火及劫夺财物"。《朱子语类》卷131记载："方腊之乱，愚民望风响应，其间聚党劫掠者，皆假窃（方）腊之名字，人人曰'方腊来矣'！所至瓦解。"由此可见，自称"赛保义"的后一个宋江，有可能借用前一个宋江的名字来发动起义。当然，《宋会要辑稿》这条史料并没有直接提到宋江，所以我认为这只是一种可能，不敢贸然定论，提供同志们考虑。

总之，历史上宋江的最后结局，根据现有的史料，还没有达到作结论的程度。不管宋江未投降说，或者宋江投降说，甚至主张前后有两个宋江，在论述的过程中，有些环节总带有一定的推测，缺少立论的充分依据。马克思主义要求我们，研究历史必须从事实出发，占有充分的材料。因此，我认为，这一问题可以作为悬案，留待今后找到新的资料后，作进一步的研究。至于在编写中国通史、断代史和历史教科书时，不妨暂时采用一种说法，使读者对历史上的宋江有一定的了解。

（本文原署名"张嘉栋"，刊载于中国农民战争研究会编：
《中国农民战争史研究（集刊）》第一辑，
上海人民出版社1979年版）

论方腊起义与摩尼教的关系

　　北宋末年,爆发于两浙地区的方腊起义,是中国古代农民战争史上瑰伟壮丽的篇章。农民领袖方腊统率数十万起义军,攻占了两浙地区的六州及附近数十个县,镇压了大批贪官污吏和地主土豪,从而沉重地打击了宋朝地主阶级在东南地区的黑暗统治。

　　近年来,史学界对方腊起义的不少问题进行了比较深入的探讨,业已纠正过去研究中的某些错误,取得了可喜的成绩。但是,在方腊起义与摩尼教的关系方面,却仍然存在着一些问题,诸如:一、传入中国后摩尼教的性质;二、宋代的两支摩尼教;三、方腊是否摩尼教的首领;四、方腊起义中摩尼教的地位和作用等,尚未得到令人满意的解答。本文试图对这些问题提出一些粗浅的看法,就正于史学界的专家、学者。

一、传入中国后摩尼教的性质

　　摩尼教是公元三世纪时由波斯(今伊朗)人摩尼创立的,约自唐代延载元年(694年)开始传入中国。四十年后,即唐玄宗开元二十年(732年),唐朝官府下令禁止。尽管如此,摩尼教这时在回鹘却仍然受到尊崇,甚至风靡一时,摩尼教僧侣还曾多次随回鹘使者入唐。唐代宗大历三年(768年),为了发展与回鹘的友好关系,唐朝不仅允许摩尼教在境内东山再起,而且准许摩尼教僧侣在都城长安建造寺院。北宋初赞宁《大宋僧史略》卷下《大秦末尼》条说:"大历三年六月,敕:回纥置寺,宜赐额大云光明之寺。"大历六年(771年)正月,唐代宗再一次下令荆、扬、洪、越等州建造大云光明寺。又据《册府元龟》卷999《外臣部·请求》,唐宪宗元和二年(807年),唐朝批准回鹘在河南府、太原府置摩尼寺三所。这些寺院的先后建立,表明摩尼教已经在中国西部、南部和北部迅速地传播开来。

但是,到唐武宗会昌三年(843年),由于回鹘已被西邻黠戛斯攻破,唐朝也击败了回鹘乌介可汗的侵扰军,对于受到回鹘庇护的摩尼教,唐朝便再次采取禁绝的政策。《旧唐书》卷18上《武宗》记载,会昌三年二月制:"应在京外宅及东都修功德回纥,并勒冠带,各配诸道收管。其回纥及摩尼寺庄宅、钱物等,并委功德使以御史台及京兆府各差官点检收抽,不得容诸色人影占。"《大宋僧史略》卷下《大秦末尼》条记载:"武宗会昌三年,敕天下摩尼寺并废入宫(官?)。京城女摩尼七十二人死。及在此国回纥诸摩尼等,配流诸道,死者大半。"摩尼教在唐朝终于受到毁灭性的打击,从此一蹶不振,几乎有好几个世纪不能在中原地区公开行教。

摩尼教在唐朝二"起"二"落",二"起"的时间前后共达一百多年。唐朝统治者为什么能在一个多世纪的长时间里,允许摩尼教公开传播呢?显然是因为摩尼教教义和戒律等对唐朝封建统治有利无弊。其间虽然两次禁绝,也不是因为它给唐朝带来多大的危害,而主要是因为它来自唐朝境外,统治者不放心的缘故。

根据现存的一些摩尼教经典,基本可以弄清它的教义和戒律。它的教义的中心思想,是所谓"二宗"、"三际"。"二宗"是光明和黑暗,这两种存在永远对立,凡光明都是善美的、理智的、平和的、有秩序的,凡黑暗都是凶恶的、物质的、愚痴的、混乱的。"三际"是初际、中际和后际,意思是过去、现在和未来。甘肃敦煌发现的摩尼教残经[①]载有,"初际者,未有天地,但殊明暗。明性智慧,暗性愚痴,诸所动静,无不相

---

① 　见《国学季刊》第1卷第3号,附录:《摩尼教残经二·出家仪弟(第)六》。

背"。认为在过去,还没有天、地,光明和黑暗就互相对立。"中际者,暗既侵明,恣情驰逐,明来入暗,委质推移。大患厌离于形体,火宅愿求于出离。劳身救性,圣教固然。即妄为真,孰敢闻命? 事须辩析,求解脱缘。"认为现在黑暗已经侵入光明的领域,光明为了自卫,就要把黑暗驱逐出去。"后际者,教化事毕,真妄归根。明既归于大明,暗亦归于积暗。二宗各复,两者交归。"认为到将来,光明必将战胜黑暗,光明和黑暗绝对分离,各保其原有性质。

有的同志把"二宗"、"三际"说看成是革命的思想。他们说:"方腊早年参加'吃菜事魔教',宣传'二宗三际'的革命思想"。又说:"摩尼教认为当时是明处劣势、暗处优势的中际阶段,要求人们助明反暗,争取末际阶段光明社会的到来。"①笔者认为,这一说法颇为勉强。因为,"二宗"、"三际"说本身是一种唯心主义的说教,是创教者精心编造出来的。它虽然在"中际"阶段提出要"劳身救性",求得"解脱",以进入"后际"阶段。但到了"后际"阶段,"暗"照旧存在,不过是"暗"与"明""二宗各复,两者交归"。这就意味着,光明并没有把黑暗消灭,而是允许它合法地存在。显然,这是一种使矛盾双方妥协的论调。所以,如果从"二宗"、"三际"说的整体,而不是任意抽出它的某一部分来加以夸大的话,就可以看到它提倡的只是消极、妥协,而不是积极斗争。此外,它是怎样"争取""末际阶段光明社会的到来"呢? 是让人们以自己的行动去"争取",还是等待别人或乞灵于某种神秘力量来达到目的呢? 这是一个更为重要的问题。为了回答这个问题,笔者认为,必须考察摩尼教对人类社会和现实世界的看法,还要考察它所描绘的未来世界即"明界"是怎样的一个理想王国,以及它如何引导人们到达这个王国的。

首先,必须考察摩尼教对人类社会的看法。摩尼教认为,世界的一切人、物,都是黑暗魔王模仿"大世界"造出的。摩尼教残经②说:"贪魔

---

① 《中国农民起义领袖小传·方腊》,人民出版社 1976 年版,第 133 至 134 页。
② 见《国学季刊》第 1 卷第 3 号,附录:《摩尼教残经一》。

见斯事已,于其毒心,重兴恶计,即令路易及业罗泱以像净风及善母等,于中变化,造立人身,禁囚明性,放(仿)大世界。如是毒恶贪欲肉身,虽复微小,一一皆放(仿)天地世界、业轮星宿、三灾四围、大海江河、干湿二地、草木禽兽、山川堆阜、春夏秋冬、年月时日,乃至有碍无碍,无有一法,不像世界。"这就是说,早就混淆了一部分光明的黑暗魔王创造了天地、自然现象以及人类最初的一对男女。随后,黑暗魔王为了阻止与物质相结合的一部分光明的解放,就唤起人类肉身中的无穷无尽的欲望,诸如追求"财宝及田宅",追求"妻妾男女"、"歌乐舞蹈"、"吃噉百味"①,因此肉身成为"恶业之根源"、"地狱之门户"②。由于人类生就一具可厌的肉身,加之自己"不肯勤修真正路"③,致使"如狂复如醉,遂犯三常四处身"④,最后不免"轮回生死苦","或入地狱或焚烧,或共诸魔囚永狱"⑤。可见摩尼教认为人类社会从一开始就是痛苦的、罪恶的。

不仅如此,摩尼教还认为现实世界越来越糟、越来越恶。《叹无常文》写道:"世界渐恶恒匆迫,上下相管无欢娱,众生唯加多贫苦,富者魔驱无停住。循善之人极微少,造恶之人无边畔,贪淫馋魔炽燃王,纵遇善缘却退散。"它认为现实社会十分糟糕,越来越变得恶了,表现在上层人统治下层人,使之失去"欢娱";人民大多贫苦,富人在黑暗魔王的驱使下忙忙碌碌,行善的人寥寥无几,作恶的人却比比皆是,贪、淫、馋等魔十分猖獗,即使遇到行善的机会也都错过。在《叹无常文》中,它还认为,世间的一切包括人类的肉身、荣华富贵等等,都不是长久常在的,也不是真实的,如同沙漠中出现的蜃楼和山顶缥缈的云雾,都是虚幻的和顷刻可散的东西。

马克思说过:"宗教里的苦难既是现实的苦难的表现,又是对这种现实的苦难的抗议。"⑥摩尼教对现实世界的看法,正反映了当时社会

①③⑤　《敦煌写本摩尼教经下部赞·叹无常文》(原件影印本)。
②④　《敦煌写本摩尼教经下部赞·赞夷数文》(原件影印本)。
⑥　《马克思恩格斯选集》第1卷,第2页。

上被压迫阶级的贫困生活和遭受的灾难,表达了他们对这种境遇的不满情绪。但是,它没有引导人们去正视现实并积极改造现实,却是采取了超然的"看破红尘"的消极态度,把一切都看成像烟云过眼似的转瞬即逝的虚幻的东西。

在否定现实世界的同时,它给人们描绘了一个色彩绚丽的未来理想王国,按照它的说法,叫做"光明世界",简称"明界"。"明界"是怎样一个理想王国呢? 根据摩尼教经典的描写,"明界"在时间上是永久的,在空间上是"高广无限量"的,其中充满着光明和幸福。在"明界"中,居住着诸佛明使和"圣众"。在这里,到处光明和清净,没有暗影和尘埃。"圣众"之间没有男、女性别的区别,外形和身躯都很奇特,"高广严容实难思,下彻宝地无边际"。"圣众"没有怕惧、苦恼、饥渴、病患、灾殃、衰老、生死,没有睡眠、幻梦,没有年纪,永远健康。"圣众"彼此"齐心皆和合",既没有男女"痴爱",又不"相害"。在这里,不存在"怨敌侵边境",也不需要"戎马镇郊军"。"圣众"的生活丰裕,"饥食肴膳皆甘路(露),国土丰饶无饥馑"。特别脍炙人口的是它所描绘的"明界"中大自然的蓝图:"彼处宝树皆行列,宝果常生不凋朽,大小相似无虫食,青翠茂盛自然有。苦毒酸涩及黯黑,宝果香美不如是,亦不内虚而外实,表里光明甘露味。宝树根茎及枝叶,上下通身并甘露,香气芬芳充世界,宝花相映常红素。"①简直是跟神话中的天国一般,充满了美丽的幻想。

既然现实世界是这样的罪恶,未来世界是这样的美妙,那末人们如何从现实世界到达未来世界呢? 摩尼教认为,世人生下时,各人肉体内混涵着一部分光明,该教的任务是阻止这部分光明的散失和回收已经分散了的光明,因此必须使世人从现实世界中得到"解脱",引导他们到达彼岸的"明界"。当然,为要达此目的,世人首先必须改邪归正,皈依"明尊"(光明王),笃信教义,严守戒律。

---

① 《敦煌写本摩尼教经下部赞·叹明界文》。

对于摩尼教的僧侣如电那勿(提那跋),该教要求他们牢记许多"记验",其中在"信心"方面,要求有五:一是"信二宗义,心净无疑";二是"于诸戒律,其心决定";三是"于圣经典,不敢增减一句一字";四是"于正法中所有利益,心助欢喜,若见为魔之所损恼,当起慈悲,同心忧虑";五是"不妄宣说他人过恶,⋯⋯性常柔濡,质直无二"。前三条是要求绝对信仰教义、遵守戒律、尊崇经典,后二条是要求为人温柔、怯懦。其中在"忍辱"方面,也有五条:一是"心恒慈善,不生忿怒";二是"常怀欢喜,不起恚心";三是"于一切处,心无怨恨";四是"心不刚强,口无粗恶,常以濡语,悦可众心";五是"对值来侵辱者,皆能忍受,欢喜无怨"①。说来说去,就是要求僧侣(实际也是要求世人)逃避现实斗争,忍受别人的"侵辱"。这种说教,对于受苦受难的被统治阶级,就是劝告他们顺从和忍受统治阶级的残酷压迫和剥削,不准许有一丝一毫的反抗;对于统治阶级,就是劝导他们在人间行善,为他们的整个剥削生活辩护,廉价地售给他们享受"明界"的门票。

对于被称为"听者"、"善众"的信徒,该教要求他们忏悔十五条罪孽。其中第六条是忏悔十种不正当的行为,这就是虚伪、妄誓、为恶人作证、迫害善人、播弄是非、行邪术、杀生、欺诈、不能信托及不能使日月喜欢。其中第九条是忏悔违犯十戒,这十戒是不拜偶像、不谎语、不贪、不杀、不淫、不盗、不行邪道巫术、不二见、不惰、每日四时(或七时)祈祷②。跟僧侣一样,贫苦的信徒被告诫必须勤奋劳动,忍受盘剥,不可威胁甚至杀害富人。

按照这些要求,僧侣和信徒只有笃信教义、遵守戒律,并且坚持布施持斋、昼夜诵经等,才能使自己的"明性"(一部分光明)从"可厌肉身"中得到"解脱",进入"光明世界本生之处、安乐之境③,不致陷于地狱而受轮回和生死之苦。

---

① 《国学季刊》第 1 卷第 3 号,附录:《摩尼教残经一》。
② 新疆发现的古突厥文摩尼教《忏悔文》,见《燕京学报》第 3 期(1928 年),第 396 至 398 页。
③ 《敦煌写本摩尼教经下部赞·此偈为亡者受供结愿用之》。

　　自上所述,可以看出,摩尼教虽然在"中际"阶段,提出光明与黑暗之间存在着斗争,光明并将竭力把黑暗驱赶出去。但是,光明并不需要彻底地消灭黑暗,而只是把黑暗驱赶到原地,恢复早先的光明和黑暗永世和平共存的局面。同时,在象征着"中际"阶段的现实世界,该教并没有号召僧侣和信徒去向黑暗势力进行斗争,以便通过自身的斗争来取得光明幸福的生活,相反地,它只是劝导他们俯首贴耳、万事忍耐,把希望寄托在未来"明界"的恩赐上。

　　对于摩尼教的各种经文,宋朝官府虽然不可能了如指掌,但也是基本上清楚的。宣和二年(1120年)十一月初,在某官员的奏章中,曾提到摩尼教有《讫思经》、《证明经》等十八种经文,认为这些经文"皆是妄诞妖怪之言","与道、释经文不同","至于字音,又难辨认"①。某官员唯有在拿到这些经文,并经过检查后,才会说出这种话来。宣和三年八月,宋徽宗下诏"取索""诸路事魔聚众烧香等人所习经文",规定只保留《二宗经》,其余一律烧毁②。南宋陆游在福建时,"尝得所谓明教经",经过仔细研究,跟北宋某官员的结论完全一样,认为"诞谩无可取,直俚俗习妖妄者所为耳"③。这些事实说明,在宋朝官府看来,摩尼教经文只是荒诞无稽、不足称道,并不认为其中包含着某种鼓动人民"谋逆"、"谋叛"的内容。尤其是《二宗经》,虽然曾经被有的地方官看作"妖书"④,但宋朝官府却明文规定尚可保留,不予焚毁。由此可见,摩尼教的经文本身并没有什么革命的气味。

　　耐人寻味的是,摩尼教以光明和黑暗这两个元素作为教义的出发点,这种说法不是它独特的创造。从词义上讲,光明即阳,黑暗即阴。在唐代,曾经把摩尼教的僧侣称为"阴阳人"⑤。还曾有人把摩尼教称

---

①　《宋会要辑稿》刑法2之78《禁约》。
②　《宋会要辑稿》刑法2之83《禁约》。
③　陆游:《老学庵笔记》卷10。
④　洪适:《盘洲文集》卷74《行状一·先君述》。
⑤　刘昫:《旧唐书》卷13《德宗下》,中华书局1975年版。

为"阴阳教"①。而中国的传统儒学,向来是习惯于用阴和阳这两个基本概念来论证问题。摩尼教认为,在中际阶段,光明要跟黑暗进行搏斗,并最后把黑暗驱赶出去。儒学也有类似的思想。不妨以宋代理学家朱熹为例。他说:古代的《易》经中,"说到那阳处,便扶助推移他;到阴处,便抑遏壅绝他。"②他还经常把阳比作"君子",而把阴比作"小人"③,主张由"君子"来"夹持""小人",使"小人""不敢为非",并且"皆革面做好人了","使得天下皆为君子"④。他认为对付"小人""非必尽灭其类",只是使其"不敢发出来"而已。这种"抑阴进阳"⑤的思想跟摩尼教的"中际"说十分相似。此外,摩尼教还主张摒弃一切人生享乐的要求,以便克制人欲,恢复"明性"。"中际"说提出要"劳身救性"。其他经典也说,"善拔秽心,不令贪欲,使己明性,常得自在"⑥。"世界诸欲勿生贪,莫被魔家网所著"⑦,"愿施戒香解脱水","洗我妙性离尘埃"⑧。这种复"性"克"欲"的主张,跟儒学"存天理,灭人欲"的理论极为相似。无怪乎在庆元三年(1197 年),沈继祖在弹劾朱熹的奏札中说,朱熹"剽张载、程颐之余论,寓以吃菜事魔之妖术,以簧鼓后进"⑨。当然,朱熹并不信仰摩尼教,摩尼教也不会有什么"妖术",但朱熹理学体系的某些方面确与摩尼教同声相应,因此才招致沈继祖的这一攻击。

综上所述,不难看出,摩尼教自传入中国后,其教义和戒律只是宣扬阶级和平,劝导人们对待压迫者应该温柔恭顺,对待自己的贫困和苦难应该忍气吞声。摩尼教正是通过这些宣传来毒害人们的革命意识,败坏他们的革命热情,从而使他们放弃斗争,让封建统治者牢固地进行

---

① 　陈垣:《摩尼教入中国考》。
②③ 　朱熹:《朱子语类》卷 65《易一·纲领上之上·阴阳》。
④ 　朱熹:《朱子语类》卷 70《易六·泰》。
⑤ 　朱熹:《朱子语类》卷 70《易六·否》。
⑥ 　《国学季刊》第 1 卷第 3 号,附录:《摩尼教残经一》。
⑦ 　《敦煌写本摩尼教经下部赞·叹无上明尊偈文》。
⑧ 　《敦煌写本摩尼教经下部赞·赞夷数文》。
⑨ 　叶绍翁:《四朝闻见录》丁集《庆元党》。

统治。因此，摩尼教在传入中国后，跟任何宗教一样，站在农民斗争的反面，是麻醉人民精神的鸦片烟，是统治阶级用来统治人民的一种精神武器。在这里，必须指出，尽管宋代的摩尼教秘密教派有可能曾经利用"中际"说来宣传自己的革命主张，但不能因此把"二宗"、"三际"说也当成了"革命思想"。这是性质不同的两件事情，不能混淆在一起。

二、宋代的两支摩尼教

宋徽宗宣和二年前，在宋朝的官方文书中，找不到摩尼教活动的明确记载。虽然宋朝曾三令五申取缔"夜聚晓散"、"白衣会"等秘密结社、宗教，禁止其在民间活动，但都不曾明言摩尼教。由于宋代还存在着白莲会、白云宗、弥勒教等秘密教派，他们的活动方式和衣着跟摩尼教相近，因此，仅从"夜聚晓散"、"白衣会"等词，难以准确判定哪些是摩尼教，哪些是其他秘密教派的活动。不过，笔者认为，摩尼教在宣和二年前继续流传是可能的。只是由于宋朝严令禁绝，它只能进行秘密活动，并且假托其他宗教为掩护，因此官府难以觉察，迟至今日，自然更难弄清。

在北宋，直到宣和二年十一月初，官府才注意到摩尼教的活动。某官员的奏札说："温州等处狂悖之人，自称明教，号为行者。今来明教行者，各于所居乡村，建立屋宇，号为斋堂，如温州共有四十余处，并是私建无名额佛堂。每年正月内，取历中密日，聚集侍者、听者、姑婆、斋姊等人，建设道场，鼓扇愚民男女，夜聚晓散。"又说："明教之人，所念经文及绘画佛像，号曰《讫思经》、《证明经》、《太子下生经》、《父母经》、《图经》……《七时偈》、《日光偈》、《月光偈》……《广大忏妙水佛帧》、《先意佛帧》、《夷数佛帧》……已上等经、佛号，即于道、释经藏，并无明文该载，皆是妄诞妖怪之言，多引尔时明尊之事，与道、释经文不同。至于字音，又难辨认。委是狂妄之人，伪造言辞，诳愚惑众，上僭天王、太子之号。"宋徽宗遂下令"将斋堂等一切毁拆。所犯为首之人，依条施行外,严立赏格,许人陈告"①。由于这一记载比较详细地记录当时摩尼教的活动情况,是难得的宝贵资料,因此笔者不厌其烦地几乎全加征引。

从这一奏札,可以看出这支摩尼教有如下一些情况:

第一、它在浙东温州等地活动。据庄绰《鸡肋编》记载:"吃菜事魔""自福建流至温州,遂及二浙。"因之,北宋时的温州,是两浙地区摩尼教活动的中心,而温州的摩尼教又是从福建传入的。北宋时,两浙与福建之间的海上交通比较发达,这支摩尼教通过海路由福建传入温州等浙东沿海城市,是完全可能的。

第二、它的僧侣和信徒自称该教为"明教"。顾名思义,得名于该教教义对于光明的崇拜。这一名称,唐、五代时已屡见记载②,但在宋代尚属首次。

第三、它在乡村建造斋堂,斋堂的负责僧侣叫做"行者",还有"侍者"、"听者"、"姑婆"、"斋姊"等名目。这些名目从传入唐朝不久的摩尼教经典中可以找到一些线索。《摩尼光佛教法仪略·五级仪第四》③载有五种人,为"承法教道者"、"侍法者"、"法堂主"、"纯善人"、"听者"。所谓"行者",既然负责传教和创建斋堂,自然就是法堂主了;"侍者"可能即是"侍法者",而"听者"则肯定是一般信徒。

第四、它的经文有《讫思经》、《证明经》等多种。这些经文在现存摩尼教经典中也有一些记载。如《日光偈》,《敦煌写本摩尼教经下部赞》中有一偈,标题为"此偈赞日光讫,末后结愿用之"。这就是《日光偈》。由此推测,《日光偈》以及《月光偈》、《七时偈》等都是诵读赞词后"结愿"用的颂词。又如《父母经》,摩尼教残经中有明父(即光明王、明尊)、善母(意为"生命之母")的说法,《父母经》当即叙述光明王和善母佛的经文。再如《图经》和《证明经》,《教法仪略·经图仪第三》

① 《宋会要辑稿》刑法 2 之 78—79《禁约》。
② 见陈垣:《摩尼教入中国考》第三章;(南唐)徐铉:《稽神录》卷 3《清源都将》。
③ 《大正新修大藏经》卷 54《事汇部下·外教部》。

说,"凡七部,并图一","第五、钵迦摩帝夜部,译云《证明过去教经》",估计即此二经。

第五、它的崇拜对象有妙水、先意、夷数等佛。根据摩尼教残经,明尊的助手为五明使,即清净气、妙风、明力、妙水、妙火。妙水佛当即五明使之一。《敦煌写本摩尼教经下部赞·收食单偈》列有十二佛名:"一者无上光明王,二者智惠善母佛,三者常胜先意佛,四者欢喜五明佛,……十者知恩夷数佛,……"按照摩尼教的说法,先意是夷数(即耶稣)的前身,由善母召唤而有,并非生出。夷数是明尊的最大助手。

从上述各种经文、佛号等分析,笔者认为,第一、这支摩尼教比较纯粹,尚未受佛、道教太多的影响,应该说是比较正统的摩尼教教派。第二、这支摩尼教的活动比较公开,不像后来另一支被诬蔑为"吃菜事魔"的教派那样秘密,因此官府才能掌握它较多的活动和组织情况。第三、当官府觉察到它的活动时,方腊在青溪起义已近一个月,从宋朝官员的奏札中,说明它跟方腊起义军还没有联系。

正当这支摩尼教在温州传教时,有些地区还流传着另一支被宋朝官府诬蔑为"吃菜事魔"的秘密教派。宣和三年闰五月,尚书省奏:"江浙吃菜事魔之徒,习以成风,自来虽有禁止传习妖教刑赏,既无止绝吃菜事魔之文,即州县监司不为禁止,民间无由告捕,遂致事魔之人聚众山谷,一日窃发,倍费经画。若不重立禁约,即难以止绝,乞修立条[约]。"朝廷"从之"①。由于方腊起义后期,浙东几个州县摩尼教秘密教派的教徒起而响应,因而被宋朝官府所觉察,决定"重立禁约",予以禁绝,并且根据这些教徒吃素和崇拜摩尼佛的特点,称为"吃菜事魔"。在这里,宋朝官府硬把摩尼教教义中作为光明王对立面的黑暗魔王的"魔"字加到这支秘密教派身上。从此,"吃菜事魔"这一名称相沿不改,成为宋朝统治阶级诬蔑这支秘密教派的专用名词。由于宋朝统治阶级对它既仇恨又恐惧,尤其是不了解它和公开教派的异同,就一律加

---

① 《宋会要辑稿》刑法 2 之 81《禁约》。

以禁断,因此在三个月后,即八月二十五日,宋徽宗又下令取索各路"事魔聚众烧香等人所习经文",除《二宗经》外,全部焚毁①。

　　方腊起义失败后,摩尼教秘密教派的发展更加迅速。宋高宗绍兴四年(1134 年),起居舍人王居正说:"两浙州县有吃菜事魔之俗,方腊以前,法禁尚宽,而事魔之俗犹未至于甚炽;方腊之后,法禁愈严,而事魔之俗愈不可胜禁。"②事实也正是如此。两浙、江西等路连续发生由秘密教派组织的农民起义,如 1130 年王宗石(王念经)在信州起义,1133 年缪罗在严州起义,1140 年婺州东阳教徒起义,1144 年俞一在宣州泾县起义等。这一连串的起义,表明秘密教派的活动地区至少有江东宣、徽、饶、信等州,浙西严州,浙东温、台、衢、婺等州。

　　根据陆游的记录,绍兴末年的摩尼教教派,大致上因路而异。如淮南称"二襘子",两浙称"牟尼教",江东称"四果"教,江西称"金刚禅",福建称"明教"、"揭谛斋"等③。其中除江东"四果"教肯定不属于摩尼教以外④,其余都是摩尼教的支派。当然,仅仅依据名称,还难以判断哪些属于比较正统的教派,哪些属于秘密教派。不过,陆游的另一篇记录,却使人们初步弄清这两支教派的不同之处。陆游《老学庵笔记》卷 10 说:"闽中有习左道者,谓之明教,亦有明教经甚多,刻版摹印,妄取《道藏》中校定官名衔赘其后。烧必乳香,食必红蕈,故二物皆翔贵。至有士人、宗子辈,众中自言:'今日赴明教斋。'予尝诘之:'此魔也,奈何与之游?'则对曰:'不然。男女无别者为魔,男女不亲授者为明教。明教遇妇人所作食则不食。'然尝得所谓明教经观之,诞慢无可取,直俚俗习妖妄者所为耳。又或指名族士大夫家曰:'此亦明教也。'不知信否?"陆游在绍兴二十九年(1159 年)和淳熙五年(1178 年)两次入闽做官,所说福建"明教"事,当在这段时间内。

---

① 《宋会要辑稿》刑法 2 之 83《禁约》。
② 《建炎以来系年要录》卷 76,绍兴四年五月癸丑条。
③ 陆游:《渭南文集》卷 5《条对状》。据于北山:《陆游年谱》,此状系宋高宗绍兴三十二年(1162 年)所撰。
④ 宗鉴:《释门正统》卷 4《斥伪篇》云:"四果"教即白云宗。

根据陆游的记录以及其他记载，笔者认为，这两支摩尼教教派有以下几点不同：

首先，信徒的阶级基础不同。公开教派在城市传教，主要在社会上、中层分子中活动，吸收的信徒有很多是士人、宗室，甚至"名族士大夫"。还有吏人、军兵①以及一些"富室"②。秘密教派则在农村传教，主要吸收贫苦农民参加，史称"溪山深僻之民，更相传教，各有主首"③。

其次，妇女的地位不同。公开教派轻视妇女，主张"男女不亲授"，男教徒不吃妇女作的食物。摩尼教本来没有轻视妇女的规定，但在传入中国后，受到封建伦理观念的影响，终于添加了"男女不亲授"的戒律。秘密教派则主张"男女无别"④。这一主张固然表明秘密教派仍然保持摩尼教不分男女的传统，但更主要的是因为在农民家庭中，妇女担负着比较繁重的劳动，她们在家庭中的地位相对较高一些。由于秘密教派主张男女平等，所以统治阶级污蔑其为"贪财婪色，男女混置"⑤。

第三，摩尼教反对杀生，这是它的戒律之一。摩尼教反对杀生，并不因为它对于生命有一种同情心，而是因为它认为生命中包含着光明元素。如果杀害生命，就会把光明元素再度混入黑暗中去。所以，它主张如果对于人、走兽、飞禽、水族及爬虫等五种生物，加以威吓、打击、忿怒、苦痛或杀害，就应当忏悔⑥。从某官员和陆游所说温州、福建的"明教"看，它们都是公开传教的，由于反对杀生，它们缺乏造反精神，因此，在方腊起义中，温州没有多少教徒参加；在宋代，福建地区发生过许多次农民起义，也找不到摩尼教徒参加的痕迹。这一现象说明，比较正统的教派缺乏斗争精神，所以跟农民起义没有多少关系。秘密教派则完全相反，它主张"杀人"。庄绰《鸡肋编》说，"事魔吃菜""又谓人生

---

① 陆游：《渭南文集》卷5《条对状》。
② 洪迈：《盘洲文集》卷74《行状一·先君述》。
③ 李心传：《建炎以来系年要录》卷63，绍兴三年三月丁丑条。
④ 方勺：《泊宅编》卷5，《金华丛书》十卷本。
⑤ 俞成：《萤雪丛说》卷下《茹蔬说》。
⑥ 转引自《燕京学报》第3期（1928年），第397页。

为苦,若杀之,是救其苦也,谓之度人,度多者,则可以成佛。故结集既众,乘乱而起,甘嗜杀人,最为大患。尤憎恶释氏,盖以戒杀与之为戾耳。"以"人生为苦",这是正统摩尼教的观点,但秘密教派主张"杀人",以"救其苦",就跟正统摩尼教完全背道而驰。笔者认为,这是宋代摩尼教秘密教派的主要特点。正因为主张"杀人",具有强烈斗争性,它才能投身到农民起义的行列,用革命行动去制裁那些平日欺压农民、为非作歹的土豪劣绅和贪官污吏。如果像正统教派那样反对"杀人",秘密教派就不会对统治阶级造成威胁,那末,宋朝官府也就不会对它一再严加禁断了。在这个问题上,即使宋朝人也曾有过误会,他们把方腊、吕师囊都当作"吃菜事魔",但又认为他们的信徒"以不杀、不饮、不荤辛为至严"①。显然,作为农民起义的领袖而又主张不杀人,这是水火不相容的两件事,岂能一身而二任!

第四,公开教派承袭摩尼教的传统,营建庙宇、法堂(斋堂),在法堂中雕塑摩尼佛像,作为崇拜的对象。摩尼佛的形象,据《摩尼光佛教法仪略·形相仪第二》说:"摩尼光佛,顶圆十二光王胜相……串以素帔,仿四净法身,其居白座。"福建晋江华表山至今仍保存着元代摩尼教寺的遗迹,寺内石壁垛上刻有摩尼佛像,像头发披肩,颚下有二须,背后光芒四射②。雕造佛像,需要固定的庙宇,自然只有公开教派才能这样做。至于秘密教派,则反对偶像崇拜。庄绰《鸡肋编》说,"吃菜事魔""亦诵《金刚经》,取'以色见我为邪道',故不事神佛,但拜日、月,以为真佛。"据《金刚般若波罗蜜经》"如理实见分第五",如来佛告诉他的弟子须菩提说:"凡所有相,皆是虚妄,若见诸相非相,即见如来。"又"法身非相分第二十六",佛世尊撰偈言:"若以色见我,以音声求我,是人行邪道,不能见如来。"意思是佛身并非色身,而是一个法身,是虚空无相的,不能用人的肉眼、耳朵来求如来佛的形体,不然,就是走邪道,不能见到如来佛的本来面目。秘密教派正是利用这一观点,认为不应

---

① 志磐:《佛祖统纪》卷39。
② 何乔远:《闽书》卷7;《文物参考资料》1958年第4期,第28页。

崇拜有形的神佛偶像，只可崇拜日、月。秘密教派所以反对偶像崇拜，是跟它的活动方式密切有关，为了保守秘密，不让官府发觉，它就只能比较隐蔽地设置用来聚集信徒、宣传教义和持斋礼拜的法堂，而不能堂而皇之地建造寺庙和雕造佛像。

第五，摩尼教崇尚白色，《教法仪略·五级仪第四》记载，僧侣"并素冠服"。公开教派基本承袭这一传统。陆游《条对状》说，福建明教"白衣乌帽，所在成社"。志磐《佛祖统记》卷48引洪迈《夷坚志》说，福州"吃菜事魔""为首者紫帽宽衫，妇人黑冠白服"。秘密教派则不然，它隐蔽在民间，不可能去另制一套惹人注目的宗教服装；同时，它的信徒主要是贫苦农民，他们本来就已衣不蔽体，即使需要穿着宗教制服，也无力去添置。

宗教是由人创造的，教义是由人解释的。不同的阶级和阶层，对于同一宗教的教义常常会有不同的解释。由于阶级基础不同，摩尼教的这两支教派便在教义、组织等方面逐渐出现了以上一些差别。必须说明，在被宋朝统治阶级诬蔑为"吃菜事魔"的教派中，也还可能包括其他宗教的秘密支派或民间会社。当然，其中主要成分仍是摩尼教的秘密教派，这是无可怀疑的。

三、方腊是否摩尼教的首领

解放以来，不少著作把方腊说成是摩尼教的信徒和首领。具体说法很多。比如有人认为方腊是"青溪摩尼教首领"[1]，有人认为方腊是"睦州一带"的"魔头（首领）"[2]，又有人认为方腊是"'食菜事魔'教的首领之一"[3]。彼此口径甚不一致。笔者认为，这些说法都缺乏依据，不符合事实。

①　《从陈胜吴广到太平天国》，上海人民出版社1972年版，第71页。
②　《劳动人民反孔斗争简史》，北京人民出版社1976年版，第51至52页。
③　《中国农民起义论集》，五十年代出版社1954年版，第112页。

在有关记载中,明确肯定方腊是摩尼教信徒或首领的其实很少。庄绰《鸡肋编》说:"睦州方腊之乱,其徒处处相煽而起。"只是说方腊起义时,"吃菜事魔"教徒起而响应,并没有说方腊是"吃菜事魔"的首领,也没有说方腊用此来组织起义。陆游《条对状》说得肯定一些,认为"汉之张角、晋之孙恩、近岁之方腊,皆是('吃菜事魔')类也"。但也是泛泛而谈,没有说出他的根据。至于方腊自称"圣公"、建元"永乐"等,也没有史料足证跟摩尼教有关。相反地,有更多的史料证明方腊并不是摩尼教的首领。

南宋人杨仲良《通鉴长编纪事本末·讨方贼》条,保存了李焘《长编》中方腊起义始末的半官方记录。《讨方贼》条说:"……方腊者因以妖术诱之,凶党稍集。"起义爆发后,方腊"遣其党四出侵扰,鼓扇星云神怪之说,以眩惑众听。"李焘是治学严谨的史学家,他编写《长编》的原则之一是"宁失于繁,勿失于略"。如果李焘当时收集到大量官、私方资料证明方腊确曾利用摩尼教组织农民起义,他本人也是摩尼教的首领,李焘必然会明确写出方腊是"魔贼",而不会使用比较含混的"妖术"一词。这说明李焘所见资料都没有讲到方腊跟摩尼教的关系,所以李焘只使用了方腊"鼓扇星云神怪之说"和"妖术"等词句,没有进一步说明他利用何种宗教。

跟《长编》一样,李埴《皇宋十朝纲要》卷18《徽宗纪》也说:"睦州青溪妖贼方腊反。"陈均《九朝编年备要》卷29《徽宗纪》说,方腊"以妖术诱之"。《宋史·童贯传》称,方腊"托左道以惑众"。《宋史·徽宗纪》称,"青溪妖贼方腊反"。《宋会要辑稿》兵10《讨叛四》也说:"妖贼方腊据帮源洞,僭号改元,妄称妖幻。"这些史籍都没有把方腊跟摩尼教联系起来。

在方腊起义时期宋朝官员的奏章、信札和笔记中,也没有把方腊当作摩尼教的首领。宣和三年四月,江东转运副使曾升奏报:"访闻贼徒虽多,全少器械,惟以人众为援……童子、妇人在前,饰以丹黛,假为妖怪,以惊我师。……又为长人,服大衣,作关机以动止,执矛戟旗帜,饰以丹黛,为鬼神之貌,以惑官兵,皆不足畏"①。同年正月,李纲说:"方寇者,本狂愚无知之民,传习妖教,假神奇以感(惑)众,遂谋僭逆。"②方勺根据曾经率领地主武装、参与镇压方腊起义的会稽进士沈杰所述起义经过,在其笔记《泊宅编》中写道:方腊"托左道以惑众",起义军"无甲胄,唯以鬼神诡秘事相扇诱。""又以沙门宝志、谶记诱惑愚民,而贫乏游手之徒相承为乱。"也不曾说方腊是摩尼教首领,而在记述方腊起义的响应者裘日新时,却明确指出是"越州剡县魔贼仇道人"。这表明,在方勺心目中,方腊利用的宗教是一种旁门"左道",既不是佛教,也不是道教,更不是如同裘日新所利用的摩尼教秘密教派。在《桂林方氏宗谱》中,元代人徐植之撰方庚传说:"宋宣和二年庚子冬,(方)腊忽自言得天符牒,令其某时举兵,逢牛即杀,逢庙即烧,若斩木揭竿之为者。斯言一出,转相簧鼓。"③从"上天"得到"符牒",命令方腊起兵造反,斩杀耕牛,焚烧佛寺,这也看不出与摩尼教有多少关系。

　　在另外一些史籍中,还有起义军利用某种宗教迷信来组织起义、打击敌人的记载。南宋人周南说,陈箍桶曾领导农民响应方腊,"自号'圣公阴兵',执镜照人,谓凡用心不臧者,皆照见之。百姓窜走,方伏匿于山林,其徒持镜四出,谓人曰:'我已尽见!'愚民畏惧,皆出就擒。"④《桂林方氏宗谱》说,"相传(方)腊能役鬼神"⑤。郑柏《金华贤达传·董少舒传》说,方腊"妄称圣公,能役阴兵,愚民多归之"⑥。这些都表明方腊托言能驱使鬼神、指挥"阴兵"。当然,这也可能是当时农民为了赞美领袖,故意在传说时夸大方腊的本领,添枝加叶地给方腊涂上了神秘的色彩。值得注意的是,起义军还普遍使用铜镜,既作为义军的一种标志,又作为捕捉地主土豪的一种手段。朱熹说过,方腊的妻子"红装盛饰,如后妃之象,以镜置胸怀间,就日中行,则光采烂然,竞传

---

① 《宋会要辑稿》兵 10 之 18《讨叛四·方腊》。
② 李纲:《梁溪先生全集》卷 108《上门下白侍郎书》。
③⑤ 《桂林方氏宗谱》卷 7《忠义彦通方公传》。
④ 周南:《山房集》卷 8《杂记》。
⑥ 《金华贤达传》卷 2。

以为祥瑞。"①楼钥记载，义军进攻处州时，"止以数舟载百余人，绛帛帕首，带镜于上，日光照耀，自龙泉山间乱鸣钲鼓，顺流而下"②。上引《山房集》说，陈箍桶持镜照人，说凡是心术坏的人，一照就能看出。韩元吉也记载，处州的起义军"以妖术蛊郡民，置圆镜案上，曰可以照人罪业，即殴出肆屠戮"③。以铜镜为起义军的一种标志或装饰，这不足为奇，但拿铜镜照人来判断人的好恶，并决定生杀予夺，这显然荒诞无稽。农民军面对强大的敌人，借助于某种力量；编造出某些离奇古怪的故事，借此鼓舞斗志，这是可以理解的。但是，这些做法都不见于摩尼教的经典。

　　方腊本人的职业，也不允许他充当摩尼教的首领。在起义前，方腊的职业，历史上有两种不同的记载：一种是以曾敏行《独醒杂志》为代表，认为方腊"家有漆林之饶"，"又为里胥，县令不许其雇募"。把方腊说成是一个"中产之家"的漆园主，还当过里正（即保正）。另一种是以《桂林方氏宗谱》为代表，认为方腊是地主方庚家的一个佣工，即雇农。不论这两种记载的可靠程度如何，都得不出方腊是摩尼教首领的结论。按照摩尼教的教义，信徒不能积聚财物。《叹无常文》说："积聚一切诸财宝，皆由恶业兼妄语。""一切财产及田宅，意欲不舍终相别。"摩尼教残经也说："电那勿"应当熟知五个"记验"，其二是"不悭。所至之处，若得俵施，不私隐用，皆纳大众。"如果方腊是摩尼教的首领，他理所当然地还要充当"电那勿"之类的传教师，这样，他就不能拥有私人财产，更不能成为拥有"中产"的漆园主。反之，如果是一贫如洗的雇农，为了维持生活，他必须在地主鞭笞驱使下，终岁勤劳，不可能在当雇农之余，还去进行秘密的传教活动。所以，如果方腊是雇农，他不可能在务农的同时又兼当摩尼教首领。

　　方腊的家庭成员情况，也不允许他当摩尼教首领。摩尼教宣扬禁

① 《朱子语类》卷133《盗贼》。
② 《攻媿集》卷73《跋先大父徽猷阁直学士告》。
③ 《南涧甲乙稿》卷19《处州东岩梁氏祠堂碑铭》。

欲主义，它认为，在光明的极乐世界，不应当存在男女性别，也不需要婚配和生育，它把男婚女嫁看成"淫欲"和"污秽"的行为，极力加以反对。摩尼教残经提出，该教僧侣"能于女人作虚假想，不为诸色之所留难，如鸟高飞，不殉罗网"。在为僧侣规定的七条戒律中，它把禁止结婚列为第四条①。所以，它的僧侣都必须过独身的生活。自然，对它的信徒来说，并不如此要求，还是允许他们跟普通人一样生活。但方腊的情况就不然。方腊不仅有妻子邵氏，而且还有儿子"亳二太子"。在起义失败时，邵氏和亳二太子跟方腊一起被宋军俘获。这说明方腊不可能是摩尼教的僧侣、传教师，更不可能是该教的首领。

起义后的一些行动，也表明方腊并不信奉摩尼教。摩尼教不准自己的僧侣和信徒开荤食肉。《叹无常文》有一段话："食肉众生身似冢，又复不异无□坑，枉煞无数群生类，供给三毒六贼兵。"说明它反对食肉，甚至把食肉人的身体当成一座坟墓。它还反对饮酒。有不少史籍，都说摩尼教主张"不饮酒食肉"②，或者"断荤戒酒饮，食菜茹蔬"③。但是，方腊起义伊始，他就召集了一百多名骨干"椎牛酾酒"，"饮酒数行"后，发表了著名的誓师演说。这些做法显然与摩尼教格格不入。有人认为，方腊"椎牛酾酒"表明起义军公开抛弃了不吃荤酒的宗教信条。笔者认为，如果方腊真是摩尼教的首领，他必定首先严格遵守自己的宗教信条，不可能刚揭起义旗，就把用来宣传和组织群众的信条公开抛弃。同时，对于已经长期习惯于吃素的人来说，酒肉被当作望而却步、极其厌恶的东西，一旦让他破戒开荤，必然会引起强烈反对。

以上许多史实证明，方腊并不是摩尼教的首领。方腊用以组织和发动农民群众的所谓"左道"或"妖术"，既不是摩尼教，又不是佛教或道教，而是综采当时农村中流行的一些宗教、迷信，如佛教的"宝志"和"谶记"、道教的"符牒"，以及民间的一些迷信说法，诸如"星云神怪"、

---

① （日）重松俊章：《唐宋时代の摩尼教と魔教问题》，载《史渊》第十二辑。
② 方勺：《泊宅编》卷5。
③ 俞成：《萤雪丛说》卷下《茹蔬说》。

役使鬼神、指挥"阴兵",有的还可能是起义农民的创造,如用铜镜照人等等,这些内容是难以用某一种宗教概括得了的。

四、摩尼教在方腊起义中的地位和作用

摩尼教在方腊起义过程中,据庄绰《鸡肋编》记载,"其徒处处相煽而起"。根据各种史籍,明确作为摩尼教秘密教派而参加起义的领袖和队伍有以下一些:

吕师囊:台州仙居人。宣和三年三月,率领当地教徒和农民响应方腊,举起义旗,攻克仙居县城。四月,攻下天台、黄岩、乐清等县①。曾屡次进攻台州、温州,不克。这支起义军号称十余万人②。六月,宋军击败吕师囊部,吕师囊放弃石城,起义军"太宰"吕助等被俘③。十月,吕师囊扼守黄岩县境断头山,不幸兵败被俘,起义军首领三十多人被杀④。有关吕师囊的起义经过,清光绪《台州府志》记载最详:"(吕)师囊,仙居十四都人,家颇饶,蓄异谋久,尝出金以博恶少欢,人有急,稍为排之,名遂哄一时,呼为'吕信陵'。人莫测其奸也。宣和二年,睦州方腊乱,师囊阴结之。……遂煽惑乡民为乱,瓯婺亡命多应之,众至数万余,……"⑤这说明:吕师囊在起义前,已开始进行宣传活动;在方腊起义开始后,与方腊暗中联络。不过,这一记载没有涉及吕师囊与摩尼教的关系,相反地,吕师囊家境"颇饶",倒像一个地主,而不像摩尼教的传教师。根据其他史籍,这显然与事实不符。南宋人楼钥说,方腊的将领洪再(即洪载)率义军攻克处州后,又派兵从西边猛攻温州,这时,"吕师囊以魔术发于台(州)之仙居",攻下乐清,又从东边进围温州⑥。

---

① 《通鉴长编纪事本末》卷141《讨方贼》。
② 朱熹:《朱文公文集》卷89《义灵庙碑》。
③ 李埴:《皇宋十朝纲要》卷18《徽宗》。
④ 清同治《温州府志》卷30《杂记·寇警》;刘一止:《苕溪集》卷48 杨震墓碑。
⑤ 清光绪《台州府志》卷27《大事略一》,系据《康熙仙居志》。
⑥ 楼钥:《攻媿集》卷73《跋先大父徽猷阁直学士告》。

明确指出吕师囊利用摩尼教组织农民进行革命活动。同时,《嘉定赤城志》也收录了李谦所撰《戒事魔十诗》,其中第七首写道:"仙居旧有祖师堂,坐落当初白塔乡,眼见菜头头落地,今人讳说吕师囊。"①李谦在开禧三年(1207年)曾知台州,此诗用来告诫当地百姓切勿信奉"吃菜事魔",诗中所述台州摩尼教的活动情况,必定比较符合事实。这说明吕师囊在白塔乡进行传教活动,还设有"祖师堂",即用来聚集信徒、宣讲教义的法堂。这些事实足证吕师囊本人是摩尼教的传教师或僧侣,并利用摩尼教来组织农民,响应方腊起义。

裘日新:江浙语音,"仇"与"裘"相似,所以裘日新又称"仇道人",也称"求日新"、"裘道人"。宣和三年二月,裘日新响应方腊起义,用方腊的年号,攻克越州剡、新昌、上虞三县②。五月,宋军攻陷裘日新所部基地,裘日新牺牲③。方勺《泊宅编》明确记载各地响应方腊起义的队伍中有"越州剡县魔贼仇道人"。上引楼钥《攻媿集》也记述"剡川、新昌魔贼大炽,被害最酷"。施宿说,宣和三年二月,起义军数万人,在"绛衣散发,被重甲"而号称"佛母"的"酋渠"率领下,进攻越州城④。从时间和地点来看,"佛母"很可能是裘日新的部下。从裘日新既被称"魔贼"又被称"道人"分析,他必定是摩尼教的传教师或僧侣,他的起义军中必定有很多摩尼教徒。

郑魔王:活动在衢州一带,至少率领一万人。宣和三年四月,宋军到达衢州,郑魔王统率起义军出城迎击,战败,起义军二千多人牺牲,郑魔王被宋军所擒⑤。据庄绰《鸡肋编》记载,"吃菜事魔"之"魁"叫做"魔王",次者叫做"魔翁"、"魔母"。由此估计,郑魔王可能是衢州一带摩尼教的首领,也有可能是浙东地区摩尼教的首领。

婺州东阳"魔贼"、"仙姑":方腊起义时,婺州东阳摩尼教徒响应,

---

① 《嘉定赤城志》卷37《风土门·土俗》。
② 《宋会要辑稿》兵10之17《讨叛四·方腊》;方勺:《泊宅编》卷下。
③ 《皇宋十朝纲要》卷18《徽宗》。
④ 《嘉泰会稽志》卷13《守御》。
⑤ 《通鉴长编纪事本末》卷141《讨方贼》;《宋会要辑稿》兵10之18《讨叛四·方腊》。

被土豪申屠大防残酷镇压下去。明代人应廷育辑《金华先民传》卷4
《忠义传》载申屠大防事迹,说他在东阳"剿除魔贼、仙姑之类,邑人
赖之"。

　　俞道安:又称"余大翁"。宣和三年四五月间,在温州永嘉东北楠
溪,率领农民举行起义,攻下乐清县。七月间,义军发展到十多万人,进
围温州城。八月,义军解围,向西北撤退,入处州境。十月,俞道安被宋
军杀害①。温州是北宋末年摩尼教比较流行的地区。这里是否存在
它的秘密教派呢? 由于记载阙如,不得而知。但俞道安又称"大翁",
不能不使人联想到秘密教派中有"魔翁"、"魔母"作为"魔王"的"辅
佐",因此估计俞道安有可能是温州永嘉摩尼教秘密教派的一个
首领。

　　以上这几支摩尼教秘密教派的活动梗概透露:首先,这几支队伍在
参加起义后,接受方腊的领导,作为方腊起义军的几个方面军而与宋军
进行殊死战斗,但他们不是方腊起义军的主力,因此在整个战场上不起
决定性的作用。其次,这几支队伍参加起义的时间一般都较晚。方腊
在青溪帮源峒树起大旗的时间是宣和二年十月,而这几支队伍,除郑魔
王和婺州东阳教徒参加起义的时间不明外,其余都在宣和三年二月至
四月,即方腊起义军从杭州撤退、起义进入败退阶段,才陆续揭竿而起。
由于起义较迟,而且先后不一,因此不能集中兵力对付宋军的镇压,致
使这几支队伍没有发挥出更大的威力。这一情况表明,这几支队伍在
起义前,跟方腊不存在领导与被领导的关系,即不受方腊统率。这也说
明方腊并不是这些地区的摩尼教首领,否则方腊振臂一呼,他们就会立
即群起响应。再其次,这几支队伍,除郑魔王外,其余都在浙东沿海一
带活动。前已言及,庄绰《鸡肋编》说,"食菜事魔"是从福建传入温州,
然后渗透到两浙各地的。这几支队伍的分布正证明庄绰所说情况
属实。

------

① 　王瓒、邓淮:《温州府志》卷17。

五、结　　语

摩尼教在传入中国后,仍然是麻醉人民精神的鸦片烟,是统治阶级欺骗人民的一种工具。摩尼教的教义宣扬阶级调和,根本不具有斗争性。宋代的摩尼教分为两支,公开传教的一支基本上保持摩尼教的旧貌,秘密传教的一支则由于长期在社会下层活动,改变了摩尼教原来的一些教义,变成组织农民进行斗争的一种手段。方腊并不是摩尼教的首领。方腊起义过程中,浙东有几处摩尼教秘密教派的信徒起而响应,而且大多在后期参加到起义的行列中来。基于这些结论,笔者认为,在研究方腊起义历史时,应该把摩尼教(不论是秘密教派或者公开教派)和农民领袖方腊区别开来,应该把摩尼教的教义和戒律跟方腊起义军的革命主张区别开来,切勿不分青红皂白地把摩尼教的某些教义和戒律全部按到方腊的头上,否则张冠李戴,鱼目混珠,离史实越来越远。

（本文刊载于《历史研究》1979 年第 9 期）

南宋广西李接起义

南宋孝宗时期（1163年到1189年），广南西路连续多次爆发了农民起义。起义军攻占部分州县，镇压贪官污吏，杀死土豪劣绅，给予当地的封建统治以沉重的打击。淳熙六年（1179年），广西容州（今广西容县）等地农民在李接领导下举行的武装暴动，就是其中比较著名的一次起义。近三十年来，在有关中国古代史的各种著作中，有的虽然提到了这次起义，但语焉未详，有的则根本不曾言及。因此，本文将对这次起义的社会背景、起义开始的时间、农民领袖李接、起义的经过、"李王"政权等作一比较详细的论述。

起义的社会背景

宋孝宗是南宋第二代皇帝。宋孝宗接位的第二年即隆兴元年（1163年），宋朝军队曾由枢密使张浚率领，北上进攻金朝，但宿州符离（今安徽宿县）一战，宋军大败而回。在金朝的威胁下，宋孝宗被迫与金朝订立了屈辱的和议。

这时，金世宗（在位期1161年到1189年）也刚接位不久，国内一片动乱，金朝统治阶级集中全力巩固和加强对各族农、牧民的统治，无意向南作大规模的侵掠。因此，在宋孝宗和金世宗的统治时期，宋、金南北两朝基本上和平相处，彼此没有发生大的战争。

在民族斗争比较缓和的情况下，宋孝宗采取了"以和为形，以备为实"的对策①，把州县的剩余钱物全部收归朝廷，设置封桩库，作为备战的军需；同时，在各地籴米储货，桩积军用物资②。这一时期宋朝每年的财政收入，除二税以外，茶、盐、专卖等课利钱，经总制钱，上供、和买、折帛钱，四川钱引等项，共八千多万贯。但是，这一时期的财政支出，仅每年的养兵费一项，就达六千多万贯③，最多达八千多万贯④。由于全国财政收入的十分之八九用于养兵，其他用度如养官仅在一二分之中，因此每年常感财用不足⑤。

为了弥补财用的不足，宋朝统治阶级绞尽脑汁，对广大农民和工匠实行残酷的压榨。朱熹在这一时期说过："古者刻剥之法，本朝皆备"⑥。事实上，不仅使用了古代一切刻剥之法，而且不断花样翻新，创立了不少新的刻剥之法。这些刻剥之法，据官员蔡戡说，在二税以内，有暗耗、漕计（转运司经费）、州用斛面；二税以外，有和买、折帛、义仓、役钱、身丁布子钱。这些都是"上下之通知"的杂税名目。在这两类杂税中，又有折变、水脚、糜费、隔年预借、重价折钱。但并不到此为止，还有月桩、盐产、茶租、上供银、干酒钱、醋息钱、科罚钱等。真是名目繁多，不胜枚举。在催督赋税时，又有种种骚扰：州差典级甚至差州官下县，县差县尉甚至知县亲自下乡。官员、胥吏、弓手所到之处，百般勒索，绳捆鞭抽，动辄数十人受苦，所欠大多只是升合、尺寸，未纳的固然要加倍补交，已交的也要再交一次，往往没有一户能够漏脱⑦。

广西是南宋境内社会经济比较落后的一个地区。这里"旷土弥望，田家所耕，百之一尔"。耕种方法也较为简单。挖土仅仅破块，不再

---

① 叶适：《水心文集》卷24《故知枢密院事、资政殿大学士施公（点）墓志铭》。

② 叶适：《水心别集》卷15《上殿札子》。

③ 叶适：《水心别集》卷10《外稿·实谋》。

④ 周应合：《景定建康志》卷14《建康表一》。

⑤⑥　朱熹：《朱子语类》卷110《朱子七·论兵》。

⑦ 蔡戡：《定斋集》卷5《论州县科扰之弊札子》。

翻耕,然后在田里点种,也不移秧。种下之后,不浇水施肥,任其自然①。农业生产力十分低下,一路全年秋税苗米不过二十二万石②。为了凑集上供朝廷的各种经费、本路转运司以及州县的各种费用,各级官员就另找生财之道,从百姓的日用必需品——食盐上横征暴敛。

南宋时,广西的盐法变化频繁。在李接起义前数年,刚由通行客钞制改为官搬官卖制。所谓客钞制,是由官府印制盐钞,客商在指定地点交钱买钞,然后去广西产盐区高(今广东茂名市东北)、化(今广东化州县)、雷(今广东海康)、廉(今广西合浦)、钦(今广西钦州县)等五州盐场领盐,运到各地销售。盐钞制的实行,商人得益颇多,但路转运司的收入却因之猛减。于是广西官府就把本路的秋税苗米,折成价钱,每石超过两贯文足,让农民交纳,又在苗米外向农民强买“和籴”米,每石只给价钱五百文到六百文足,借此增加“漕计”③。贫苦农民为了向官府交纳“和籴”米,被迫拆屋借债,另外买米交官,官府美其“名曰和籴,其实强取”④。所谓官搬官卖制,是由官府运输和销售,赢利全归官府。淳熙三年(1176 年),广西经略安抚使张栻为防止州县官随意提高盐价,规定了各州的盐价,其中后来成为李接起义发祥地的容州以及起义军攻占过的郁林州(今广西玉林)、贵州(今广西贵县)的盐价是:容州,每笼(一百斤)价钱七贯文足,其中本钱和脚钱平均约三贯文足,息钱四贯文足;郁林州,每笼价钱七贯文足,其中本钱和脚钱共二贯九百三十八文足,息钱四贯六十二文足;贵州,每笼价钱十贯文足,其中本钱和脚钱共三贯五百三十八文足,息钱六贯四百六十二文足。张栻还规定各州的盐价可以酌量增加,但不得超过三分⑤。由张栻所定的盐价可以看出,宋朝官府在容、郁林、贵三州所卖盐中,每百斤共赚四贯文足到六贯文足以上,利润率达百分之一百到二百。由于官盐昂贵,广大贫苦

①　周去非:《岭外代答》卷 3《外国门下·惰农》。
②　刘时举:《续宋编年资治通鉴》卷 10《宋孝宗三》。
③　《宋会要辑稿》食货 27 之 24 和 30《盐法》。
④　蔡戡:《定斋集》卷 4《论扰民四事札子》。
⑤　《宋会要辑稿》食货 28 之 3—6《盐法》。

农民无力购买，转运司的盐卖不出去，就分摊给各州货卖；各州卖不出去，就分摊给百姓。"不论贫富，并计口科卖"，从前"上户科抑之苦"，现今"移之下户矣"①。据当时有人统计，广西在实行客钞制时，每年卖出盐八万箩，但在改为官搬官卖制后，就增加到每年卖出十一万五千多箩。统计人认为，后来多卖的三万五千多箩，是因为官府"以科抑之，故数多如此"②。

李接起义军攻占过的另外三州，即雷、高、化三州，是广西的产盐区。这里的"亭户"煎盐输官，官府经常拖欠本钱不给，本来就"已极困悴"，广西转运司却又强迫他们按户高价买进官盐食用。由于生计困窘，亭户们不得不纷纷逃亡，以致这几州"人烟萧条"③。

宋朝官府通过不断加重赋税剥削，尤其是不断变换盐法，对广西广大农民进行敲骨吸髓般的残酷压榨，使之生活日益痛苦，已经达到了无以为生的地步。因此，官府高价摊卖食盐就成为李接起义的主要原因。当时吏部尚书周必大在奏札中承认："臣久闻广西官吏奉行盐法未善，致李接扇惑愚民，起为盗贼。"④后来，有的官员，如知化州何伟还因为在任"数（敷）盐害民，横敛致寇"而被宋朝除名勒停⑤。这些都说明广西盐法和李接起义之间的关系。

起义的开始时间

李接起义开始的时间，一般认为是在湖南陈峒起义失败后不久，或不到一个月内。其根据主要是蔡戡《定斋集》卷1《割属宜章、临武两县奏状》记载："又如去年陈峒之扰，摧锋诸军大半集于连州把截，五月方得平定。诸军次第回归，未得休息，又有李接之报。六月，复调发

---

①　《宋会要辑稿》28 之 10《盐法》。
②　《宋会要辑稿》28 之 14《盐法》。
③　《宋会要辑稿》食货 28 之 11—12《盐法》。
④　《周益国文忠公集·奏议》卷 9《乞广西二事入赦札子》。
⑤　《宋会要辑稿》职官 72 之 26《黜降官九》。

往……"这就是说,在宋朝军队"平定"陈峒后,陆续回防,尚未获得休息,又收到李接造反的报告。据此记载,李接起义的开始时间显然是在陈峒起义失败后不久。

　　但是,如果仔细推敲一下,就会发现李接开始起义的时间应该提前一些。《宋史》卷35《孝宗纪三》记载,淳熙六年五月乙亥(十八日)"郴寇平。"表明陈峒起义最后失败的时间是五月十八日。又据魏了翁所撰吴猎的行状记载:五月,李接起义。五月癸酉(十六日),广西经略安抚使刘焞"闻变",立即"戒僚吏,促发兵"①。这就是说,刘焞在五月十六日接到了李接起事的消息。由此推算,李接开始起义的时间应在五月十六日前一二天,即五月十四日或十五日。这正证明在陈峒起义失败前三四天,李接就已举起革命的大旗了。蔡戡在上述奏状中之所以把李接起义开始的时间断为宋军镇压陈峒起义之后,是因为他当时任广东路提举常平茶盐公事,对邻路广西的情况并不详细了解;同时,广东摧锋军在镇压陈峒起义的过程中,其主要任务是在连州负责把守,防止起义军突入广东路界,当湖南路宋军追上并包围了陈峒起义军后,它就陆续撤回;而且它到六月才奉命调往广东路西部堵截李接起义军,所以对于李接开始起义的时间说得不太准确。因此,我认为,把李接起义开始的时间定在陈峒起义失败之后是不对的,应予订正。

农民领袖李接

　　李接是广西路容州陆川县(今广西陆川)人。据《容州编》记载:"宋末,北流县高化界峨石乡逆贼杨先、陆川乡民李接二次作乱。"②前引魏了翁撰吴猎行状,也说"陆川妖寇李接……"说明李接是陆川县人,并且在当地领导农民举行起义。蔡戡撰《御盗十事札子》说:"李接

---

① 《魏鹤山大全集》卷89《敷文阁直学士赠通议大夫吴公(猎)行状》。
② 《永乐大典》卷2343《梧字·梧州府·文章》。

本一弓手。"①这就是说,李接原来还是当地的一名"弓手"。那末,"弓手"是一种什么职务呢?

根据宋代的役法,弓手是一种吏职,是差役的一个名目。从乡村第三等户即小地主和富裕农民中轮差,每县置一百人左右。弓手的职责是在县尉的带领下缉捕"盗贼"。宋神宗时改行招募制。宋孝宗时继续实行招募。应募者大多是贫苦的百姓。贫苦的百姓在当弓手后,一般都变成了统治阶级的帮凶。这是因为一方面,弓手由县尉统辖,专门对付起来造反的农民,另一方面,经常由县尉派到乡下催督赋税,或者替地主向佃客催租逼债②。在平日,弓手要接受军事训练,学习武艺,同时,还要忍受县尉的欺压,经常被"减克"钱粮,或被迫为其服私役。

李接由当地的一名弓手成为杰出的农民领袖,这自然是他的阶级立场转变的结果。多年的弓手生涯,给他充当农民领袖带来了一些有利条件,一是熟悉宋朝官场的黑暗情况,便于向群众揭露统治阶级的贪残和腐朽;二是懂得一些军事,便于在起义中训练农民,指挥作战。

李接领导陆川县农民举行起义,初战就获大胜,杀死了宋朝的"九州巡检使"。魏了翁撰吴猎行状说:"李接杀九州巡检以叛"。据《宋会要辑稿》记载,巡检使"掌巡检州邑捕诘盗贼之事,以閤门祗候以上至诸司使将军或内侍充"。巡检使的管辖范围"自一州至九州军,或从道路便宜,不限境土"③。巡检使所属武装力量,有"驻泊"当地的禁军,也有弓手和土军。李接有可能是陆川县尉司的弓手,也有可能是九州巡检使所辖的弓手,因为不能忍受这名官员的欺压,所以起来造反,终于把他杀死了。

不少史书还称李接为"妖贼"或"妖寇"。如前述蔡戡《御盗十事札子》、《宋史·孝宗纪三》称李接为"妖贼"或"广西妖贼",而魏了翁撰吴猎行状则说李接为"陆川妖寇"。这表明李接还曾利用某种宗教来

---

① 《定斋集》卷1。
② 黄震:《黄氏日抄》卷70。
③ 《宋会要辑稿》职官48之122《巡检》。

发动和组织农民。但是,李接利用了哪种宗教呢? 有关文献都没有明确记载。这里可以肯定的是,这次起义跟摩尼教无关。摩尼教在南宋虽曾多次领导农民起义,但这时似乎还没有传播到广西。陈峒起义时,也曾利用宗教来组织群众。陆游记载:"贼之起也,假唐源淫祠,以诳其下,日杀所虏一人祭神。"①这种民间的神祠只是陈峒临时用来鼓动群众和组织群众的宗教迷信,但已无法搞清这座神祠属于佛教或者道教。在李接起义失败后的第二年,有一名官员向宋朝上奏札说:"广南诸郡,创鬻沙弥、师巫二帖,以滋财用,缘此乡民怠惰者为僧,奸猾者则因是为妖术。"于是宋朝下诏广南东、西两路,将已"出给沙弥文帖""立限收毁",并令"将给过师巫文帖并传习妖教文书,委官限一月根刷,拘收毁抹,严行禁止,毋致违犯"②。为了增加财政收入,两广官府自己印制沙弥、师巫两种文帖出卖,这些文帖流行后,官员们随即发现自食恶果,即"妖猾者""因是为妖术",严重威胁到宋朝的统治。因此,不得不下令收回销毁,严加禁断。由此推测,李接在发动起义时,很可能跟陈峒一样,也是临时地利用了民间流行的宗教迷信,尤其是利用了广西官府推销的宗教文帖所传播的封建迷信,借此提高自己的威望,增加号召力,以鼓动和组织农民群众。广西官府对于自产自销的宗教文帖所产生的这种严重恶果,自然讳莫如深,所以向朝廷上奏时只说李接是"妖贼"或"妖寇",而掩盖了李接的"妖术"和自己的关系。

起义的经过

淳熙六年五月十四日或十五日,李接在容州陆川县领导当地农民举行起义。起义军旗开得胜,一举杀死了宋朝的九州巡检使。起义军发展迅速,蔡戡《御盗十事札子》说:李接"奋臂而起,啸聚数千人"。各地农民领袖如陈子明、陈南容、徐铁条、杨寿、彭四十、苏生、陈方寄、谢

① 陆游:《渭南文集》卷34《尚书王公(佐)墓志铭》。
② 《宋会要辑稿》刑法2之120《禁约》。

宁、周国生等人"各以众应之"。其中陈南容一支起义军也"有众数千"。《容州编》说："李接……作乱，乌合万众，数四犯城。"①由此可见，李接起义军的规模曾经达到一万人之多。

起义军"劫掠州县，迫杀官吏"。不久，即攻破容州城，杀死知州②。接着，攻下郁林州，迫使知州李端卿弃城逃遁。郁林州是广西都盐仓的所在地，储藏着大量官盐，起义军攻下郁林州，对广西官府无疑是一个沉重的打击。起义军进围化州③。在石城县，击溃宋朝的义丁二三百人，击毙县令毛士毅和县尉④。随后，又往西北攻克贵州，向东攻占高州，南下占领雷州。至此，起义军解放了广西路的六州八县，即今广东以雷州半岛为主的湛江地区和广西玉林地区的大半部。

宋朝广西经略安抚使刘焞，在五月十六日晚得悉李接已经起义，立即"戒僚吏，促发兵"，决定用武力对起义农民实行血腥镇压。刘焞听从经略使司准备差遣吴猎的提议，让"流人"（北方难民）沙世坚率领"效用军"，从北部梧州（今广西梧州市）、藤州（今广西藤县）进攻容州，由效用军士粟全等五人为向导；又命陈玄国率高州戍兵，从东南部经化州，与沙世坚在容州会合。再派雷州、化州的水军，堵截海路⑤。六月，广东路经略安抚使周自强也派一支摧锋军到西部南恩州（今广东阳江）、德庆府（今广东德庆）、新州（今广东新兴）、封州（今广东封开东南）阻止起义军东进，又派另一支摧锋军进入广西路，到容、化等州，会合广西宋军一起镇压李接起义军⑥。七月，刘焞受命亲自节制军马镇压起义军，从静江府南下，在贵州境外筑起十三个连珠寨，阻止起义军往来。这时，沙世坚率领的效用军攻陷了郁州。原来宋军慑于起义军的声势，在镇压起义军时往往逗留不进。刘焞利用宋军攻下郁林之机，"大会将士"，为沙世坚记功，并处死了作战不力的南流县尉、郁林巡检

①②　《永乐大典》卷2343《梧字·梧州府·文章》。

③　《宋史》卷35《孝宗纪三》。

④　陆心源：《宋史翼》卷31《毛士毅传》。

⑤　《魏鹤山大全集》卷89《吴猎行状》。

⑥　蔡戡：《定斋集》卷1《割属宜章、临武两县奏状》。

黄怀德以及州吏黄益、龙翼①，借此给宋军打气。

在遭到宋军重重包围的困难情况下，起义军转移到深山老林，坚持斗争。蔡戡《御盗十事札子》说："李接深入山林，拥众自卫，驱迫平民，以抗官军。"起义军还一度准备转移到海上。魏了翁撰吴猎行状说："寇穷之海，以有备，不得前。"由于宋军在沿海严密防御，起义军无法实现自己的计划。同年十月，起义军被宋军合围到郁林一带，李接及其将领彭四十等二百六十五人、李接妻子不幸战败被俘②。十月丁未（二十三日），宋军收兵还师。戊申（二十四日），宋朝宣布已将起义全部镇压下去③。十一月辛酉（七日），广西经略安抚使刘焞等自郁林率军回到静江府，李接等被俘起义军将士也被押解到静江。次日，广西农民领袖李接等人在静江府英勇牺牲。

"李王"政权

李接领导广西农民，在六州八县艰苦斗争达半年之久。起义军建立了革命政权，革命群众拥戴李接为王，尊称他为"李王"，反而骂宋朝官军为"贼"④。"李王"政权设置官职，招收人材。宋朝官员污蔑它"招纳亡命，伪补官资"⑤。"李王"政权还到处张贴文榜，宣布"不收民税十年"⑥。这是一项针对宋朝官府利用民间食盐、不断加重苛捐杂税而采取的革命措施。同时，"李王"政权还在各地"开发仓廪，赈施贫乏"⑦，自然首先打开各州的盐仓，分给长期吃不起盐的贫苦农民。因此，贫苦农民"翕然从之"，争先恐后地投身到革命行列中来。

"李王"政权在起义之初，虽然攻占了广西的六州八县，取得了不

---

① 见魏了翁撰《吴猎行状》。
② 李接等被俘地点在郁林，见韩元吉：《南涧甲乙稿》卷22《周自强墓志铭》。此郁林疑指贵州治所郁林县，并非郁林州。
③ 《宋史》卷35《孝宗纪三》。
④⑥ 朱熹：《朱子语类》卷133《本朝七·盗贼》。
⑤⑦ 蔡戡：《御盗十事札子》。

少战绩,但不久就遭到了宋朝各种武装力量,包括官兵、弓手、土豪义丁的围攻和追击,因此辗转苦斗达半年之久,最后终于被宋军镇压下去了。

李接起义虽然失败了,但是起义军沉重打击了当地的封建势力,迫使宋朝统治者考虑在起义军占领地区"蠲放税赋"①,又根据广西官员所申"民间疾苦,皆缘计口卖盐"②,决定下诏减少广西各州每年卖盐的定额③,宋孝宗还下令各司"讲求利害","始有打算岁计之请"④。这些措施虽然并非李接起义军的直接成果,但正是由于起义军的拼死战斗,沉重打击了当地的封建统治,宋朝统治者才不得不这样做。当然,宋朝统治者的目的不过是为了抵消李接"不收民税十年"措施的巨大影响,借以欺骗广西农民,从而缓和广西农民和地主之间的阶级矛盾,巩固自己的统治。然而,在客观上,广西农民得以减轻官府的赋税剥削,获得一些喘息的机会,能够维持最低限度的生活,继续从事生产,这对促进广西社会经济的缓慢发展还是有利的。

（本文刊载于《中国农民战争史论丛》第 2 辑,

河南人民出版社 1980 年版）

---

① 周必大:《周益国文忠公集·奏议》卷 9《乞广西二事入赦札子》。
② 《宋会要辑稿》食货 28 之 10《食盐》。
③ 《宋史》卷 35《孝宗纪三》淳熙七年正月甲子条。
④ 《宋会要辑稿》职官 45 之 32 淳熙七年三月九日条。

论宋代国子学向太学的演变

所谓国子学向太学的演变,换言之,即是贵胄子弟专门学校转化而为士庶子弟混合学校的过程。这个过程既十分清晰地显示着历史运动的轨迹,又相当准确地反映了两宋时代的特色,恐未可等闲视之。有鉴于此,现不揣浅陋,姑妄论之。本文拟先展示其过程,继辨析其原因,后阐述其意义。

一、过　　程

特地为教育贵胄子弟而设,曾经盛极数百年之久的国子学制度,行至宋代,已成强弩之末,渐趋崩溃之境。对此,元人袁桷即有所揭示。此人博闻洽识,号称"宋东都典故能以岁记之,渡江后事能月记之"①,他在《国学议》中说:

> 宋朝承袭唐之旧,而国学之制日隳。至于绍兴,国学愈废。虽名三学②,而国学非真国子③。

国学,即国子学的省称。《周礼·地官·师氏》郑玄注云:"国

---

① 陆友仁:《砚北杂志》卷下。
② 三学,指国子学、太学、四门学。
③ 《清容居士集》卷41。

子，公卿大夫之子弟。"晋武帝于咸宁二年（276年），在太学之外创立
国子学，其学校名称便取自此义。于是，国子学、太学判若云泥："国
学教胄子"，为世族地主子弟就学之地；"太学招贤良"[①]，为庶族地主
子弟肄业之所。至此，汉代太学单轨制演变而为国子学、太学双轨
制。国子学制绵延至唐，虽迭经变易，但终相沿不废。入宋，"国学
非真国子"，它逐渐向太学转化，并最终二学归一，回复到太学单
轨制。

　　宋代国子学向太学的演变，诚如袁桷所称，完成于南宋初期的绍兴
年间。但，"冰冻三尺，非一日之寒"，就其过程而论，它大致经历了以
下四个阶段。

　　第一阶段：自北宋初至庆历二年（1042年），其基本特征为国子学
招生范围扩大，等级界限缩小。

　　北宋开国伊始，赵匡胤即在后周国子监[②]原址增修学舍，并于建
隆三年（962年）六月"聚生徒讲学"[③]。此后八十年间，国子学为独
一无二的中央官办学校，而太学仅系国子学下设置的三馆当中的一
馆而已[④]。单就形式而言，这时，太学化于国子学中。但从实质上看，
"国学之制日隳"，国子学处于向太学转化的过程中。此情，有下表
可证。

---

① 潘岳：《闲居赋》注。
② 在自西晋至北宋的大多数时间里，国子监一身二任，既为教育行政机关，又系贵胄子弟学校。就
　前者而论，自应名监；以后者来说，又当称学。因此，其名称辗转调换。在唐代，据《新唐书》卷48
　《百官志三》载："武德初，以国子监曰国子学，隶太常寺。贞观二年复曰监。龙朔二年，改国子监
　曰司成馆。……咸亨元年复曰监。垂拱元年，改国子监曰成均监。"在北宋，据《玉海》卷112《学
　校·建隆增修国子监》载："端拱二年二月，以国子监为国子学。淳化五年三月戊辰，复以国子学
　为监。"
③ 《宋会要辑稿》（下称《宋会要》）崇儒1之29。
④ 近人周予同著《中国学校制度·宋代的京都学》说："太学：（1）名称：宋初称为国子监，或称国子
　学。"（商务印书馆1935年第3版，第71页）其实，宋初并无独立的太学，太学也并非国子学的别
　名异称。据《宋会要》崇儒1之29载庆历二年闰九月王洙疏文可知，此时国子学下设有广文、太
　学、律学三馆。三馆的区别不是等级性的，而在于专业不同："广文教进士，太学教九经、五经、三
　礼、三传学究，律学馆教明律。"（《宋史》卷165《职官志五》）

项目 时期	生员人数	入学资格	资料来源
唐　代	300	三品以上及国公子孙、从二品以上曾孙	《新唐书》卷 48《百官志三》
宋　初	70	京朝七品官以上子孙	《宋史》卷 157《选举志三》

上表表明，宋初国子学虽属奇货可居，但情况并不佳妙。其生员不到唐代国子生的四分之一，其规模较之唐代盛时未免相形见绌，确如当时人杨亿所说："今学舍虽存，殊为湫隘；生徒至寡，仅至陵夷。"[①]

更主要的是宋初国子学入学资格下降，比晋代限制小，较唐代范围宽，其招生面囊括了唐代国子学、太学的全部范围，并兼及四门学的部分范围。史称，晋代"国子生皆冠族华胄"[②]，"官品第五以上得入国学"[③]；唐代太学生为"五品以上及郡县公子孙、从三品曾孙"，四门学生为"七品以上、侯伯子男子"及"庶人子"[④]。显而易见，即令从制度上说，宋初也是"国学非真国子"的。如果说国子学在唐代系高级官僚子弟学校，那末，在宋初则系高中两级官僚子弟的混合学校。也就是说，中级官僚子弟以往被拒于国子学外，仅可步入太学，而今则可跨进国子学大门了。

何况，事实与制度尚有出入。这时已经出现低级官僚子弟以至寒素子弟进入国子学听读的现象，并且北宋政府曾在开宝八年（975 年）、太平兴国九年（984 年）、景德年间（1004 年至 1007 年）多次自坏其制，承认既成事实。开宝八年，鉴于国子学中既有"系籍而不至"的挂名生员，又有虽不"系籍"而旁听的实际生员，政府特许："其未入于籍而听

---

① 《武夷新集》卷 17《代人转对论太学状》。
② 《宋书》卷 4《礼志一》。
③ 《南齐书》卷 9《礼志一》。
④ 《新唐书》卷 48《百官志三》。

习者,或有冠裳之族不居乡里,令补监生之阙。"①太平兴国九年,又明确规定国子学可收补包括低级官员在内的一切官员子弟发解,"不必附监听读"②。景德年间,进一步规定文、武升朝官的嫡亲子弟可附国子学取解,而"远乡久寓京师"的一般举人,只要"文艺可称","有本乡命官保任",经国子监长官验实,也准许"附学充贡"③。承认低级官僚子弟以至寒素子弟入国子学听读的既成事实,并允许他们"附学充贡"即由国子学发解应举,这便是国子学变质的开端,它奏出了国子学向太学演变的序曲。

第二阶段:自庆历三年(1043年)至熙宁四年(1071年),其基本特征为太学独立建校并逐渐兴旺。

北宋中央官办学校舍国子学外别无他校的状况,是在庆历三年打破的。这年,采纳天章阁侍讲、史馆检讨王洙和国子监的建议,成立四门学④。一年后,太学单独建校。太学与四门学教育对象相同,都"以八品以下至庶人子孙补充学生"⑤。因此,太学一设,四门学旋废,又出现了国子学、太学二学并立的局面。值得注意的是,宋代太学一经出现,其性质便与唐代太学大不相同。如果说太学在唐代为中级官僚子弟的特殊学校,那末,它在宋代则为混杂士庶子弟的普通学校⑥。

在庆历四年之后的二、三十年间,从官方统计数字看,国子监学生总人数节节上升,太学生名额也随之增加。下表即可约略显示"国学之制日隳"的趋势。

---

① 《宋会要》崇儒1之29。
② 《宋会要》职官28之1。
③ 《宋史》卷157《选举志三》。
④ 《宋会要》职官28之3至4。
⑤ 《续资治通鉴长编》(下称《长编》)卷148,庆历四年四月壬子条。
⑥ 有的研究者说:"两宋沿袭了唐代的做法,规定八品以下封建官僚贵族子弟与庶人之俊异者可入太学,京朝官七品以上的子弟可入国子学。"(《历史研究》1979年第12期,第48页)这段文字恐有两个含混之点:一是似乎宋代太学、国子学的教育对象和学校性质与唐代没有差异;二是似乎南宋仍有独立的国子学存在。

时间＼项目	国子生人数	太学生人数	资料来源	备 注
庆历四年（1044 年）	200	200	《玉海》卷 112《学校》及《宋史》卷 157《选举志三》；《文献通考》（下称《通考》）卷 42《学校考》。	《玉海》卷 112《学校·庆历太学》载庆历四年四月壬子判国子监王拱辰等建议另立太学疏称："今取士之法盛矣。"原注："学徒二百。"此正与《宋史》卷 157《选举志三》"国子生初无定员，后以二百人为额"相符。
皇祐末年—嘉祐元年（1054—1056 年）		300—400	《欧阳永叔集·奏议集》卷 14《举留胡瑗管勾太学状》	
嘉祐三年（1058 年）五月	450		《宋会要》职官 28 之 4	此为"监生"总数
嘉祐三年七月	600		同上	同上
熙宁元年（1068 年）	900		《宋会要》职官 28 之 7、崇儒 1 之 32	同上

应当说明的是，在这个阶段中，国子监和"监生"的涵义发生了明显的变化。庆历年间建立太学和其他各类学校以前，国子监即是最高学府，它与国子学实为一物，因此，太宗时曾一度将国子监改名国子学①，而监生只不过是对国子生的另一种称呼而已。可是，自庆历兴学后，国子监成为掌管全国学校的总机构，它直辖的各类学校生员统称"监生"，并领取"监牒"（国子监颁发的学生证明文书）。嘉祐三年（1058 年）五月，管勾国子监吴中复说：

> 旧制，每遇科场，即补试广文、太学馆（按："馆"字应在"广文"后）监生。近诏间岁贡举，须前一年补试。比至科场，多就京师私买监牒，易名就试。……非所以待远方孤寒之意。请自今遇科场，

①　《长编》卷 30，端拱二年二月；卷 35，淳化五年三月戊辰。

补试监生如故,仍以四百五十人为额①。

由此可见,广文馆生、太学生皆属监生,此时监生的涵义比前阶段广泛得多。因此,在这张统计表中,凡未明确区分国子生、太学生人数的,均系监生总数。但,在人数越来越多的监生中,无疑主要是太学生。这是因为:

(一)教育家胡瑗自皇祐末年任国子监直讲并"专管勾太学"②后,太学盛况空前。胡瑗讲《易》,"常有外来请听者,多或至千数人"。理学的先驱者之一孙复说《春秋》,听者"莫知其数",讲堂容纳不下,"立听户外者甚众"③。学生日益增多,"太学至不能容","乃益取邻近步军官舍安置"④。成批士人如潮水般涌入太学,在这股潮水的冲击下,宋朝政府干脆敞开大门,于嘉祐三年(1058年)七月下诏:

> 国子监定员才四百五十人,而远方孤寒之士多在京师,其更增一百五十人⑤。

熙宁元年五月,又"以四方士人盛集京师,遂以九百人为(国子监学生)额"⑥。这些新添名额的招收对象,既然不是贵胄子弟或仕宦亲属,而是"远方孤寒之士",那末,他们只能是属于太学了。

(二)胡瑗、孙复在太学任教期间,对太学的火禁制度进行了改革。从前,由于火禁严格,太学生晚间不得在学校留宿,天黑以前必须离去。外地学生为了求学,只得或投奔亲友,或寄宿旅店。火禁给他们带来了很大负担、诸多不便。胡瑗、孙复请求朝廷放宽太学的火禁规定,愿意承担一切责任。自此,"诸生方敢留宿","四方学者稍稍臻集"⑦。这也

---

①⑤　《宋会要》职官28之4。

②　《通考》卷42《学校三·太学》。

③　程颐:《伊川文集》卷3《回礼部取问状》。

④　《长编》卷184,嘉祐元年十二月乙卯。

⑥　《宋会要》崇儒1之32。

⑦　张舜民:《画墁录》。

为"远方孤寒之士"来京就学开了方便之门。

　　正是由于"监生"中国子生所占比例逐渐缩小、太学生所占比例逐渐增大，太学日趋兴旺，国子学每况愈下，于是，士大夫们似乎已经把国子学抛诸脑后，很少将它作为话头加以议论了。

　　综上所述可知，"监生"总数的增多，绝非国子学兴盛的象征，倒是国子学逐步衰颓的标志。国子学向太学的演变，如果说在上一阶段的主要表现是降级—由唐代的高级官僚子弟学校降为高、中级官僚子弟的混合学校，那末，这个阶段的基本内容则是打破垄断——国子学作为中央官办学校"仅此一家，别无分店"的状况已成过去，开始了国子学逐步被太学取代的过程。

　　第三阶段：自熙宁四年（1071 年）至北宋末，基本特征为太学地位进一步提高，压倒国子学。

　　太学逐步压倒国子学，是以熙宁四年为起点的。此后五十多年间，在官方统计簿上，国子生人数直线下降，太学生名额直线上升：

时间＼项目	太　学　生				国　子　生	
	上舍生人数	内舍生人数	外舍生人数	资料来源	人数	资料来源
熙宁四年（1071 年）	100	200	不限员	《长编》卷 227，熙宁四年十月戊辰		
熙宁五年（1072 年）	100	200	700	《长编》卷 237，熙宁五年八月辛卯		
元丰二年（1079 年）	100	300	2 000	《宋会要》职官 28 之 9，《燕翼诒谋录》卷 5《太学辟雍》，《长编》卷 301，元丰二年十二月乙巳	200	《宋史》卷 157《选举志三》。此事，《长编》系于熙宁十年，《宋会要》系于元丰三年。
崇宁三年（1104 年）	200	600	（辟雍）3 000	《宋史》卷 157《选举志三》	停止招生	《宋史》卷 157《选举志三》

　　太学生递增如此迅猛，国子生锐减这般陡然，以至太学生在人数上

很快大大超过国子生。其原因何在？这同北宋政府在神宗、徽宗时期的两次兴学运动中推行抬高太学地位的政策关系极大。这项政策主要包括下面三个内容：

（一）在经济上，提高太学生待遇。其具体情形，列表于次：

项目 时间	上舍、内舍生每月 津贴(单位：文)	外舍生每月津贴 (单位：文)	资料来源
熙宁元年 (1068 年)	（内舍生） 300	0	《宋会要》崇儒 1 之 30
熙宁五年 (1072 年)	1 090	850	《长编》卷 237，熙宁五年八月辛卯；卷 303，元丰三年四月辛酉；卷 371，元祐元年三月辛未。《宋会要》职官 28 之 10
元丰三年 (1080 年)	1 100	1 100	《长编》卷 303，元丰三年四月辛酉；《宋会要》职官 28 之 10
元祐元年 (1086 年)	900	840	《宋会要》职官 28 之 15
崇宁三年 (1104 年)	1 300	1 240	同上

这样一来，寒素子弟堂而皇之地进入太学，即可享受官费，且其数量相当可观，他们自然不必煞费苦心地到国子学去听读了。这势必造成国子学衰落和太学生猛增的状况。

（二）在政治上，给予太学取士大权。熙宁四年推行三舍法时，北宋政府便开始采用由太学选拔优秀毕业生入仕为官的办法，规定："如学行卓然尤异者，委主判及直讲保明闻奏，中书考察，取旨除官。"① 元丰三年(1080 年)，又进一步把这个办法制度化，明确规定："上等以官，中等免礼部试，下等免解"，并"计人数多寡为学官之殿最赏罚"②。崇宁三年(1104 年)，索性"尽罢科举"③，即废除科举中的州郡发解（乡

---

① 《宋会要》崇儒 1 之 31。
② 《玉海》卷 112《学校·元丰太学三舍法》。
③ 《宝泰会稽志》卷 1《学》。

试)法和礼部试(省试)法①,全面实行舍选。所谓舍选,即"天下取士悉由学校升贡"②,因而又称学选。于是,太学成为全国士庶子弟获得参加殿试资格的主要途径。甚至国子生,北宋政府也规定可以附属于太学"升贡"③。尽管宣和三年(1121年)又恢复科举,科举与舍选并行,"太学以三舍考选,开封府及诸路以科举取士"④。但北宋政府为了改变人们"知以科举为优,不知以舍选为重"的心理状态,提高舍选释褐状元地位,使"其名望重于科举状元"⑤,以期士子"以舍选为荣"⑥。当时,读书人唯功名是图,"知爵禄而已"⑦。宋真宗的《劝学诗》可谓深得其心:"富家不用买良田,书中自有千钟粟。安房不用架高粱,书中自有黄金屋。娶妻莫恨无良媒,书中有女颜如玉。出门莫恨无随人,书中车马多如簇。男儿欲遂平生志,六经勤向窗前读。"⑧既然太学拥有取士大权,读书人势必如飞蛾扑灯,一拥而至,这不能不是其生员激增的又一个重要因素。

　　(三)在机构上,专门为太学设立学官。庆历四年以后,国子学、太学、四门学三个学校,一套班子。苏颂在《议学校法疏》中说:"今之学官,惟直讲、说书共八人,而无国子、太学、四门之别。"⑨。从这个意义上,甚至可以说太学独立有名无实,它仍是国子学的附属物。元丰三年(1080年),北宋政府把国子监直讲"改为太学博士"⑩,并将其定员由八人增加到十人,以适应太学发展的需要。大观元年(1107年),又分别设立国子、太学、辟雍⑪博士。设官分掌教导,太学完全独立,这也不

---

① 《宋会要》崇儒2之10。
② 《宋史》卷155《选举志一》。
③ 《宋会要》职官28之21。
④ 《群书考索·后集》卷27《士门·学校类》引《长编》。
⑤ 《朝野类要》卷2《举业·释褐》。
⑥ 《建炎以来系年要录》(下称《系年要录》)卷173,绍兴二十六年六月丙申。
⑦ 《宋论》卷1。
⑧ 《绘图解人颐》卷1。
⑨ 《魏公文集》卷15;《历代名臣奏议》卷114《学校》。
⑩ 《宋史》卷165《职官志五》。
⑪ 辟雍,又称外学,崇宁元年(1102年)建立,专门负责教育太学外舍生。其性质为太学的基础部。

失为北宋政府抬高太学地位的一条措施。

总之,在这个阶段里,北宋政府"详于诸生,略于国子"①,从多方面采取措施抬高太学地位,从而造成了太学格外兴旺、国子学相当衰败的局面。国子学从变质到衰败,标志着它向太学演变的过程进一步发展,而太学的从逐渐兴旺到压倒国子学,则为下一阶段国子学向太学的彻底演变打下了牢固的基础。

第四阶段:南宋时期,其基本特征为国子生附读于太学、二学合一。

如果说太学在第一阶段化于国子学中,那末,国子学在这个阶段则是化于太学中的。在南宋,国子学不复独立存在,它已并入太学。鉴于南宋国子学犹存之说颇为流行②,对此有必要作下列四点申述。

(一)建炎国子监徒属粉饰升平。《宋史·选举志三》称,建炎初年,宋高宗立足未稳,便在仓皇之中,于"行在置国子监,立博士二员,以随幸之士三十六人为监生。"监生不是就学之徒,而是随幸之士,光从字里行间也不难窥见,这纯系装潢门面,毫无实际意义,不应将它作正规学校观。如若不然,为什么叶㴋③还要在绍兴八年"上书请建学"呢? 其实,南宋建学是在"兵事稍宁"的绍兴十二年(1142 年)。这年,太学"权于临安府学措置",第二年方"于前洋街(岳飞故居)建立"④。可是,此乃太学,而非国子学。

(二)国子学在绍兴以后不复见于记载。这点,尤其引人瞩目。《梦梁录》介绍学校堪称详尽,凡太学、宗学、武学、杭州府学、仁和、钱塘二县学、医学,其处所、设施、学官、生员,皆细大不捐,一一记述,唯独不载国子学。《都城纪胜·三教外地》称:"都城内外,自有文武两学、

① 《宋大诏令集》卷 157《学校·大司成薛昂乞置国子正录以典教御批》。
② 毛礼锐等先生称:"到南宋时又重建国子学。"(《中国古代教育史》,人民教育出版社 1979 年第 1 版 第 1341 页)。此说在当前十分流行,连新版《辞源》"太学"条也说:"宋也兼置国子、太学。"重编《辞海》"国子监"条也称:"宋元以后(各类学校)渐加合并,以至仅存国子一学。"这些说法恐怕不尽确当,未必不可刊正。
③ 《通考》卷 4 作"林"。
④ 《咸淳临安志》卷 1《学校》。

宗学、京学、县学之外,其余乡校、家塾、舍馆、书会,每一里巷须一二所,弦诵之声,往往相闻。"小而言及家塾,居然于素有右学之称的国子学不置一词。今存南宋方志《乾道临安志》《咸淳临安志》,其记述也大抵类此。同时,稍加留心,即可发现:所谓三学,在以往系国子学、太学、四门学的统称,而在南宋人口中,则是指"太、武、宗三学"①;所谓两学,在北宋系国子学、太学的合称,而在南宋人笔下,则是指"文、武两学"②了。讲到这里,人们不免会问:是不是国子监即国子学,国子学的职责由国子监兼行代办了呢?我们的答案是否定的。

(三)国子监完全成为单纯的教育行政机关。《梦粱录》卷8《诸监》称其职责为"专掌天下之学校",开列其官员中并无直讲、博士之类的学官,记述其宅院内也无斋舍、讲堂一类的设施。足见,国子监不是机关与学校,一身而二任的了。因而,南宋再也不像北宋:国子监与国子学纠缠不清,时或互换其名。既然如此,那末,国子学究竟到哪里去了呢?

(四)国子学并入太学,国子生附读太学。据《咸淳临安志》卷11《学校》记载:太学生"今为额一千七百十有六(原注:上舍三十人,内舍二百六十人,外舍一千四百人,国子生八十人)。"《梦粱录》卷15《学校》所载略同,不同之处只是将其原注移作正文。由此至少可以证明,南宋末年国子生是附读于太学的。其实,这种情形出现甚早,作为制度开始在绍兴年间。绍兴二十六年(1156年)六月,林同称:"太学养士千余人。"③查《咸淳临安志》,此时太学生为一千人整,这余数从何而来? 再查《玉海》卷112《学校·绍兴太学》载:绍兴十三年(1143年)"五月诏国子生限以八十人。"此时已无国子学,这些生员往何处就学呢? 诸书对读,这个连环扣解开了。原来,国子生即是余数的由

---

① 《梦粱录》卷15《学校》。
② 《都城纪胜·三教外地》。
③ 《系年要录》卷173。

来,太学即是国子生的就学之所。光宗时,有的官员曾主张将宗室子弟"依国子生附太学例,于太学辟一斋以处之",虽然最终未得朝廷的赞同①,但反映出国子生确实是就读于太学的。周必大撰《上庠录》,详细记载国子生在太学中的规程:"国子,系父兄、叔伯在朝,而子弟来入学者。解试,六人取一人;补试,看人数多少,临时取旨,几人取一人,多不过五人,少不过三人。凡国子入学,而父兄、伯叔去任者,则移入国子生额。凡国子只许试外舍,校定如合升舍,则不该升名,曰'寄理内舍',俟无人在朝,方许升补。凡国子不得充斋长论。"②这一规程透露:(1)国子生的范围比北宋初略为扩大。北宋初规定,京朝七品以上官员的子弟乃可入国子学,成为国子生;南宋时,只要父、兄、叔、伯在朝担任官职(即升朝官,为正八品以上参加朝参宴坐的官员),其子弟皆得以国子生身份进入太学。(2)国子生入太学读书,只能补进外舍;经过校定合格,如理应升入内舍,则暂不升名,称为"寄理内舍"。待近亲离朝后,才准许正式升补为内舍生。(3)国子生不得充当太学各斋的斋长。这说明国子生被分散安插在外舍各斋,并不单独设立国子生斋。固然,国子生附读于太学,尚可往上追溯到北宋末年。政和七年(1117年),就有"国子生随行亲","移籍入太学"的规定③。不过,其时国子学毕竟还存在,国子生附读太学尚未形成普遍性的制度罢了。

　　由上可证,袁桷所说:"至于绍兴,国学愈废。"实属言而有据之论。国子学在经历了由降级而变质、而衰败的演变过程之后,到了绍兴年间,又由衰而亡,进而化于太学之中,不再独立存在了。国子生附读于太学,国子学与太学复归于一,这标志着宋代国子学向太学演变过程的完成和终结。

---

① 《宋会要》崇儒 1 之 14。
② 《永乐大典》卷 662《痈字·辟雍旧规》。
③ 《宋会要》职官 28 之 21、22。

二、原　因

即使就教育制度的狭窄领域而论,宋代国子学向太学的演变也并非孤立的、偶然的现象。与之在时间上相去不远,这个领域内还出现了在"广开来学之路"①这个基本点上与之基本相同的下述两种趋势。

(一)宫学、宗学的变化。在皇族内部,亲疏即等级。亲疏有别,宫学、宗学自来界限分明:"宫学训诸王之近属","宗庠徕四方之宗亲";"宫止于近亲,而宗则属之戚疏咸预焉"。可是,到了嘉定九年(1216年),宋宁宗"慨然撤宫学而鼎新之,更其名曰宗学"。于是,宫学、宗学合二为一,"凡隶玉牒无间戚疏"②,"宗室疏远者咸得就学"于此了③。宫学向宗学转化后无间戚疏,国子学向太学转化后无问门第,这两个历史现象在缩小等级差别上不是有着某些近似之处吗? 此前,宋徽宗曾在大观二年(1108年)下令,凡"宗室升贡试或不中,自今许入国子学"④。宋高宗又在绍兴十二年(1142年)规定:"宗子许于所在入学,令与寒士同处。"⑤此事,似也值得玩味。当然,我们无意以此来说明宗学同太学一样混杂士庶,它仅能证明皇族子孙进入了普通学校。

(二)州县官学的变化。在宋代,书院的兴起早于州县官学的建立。某些州县官学以书院为基础,即所谓"变塾而为庠"⑥,如应天府书院改为应天府学便是其例。除此而外,北宋政府在庆历年间,命令诸路州郡建立学校,各州原有的书院因而多与官学"合而为一"⑦。熙宁年间,再度兴学,各地书院的钱粮一律拨归州学,书院以此往往与州学合

---

① 《咸淳临安志》卷11《学校》引袁肃记《立教堂前廊题名》。
② 《咸淳临安志》卷11《学校》引周直方记《登科题名》、胡泓记《两优释褐题名》。
③ 《玉海》卷112《学校·绍兴诸王宫学、嘉定宗学》。
④ 《宋会要》崇儒1之3。
⑤ 《群书考索·后集》卷30《士门·宗学类》。
⑥ 朱熹:《朱文公文集》卷1《白鹿洞赋》。
⑦ 洪迈:《容斋三笔》卷5《州郡书院》。

并①。这势必使官学承袭书院的某些制度。某些州县学虽平地而建，但也仿效了书院的某些措施。别的离题远了，这里单就教育对象而言，州县官学与书院便不乏承袭关系，都是不分士庶，连"扶末垂髫之子"也可"抱籍缀辞"②，进入学校。而明文规定不得进入官学的，仅有九种人，即："凡隐匿丧服，或犯刑，或亏孝弟有状，或两犯法经赎，或为乡里害，或假户籍，或父祖犯十恶，或工商杂类，或尝为僧及道士，皆不得与士齿。"③。这些规定封建性极强，却基本上不带有品级性。而前代呢？当时州县官学的入学条件虽无成文的等级限制，但某些地方却推行着不成文的品级要求。如东晋范宁任豫章太守时，"在郡又大设庠序"，便是"并取郡四姓子弟（按：即世族子弟），皆充学生"④。而唐代韦宙任永州刺史时，兴办州学，也是"取仕家子弟十五人充之"⑤。可见，宋代州县官学的教育对象，较之前代广泛多了。

从上举两种趋势中，不难发现：招生范围扩大，并不是中央官办学校所独具的个性，而是各级各类学校所共具的共性。"广开来学之路"，已经成为历史的需要、时代的潮流了。

势有必至，理有固然。写到这里，我们必须正面回答：宋代国子学向太学演变的原因究竟何在？答案是：关键在于门阀政治崩溃，世族地主覆灭。

人所共知，教育既决定于政治、又服务于政治。国子学作为被门阀政治决定、为世族地主服务的教育制度，它是与门阀政治同兴衰、和世族地主共存亡的。曹魏时期，在世族地主壮大、门阀政治形成之后，汉代规模宏大的太学陷入了"虽有其名而无其人，虽设其教而无其功"的窘境，究其原因，在于太学生员混杂士庶，"高门子弟耻其非伦"⑥。因

---

① 《长编》卷252熙宁七年四月己巳。
② 《吴郡志》卷4《学校》引朱长文记。
③ 《嘉泰会稽志》卷1《学》。
④ 《晋书》卷75《范宁传》。
⑤ 《新唐书》卷197《韦宙传》。
⑥ 《三国志·魏书》卷15《刘馥传》。

此，太学单轨制在西晋不得不演变为国子学、太学双轨制。国子学就这样随着门阀政治的兴起而兴起，世族地主的鼎盛而鼎盛了。然而，时至北宋，门阀政治作为一种制度、世族地主作为一个等级早已历史地失去了自身存在的合理性，并且被时代的潮流卷进了历史的博物馆。在宋代，"朝廷无世臣"，"无百年之家"①，"大臣世守禄位"已经成为一去不复返的"古道"②。清代史家赵翼断言宋代"世家之盛古所未有"③，以偏概全，不足为训。还是明代学者胡应麟说得好："五代以还，不崇门阀"，"此门阀之变，亦古今兴废一大端也。"④。"皮之不存，毛将焉附"？正是在这种历史条件下，"废国子监（在此，义为国子学）而兴辟雍（在此，义为太学）"⑤，在北宋中期作为一种议论理所当然地被提了出来，而在南初期又势所必至地变成了现实。总之，国子学在宋代随着门阀政治的衰落而衰落、世族地主的消逝而消逝了。当然，国子学的衰落是晚于门阀政治的衰落的，这不外是由于一种教育制度一经形成，便具有相对的独立性和自身的继承性罢了。

门阀政治崩溃之后，继之而起的是官僚政治。门阀政治的重要特点之一是"士庶天隔"⑥，等级森严，很难逾越。国子学与太学并立，严格规定入学门资，以"殊其士庶，异其贵贱"⑦，正好体现着门阀政治的这一特点。而官僚政治的重要特点之一则是"贱不必不贵"⑧，等级差别缩小，并且可以转化。宋代太学无问门第，"以士庶子弟为生员"⑨，恰好反映了官僚政治的这一特点。

世族地主覆灭之后，代之占据统治地位的是官僚地主。世族地主

---

① 张载：《经学理窟·宗法》。
② 《长编》卷25，雍熙元年三月乙卯。
③ 《廿二史札记》卷26《继世为相》。
④ 《少室山房笔丛·庚部》卷39《华阳博议》下。
⑤ 李觏：《直讲集》卷29《太学议》。
⑥ 《宋书》卷42《王弘传》。
⑦ 《南齐书》卷9《礼志上》。
⑧ 刘跂：《学易集》卷6《马氏园亭记》。
⑨ 《通考》卷42《学校考》。

是个封闭性、世袭性的集团，即所谓"官有世胄，谱有世官"①。世族地主鼎盛之时，学校"混杂兰艾，遂令人情耻之"；"品课无章，士君子耻与其列"②。这种相当狭隘的情绪正是世族地主的心理状态的如实写照。而"国子学以教胄子"③的制度正适应了他们的政治需要。相反，官僚地主是个开放性、非世袭性的阶层，即所谓"骤得富贵"、"其家不传"④。"择士之愿学，民之俊秀者入学"⑤而无问门第、不拘等级，这种办法正是官僚地主的阶层特性的本质表现。明乎此，对于宋朝政府这个以官僚地主为主体的地主阶级政权，制定教育政策居然考虑"育才之广"、"孤寒之意"，也就不难理解了。由此足见，国子学向太学的转化，正是从根本上反映了包括官僚地主在内的整个宋代地主阶级的意愿。

三、意　义

宋代国子学向太学的演变对当时的社会生活产生了怎样的影响，具有什么实际意义呢？主要在于下面三个"促进"。

（一）促进了学校教育的发展。宋代号称"学校之设遍天下，而海内文台彬彬"⑥，其时学生总数之多的确是"视古无愧"⑦、"自昔未有"⑧的。据统计，宋朝全国学生总数在崇宁三年（1104 年）达二十一万余员⑨，大观三年（1109 年）达十六万七千余员⑩；"比诸路最为偏小"的京西南路，学生总数在大观二年达三千二百余人⑪；建州浦城县学生总数

---

① 《新唐书》卷 199《柳冲传》载柳芳《论氏族》。
② 《宋书》卷 14《礼志一》。
③ 《玉海》卷 112《学校·晋太学、国子学》。
④ 张载：《经学理窟·宗法》。
⑤ 程颢：《明道集》卷 2《请修学校尊师儒取士札子》。
⑥ 《宋史》卷 155《选举志一》。
⑦ 《群书考索·后集》卷 27《士门·学校类》引《长编》载大观二年正月朔日《御制辟雍记》。
⑧ 《吴郡志》卷 4《学校》引朱长文记。
⑨ 《长编拾补》卷 24。
⑩ 葛胜仲：《丹阳集》卷 1《进养士图籍札子》。
⑪ 《群书考索·后集》卷 27《士门·学校类》引《长编》大观二年五月庚戌。

在崇宁五年达一千余人①。其时"士日益众"②,同学校扩大招生范围,放宽等级限制,"广开来学之路"关系极大。没有等级限制的放宽,很难想象会出现"虽濒海裔夷之邦,执末垂髫之子,孰不抱籍缀辞"的状况③。

（二）促进了一批人才的成长。宋代人才辈出,在中国封建时代是件惹人注目的事情。明人徐有贞说:"宋有天下三百载,视汉唐疆域之广不及,而人才之盛过之。"④有宋一代人才济济,与学校教育事业的发展不无关系。宋高宗依据"太宗置三馆,养天下之士,至仁庙人才辈出"的事实,得出了"学校者人才所自出"的结论,并进而浩叹不止:"今日若不兴学校,将来安得人才可用耶!"如不以人废言,这也应属有识之见。确实,宋代太学是培养出了一批人才的,当时人便盛称太学生"登巍科,都显位,前后相望,事业伟然"⑤。如在绍兴十二年至庆元三年的五十多年间,太学生"擢科第者千有七百八十六人"⑥。诚然,不能在进士与人才中间划等号,但就当时的实际状况而言,进士中确乎不乏人才,而且也只有中了进士,才有更多的施展才能的机遇。同时,值得注意的是太学生应举登第者中也不乏"崛起于贫贱之中"的士人⑦。这自然又不能不归之于"广开来学之路"了。

（三）促进了理学的形成。宋代是理学创建、形成和集大成的时期。汉、魏以来的经学即"汉学",发展到唐代孔颖达撰《五经正义》,业已作了总结,汉学至此告一段落。宋代官僚地主需要一种新的理论武器,以维护其新的剥削关系和政治思想统治。这种理论武器便是"宋学"。宋学的特点是突破旧注疏的束缚,不拘经义训诂,但凭己意说

---

① 《宋史》卷157《选举志三》。
② 《嘉定镇江志》卷10《学校》。
③ 范成大:《吴郡志》卷4《学校》引朱长文记。
④ 《范文正公集》补编《重建文正书院记》。
⑤ 《咸淳临安志》卷11《学校》引郑起潜记《太学前庑题名》。
⑥ 《咸淳临安志》卷11《学校》引高文虎记《登科题名》。
⑦ 张载:《经学理窟·宗法》。

经。宋学的学者们都自称上承孔子的道统,依据儒家的经典,探讨有关自然界和社会的起源、构成的原理,形成自己的哲学体系。宋学中占据统治地位的学说是理学,亦即道学。在北宋兴建太学以前,思想界的主要倾向是恢复唐代的一统经学,以维护专制主义中央集权的统治,学术空气比较沉闷,没有多少建树。后来,随着太学的建立和初步发展,在政治、思想上也出现了较为自由的风气。"宋初三先生"孙复、胡瑗、石介,这时都在太学执教。孙复曾任国子监直讲,在太学专讲《春秋》,主张独尊王室、臣下效忠,阐发儒经的微言大义,以代替章句之学。胡瑗在太学讲《易》,常结合时政加以解释。石介担任过国子监直讲,讲授《易》等,反对俪偶文体,力辟佛、老。另外,李觏也曾任太学助教、说书、权同管勾太学等职①。作为理学的先驱者,他们从不同的方面,合力冲破旧传统,为陷入绝境的儒学开辟了新路。太学成为他们各自传播学说的最佳讲坛。此后,又经过多年的酝酿,几经周折,终于在宋代国子学向太学演变的第三阶段中,程颢、程颐兄弟创建了理学,从而对当时和后代产生了重大的影响。

应当指出,对于宋代国子学向太学的演变,以至整个学校教育事业的发展在当时社会生活中的实际意义,不能估计过高。以入学率而论,宋代虽较前代有所增长,但仍然低得可怜。崇宁三年,全国总人口约一亿人,学生总人数二十一万余人,仅占总人口的约五百分之一。假设当时平均年龄为四十八岁,且每一个年龄的同龄人相等,那末,八岁至十七岁应入学的青少年约为二千一百万人,入学率则为百分之一。在一百人中便有九十九人被拒于学校大门之外的情况下,劳动人民子弟入学的可能性极小。即使法律允许他们入学,这些"蓝缕不蔽形,糟糠不充腹"的"贫者"②,也不具备入学的起码经济条件,更不必说入太学了。须知,其时生员尽管"官给日食",甚至可按上、中、下三舍的等级免除身丁或本户支移、折变、差役等,但要入学得先交报名费(即所谓"束

---

① 《直讲李先生年谱》。
② 司马光:《温国文正司马公集》卷45《应诏言朝政得失事》。

修"或"光监钱")二千至三千文①。以二千文计,在北宋粮价较低的时候可折合粮食七至十石②,在粮价较高的时候可折合粮食七至八斗③,在粮食不贱不贵的时候可折合粮食四至五石④。这对于劳动人民来说是个不小的数目。更何况地主阶级把持学校的事情时有发生,不绝于书。且看:"宣和三年(1121年)三月辛酉,臣僚上言:自三舍法行,系籍学生并免差科,以是兼并上户之家皆遣子弟入学,非人人俊彦也,往往以厚科假手,滥处庠序。其中下之户差科倍增,老幼旁午于州县,力不能给,或至逃亡。"⑤总之,在宋代,学校与劳动人民十九无干,国子学向太学的演变对于他们来说是没有什么直接的实际意义可言的。因此,宋代学校广开学路、招收寒素,所谓寒素只是相对贵胄而言,他们无非是些低级官僚或非官僚的地主子弟而已。

　　宋代国子学向太学演变的实际意义不大,但其历史意义却不小。如果把它放到纵的历史过程和横的历史联系中去加以考察,这种意义立即显现出来。

　　在历史的纵剖面上,国子学与太学经历了一个一而二、二而一,合而分、分而合的演进过程:太学单轨制(汉)→国子学、太学双轨制(晋)→国子学单轨制(南朝)⑥→国子学、太学双轨制(唐)→太学单轨制(南宋)→国子学单轨制(元)→太学单轨制(明、清)⑦。元代国子学制度的恢复是其社会局部倒退的表现。如果把这段历史插曲姑置不论,从上面的演变过程中足见,宋代国子学向太学的演变具有变往开来、除旧

① 《宋会要》职官28之5、9。
② 《长编》卷72,大中祥符二年秋纪事:"是秋,京西、京东、河东、陕西、江、淮、荆湖路,镇、定、益、梓、邛、密等州言丰稔,京师粟斗钱三十。"
③ 《宋会要》食货25之17:"(宣和四年)六月二十三日,榷货务奏:……今来(米)价每硕二贯五至三贯。"
④ 《长编》卷365,元祐元年二月乙丑司马光言:"平时一斗直钱者不过直四、五十。"
⑤ 《群书考索·后集》卷27《士门·学校类》引《实录》。
⑥ 关于汉代至南朝国子学与太学的分合过程,可参看近人吕思勉著《燕石续札·国子太学》。
⑦ 明、清两代,国子学与太学合二为一,其生员混杂士庶子弟,因而其性质为汉代太学式的。其名称为国子监,太学是其别名。

布着的意义。它变西晋以降国子学独立建校的陈规，开明、清而下国子学、太学合二为一的新制。据此，可否以宋代为路标，将中国封建教育制度史划分为前后两个不同的时期呢？应当说是可以的吧！

在历史的横切面上，国子学向太学的演变作为宋代社会的特点之一，与其他特点相互联系、相互影响、相互制约，构成了丰富多彩的宋代社会面貌的生动图画。在我国封建时代，选举取士制度与学校教育制度从来密切相关，在宋代，"取士不问家世"与"广开来学之路"这两个特点也紧密相联。它们同被官僚政治所决定，又同为官僚政治服务，并且一同宣布了门阀政治的结束。足见，宋代国子学向太学的演变，从一个重要侧面显示了我国封建社会的历史车轮驶至宋代，业已进入了一个新的阶段。我们之所以把它列为探讨课题，主要用心即在于此。

末了，我们要感谢杭州大学徐规先生和何忠礼同志。修改此稿时，曾尽可能地参照过他们二位的意见。

（本文与张邦炜合作，刊载于邓广铭、郦家驹等主编：
《宋史研究论文集》（1982年年会编刊），
河南人民出版社1984年版）

南宋福建晏梦彪起义

晏梦彪起义,是宋代数百次农民起义中规模稍大而又比较重要的一次。起义农民继承和发扬南宋初年范汝为、何白旗等起义的光荣传统,在福建地区向赵宋王朝的腐朽黑暗统治,再一次展开了猛烈的进攻。广大起义者占据险要,建立山寨,作为革命活动的基地;同时,四出活动,势力发展到除福州(今福建福州市)以外的福建路大部分地区和江西路东部地区。广大起义者从宋理宗绍定元年(1228年)十二月以前到四年(1231年)正月,前后坚持了两年多时间。值得注意的是,这次起义的农民又一次夺取了地主的土地,表达了广大直接生产者迫切要求土地耕作的强烈愿望。过去,可能由于有关资料较少,史学工作者从未把这次起义列入专题研究的日程。笔者在发掘一些新资料的基础上,努力对这次起义的社会背景、起义的开始时间、起义经过、起义军的基地和活动地点、夺取地主土地的斗争、各地响应起义情况等,作了比较深入的研究,不足之处请史学界的同志们指正和补充。

起义的社会背景

晏梦彪起义发生在宋理宗初年。这时的朝政,全由丞相史弥远把持。史弥远在宋宁宗后期,曾经与杨皇后等人勾结,阴谋发动政变,杀害了主战派首领韩侂胄,完全接受了金朝提出的无理要求,把岁币增加到银、绢各三十万(两、匹),另外奉献"犒师银"即战争赔款银三百万两。以史弥远为首的投降派夺取了军政大权，对外一味妥协投降，对内进一步加紧对宋朝人民的剥削和压迫。在这种状况下，盘根错节的社会矛盾日益激化，使许多地区不断爆发农民阶级的武装起义。

这一时期的社会矛盾和复杂的阶级关系，可以概括为以下几点：

第一、地主阶级的土地兼并更加激烈。皇室、贵族、官僚等"权贵之家"，依仗权势，肆无忌惮地掠夺土地，使土地更加高度集中。刘克庄曾在奏札中描述当时大地主霸占土地的严重状况时说："至于吞噬千家之膏腴，连亘数路之阡陌，岁入号百万斛，则自开辟以来，未之有也。"①这时，御史台官员也指出："权贵之夺民田，有至数千万亩，或绵亘数百里者。"②尽管刘克庄和御史台官员所上奏札的时间，都在晏梦彪起义失败后的三四年，但仍能表示这次起义前全国的土地兼并情况。北宋初年，豪强形势之家占田不过几千亩，但到宋理宗初年，占田最多者达一百万亩，这两个数字显示了宋代土地兼并的发展过程，也显示了宋理宗初年贵族、官僚、地主等掠夺土地达到了多么严重的地步！

晏梦彪起义军活动的中心地区汀州（今福建长汀），共六个县，是福建最为穷僻的地方。本路"监司"即提举刑狱、转运判官、提举常平等官员，从来不到此州巡察，州县官吏有恃无恐，千方百计地"科敷刻剥，民不聊生"；加之，宋高宗时这里不曾实行经界法（即丈量田地、清理赋税），赋税负担极为不均，"贫者产去税存，富者有田无税"，贫苦农民被封建官府的苛捐杂税所逼迫，不得不离乡背井，逃亡他乡，留下的田地都被富室霸占，而这些田地的赋税则都均摊给其他穷苦的邻居。这样，"小民愈见狼狈，逃亡日众，盗贼日多，每三四年一次发作，杀伤性命，破费财物，不可胜计"。宋孝宗时，一度派遣官员在这里补行经界法③，但因土豪们的激烈反对，措置不到三个月，就半途而废④。所以，到宋理

---

① 刘克庄：《后村先生大全集》卷51《备对札子三》。
② 王迈：《臞轩集》卷1《乙未馆职策》。
③ 赵汝愚：《赵忠定奏议》卷3《论汀州致盗者有三弊奏》；朱熹：《朱文公文集》卷27《与张定叟书》。
④ 《朱文公文集》卷21《经界申诸司状》；《宋史》卷35《孝宗纪三》。

宗初年,相形之下,这里的土地问题比其他地区还要严重得多。

第二、封建官府的赋税剥削更加残酷。宋宁宗时,连续两次对金朝用兵,州县所积财富扫地以尽。丞相史弥远重用一些善于搜刮民脂民膏的官员,"以劫盗之威,行一切之政,夺民之食,剥民之衣",以致"民穷见底"①。大部分地方官都是穷凶极恶的"聚敛者","椎剥之风,浸以成习"②。有些地区的农民,本应交纳二税的绸一寸,官府实际要征收一尺;本应交纳绸一尺一寸,官府实际要征收二尺,从而多收好几倍。征收二税的粮食时,官府往往不用法定的文思斗斛,而使用私制的大斗大斛,几乎多收一倍以上③。还有一些地区的官府,任意"预借"百姓赋税,常常今年已借到明年,明年借到后年④。不仅如此,官府还重复征税:百姓交纳赋税以后,官府又强迫百姓再纳一遍,其敲诈勒索真可谓达到了"刻肌及骨"的程度,百姓们困苦愁怨,却"无所赴愬"⑤。据当时有人估计,农民每亩土地的生产品,大部分被官府作为赋税掠夺而去⑥。因此,广大农民更加贫困化,正如吴潜在绍定四年(1231 年)所说:"贪官污吏,虎噬狼吞,苞苴者二三,席卷者八九,耕夫无一勺之食,织妇无一缕之丝。"⑦农民的生活处于极端悲惨的境地。

汀州山多田少,土瘠民贫,而二税的负担却比别的州还要重⑧。除了夏税钱、秋苗米而外,还有免役钱、盐课、春冬衣赐等青册钱、上供银、圣节钱、大礼银、免丁钱、铅本钱、牙契钱、经总制钱、铅本折茶钱、常平义仓米等名目。据粗略统计,每年全州共征收钱二十万贯、银一万三千多两、米六万多石⑨。汀州主、客户合计为二十二万多户、三十三万多

---

① 吴潜:《宋左丞相许国公奏议》卷 1《应诏上封事,条陈国家大体治道要务凡九事》。
② 《宋史》卷 405《李宗勉传》。
③ 真德秀:《真文忠公文集》卷 12《奏乞将知宁国府张忠恕亟赐罢黜》。
④ 真德秀:《真文忠公文集》卷 17《申南安知县梁三聘状》。
⑤ 袁燮:《絜斋集》卷 2《轮对建隆三年诏陈时政阙失札子》。
⑥ 吕午:《左史谏草·戊戌六月二十六日奏……》。
⑦ 《宋左丞相许国公奏议》卷 1《奏论都城火灾,乞修省以消变异》。
⑧⑨ 《永乐大典》卷 7890《汀字·税赋、供贡》。

丁①。平均每户每年须向官府交纳钱近一贯、银半钱、米三斗。如果除去九万五千多户基本不纳官税的城、乡客户,则剩下十二万七千多户的城、乡主户,他们每户每年平均负担的赋税就更要多得多。如果在城、乡主户中再除去往往"有田无税"的官僚、地主等富室,那末,这些赋税负担最后几乎都转加到穷困的下户自耕农和半自耕农身上。这样,这部分直接生产者所受的赋税剥削就更重了。

第三、封建官府高价配给官盐和禁止私自贩盐。福建分为上四州和下四州。上四州为建宁府(今福建建瓯)、南剑州(今福建南平市)、汀州、邵武军(今邵武),下四州为福州、泉州(今泉州市)、漳州(今漳州市)、兴化军(今莆田)。上四州远离沿海,不产食盐,封建官府实行官卖盐法;下四州实行产盐法②。所谓产盐法,是让百姓依照田产的多寡购买官盐,交纳价钱,称"盐产钱",再由官府按钱给盐,供给食用。但是,久而久之,计产纳钱买盐变成了官府的"常赋"之一,百姓虽然交了盐钱,官府却并不给盐,而且规定百姓的产钱从一文以上到二十文,都要交纳五斤盐的价钱,每斤二十一文足,合计一百零五文足;产钱从二十一文以上,每产钱增加一文,则加纳三斤盐的价钱。这还仅是官府的正式税收,如果加上胥吏从中勒索的盐钱,就比这个数字还要多一倍③。官卖盐法的弊病也很多。福州生产的盐,用船溯闽江而运到南剑州,又从邵武军溯流而上,到达汀州,路途运输极为困难,加上官府全靠盐税牟取厚利,"了办岁计",运盐的船户又多以土、灰掺杂盐内④,因此,盐运到汀州时,盐质不胜其淆杂,盐价不胜其昂贵。与此相反,从广东循(今广东龙川西)、梅(今广东梅县)、潮(今广东潮安)三州和潭州运来的私盐,却因为路程短些,价钱便宜,盐质又洁白,所以百姓们都愿意购买。于是汀州的破产农民每年到冬、春间,往来潮、惠(今广东惠

---

① 《永乐大典》卷7890《汀字·户口》。
② 《通考》卷16《征榷三·盐铁》。
③ 《宋会要辑稿》食货28之57《盐法》。
④ 赵汝愚:《赵忠定奏议》卷3《论汀赣盗贼利害奏》;《宋史全文》卷31《理宗》,绍定三年八月壬寅监察御史留元英奏条。

州市)、循、梅等州境内,千百成群兴贩私盐,甚至沿路劫夺富室。官府派人追捕,私盐贩们进而抵抗杀人,因此出现了所谓"盐贼"①,而汀州、邵武军便成为"盐子渊薮"的地区之一②。官盐难以推销,官府就只有按户口强行摊派这一办法。摊派的盐的名目很多,有转运司盐、本州盐、通判厅盐、本县盐等,无非是逼迫百姓高价买盐,各级官府从中渔利③。正如户部尚书真德秀面对宋理宗时指出,福建盐法之弊是"致寇之源",而宋理宗也承认"福建盐法未变,亦自未便"④。这也说明福建盐法跟晏梦彪起义之间的关系。

第四、地方吏治黑暗,农民和地主的阶级矛盾一直处于比较紧张的状态。特别是汀州,州县官吏唯知敲剥百姓,搜刮民财,讼狱极为不明。富豪欺凌贫弱,贫弱者被杀,不敢向官府告发,即使告发,官府也不敢去追查。相反地,监狱之内"多杀无辜,豪强之民卒以幸免"。以"强凌弱"、以"众暴寡"的结果,迫使穷苦无告的农民走投无路,不得不起而反抗,杀死"豪强之民",于是双方"互相屠戮,不复申诉于州县"⑤。同时,由于官府的苛捐杂税过于繁重,大批贫苦农民被迫逃亡他乡,或者一乡一村地拒绝交纳,官府就把最难催理赋税的乡村,直接拨给各寨,将该村的赋税充作寨兵的衣粮,让他们自行征收。寨兵们穿戴盔甲,手持武器,直接奔赴乡村催税。赋税既然跟寨兵"饥寒切身",贫苦农民又拒不交纳,两者必然"互相仇怨"。寨兵们还经常以捕私盐为名,下乡欺压农民,甚至残杀无辜,而被欺压者也不时进行报复,因此,"使百姓怀蓄不平,日盼盼然视官吏如怨敌"⑥。当时有些官员已经看出:"民生穷蹙,怨愤莫伸,啸聚山林,势所必至。"⑦虽然还没有形成全国规模的农民大起义,但各地的农民暴动此起彼伏,愈益增多。

---

①④　《真文忠公文集》卷13《得圣语申省状》。
②　《后村先生大全集》卷79《录回降省札》。
③　赵汝愚:《赵忠定奏议》卷3《论汀赣盗贼利害奏》;《宋史全文》卷31《理宗》。
⑤　赵汝愚:《赵忠定奏议》卷3《论汀州致盗者有三弊奏》。
⑥　赵汝愚:《赵忠定奏议》卷3《论汀赣盗贼利害奏》。
⑦　《宋史》卷405《李宗勉传》。

　　总之,宋理宗初年的土地、赋税、盐法、吏治等四大社会问题,促使广大贫苦农民和封建官府、官僚、土豪、寨兵等之间的矛盾日益尖锐,而这些矛盾在福建汀州等地更激化到一触即发的程度,因此终于爆发了由晏梦彪领导的福建农民起义。

起义的开始时间

　　晏梦彪起义开始的时间,一般历史著作都认为是在宋理宗绍定二年(1229年)十二月。其根据有二,一是刘克庄所撰陈韡的《神道碑》,另一是《宋史·陈韡传》。陈韡《神道碑》记载:绍定二年"十二月,盗发于汀、剑、邵,群盗蜂起,残建宁、宁化、清流、泰宁、将乐诸邑,闽中危急。帅王侍郎居安请公提督四隅保甲"①。《陈韡传》记载:"绍定二年冬,盗起闽中,帅王居安属韡提举四隅保甲。"②据此,把晏梦彪起义开始的时间定为绍定二年十二月,似乎是万无一失的。但是,必须看到,元代人编修《宋史》,原以宋代人编纂的历朝"国史"、"实录"等为蓝本,予以加工润饰而后成。宋理宗朝的"国史",因为宋理宗死后亡国在即,不及编修,仅由贾似道、叶梦鼎等人编成了《理宗实录初稿》和《理宗日历》③。所以,元代人在替宋理宗朝的名臣陈韡撰传时,无法依据"国史",而只能依据陈韡的《神道碑》等原始资料。如果将《宋史·陈韡传》跟陈韡《神道碑》对照一下,就不难发现,前者除了行文简练一些以外,跟后者差别不大。这说明这两处材料实际上来源于一个,所以未免仍是孤证。

　　根据其他一些文献,笔者认为,晏梦彪起义开始的时间至迟应该提前到绍定元年(1228年)。据佚名撰《宋季三朝政要》卷1《理宗》记载,绍定元年"湖南、江西、福建盗起。"这是晏梦彪起义的最早记录。又据

---

① 刘克庄:《后村先生大全集》卷146《忠肃陈观文神道碑》。
② 《宋史》卷419《陈韡传》。
③ 《宋史》卷46《度宗纪》;卷203《艺文志二》。

宋理宗时官员王迈所撰《亲旧问盗,作诗四十韵以答之,亦可备野史之录》诗描述:"我来自京师,己丑之十月。道之建、剑间,行行遇兵卒。问之何为行,对言声哽咽:'初只因临汀,盐商时出没。县官事张皇,星夜闻帅钺。帅出乃捕兵,此曹辄猖獗。加之江西寇,恃险护巢穴。向来误杀降,贻祸今尤烈。合党肆纷披,交锋争桀黠。聚落四百村,室庐遭毁爇。……'我闻此卒言,忧愤中肠热。及归抵吾庐,保伍亦团结。或恐汀、邵寇,余烬尚分裂;或疑鼠狗徒,乘间敢窃发。……"①透过王迈对于盐民和农民起义军充满恶毒诬蔑的词句,可以知道王迈在己丑年即绍定二年十月,由临安(今浙江杭州市)路经建宁府、南剑州,不断听到士兵诉说临汀即汀州的盐民已经举行武装暴动,随后起义军势力发展到邵武军境。再据《宋史》卷405《王居安传》记载,"理宗即位"后不久,王居安"以敷文阁待制知福州,升龙图阁直学士,转大中大夫、提举崇福宫。将行,盐寇起宁化,居安以书谕汀守……建、剑诸郡并江西啸聚蜂起矣。"这表明在宋理宗即位不久,晏梦彪已经在汀州宁化领导盐民和农民发动起义了。再据《开庆临汀志》汀州"宁化知县题名"记载,黄徕系"宣教郎。宝庆元年十二月二十五日到任,宝庆四年十二月二十五日满替。与潭飞磜寇通谋而首祸者"②。晏梦彪起义的发祥地在汀州宁化县潭飞磜,宋朝统治者称之为"磜寇",所以,这里的所谓"潭飞磜寇"必定是指晏梦彪起义军。宋理宗宝庆四年即绍定元年。假如宁化知县黄徕果真跟晏梦彪起义军"通谋"过,并且被统治阶级视为"首祸者",那末,黄徕必定要在他在宁化知县的任期即绍定元年十二月二十五日"满替"以前,跟起义军发生关系,所以,晏梦彪起义开始的时间必定在黄徕"满替"之前,即绍定元年十二月二十五日以前。由此可见,晏梦彪最迟应在绍定元年十二月发动起义。这样,绍定二年十二月开始起义的说法就难以成立了。

————————

① 王迈:《臞轩集》卷12。
② 《永乐大典》卷7893《汀字·郡县官题名》。

起 义 的 经 过

　　根据记载,晏梦彪起义初期只是以汀州宁化县境私盐贩或盐民为主的武装暴动。《宋史·王居安传》说,"盐寇起宁化",开始时盐民人数"仅百计"①,曾因抵敌不住官军的围攻,被迫"执三首恶以自赎"。为此,王居安写信给汀州知州,告诉他应以惩治这三人为宜,其他人均可释而不问。可是,福建路安抚使径自派遣左翼军将领邓起前去镇压。邓起"贪夜冒险",指挥宋军跟起义军对敌,邓起被杀,宋军崩溃。宋王朝命王居安"专任招捕"。王居安召募军校刘华、丘锐,"授以计画"。这时,起义军已经逼近汀州城。刘华、丘锐受命去起义军寨中"指期约降",但"以右班摄汀守者""倔强好大言,以知兵自任",必欲将起义军斩尽杀绝。起义军得悉这名知州的意图,立即"败降约",于是汀州及"建(宁府)、(南)剑(州)诸郡并江西啸聚蜂起矣"。终于正式揭开了起义的序幕。

　　据王迈前引诗描述,汀州宁化知县获得盐民"出没"的消息后,惊惶失措,"星夜闻帅钺。帅出乃捕兵,此曹辄猖獗"。说明福建路安抚使是在接到宁化知县的报告后,才派邓起出兵的。前引《开庆临汀志·宁化知县题名》说,黄徕这时知宁化,是曾经"与潭飞磹寇通谋而首祸者"。然而王迈的诗否定了这一说法,它证明黄徕并没有跟起义军"通谋",只是张皇失措、处置不当而已。真德秀撰陈韡《生祠记》,也记述晏梦彪在潭飞磹领导盐民暴动后,"有司始而玩,中而畏,玩则养之以滋大,畏则媚之以求安"②。表明黄徕及王居安没有能很好施展宋朝统治者镇压农民起义的惯伎,即招抚和血腥屠杀这一软硬兼施的策略,因而使起义军得以坚持斗争并逐步壮大自己的势力。这时,起义军

---

① 《宋史》卷419《陈韡传》;《后村先生大全集》卷146《忠肃陈观文神道碑》。
② 《真文忠公文集》卷25《福建招捕使陈公生祠记》。

队伍发展到一千人①。

再据《开庆临汀志·（汀州）郡守题名》记载，"陈孝严，绍定二年十月十三日，以忠训郎知，绍定三年七月七日宫观"。按照宋朝官制，忠训郎是武官，属小使臣，正九品。武臣在当时被称为"右班"。以正九品的武官而任知州，按照规定，只能称为差摄权知某州。《宋史·王居安传》说"以右班摄汀守者"，便是陈孝严。由此可知，起义军撕毁"降约"，并正式举行武装起义，必定在陈孝严于绍定二年十月十三日任汀州知州稍后。

联系到前引陈韡《神道碑》和《宋史·陈韡传》，显然它们都省略了晏梦彪起义军的初期活动，因而使人误以为起义开始于绍定二年十二月或同年冬天。事实上，从这个时候开始，起义进入了第二阶段，即正式起义的阶段。

从绍定二年十二月起，晏梦彪起义军以汀州宁化县潭飞礤为基地，首先连续攻占了汀州宁化、莲城（今福建连城）、上杭、清流、武平等县。真德秀撰陈韡《生祠记》说，"汀之诸县最先破"。随后，起义军向邵武军境进发。先攻克建宁、泰宁、光泽②等三县，后又攻克邵武军城③。接着，在南剑州尤溪县城外，杀死宋将赵师櫃④，又攻下将乐县，进迫南剑州城。陈韡《生祠记》说，起义军"蔓延于邵，而浸淫于剑，既陷将乐，窥延平甚急"。所谓"延平"，亦即南剑州⑤。《宋季三朝政要》记载，起义军"啸聚汀郡境上，残破宁化、清流、将乐诸邑，迫南剑。"⑥陈韡《神道碑》也记载，起义军"残建宁、宁化、清流、泰宁、将乐诸邑，闽中危急"。于是，福建路安抚使王居安委任陈韡"提督（汀州、邵武军）四隅保甲"，陈韡因丧父而推辞，不曾任职。

---

①　陈韡《神道碑》。

②　（明）陈让：《（嘉靖）邵武府志》卷13《乡贤·高谈》。

③　（明）陈让：《（嘉靖）邵武府志》卷3《制宇》。

④　（明）郑庆云：《（嘉靖）延平府志》卷13《祠庙》；《宋史》卷449《赵师櫃传》。

⑤　唐置延平军，五代南唐改置剑州，宋太平兴国四年改称南剑州。

⑥　佚名：《宋季三朝政要》卷1《理宗》。

　　绍定三年(1130年)正月,宋朝任命陈韡知南剑州。陈韡自福州赶到南剑,起初只有"疲兵"三百人,而且府库空虚①,便征调峡常的丁壮编成一军②。晏梦彪起义军攻打该州沙县,在紫云台初战失利,随后,又击败宋军,攻占沙县。起义军由小道进逼该州州城,在高桥受挫,转趋邵武③。二月戊戌(五日),宋朝下诏"汀、赣、吉、建昌蛮獠窃发,经扰郡县,复赋税一年"④。表明这次起义的声势已经波及邻路江西的赣州(今江西赣州市)、建昌军(今江西南城)等地。二月庚戌(十七日),宋朝正式任命魏大有为直宝章阁学士、知赣州,"措置招捕盗贼";陈韡为直宝章阁学士、知南剑州、福建路兵马钤辖,"同共措置招捕盗贼"⑤。这时,起义军已发展到一万多人。陈韡反对有的官员对起义军采取"招而不捕"的策略,指出由于"程内翰招而不捕",使起义军"养之至万"。陈韡还请求朝廷调淮西兵五千人来福建镇压⑥。

　　同年闰二月己卯(十六日),起义军数千人进攻邵武军城。邵武只有殿前司裨将胡斌率领的士卒近五百人守城,起义军攻打南门,胡斌率军出城顽抗。起义军奋勇杀敌,击毙胡斌,乘势攻入城内。起义军在邵武城内,搜索官僚和地主,夺取他们的财物。正如一首诗中描写的那样,起义军"所掠靡孑遗,囊担无虚肩。衣冠困奴隶,怒骂仍答鞭。又有脱锋刃,多化为鱼鼋。"⑦起义军攻克邵武军,极大地鼓舞周邻州县的农民的斗志,他们立即纷纷响应。光泽县、江西路建昌军南城县、抚州农民"无不应之",汀州"诸保不靖",泰宁县"六保相挺而动"⑧。与此同时,宋朝下诏任命陈韡兼福建路"招捕使"。起义军由邵武军回师急攻汀州城。这时,宋朝淮西制置使曾式中派将领陈万、王祖忠率领精兵三千五百人赶到,陈韡即调五百人,由泉、漳州小道入汀州。

---

① 陈韡《生祠记》。
②③⑥　陈韡《神道碑》。
④ 《宋史》卷41《理宗一》。
⑤ 《宋史全文》卷31《理宗》。
⑦ (明)陈让:《(嘉靖)邵武府志》卷10《祀典》,《宋史》卷449《胡斌传》;陈世崇:《随隐漫录》卷3。
⑧ (明)冯继科:《(嘉靖)建阳县志》卷10《列传·刘纯》。

　　三月到四月,起义军攻克漳州龙岩、长泰两县,由漳州境进攻泉州永春县,又攻打德化县①,逼近兴化军莆田县②。四月十一日,起义军在三平击败宋军,杀死汀州武平知县颜东老和县尉钟茂福(伯福)③。四月己卯(十八日),由于"漳州、连城盗起,知龙岩县庄梦诜、尉钟自强不能效死守土",被宋理宗下诏"各削二秩,罢"④。

　　五月,起义军与宋军在南剑州顺昌县接战,起义军失败。六月,宋朝各路援兵会合,陈韡升任宝谟阁学士、福建路提点刑狱,仍兼知南剑州、充招捕使。七月,起义军在沙县、顺昌、将乐、清流、宁化等山区,抵御宋军的围攻。形势对起义军十分不利。十一月,起义军坚守基地潭飞礤,经过激战,终于被宋军攻陷。起义军领袖晏梦彪率领余部转入邵武军山区。十二月,莲城县七十二寨起义军首领投降宋朝,汀州境全被宋军占领⑤。

　　起义军前此开进建宁府境,建立了下瞿⑥、张原两寨⑦,作为活动的基地之一。起义军一度逼近建宁府城,但没有攻城⑧。绍定四年(1231年)正月,宋军"围剿"下瞿、张原两寨。起义军奋勇抵抗,在下瞿寨俘获宋朝邵武知县刘纯,将其处死⑨,又击毙刘纯的部将陈善、邓莘、李彬、吴华等人⑩。二月,宋朝"招捕使"陈韡率领宋军到达邵武山前,围攻起义军。起义军领袖晏梦彪因粮尽援绝,向宋军投降。陈韡以晏梦彪"罪不可赦,力屈乃降"为理由,将晏梦彪杀死⑪。至此为止,起义军完全失败。

① 《真文忠公文集》卷15《申尚书省、枢密院乞置寨事》;(清)郝玉麟:《福建通志》卷67《杂记·漳州府》。
② 王迈:《臞轩集》卷13《送莆守赵孟坚汝固司舶温陵》。
③ 《永乐大典》卷7893《汀字·武平知县题名》。
④ 《宋史》卷41《理宗纪一》。
⑤⑦　陈韡《神道碑》。
⑥ (明)陈让:《(嘉靖)邵武府志》卷10《祀典》。
⑧ (明)冯继科:《(嘉靖)建阳县志》卷5《秩祀志》。
⑨ (清)陆心源:《宋史翼》卷31《刘纯传》。
⑩ (明)冯继科:《(嘉靖)建阳县志》卷10《列传·刘纯》。
⑪ 陈韡《神道碑》;《宋史·陈骅传》。

起义军的基地和活动地点

　　晏梦彪起义军利用当地的有利地形,活跃在崇山峻岭之中,他们曾经建立了许多山寨,作为活动的基地,进可以攻,退可以守,有效地沉重打击了宋朝在福建地区的腐朽统治。由于这些山寨的名字屡经变易,有的记载又比较少,使人难以弄清起义军活动的具体情况,因此确定这些山寨的地点还是很有意义的。

　　潭飞礤:潭飞礤是晏梦彪起义的发祥地。真德秀说过,潭飞礤、招贤、下土、筋竹是"诸大贼巢去处",也是福建上四州的"可虑"之地①,而其中的潭飞礤尤其重要。据《元一统志》记载,潭飞礤,在汀州宁化县南乡,"重岗复岭,环布森列,登陟极难",礤居于其中,"坦然而平,山环水合,有田有池,草茂林深,易于藏聚,寇恃其险阻,为私贩,为摽盗,根据百年,莫敢孰何。此绍定间始祸之地,未几为淮兵荡平之,因置南平寨"②。"礤"由其地形看,颇像两浙、江西有些地区的"峒",乃是山间的平地。北宋末年的方腊起义,即爆发于睦州青溪县帮源峒。由于地形险要,潭飞礤长期成为盐民或农民起义的"根据"地。据《开庆临汀志》记载,绍定六年(1233 年),宋招捕使陈韡将黄土寨盐巡迁至潭飞礤,改为南平寨,戍兵二百人③。又据清初《宁化县志》记载,南平砦旧称潭飞砦,在宁化县西的龙上上里④。由此可见,潭飞礤在今宁化县西。《宋史》卷 419《陈韡传》(中华书局 1977 年版)将潭飞礤写成"潭瓦礤","瓦"字当是"飞"字之讹。

　　招贤寨:招贤寨曾是起义军活跃的山寨之一。此寨居民善于制刀,并练习张、朱两家枪法。宋理宗时人利登在《梅川行》诗中写道:"招贤

---

① 《真文忠公文集》卷 15《论闽中弭寇事宜白札子》。
② 《永乐大典》卷 7892《汀字·古迹》。
③ 《永乐大典》卷 7892《汀字·营寨》;《大明一统志》卷 77《汀州府·山川》。
④ (清)李世熊:《宁化县志》卷 1《山川志上》及附图。

三尺刃如霜,夹以巨盾张朱枪。"自注:"招贤人能制刀,贼用之,又习张、朱二家枪法。"①据《开庆临汀志》,宁化县以南的登龙乡有招贤里②,绍定六年由陈韡将该县东北的苦竹寨移置于此,改称北安寨③。由此估计招贤寨即在招贤里,亦即在宁化县南。

下土寨:下土寨在宁化县北的招得里④,又在建宁府建宁县南,为两县交界处⑤。原来驻守宋左翼军九十人、将官一员。绍定二年,被起义军攻占。绍定六年,改称安远寨,驻土军三百人⑥。

罗源寨、筋竹寨:罗源、筋竹二寨,南宋时被统治者称为"寇区"。宋高宗时,何白旗起义军在此战斗过⑦。晏梦彪起义军曾以筋竹洞为据点,与宋军进行殊死战⑧。邵武军义军领袖刘安国也在这里抵抗过三路宋军的猛烈进攻,不幸失败⑨。明《(嘉靖)邵武府志》记载,建宁县永平寨"在新城保,即罗源、筋竹寇区也。二寨并在县西。"⑩新城保在县城西五十里到八十里之间⑪。又据《读史方舆纪要》记载,永平寨在建宁县西六十余里,旧名罗源、筋竹,宋绍定五年在此置寨⑫。民国《建宁县志》也记载,罗源在西乡西南,近宁化县界⑬。可见罗源、筋竹二寨都在建宁县西,靠近宁化县境。

明溪、柳杨:据刘克庄所撰《宋慈墓志铭》记载,宋淮西将王祖忠和李华率军从明溪、柳杨出发,镇压晏梦彪起义军,目的地为老虎寨⑭。老虎寨,今无考。明溪,据《开庆临汀志》,系寨名,在清流县东一百二

① 利登:《骳稿》,载《南宋群贤小集》。
② 《永乐大典》卷7890《汀字·坊里墟市》。
③⑤⑥ 《永乐大典》卷7892《汀字·营寨》。
④ 《嘉庆重修一统志》卷435《福建·汀州府二》。
⑦ (明)陈让:《(嘉靖)邵武府志》卷2《形势》。
⑧ 《后村先生大全集》卷89《邵武军新建郡治谯楼》。
⑨ (明)冯继科:《(嘉靖)建阳县志》卷10《列传·刘纯》。
⑩ 《(嘉靖)邵武府志》卷10《兵防》。
⑪ 《(嘉靖)邵武府志》卷2《封域》。
⑫ 《读史方舆纪要》卷98《邵武府建宁县》。
⑬ (民国)吴海清等:《建宁县志》卷首《西乡舆图》。
⑭ 《后村先生大全集》卷159《宋经略墓志铭》。

十里,汀、剑、邵武三州军之间的界首①。《嘉庆重修一统志》说,明溪,一为水名,在归化县北;一为镇名,在归化县西,宋置明溪寨于此②。清代归化县即今明溪县。可见宋代明溪寨在今明溪县西、清流县东。柳杨,据《开庆临汀志》,系团名,在汀州宁化县南的登龙乡,原置福林、三溪两寨,绍定六年陈韡废,改名中定寨③。又据清代《汀州府志》记载,宋时登龙乡统柳杨、下觉等三团和招贤、招得二里,明代改团称里,分柳杨、下觉二里隶归化县,清代柳杨里在归化县西南④,则柳杨的准确位置应在今明溪县西南。

梅口寨:起义军领袖刘安国,被俘牺牲于梅口寨。据明代《邵武府志》和《嘉庆重修一统志》记载,大溪,水名,在泰宁县南,向西流经县西南三十里梅口,与建宁县绥江会合。宋代在此置梅口寨。绍定五年,宋军统领刘纯分驻忠武军于此,以弹压居住在罗源、筋竹二寨附近的农民⑤。这说明梅口寨在泰宁县西南和建宁县东。

高桥:晏梦彪起义军攻占南剑州沙县后,转攻南剑州城,在高桥与宋军遭遇,小受挫折。高桥屡见于陈韡《神道碑》、《宋史·陈韡传》等。据明、清两代《延平府志》记载,高桥系桥名,在沙县城东北四十里(一作五十到八十里)的第十三都,宋开宝八年建⑥。高桥离邵武军较近,所以起义军在此小败后,即转攻邵武军。

紫云台:陈韡《神道碑》记载,宋军曾在南剑州沙县紫云台"告捷",陈韡"重赏之"。《宋史·陈韡传》作"紫云台告急","急"字误。《读史方舆纪要》、《嘉庆重修一统志》等记载,紫云台山在归化县东南八十里,周围二十里,高十里⑦。清代《汀州府志》也记载,紫云台山在归化

---

① ③　《永乐大典》卷7892《汀字·营寨》。

②　《嘉庆重修一统志》卷434《福建·汀州府一·山川》;卷435《关隘》。

④　(清)曾日瑛、李绂:《汀州府志》卷5《里图》,卷首《归化县图》。

⑤　《嘉庆重修一统志》卷432《福建邵武府·山川、关隘》;(明)陈让:《(嘉靖)邵武府志》卷2《形势》。

⑥　(清)傅尔泰等:《延平府志》卷7《桥梁》、卷9《都图》;(明)郑庆云:《(嘉靖)延平府志》卷3《坊市》、《桥渡》。

⑦　《读史方舆纪要》卷98《汀州府归化县》;《嘉庆重修一统志》卷434《福建汀州府一·山川》。

县东归下里①。明、清归化县即今明溪县。由此可见,紫云台在今明溪县东南,接近沙县境。

各地响应起义情况

晏梦彪在汀州宁化县潭飞礤举起义旗后,随着起义军在军事上不断获胜,周邻州县的农民争先恐后地起而响应,他们有的攻占城池,有的营建山寨,起义军几乎控制了福建绝大部分地区和江西东部地区。由于这些起义军活动的具体时间不详,无法详细了解他们的革命活动的始终,因此只能把他们的领袖、起义地点、简单经过等作一介绍。

汀州黄绿头、邵武军刘安国:包恢撰《冯抚属墓志铭》说:“岁在绍定之己丑,邻郡大盗起,汀(州)有黄绿头者,邵(武军)有刘安国者,其焰甚炽,而锋甚锐也。”②刘安国最初“因民之困于贪暴,鼓众而起,官军不能敌”③。遂率领起义军攻下邵武军④。接着,进攻建宁府,不胜⑤,但仍攻下了建宁县宋军据守的下土寨⑥。潭飞礤失陷后,刘安国指挥起义军在邵武军泰宁县坚守六保,在建宁县坚守富田、筋竹等寨,继续与宋军苦战。江西建昌军派一名知县驱使宋军到建宁县境,曾被刘安国起义军包围,但又为邵武知县刘纯所部“忠武军”解救。起义军会合诸寨兵力进击刘纯所部。刘纯等采取前堵后击的策略,由刘纯自己率军据守富田,另一宋将朱复之带光泽县地主武装据守太南,堵截筋竹寨义军通向建宁县的道路;同时,命统制周喜领淮西兵从背后袭击筋竹寨,起义军不幸再次战败,刘安国被俘⑦,在邵武府泰宁县西南梅口寨

---

① (清)曾日瑛、李绂:《汀州府志》卷3《山川》。
② 包恢:《敝帚稿略》卷6《冯抚属墓志铭》。
③ (明)陈让:《(嘉靖)邵武府志》卷10《祀典》。
④ (明)冯继科:《(嘉靖)建阳县志》卷10《列传·刘纯》。
⑤ 《宋季三朝政要》卷1《理宗》。
⑥ 《永乐大典》卷7892《汀字·营寨》。
⑦ (清)李清馥:《闽中理学渊源考》卷6《忠烈刘君锡先生记》。

被杀牺牲①。次日,刘纯率军赴下瞿寨"招降"起义军,被起义军活捉②。刘安国是晏梦彪起义军的领袖之一③。

汀州宁化县潭飞礤丘文通:在起义军胜利进军时期,一般史籍均把晏梦彪当作潭飞礤的唯一领袖,不曾提及丘文通。直到潭飞礤被宋军攻占后,起义军领袖晏梦彪才和另一位领袖丘文通一起坚守南剑州将乐县东濑口关,被陈韡所率各路宋军攻破④。晏梦彪率领余部向邵武山区转移,丘文通也带一支义军西进,越过武夷山脉,入江西路赣州石城县平固。据刘克庄撰《宋慈墓志铭》记述,在宋军破潭飞礤后,只有"大酋丘文通挟谋主吴叔夏、刘谦子窜入石城之平固"。宋朝招捕使司"同议军事"宋慈与裨将李大声率军跟踪追击到平固,丘文通、吴叔夏、刘谦子等战败被俘⑤。吴叔夏、刘谦子二人被刘克庄称为起义军的"谋主",说明他们都是起义军的重要首领,专为起义军出谋献策,他们原来的身份必定都是属于地主士大夫阶层的饱学之士。绍定二年十二月,军器监度正曾向宋理宗上奏札,指出江西、福建等地农民起义,有一些"放散忠义军"和"破落士人""去为贼用",所以建议朝廷"招谕""士人在贼中者"⑥。说明在晏梦彪起义军中,曾经有不少仕途失意、贫困潦倒的士大夫加入。这些士大夫投身革命行列后,受到起义军的重视和优待,他们也积极为起义军尽力,以至于跟起义军同生死、共命运。

江西赣州石城县朱积宝兄弟:汀州知州陈孝严在对付汀州农民起义时,据《宋史·王居安传》记载,"欲出不意为己功",企图突然进行血腥镇压,因而起义军撕毁"降约",再次举行武装暴动⑦。又据《开庆临汀志》记载,由于陈孝严"措置失宜","引外寇朱积宝兄弟为腹心,仇视

---

① (明)冯继科:《(嘉靖)建阳县志》卷10《列传·刘纯》。
② (清)李清馥:《闽中理学渊源考》卷6《忠烈刘君锡先生记》。
③ 佚名:《京口耆旧传》卷7《王彦融传》附《王遂传》原注云:"刘安国,盖即晏头陀之党。"
④ (明)郑庆云:《(嘉靖)延平府志》卷4《古迹》、卷9《名宦》。
⑤ 《后村先生大全集》卷159《宋经略(慈)墓志铭》。
⑥ 《宋史全文》卷31《理宗一》。
⑦ 《宋史》卷405《王居安传》。

禁卒”,因此禁军黄宝等“愤而叛”,并声言要杀陈孝严,被本州通判王杆阻止住。朱积宝兄弟既然“失所怙”,遂“叛去,劫掠乡保,啸聚几万人,屡犯州城”①。又据当时担任汀州推官的李昂英②的《行状》记载,知州陈孝严“鸷悍不恤其下”,虐杀军校、士兵十多人,又准备印造本州纸币,充作戍卒的口券。于是“悍兵”黄宝关闭城门,捕杀吏人,陈孝严靠李昂英出面解救,才得以幸免一死,黄宝等也散去。不久,朱积宝联合“磜寇”即晏梦彪领导的潭飞磜起义军攻城,李昂英调集左翼军和地主武装守御,相持五日,起义军才撤围而去③。起义军始终没有攻入汀州城④。不论《宋史・王居安传》、《开庆临汀志》和李昂英《行状》三者,关于知汀州陈孝严对待起义军态度的记载彼此有多少出入,但从中可以知道:一、朱积宝兄弟并非汀州地区的农民军领袖。另据李昂英《行状》提到“江、闽寇相挺”,利登《梅川行》诗中也言及江西赣州石城县平固的农民军进入汀州宁化县境进行活动(详见后),所以,朱积宝兄弟很可能是江西赣州石城县一带的起义军领袖。二、朱积宝兄弟领导的起义军曾达近一万人,跟晏梦彪起义军人数相近。三、朱积宝兄弟的起义军曾与晏梦彪起义军并肩战斗,多次围攻汀州城。使人惋惜的是朱积宝兄弟以后的革命活动不见于记载。

招贤、招德寨起义军:据刘克庄撰《宋慈墓志铭》记载,宋慈曾率宋军“直趋招贤、招德,擒王朝茂”,还谈到王朝茂曾指挥起义军攻破邵武军,后来又有“招德贼酋”余友文,设谋从半路上夺回被宋军俘获的潭飞磜起义军领袖丘文通等人,不幸战败,余友文也被宋军活捉⑤。表明王朝茂是招贤寨义军的领袖,余友文是招德寨义军的领袖。宋理宗时人利登在《梅川行》一诗中,还详细地描写了赣州石城平固和招贤寨起义军的活动情况:

---

① 《永乐大典》卷7894《汀字・名宦》。
② 《永乐大典》卷7893《汀字・郡县官题名》载,李昂英于绍定二年四月二十九日到任,三年十一月二十一日参加守城,抵抗起义军的进攻。
③ 李昂英:《文溪集》卷首,李殿苞撰《忠简先公行状》。
④ 《永乐大典》卷7892《汀字・寺观》。
⑤ 《后村先生大全集》卷159《宋经略墓志铭》。

　　我来苍山未一日,平固(原注:属石城)弄兵剽宁邑。此时乌合犹惧官,风鹤入耳心早寒。来无与角去无捕,堂堂墟邑自来去。堕军长寇那可言,初时数百俄数千。受旗翕忽亘千里,聚落一烬如卷水。就中闺女尤可愁,肩缊背篚步牵牛。重重阙地搜伏窖,谓无白日再天晓。我时避盗逃佛岩,亲眼见盗循山南:红葛蒙头履躧项,縈身锦被翻红浪。招贤三尺刃如霜,夹以巨盾张、朱枪。皇皇我寨神呵护,山上澄明山下雾(招贤人能制刀,贼用之,又习张、朱二家枪法。时诸山及寨上皆澄莹,见盗来往,而寨下一径达贼营,雾迷四塞)。路迷踯躅不敢前,依依遂犯连湖去。六盗飞红登其岭(贼犯我寨,以雾不果,遂犯连湖,入之),环山叫呼声连天。纷纷球雪半空落,赤子甘心自投壑(人自掷岩下而死,纷如雪球下有声)。州忘县邑县忘乡,我实自弱非贼强。捐金买静恐不售,尸祝鼠辈拖朱黄。何人此日不为盗,已矣独叹吾生忙。已矣独叹吾生忙,乾坤回首空斜阳①。

　　透过利登对农民军充满污蔑的言词,可以看出,他的这首叙事诗比较生动地反映了可能是朱积宝兄弟领导的赣州石城县平固农民军进入宁化境活动的情况,也反映了招贤寨起义军不断壮大自己的队伍,剥夺地主的财产,打造战刀,练习枪法,以及起义军威武雄壮的军容等。这首诗还记述起义军用“受旗”的方式,来发展革命形势,鼓舞各地农民的斗志。利登在另一首题为《盗犯金川境,扶侍母妹复走兴安有怀》诗中,还特意说明这种“受旗”的方法是“贼以一村胁一村受旗鼓,村村相胁,遂遍数县”②。这种发动起义的方式颇值得注意。

　　汀州士兵黄宝:前已言及,汀州以黄宝为首的禁军,因不堪知州陈孝严的压迫,举行兵变,试图杀死陈孝严,但未能成功。黄宝一作王宝,大约是因南方有些地区语音“黄、王”不分而引起的。黄宝后来继续斗

---

①② 利登:《骸稿》,载《南宋群贤小集》。

争。据《开庆临汀志》记载，"绍定初，磔寇猖獗，禁卒欢咖"①。直到绍定三年十二月，招捕使陈韡调集大批宋军进行镇压，黄宝等被杀，这次兵变才被平息②。

兴化军莆田县农民：绍定三年四月，正当晏梦彪起义军从漳州境进攻泉州属县，逼近兴化军时，莆田县农民起而响应。据王迈记载，莆田"治下有恶少，乘间窃发"，但很快就被当地官员镇压下去③。

除此以外，晏梦彪起义军还深入到江西路抚州、赣州、建昌军地区。包恢说，绍定二、三年间，"闽寇四起"，起义军到达"抚(州)诸县县境，而宜黄诸乡被毒尤惨"④。真德秀说，"不幸盗发邻壤，毁雩都(今江西于都)，蹂宜黄，乘间捣虚，出吾不意"，还进逼乐安县城⑤。雩都为赣州属县，宜黄为抚州属县。《临川志》也记载，绍定三年，汀、邵农民军"相挺犯境"，进入抚州地区，因此在起义军被镇压后，该州官员在宜黄、乐安境创置兵寨，以防止农民再次揭竿而起⑥。建昌军广昌县廖十六廖云等农民领袖，也曾率领起义军攻入南丰城内⑦。

由起义的经过和各地响应的情况看，晏梦彪起义军的活动地区，曾到达福州以外的福建路大部分地区，还深入到邻路江西建昌军和抚州、赣州等地。起义军的总数达两万人以上。

夺取地主土地的斗争

土地是封建社会最基本的生产资料。宋代土地私有制进一步发达，租佃制度盛行，地主主要依靠霸占土地来收取地租，掠夺农民的全

---

① 《永乐大典》卷7894《汀字·名宦》。
② 《宋史》卷419《陈韡传》载绍定三年十二月，"诛汀州叛卒"。《后村先生大全集》卷146《忠肃陈观文神道碑》载"除汀州城叛卒"。
③ 王迈：《臞轩集》卷13《送莆守赵孟坚汝固司舶温陵》。
④ 包恢：《敝帚稿略》卷4《宜黄龙磜寨记》。
⑤ 《真文忠公文集》卷25《乐安县治记》。
⑥ 见《永乐大典》卷10949《抚字·城池》、卷1095《抚字·兵防》。
⑦ （元）刘埙：《隐居通议》卷28《气数灾异》；《水云村稿》卷13《汀寇钟明亮事略》。

部剩余劳动乃至一部分必要劳动。农民为了摆脱贫困,也迫切要求土地,期望得到一小块土地进行简单的再生产,以便维持生活。不过,这时农民的斗争尚未将土地从一般财富中区别开来,王小波、李顺起义和钟相、杨太起义虽然都提出了"均贫富"的口号,这一口号的背后确实也隐藏着农民的土地要求,但并没有明确地写在自己的革命大旗上。显然,这是因为农民对于封建制度的基础——地主土地所有制仍然缺乏理性的认识。但是,现实生活又迫使农民自发地要求土地,在武装暴动过程中,从地主手里夺回土地耕种。

据现存资料,宋代农民夺取地主土地的斗争是从南宋初年开始的。南宋初年,湖南、广南、江西等路二十多州起义农民,大都夺取地主土地耕种,即或不直接夺取耕种,也"令田主出纳租课"[1]。这些起义中,包括钟相、杨太起义。钟、杨起义军在洞庭湖畔没收地主土地后,"春夏则耕耘,秋冬水落,则收养于寨"[2]。福建范汝为起义,农民们也剥夺地主土地,或命令田主按亩向农民军纳租,否则就予以驱逐[3]。起义农民的这些行动,都是宋代农民着手解决土地问题的一种尝试,具有深远的意义。

晏梦彪起义军在斗争过程中,跟其他各次农民起义一样,无情地杀死当地的贪官污吏和地主土豪,夺取他们的财产。正如有的官员描述当时的情景:"自绍定己丑、庚寅间,闽寇四起,所至火民庐、空民财,戕其性命,掳其妻孥,莫有能御之者,遂至横行。"[4]利登描写起义时地主惊慌逃窜的狼狈相为"肩缯背篚步牵牛,重重阚地搜伏窖,谓无白日再天晓"[5]。反映当时起义农民剥夺地主的财产,因而地主携带钱财逃之夭夭,或者将浮财藏到地下,但最后仍不免被起义农民搜寻出来。

---

① 《宋会要辑稿》刑法 3 之 47《田讼》。
② 熊克:《中兴小纪》卷一八。
③ 详见白钢:《关于范汝为起义的几个问题》,载《中国农民战争史论丛》第二辑(河南人民出版社)。
④ 包恢:《敝帚稿略》卷四《宜黄龙磻寨记》,
⑤ 利登:《骳稿·梅川行》,载《南宋群贤小集》。

与此同时,起义农民又夺取了地主的土地。在起义失败后,这些农民或已牺牲,或已出走,而原来霸占这些土地的地主也已被起义军镇压,封建官府就把这部分无主土地,作为"贼绝田"没收。据《开庆临汀志》记载:

> 均济仓,在开元寺东。……又拨陈德清请买陈八一贼绝田,价钱十七界会一千二百贯文。又拨吴六二等八项贼绝田,递年收计子利禾五百五十把,每把纳见(现)钱七十文足,共收见钱四十一贯二百五十文足。

> 均济有仓:端平间,郡守李公华知汀(州),民素无蓄积,为荒扎之备,乃置于开元寺左庑,捐见钱六千缗为籴本,岁储米五千足石,仍拨贼绝钱、米以佐其费。……宝祐戊午(六年,1258 年)冬,郡守胡公太初到任,……又拨请佃田价钱,及贼绝田八百顷,以补元(原)子利米减免之数,于是法意复续①。

这时,宁化县的安远、北安、中定、南平等寨仓,清流县的明溪寨仓,莲城县的北团寨仓,上杭县的梅溪寨仓等,每年也各自"催纳""贼绝米"一千多石到三百多石不等,共计五千三百十二石七斗②。这些所谓"贼绝"田,在封建官府看来,显然跟同时存在的"逃绝"田完全不同。又据《开庆临汀志》"税赋"一项记载:

> 秋苗:本州原管六县秋苗,五万九千五百三十三石四斗三升七合四抄,绍定寇攘后,六县实纳到苗米二万五千六百三十六石三斗一升。续根括到贼绝户,拨充诸寨军食米二千九百三十七石三升,逃绝户无纳三万九百六十石九升七合四抄③。

---

①② 《永乐大典》卷 7892《汀字·仓场库务》。
③ 《永乐大典》卷 7890《汀字·税赋》。

很清楚，"贼绝户"与"逃绝户"是含义不同的两个名称，"逃绝户"指平时或农民起义过程中逃亡或全家死绝的人户，而"贼绝户"则专指曾经参加晏梦彪起义军而全家牺牲的人户。从《开庆临汀志》所载"贼绝"田、米、钱等项，可以知道，广大起义农民曾经模仿南宋初年各地农民军，特别是福建范汝为起义军的范例，夺取地主的土地耕种，在起义失败后，这些土地便被当地土豪或封建官府反攻倒算去了。《开庆临汀志》所载这些"贼绝"田、米、钱等，不过是封建官府出面向起义农民"根括"即倒算的那一部分，并不包括当地土豪的反攻倒算在内。

宋代农民夺取地主的土地归自己占有和耕种的行动，显示农民阶级已经把斗争锋芒指向封建生产关系的核心——地主土地所有制，这是中国农民战争史上的一件大事。

地主武装对农民军的镇压

宋朝统治者在镇压晏梦彪起义军的过程中，从淮西抗金前线抽调禁军作为主力，又配合本地屯戍的禁军和地主武装，一起扼杀了这场如火如荼的革命斗争。

在这个过程中，地主武装为虎作伥，表现得极其凶恶。他们霸占山头，胁迫佃客，充当"义丁"、"乡丁"、"义勇"等来对抗起义军。绍定三年七月丁酉（八日），宋理宗下诏嘉奖汀州宁化县寡妇曾晏氏，"封恭人"，"赐冠帔"，因为她"给军粮，御漳寇有功"①。曾晏氏是宁化县大陂村的大地主，在将乐县土豪结寨顽抗起义军时，她率先捐助军粮，并杀害不少起义农民。在起义军攻克土豪的山寨时，曾晏氏占据宁化县东柳杨团境的黄牛山（今福建明溪县北四十里）②，自立一寨，还用威胁、利诱等手段，迫使"田丁"充当前锋，上阵打仗。后来又与其他土豪

---

① 《宋史》卷41《理宗纪一》。
② （民国）廖立元：《明溪县志》卷2《古迹》。

勾结,把黄牛山分成五寨,挑选少壮者为"义丁",各寨互为犄角①。曾晏氏抢先砍去龙须山头的草木,制造药箭和木枪,还捐出数十仓库的粮食,足可支五寨半年的食用,所以起义军久攻不下②。曾晏氏纠集的地主武装,成为宋朝官军镇压晏梦彪起义军的重要帮凶。

江西抚州宜黄县崇贤乡地主侯锭,占据崇贤乡的雕峰,建立山寨,胁迫乡民为"义丁",又拿出米三千石,在寨中设置义仓,专与农民军为敌③。

建宁府大土豪冯庭坚,被官府委任为"隅总",用保甲法来组织"乡丁",捐出家资,日夜操练,修建险要;又自行另招"义勇"二百人,筹集钱粮,严阵对抗起义军④。

宋朝官府在兴化军仙游县组织"土兵"。在该县东北的何岩⑤,县官亲自到此召募土兵,"丁壮被威胁","相与守城堞","黔首畏墨黥,依违谋未协,口或出怨咨,心实先震慑"⑥。何岩的百姓被迫充当土兵,与起义军对抗,为官府卖命。

宋朝在福建、江西屯驻的左翼军,在镇压晏梦彪起义中起过重要作用。左翼军属殿前司统辖,原来也是地主武装。宋高宗时,江西虔州(即赣州)石城县土豪陈敏、周虎臣,各有家丁数百人,均骁勇善战,宋朝任命陈敏为汀、漳州巡检,周虎臣为江西将官,从两人的家丁中挑选精壮一千人,日给钱、米,命其捕"盗",称为"奇兵"。后来又将奇兵改为殿前司左翼军,留在本地戍守⑦。晏梦彪起义时,福建、江西各州县均驻有一定数量的左翼军,他们是起义军打击的目标之一,反过来,也是宋朝统治者血腥镇压起义军的重要力量。据包恢记载,洪、抚、

---

① 《宋史》卷460《曾氏妇传》。
② 包恢:《敝帚稿略》卷8《歌晏恭人平寇伟绩》。
③ 包恢:《敝帚稿略》卷4《宜黄龙磏寨记》。
④ 包恢:《敝帚稿略》卷6《冯抚属墓志铭》。
⑤ 《大明一统志》卷77《兴化府·山川》。
⑥ 王迈:《臞轩集》卷12《吊何岩》。
⑦ 李心传:《建炎以来朝野杂记》甲集卷18《殿前司左翼军》。

江、吉、建宁等州府左翼诸军倾巢出动,进行镇压①。在起义失败后,统治者在福建各地建营扎寨,派遣左翼军驻守,以此监视和镇压农民、盐民。

(本文刊载于中州书画社编:《宋史论集》,

中州书画社1983年版)

---

① 包恢:《敝帚稿略》卷5《书〈平寇录〉后》。

宋代的北食和南食

宋代著名诗人陆游在《食酪》诗中写道:"南烹北馔妄相高,常笑纷纷儿女曹。未必鲈鱼芼菰菜,便胜羊酪荐樱桃。"①表示诗人不赞成南食和北食各自妄相夸耀,认为这样议论纷纷只是儿女辈的见识,未必鲈鱼加菱白就比羊酪添樱桃的味道要好。这里诗人把鲈鱼加菱白当作"南烹"的代表佳肴,而把羊酪添樱桃当作"北馔"的典型珍馐。说明到陆游生活的时代,南食和北食之间还存在相当大的差别。当然,这种差别不仅仅是鲈鱼和羊酪或菱白和樱桃的不同。

大致说来,南食和北食的差别,主要在于南食以稻米制品为主食,北食以麦面制品为主食;南食的荤菜以猪肉、鱼为主,北食的荤菜以羊肉为主。

宋神宗时,宫廷中仍以面粉为主食的主要原料。熙宁十年(1077年),"御厨"共用去面粉 1 110 664 斤、米 557 800 斤,面粉与米的比例为 2∶1。这表明以宋神宗为首的皇室是以面食为主的②。北宋末、南宋初人庄绰在《鸡肋编》中记载:"游师雄景叔,长安人,范丞相得新沙鱼皮,煮熟煎以为羹,一缕可作一瓯。食既,范问游:'味新觉胜平常否?'答云:'将谓是饦饦,已哈了。'盖西人食面几不嚼也。南人罕作面饵。有戏语云:'孩儿先自睡不稳,更将擀面杖挂门。何如买个胡饼药杀着!'"③

---

① 《剑南诗稿》卷81。
② 《宋会要辑稿》方域 4 之 10《御厨》。
③ 庄绰:《鸡肋编》卷上。

游师雄是北宋神宗、哲宗时期人①,"范丞相"当是哲宗时任右仆射的范纯仁②。范纯仁邀请游师雄吃鲨鱼皮羹,游师雄以为"哈了"(喝了)"饦饦"(面片汤或面条),而且几乎不用牙齿咀嚼。庄绰还指出,南方人极少吃面食,因此戏语南方人用擀面杖来撑门,甚至把吃胡饼(带芝麻的烧饼)比作服药那样艰难。这种北方人很少吃米食、南方人很少吃面食的习惯,到南宋时便出现很大的变化。庄绰接着又说:"建炎之后,江、浙、湖、湘、闽、广,西北流寓之人遍满。绍兴初,麦一斛至万二千钱,农获其利,倍于种稻。而佃户输租,只有租课,而种麦之利独归客户。于是竞种春稼,极目不减淮北。"从南宋高宗建炎(1127—1130年)年间开始,北方人大批迁居南方各地。北方人爱吃面食,因此到绍兴初年(1131年—),麦子大涨其价,一斛达十二贯钱,种植麦子者获利比种稻者加倍,而且佃客向地主交纳地租,还可免交麦租。这样,由于社会需要量的激增,促使南方农民竞相种植麦子,麦子的栽培面积遂迅速扩大起来。

从北宋到南宋,面食在主食中所占比重逐渐增大。北宋都城汴京(治今河南开封市)诸街巷开设了许多饮食店铺,大多供应各式面点食品。孟元老《东京梦华录》卷4《饼店》记载,当时有油饼店和胡饼店。油饼店专卖蒸饼、糖饼,胡饼店专卖宽焦、侧厚等。南宋初,宗泽任东京留守,开封市肆销售笼饼(馒头),每只值二十钱③。在南宋都城临安府(治今浙江杭州市)的饮食店中,不仅面食店比前增多,面食制品也更加丰富。吴自牧《梦粱录·天晓诸人出市》记载:"最是大街一两处面食店及市西坊西面食店,通宵买卖,交晓不绝。"④在宋理宗淳祐(1241—1252年)年间,"有名相传"的面食店铺,有保佑坊前张卖食面店、金子巷口陈花脚面食店、太平坊南倪没门面食店、南瓦子北卓道王

①　《宋史》卷332《游师雄传》。
②　《宋史》卷314《范纯仁传》。
③　何薳:《春渚纪闻》卷4。
④　吴自牧:《梦粱录》卷13《天晓诸人出市》。

卖面店、腰棚前菜面店，"处处各有"面店①。

　　值得提出的是，前代的"牢丸"（俗称"牢九"）到宋代称为"包子"。陆游引闻人懋德之论，认为晋代束晳《饼赋》中"牢九"，即"今包子是"②。北宋初人陶穀《清异录》一书，谈到当时食店中有卖"绿荷包子"的。宋真宗时，仁宗诞生之日，宫中以包子分赐官员，包子中装满金珠③。包子和蒸饼是当时流行的面制食品。蒸饼就是馒头，馒头之称不迟于晋代④，但普遍使用则是从北宋时开始的。宋真宗时大臣王曾，在其同榜友人孙冲之子孙京辞别时，命其子弟好好招待，他说："已留孙京吃饭，安排馒头。"据说，"馒头时为盛馔也"⑤。馒头一般是实心无馅的。如果带馅的话，便在馒头前说明馅的内容。如宋徽宗时，蔡京为相，一次用"蟹黄馒头"款待讲议司官吏，即费去一千三百多贯⑥。汴京以"孙好手馒头"、"万家馒头"、"王楼山洞梅花包子"、"鹿家包子"等为最著名⑦。南宋时，临安出现了专门经销馒头、包子等食品的同业店铺组织"行"，当时称为"蒸作面行"。据吴自牧《梦粱录》卷16《荤素从食店》描述，蒸作面行"卖四色馒头、细馅大包子，卖米薄皮春茧，生馅馒头、馉子……水晶包儿、笋肉包儿……"其中有"包子酒店，专卖灌浆馒头、薄皮春茧、包子、虾肉包子……之类"⑧。宋理宗淳祐年间，嘱桥榜亭侧的"朱家馒头铺"是很有名气的⑨。宋代的馒头和包子主要因用馅的不同而出现许多名称，如糖肉馒头、羊肉馒头、太学馒头、笋肉馒头、鱼肉馒头、蟹肉包儿、鹅鸭包儿等。理学家朱熹也谈到过馒头，他

①　吴自牧：《梦粱录》卷13《铺席》。
②　《剑南诗稿》卷60《与村邻聚饮》。
③　王栐：《燕翼诒谋录》卷3《仁宗诞日赐包子》。
④　束晳：《饼赋》。
⑤　赵善璙：《自警编》卷2《操修类·俭约》。
⑥　曾敏行：《独醒杂志》。
⑦　《东京梦华录》卷3、卷2。
⑧　吴自牧：《梦粱录》卷16《酒肆》。
⑨　吴自牧：《梦粱录》卷13《铺席》。

说："比如吃馒头，只吃些皮，元（原）不曾吃馅，谓之知馒头之味，可乎？"①这里所说"馒头"，实际上也是包子。那么，像他这样一位大学问家何以会把带馅者称为馒头，而与一般的馒头相混淆呢？原因不是别的，这是宋代社会长期形成的习惯，人们鲜以为怪了。这种习惯称呼，至今在江南一些地区仍然流行：馒头和包子之间没有严格的区别，馒头只是顶皮皱折，而包子外表光滑，有时还把无馅而外表光滑者也称为包子。

经过一百多年的南食和北食的融合，到南宋末年，临安的饮食已无严格的南、北地区的差别。《梦粱录》记述："向者汴京开南食面店、川茶分饭，以备江南往来士夫，谓其不便北食故耳。南渡以来，几二百余年，则水土既惯，饮食混淆，无南、北之分矣。"②当然，这种现象的出现仅仅局限于人口众多、交通发达的都城里面。

在宋代的荤菜中，南、北食中的猪肉和羊肉的比重前后也有变化。北宋时，北食以羊肉为主，南食以猪肉为主。尚书省所属膳部，下设牛羊司，掌管饲养羔羊等，以备烹宰之用。还设牛羊供应所和乳酪院。宋真宗时，"御厨"每年需要羊数万头，都从陕西买来③。宋神宗时，河北榷场从契丹购进羊数万只，上供牛羊司④。熙宁十年，"御厨"共支羊肉434 463 斤、猪肉 4 131 斤，羊肉和猪肉的比例约为 100：1⑤。宋哲宗元祐八年（1093 年），大臣吕大防说："饮食不贵异味，御厨止用羊肉，此皆祖宗家法所以致太平者。"⑥可见皇帝食用羊肉，原来还是宋朝的"祖宗家法"。所以，"御厨"每年还不时把"獠羊"（烤羊）赐给臣僚⑦。宋哲宗初年，御厨按照常例"进羊乳房及羔儿肉"，太后认为太伤幼畜，"有

---

① 《朱子语类》卷 32《论语十二》。
② 《梦粱录》卷 16《面食店》。
③ 《宋会要辑稿》职官 21 之 10。
④ 《宋会要辑稿》职官 21 之 3。
⑤ 《宋会要辑稿》方域 4 之 10。
⑥ 《续资治通鉴长编》卷 480，元祐八年正月丁亥。
⑦ 《宋会要辑稿》方域 4 之 2。

旨不得宰羊羔为膳"①。徽宗时,汴京的食店中有各类羊肉食品,如旋煎羊白肠、批切羊头、虚汁垂丝羊头、入炉羊头、乳炊羊肫等②。还有专门的熟羊肉铺③。汴京的居民不仅是北方人,因此猪肉的需要量也是相当大的。南薰门"唯民间所宰猪,须从此入京,每日至晚,每群万数,止十数人驱逐,无有乱行者。"④

南宋时,肉食中羊肉仍然占相当大的比重。宋高宗绍兴二十一年(1151年),在大将张俊设宴招待高宗等人的菜单中,就有羊舌签(高宗的下酒菜)、片羊头(直殿官所食)、烧羊一头、烧羊头、羊舌饦胎羹、铺羊羹饭(以上四种供应左相秦桧)等⑤。临安府需要的羊大都来自两浙等地。绍兴府的贩羊人用船只装载羊群,渡过浙江,运往临安⑥。自汴京南迁临安西湖畔而专卖羊肉的有"羊肉李七儿",是"旧京"的名食之一⑦。羊肉食品有蒸软羊、鼎煮羊、羊四软、酒蒸羊、绣吹羊、五味杏酪羊、千里羊、羊杂熝、羊头元鱼、羊蹄笋等,不胜枚举⑧。跟羊肉相比,临安的猪肉食品更多,"杭城内外,肉铺不知其几,皆装饰肉案,动器新丽。每日各铺悬挂成边猪,不下十余边。如冬年两节,各铺日卖数十边。"猪肉的名件区分更细,有细抹落索儿精、钝刀丁头肉、条精、窜燥子肉、烧猪煎肝肉、膂肉、盦蔗肉等,骨头也分为双条骨、三层骨、浮筋骨、脊龈骨、球杖骨、苏骨、寸金骨等十多种。大瓦修义坊形成"肉市",巷内两街都是屠宰之家,每天宰猪不少于数百头。其他街坊的肉铺,也各自开设作坊,屠宰和销售猪肉⑨。"肉市"以外,许多猪肉店铺还组织

---

① 王巩:《甲申杂记》。
② 《东京梦华录》卷2《州桥夜市》、《饮食果子》。
③ 《东京梦华录》卷2《宣德楼前省府宫宇》。
④ 《东京梦华录》卷2《朱雀门外街巷》。
⑤ 周密:《武林旧事》卷9《高宗幸张府节次略》。
⑥ 施宿:《嘉泰会稽志》卷1。
⑦ 袁褧:《枫窗小牍》卷上。
⑧ 《梦粱录》卷16《分茶酒店》。
⑨ 《梦粱录》卷16《肉铺》。

起"行",候潮门外有"南猪行",打猪巷有"北猪行"①。临安周围的城乡商贩纷纷运猪供应京城。秀州(治今浙江嘉兴)居民韦十二,在庄店养猪数百口,也将猪运到杭城出售②。肉市和猪行的形成,表明临安居民食用猪肉的数量之钜;反之,羊肉店铺尚未组织成"市"或"行",其销售量与猪肉相比,自然不免相形见绌。

(本文刊载于《中国烹饪》1985 年第 11 期)

---

① 《武林旧事》卷 6《诸市》。
② 《春渚纪闻》卷 3《悬豕首作人语》。

宋代官署、官职的简称和别称

在中国封建社会中,宋代的职官制度尤其复杂而多变。北宋前期即宋神宗元丰五年(1082年)实行官制改革以前,文武百官用前代的职事官名称构成官阶,借以寄禄,同时保留了旧有的实际不起作用的散官,官员又都另外委派职任即差遣,致使官、职、差遣三者分离。一般每名官员的官衔都有散官、寄禄官(正官)、职事官(差遣)、职(馆职)以及勋、爵、食封、食实封等,其中职事官与散官、寄禄官三者极易混淆。朝廷还设置了一些新的官署,分割了旧官署的职权,新、旧官署重叠。宋神宗官制改革,消除了以前的许多混乱,但此后又出现了一些变化。加之,当时人们为了使用简便、古雅、赞誉等等,对很多官署和官职使用了简称和别称。因此,后人在浏览宋代的诏令、奏议、诗词、笔记小说以及正史、野史时,常会产生误会,甚至在近年出版的历史著作、职官制度研究著作、诗文选注等中也出现了一些不应有的错讹。笔者在学习宋史时,导师蒙文通先生曾多次关照要注意有关宋代官职的简称、别称。现将宋代主要官署、官职的简称和别称,分别中央、地方的官署和官职,以及阶官、武官、宦官、宗室、吏人等逐一进行介绍。

一、中央官署和官职

二府:北宋前期,朝廷设"中书门下"和"枢密院"对掌文、武大权,时称"二府"①，又称"两司"②。中书门下居东，称"东府"；枢密院居西，称"西府"③。元丰改制后，宰相治事的官署亦称"东府"或"东省"，枢密院则称"西府"或"西枢"④。

中书门下：北宋前期承晚唐之制，在宫中设置"中书门下"，为正副宰相集体处理政事的最高权力官署，题榜"中书"⑤。其办公厅称"政事堂"，别称"都堂"⑥。中书门下和中书省以及中书侍郎、中书舍人均可简称"中书"（见后），容易相混。

正宰相称"中书门下平章事"或"同中书门下平章事"，简称"平章事"或"同平章事"，尊称"相公"⑦，简称"首台"⑧，别称"爰"⑨。副宰相称"参知政事"，简称"参政"⑩。两名参知政事和三名枢密院长官，合称"五府"⑪。

哲宗时开始设"平章军国重事"或"同平章军国重事"之职，以处硕德重臣，位居宰相之上，简称"平章"⑫。

枢密院：宋承晚唐之制，设置枢密院，总管全国军务。枢密院简称"枢府"⑬，"密院"⑭，别称"宥府"⑮。枢密院的长官是枢密使或知枢密院事，枢密使简称"枢密"，知枢密院事简称"知枢"⑯，两者别称"枢相"⑰、

---

① 《宋史·职官志二》。
②⑤ 《职官分纪·宰相》。
③ 《续通鉴长编》卷 226。
④ 楼钥：《攻媿集·参知政事陈骙知枢密院事》。
⑥ 宋敏求：《春明退朝录》卷上；《玉海·乾道左右丞相》。
⑦ 朱彧：《萍洲可谈》卷 1。
⑧ 董弅：《闲燕常谈》。
⑨ 曾布：《曾公遗录》卷 8。
⑩ 《春明退朝录》卷上。
⑪ 赵昇：《朝野类要·五府》。
⑫ 《宋史·汪立信传》。
⑬ 《永乐大典》卷 11001。
⑭ 司马光：《温国文正司马公文集·密院札子》。
⑮ 李心传：《旧闻证误》卷 2。
⑯ 高承：《事物纪原·枢密、知枢》。
⑰ 姜特立：《梅山续稿·赠叶枢相》。

"大貂"①,枢密使并直太尉,俗称"两府"②。其副长官是枢密副使,简称"枢副"③或"副枢"④;"签署枢密院事"或"同签署枢密院事",简称"签枢"或"同签枢"⑤。"签署"二字,在宋英宗即位后因避"御讳",改为"签书"⑥。

宋初罢免节度使的兵权,仅保留节度使的官称,作为武官的官阶之一,又作为文、武臣的一个荣誉官衔。凡以亲王、留守、枢密使、节度使而兼门下侍中、中书令、同中书门下平章事者,都称"使相"⑦。

三司:北宋前期沿袭五代旧制,设"三司",通管盐铁、度支、户部。三司号称"计省"。三司的长官是"三司使",别称"计相"⑧。三司副使别称"簉"(音造)⑨。三司判官六员,别称"子司",子司各管一司⑩。

枢密使、知枢密院事、同知枢密院事、参知政事、门下侍郎、中书侍郎、尚书左右丞(按:此二侍郎和左右丞系元丰改制后官职),总称"执政官"⑪。宰相与执政官合称"宰执"⑫。北宋前期,执政官多从三司使、翰林学士、知开封府、御史中丞中选拔,俗称"四入头"⑬。

翰林学士院:负责起草朝廷的制诰、赦敕、国书和宫廷所用文书。简称"学士院"。由于宫中另设专为皇帝服务的翰林御书院、医官院、图画院、天文局总称"翰林院",因此学士院不能简称"翰林院"。学士院别称"北扉"、"北门"⑭,又因其正厅名"玉堂",故又别称"玉堂"⑮。

---

① 祖无择:《龙学文集·紫微撰〈西斋话记〉共三十五事》。
② 《朝野类要·两府》。
③ 《事物纪原·枢副》。
④ 《温国文正司马公文集·上庞副枢论贝州事宜事》。
⑤⑧ 《宋史·职官志二》。
⑥ 陆游:《老学庵笔记》卷10。
⑦ 《宋史·职官志一》。
⑨ 赵与时:《宾退录》卷1;施宿:《嘉泰会稽志·通判廨舍》。
⑩ 章如愚:《山堂先生群书考索后集·官制门》。
⑪ 《庆元条法事类·官品杂压》、《职官分纪》卷7。
⑫ 洪迈:《容斋续笔·祖宗朝宰辅》。
⑬ 洪迈:《容斋续笔·执政四入头》。
⑭ 江少虞:《宋朝事实类苑·词翰书籍》。
⑮ 叶梦得:《石林燕语》卷7。

学士院设翰林学士承旨和翰林学士等多人,翰林学士承旨简称"翰林承旨"①,别称"翰长"②、"院长"③。翰林学士尊称"内翰"、"内相"④,别称"典制北门"⑤、"坡"或"銮坡"⑥。遇到起草重要文书,朝廷派两名学士"当直(值)",称"双宣学士"⑦。其他官员入院而未授学士,称"直学士院",别称"直北扉"⑧。

北宋前期,翰林学士一般另有所任,必须带"知制诰"者,才真正掌管诏命,直接替皇帝起草麻制、批答等,称"内制"。知制诰或以他职带知制诰者以及元丰改制后的中书舍人,负责起草官员升迁、磨勘等制词,称"外制"⑨。内、外制总称"两制"⑩。

三省:即门下省、中书省和尚节省。北宋前期,三省的大部分职权被其他官署分割,元丰改制后才恢复应有的职权。

门下省,又称"左省",别称"东台"⑪、"黄门"、"鸾台"⑫等。元丰改制,门下侍郎成为尚书左仆射(宰相)的兼职或副相的专职。门下侍郎也别称"黄门"⑬。尚书左仆射兼门下侍郎称为"左相"⑭。给事中简称"给事"⑮,别称"夕郎"、"青琐"⑯。

中书省,又称"右省",别称"西台"、"紫微"⑰、"凤阁"、"凤池"⑱

① 王珪:《华阳集·依御批授翰林承旨奏状》。
② 《宋史·张洎传》。
③ 《职源撮要·翰林学士承旨》。
④ 《事物纪原·内翰》。
⑤ 《嘉泰会稽志·进士》、《宋史·顾临传》。
⑥ 《石林燕语》卷5。
⑦ 《宋会要辑稿》职官6之53。
⑧ 《建炎以来系年要录》卷148。
⑨ 《新笺决科古今源流至论·两制》。
⑩ 《欧阳修奏议集·又论馆阁取士札子》。
⑪ 楼钥:《攻媿集·通奉大夫显谟阁待制陈岘》。
⑫ 李纲:《李忠定公奏·给事中除户部侍郎诏》;《永乐大典》卷7303。
⑬ 毕仲游:《西台集·贺李黄门启》。
⑭ 《西台集·贺韩绛迁左相启》。
⑮ 《宋史·职官志一》。
⑯ 《事物纪原·夕拜》等。
⑰ 张嵲:《紫微集》。
⑱ 《事物纪原·凤池》;朱弁:《曲洧旧闻》卷6。

等。元丰改制,中书侍郎成为尚书右仆射(宰相)的兼职或副相的专职。中书侍郎也可简称"中书"[1];为副相时,别称"小凤"[2]。尚书右仆射兼中书侍郎称为"右相"。

门下省设起居郎,中书省设起居舍人,掌管记录皇帝言行。起居郎称"左史",起居舍人称"右史",总称"二起居"或"两史"[3]。又因大朝会时,起居郎和起居舍人相对立在殿下螭首之侧,故别称"左螭"和"右螭"[4]。但在北宋前期,"两史"仅用以寄禄,并不典职,而另外委派官员领其事,称为"修起居注",简称"修注"官。元丰改制,罢修注官,"两史"始专其职[5]。中书省设中书舍人和知制诰。南宋后期,中书舍人简称"中书"[6],久任中书舍人者别称"阁老"[7]。中书舍人官阶未至者别称"知制诰"。知制诰美称"三字"官[8]。"权中书舍人"别称"摄西掖"[9]。

门下省和中书省各设散骑常侍、谏议大夫、司谏、正言等官职,左属门下省,右属中书省,各附属于两省的班籍,通称"两省官"[10]。门下省的起居郎和中书省的起居舍人称"小两省官"[11]。两省的散骑常侍、给事中、谏议大夫等称"大两省官"[12]。

尚书省,又称"都省"、"南省"[13],别称"文昌"[14]、"中台"、"内台"[15]。尚书省长官的办公厅也称"都堂"[16],易与北宋前期政事堂的别称"都

① 赵与时:《宾退录》卷1。
② 曾布:《曾公遗录》卷7。
③ 《事物纪原·二起居》、《朝野类要·史官》。
④ 《容斋四笔·官称别名》。
⑤ 《通考·职官考四》。
⑥ 《宾退录》卷1。
⑦ (清)赵翼:《陔余丛考·阁老》;《旧闻证误》卷2。
⑧ 《容斋三笔·侍从两制》。
⑨ 《系年要录》卷149。
⑩ 《宋史·职官志一》。
⑪ 《文献通考·职官四》。
⑫ 《容斋三笔·侍从两制》。
⑬ 《事物纪原·都省》,《宋会要》职官4之1、2。
⑭ 庞元英:《文昌杂录》。
⑮ 《通考·职官五》。
⑯ 《宋会要》职官4之1。

堂"相混。元丰改制,撤销政事堂,并以尚书左、右丞为副宰相,"都堂"便专指尚书省长官的办公厅。尚书左丞和尚书右丞别称"左辖"和"右辖"①,总称"丞辖"②或"纲辖"③。宋孝宗乾道八年(1172 年),改左、右仆射称左、右丞相作为正宰相,别称"左揆"、"右揆",总称"两揆"④。尚书左、右仆射,左、右丞,中书侍郎,门下侍郎总称"八位"⑤。在左、右仆射为正宰相时,尚书左、右丞和六部尚书总称"八座"⑥。

尚书省设左、右二司,分治本省事。左、右司别称"都司"、"大有司"⑦、"都曹"⑧。左、右司分治吏、户、礼、兵、刑、工等六部,六部又称"六曹"⑨。

吏部又称"文部"⑩、"天官"。户部又称"地官",别称"民部"、"民曹"⑪、"版曹"⑫。礼部又称"春官",别称"南宫"⑬、"仪曹"⑭。礼部侍郎别称"春官贰卿"⑮,礼部郎官别称"南宫舍人"⑯。权礼部郎官别称"摄郎仪曹"⑰。兵部又称"武部"⑱、"夏官"。刑部又称"秋台"、"秋官",又称"宪部"⑲。工部又称"冬官"⑳,别称"起部"㉑。六部的尚书

①　《永乐大典》卷 19735。
②　《宋史·许将传》。
③　(清)李赓芸:《炳烛编·纲辖》。
④　《事物纪原·左右相》;宫梦仁:《读书纪数略·爵秩类》。
⑤　《朝野类要·八位》。
⑥　《事物纪原·八座》。
⑦　周密:《癸辛杂识别集·李伯玉》。
⑧　《永乐大典》卷 2266。
⑨　《宋史·职官志一》。
⑩　王益之:《职源撮要·吏部尚书》。
⑪　《永乐大典》卷 7304。
⑫⑭　《宋会要》职官 73 之 35。
⑬　《容斋四笔·官称别名》。
⑮　《龙学文集·紫微撰〈西斋话记〉共三十五事》。
⑯　《石林燕语》卷 3、《癸辛杂识别集·胥吏识义理》。
⑰　《宋会要》职官 73 之 33。
⑱　《职源撮要·兵部尚书》。
⑲　周必大:《二老堂杂志·宪台》。
⑳　吴自牧:《梦粱录·六部》。
㉑　《宋史·职官志五》。

别称"太常伯",侍郎别称"少常伯"①,尚书和侍郎总称"六部长贰"②。

六部和三省枢密院先后设置"管干架阁库"或"主管架阁库文字"官,主管贮藏帐籍、文书等,简称"架阁"③,别称"掌故"④。六部还设置监门官,专司门钥,别称"城门郎"、"户郎"、"门长"⑤。

六部各统四司,共二十四司。北宋前期,六部以吏、兵、户、刑、工、礼为先后顺序,兵、吏及左、右司为前行,刑、户为中行,工、礼为后行,以本行之首如吏部或兵部为"头司",其他部、司为"子司"⑥。

寺监:宋代设九寺,为太常、宗正、光禄、卫尉、太仆、大理、鸿胪、司农、太府等寺。又先后设国子、少府、将作、军器、都水、司天等六监。

元丰改制,各寺都设卿和少卿为正、副长官,各监设监和少监为正、副长官。各寺卿又称"大卿"⑦,各监正长官又称"大监"⑧。

九寺中,太常寺别称"礼寺"⑨、"曲台"⑩、"颂台"⑪。太常卿别称"乐卿"。太常少卿简称"常少"⑫、"少常",别称"奉常"⑬、"少奉常"⑭。太常丞简称"太丞"⑮。太常博士简称"太博"⑯、"常博"⑰。宗正寺简称"宗寺"⑱、"司宗"⑲,别称"麟寺"⑳、"秋宗"㉑,宗正少卿简称"宗

① 王益之:《职源撮要》。
② 《容斋三笔·侍从两制》。
③ 《永乐大典》卷 14046。
④ 《宋会要》职官 73 之 33。
⑤ 任广:《书叙指南·门城管钥》。
⑥ 《事物纪原·子司》。
⑦ 《宋朝事实类苑·太常卿秘书监》。
⑧ 《梅山续稿·寄巩大监》。
⑨ 任广:《书叙指南·公府区宇》。
⑩ 张广:《东窗集·汪勃太常寺主簿制》。
⑪ 刘克庄:《后村先生大全集·虞虑除太常寺簿制》。
⑫ 《曾公遗录》卷 8。
⑬ 《容斋四笔·官称别名》。
⑭ 叶适:《水心文集·薛公墓志铭》。
⑮ 《温国文正司马公文集·答昨城郭太丞书》。
⑯ 杨万里:《诚斋集·江湖集》。
⑰ 《癸辛杂识别集·戴生星术》。
⑱ 许应龙:《东涧集·董槐除宗正簿制》。
⑲ 周麟之:《海陵集·郑知刚除宗正寺簿制》。
⑳ 戴埴:《鼠璞·麟趾》。
㉑ 《职源撮要·宗正卿》。

少^①。大理寺别称"棘寺"、"棘司"、"棘署",大理卿别称"棘卿",大理少卿简称"理少"^②,大理丞别称"棘丞"^③,大理寺主簿简称"理簿"^④,大理评事别称"廷评"^⑤。司农寺别称"大司农"、"大农"^⑥、"扈农"、"农扈"^⑦、"田寺"^⑧。司农卿因管辖仓贮,又别称"走卿"^⑨。司农丞简称"农丞"^⑩。太府寺别称"外府"^⑪、"司府"^⑫,太府卿因管辖场务,别称"忙卿"。光禄卿因管辖祠祭等事,别称"饱卿"。鸿胪卿因掌管周邻族国宾贡等事,别称"睡卿"^⑬。

六监中,国子监别称"成均"(学校也可称此)、"胄监"^⑭。国子监丞别称"胄丞"^⑮。国子博士简称"国博"^⑯。太学博士与太常博士一样,也可简称"太博"^⑰。武学博士简称"武博"^⑱。将作监别称"匠寺"^⑲、"工监"^⑳、"匠监"^㉑。将作监和少监别称"大匠"和"少匠"^㉒或"小匠"^㉓。将作监官员总称"工官"^㉔。军器监简称"军监",别称"戎监"^㉕,又称"武监"^㉖。各监的主簿都简称"监簿"^㉗。

---

①②⑱ 《癸辛杂识别集·余晦》。

③ 《容斋五笔·棘寺棘卿》。

④ 王柏:《鲁斋集·婺州都税院记》。

⑤ 《容斋四笔·官称别名》、《宋会要》职官 73 之 35。

⑥ 朱熹:《朱文公文集·司农寺丞翁君墓碣铭》。

⑦ 《后村先生大全集·谢除司农寺簿制》。

⑧ 《宋史·职官志五》。

⑨ 王得臣:《麈史·谐谑》。

⑩ 刘过:《龙洲集·王农丞舟中》。

⑪ 《永乐大典》卷 14607。

⑫㉗ 《永乐大典》卷 14608。

⑭ 杨简:《慈湖先生遗书》附《年谱》卷 1。

⑮ 《齐东野语·景定彗星》。

⑯ (元)刘埙:《隐居通议·范去非墓志》。

⑰ 洪迈:《夷坚三志·倪太博金带》。

⑲ 蔡襄:《端明集·毕从益将作监主簿制》。

⑳ 王珪:《华阳集·鲁若觊试将作监主簿制》。

㉑ 《癸辛杂识别集·史嵩之起复》。

㉒ 《职源撮要·将作少监》。

㉓ 《容斋四笔·官称别名》。

㉔ 王安石:《王临川集·余涣试将作监主簿制》。

㉕ 《攻媿集·大宗正丞李大性军器少监兼权司封郎官》。

御史台：别称"宪府"①、"宪台"②、"南台"、"兰台"③、"横榻"④、"中台"⑤、"乌台"、"乌府"、"霜台"、"柏台"⑥。御史台的官员总称"台官"，包括其长官御史大夫、御史中丞以及侍御史知杂事、殿中侍御史、监察御史等。御史大夫实际从不委任，而御史中丞才是真正的长官。御史中丞简称"中丞"、"台长"⑦、"台丞"⑧，别称"中宪"⑨、"中执法"⑩、"中司"⑪、"独座"⑫。侍御史知杂事是副长官，简称"知杂御史"⑬，别称"杂端"⑭、"台端"⑮。御史台下设三院：侍御史主管的"台院"，殿中侍御史主管的"殿院"，监察御史主管的"察院"。察院设六名御史，称为"六察"。殿中侍御史别称"副端"。监察御史简称"察官"⑯，别称"豸"⑰。官阶低而入殿中监察御史者，称"御史里行"⑱。御史台主簿简称"台簿"⑲。

谏院：又称"谏垣"⑳。元丰改制，以左、右谏议大夫为谏院的长官。左、右谏议大夫简称"大谏"，别称"大坡"㉑。左、右司谏别称"中谏长"，左、右正言别称"小谏"或"小坡"。"坡"得名于唐代谏议大夫立班的地点，即"含元殿前龙尾道坡陀而高者"㉒。

―――――――――

①⑦⑧⑬⑯　《宋史·职官志二》。
②　《二老堂杂志·宪台》。
③　《职源撮要·御史台》。
④　《攻媿集·侍御史张叔椿权户部侍郎》。
⑤　《宋会要》职官4之22。
⑥　《书叙指南·公府区宇》。
⑨　《容斋四笔·官称别名》。
⑩　《东窗集·李泂御史台主簿制》。
⑪　（清）李赓芸：《炳烛编·中司》。
⑫　王明清：《玉照新志》卷4。
⑭　刘昌诗：《芦浦笔记》卷4、《龙学文集·上安抚张杂端……》。
⑮　《事物纪原·端公》。
⑰　《癸辛杂识别集·郑清之》。
⑱　《宋史·职官志四》、佚名：《李师师外传》。
⑲　《永乐大典》卷14607。
⑳　《攻媿集·侍御史章颖、左司谏黄艾》。
㉑　赵与时：《宾退录》卷9。
㉒　《炳烛编·大坡小坡》、《容斋四笔·官称别名》。

秘书省：主管经籍图书、国史、实录等。设监、少监为正、副长官。秘书省别称"蓬省"①、"麟台"、"芸台"②、"兰台"③、"道山"④。其长官秘书监简称"秘监"⑤，别称"大蓬"；秘书少监简称"秘少"⑥，别称"小蓬"⑦、"少蓬"⑧；秘书丞简称"秘丞"⑨。秘书丞与太常丞、宗正丞总称"三丞"⑩，为从七品官，较七品寺丞高半品⑪。秘书省的属官有著作郎、著作佐郎等。著作郎别称"大著作"、"大著"，著作佐郎别称"小著"⑫。著作郎和著作佐郎总称"二著"⑬。

馆阁：宋代设置史馆、昭文馆、集贤院，加上秘阁，都在崇文院内，合称"馆阁"。馆阁也别称"道山"⑭。还陆续增设龙图、天章、宝文、显谟、徽猷、敷文等阁。馆阁各设大学士、学士、待制等官，也属"侍从官"之列⑮。宰相兼昭文馆大学士、监修国史者为上相，兼监修国史或兼集贤殿大学士者为次相⑯。馆阁还设"直（值）官"，如直昭文馆、直史馆、直集贤院、直秘阁等，都称"馆职"。任馆职者也称"省官"⑰。如资政殿大学士简称"大资政"⑱或"大资"⑲。观文殿大学士简称"大观文"⑳，观文殿学士简称"观学"㉑。端明殿学士简称"端明"。显谟阁学士简称

---

① 《齐东野语·馆阁观画》。
② 《职源撮要·秘书监、秘书省》。
③ 《宋会要》职官18之6。
④ 《攻媿集·监察御史并卿监等转官定词》。
⑤ 王明清：《挥麈录·冯京作主文，取张芸叟置优等》。
⑥⑲ 《宋史·职官志二》。
⑦ 《癸辛杂识前集·荐杨诚斋》。
⑧⑰ 《老学庵笔记》卷4。
⑨ 《温国文正司马公文集·答眻城郭太丞书》。
⑩ 叶梦得：《避暑录话》卷下。
⑪ 《宋史·职官志八》。
⑫ 范仲淹：《范文正公集·蔡齐墓志铭》。
⑬ 刘克庄：《玉牒初草·宁宗皇帝》。
⑭ 张嵲：《紫微集·谢馆职上赵相公启》、佚名：《道山清话》。
⑮ 徐度：《却扫编》卷上。
⑯ 《职官分纪·宰相》。
⑱ 晁补之：《鸡肋集·祭大资政李公文》。
⑳ 《旧闻证误》卷2。
㉑ 梁克家：《淳熙三山志·官秩类四》。

"显学"①。显谟阁直学士与徽猷阁直学士等都称"阁学"②。徽宗时设宣和殿大学士,照例简称"大宣",当时崇尚道教,人们讹为"大仙",传为笑谈,乃改称"大学士"③。据方勺《泊宅编》、高承《事物纪原》等书记载,龙图阁学士简称"龙学"、"龙阁"④,别称"老龙"⑤;龙图阁直学士也可简称"龙学"⑥、"直龙",别称"大龙"⑦;龙图阁待制简称"龙制",别称"小龙";直龙图阁简称"直龙",别称"假龙"。任直龙图阁而至死者,称为"死龙"⑧。集贤殿修撰俗称"热撰",秘阁修撰俗称"冷撰"⑨。天章阁待制简称"天制",枢密直学士简称"枢直"⑩或"密学"⑪、"密直"⑫。馆职如由其他官员按照资格兼领,实际不治馆事,仅为荣誉衔而成为虚职,称为"贴职",也称"带馆职"⑬。

另外,还有"翰林侍读学士"和"翰林侍讲学士",实际不属学士院,而是皇帝左右的经筵官。简称"侍读"和"侍讲",总称"二侍"⑭。官资卑浅者,称为"崇政殿说书",简称"说书"⑮。总称"讲读官"⑯。

龙图阁、观文殿等学士和待制,序班在西,所以又名"西班学士"或"西班"⑰。

宋代还设登闻检院、登闻鼓院(属门下省)、诸司诸军粮料院、诸司诸军审计院(原属三司,元丰后属太府寺)、官告院(属尚书省吏部)、都

————————————

①　梁克家:《淳熙三山志·官秩类四》。

②③⑥　《避暑录话》卷上。

④　范成大:《范石湖集·龙学尚书新安侯罗公辂词二首》。

⑤　王得臣:《麈史·谐谑》作"大龙"。

⑦　《麈史·谐谑》作"小龙"。

⑧　《麈史·谐谑》。

⑨　《宾退录》卷2。

⑩　《事物纪原·天制枢直》。

⑪　《鸡肋集·祭大资政李公文》。

⑫　郑克:《折狱龟鉴·陈述古》。

⑬　《朝野类要·贴职》。

⑭　《事物纪原·二侍》。

⑮　《宋史·职官志二》。

⑯　《宋会要》职官9之70。

⑰　祝穆:《事文类聚·遗集·首官部遗·总待制》,《宋会要》职官7之9。

进奏院（属门下省），南宋时称为"六院"①。登闻检院简称"检院"，登闻鼓院简称"鼓院"②，真宗时以升朝官为其长官，始称为"判院"③。粮料院简称"料院"④，都进奏院简称"奏院"。另设榷货务都茶场、杂买务杂卖场、文思院、左藏东西库，各置提辖官一员，总称"四辖"⑤。提辖官简称"提辖"⑥。

二、地方官署和官职

宋代地方实行路（宋初称"道"）、州府军监、县三级建制。路在宋初是监察区域，但后来逐渐向行政区域转变，南宋中期出现了"行省"（指宣抚使司）⑦一词，到南宋后期路则基本成为地方最高一级的行政区域。州、府、军、监为第二级行政区域，府的地位最高，顺次是州、军、监。

路级官署：有转运使司、提点刑狱司、提举常平司和安抚使司以及其他一些特殊的官署。转运使司简称"漕司"、"漕台"。转运使简称"运使"⑧，别称"外计"⑨、"计使"⑩。转运副使简称"运副"，转运判官简称"运判"⑪。掌管两路以上的转运使称"都转运使"，简称"都运"或"都漕"⑫。提点刑狱司，简称"提刑司"，又与御史台一样别称"宪台"⑬，又别称"宪司"、"臬司"⑭。提刑司的长官是"提点某路诸州军刑

① 李心传：《建炎以来朝野杂记甲集·六院官》。
②④ 《宋史·职官志一》。
③ 王栐：《燕翼诒谋录·置登闻检鼓院》。
⑤ 《朝野类要·四辖》。
⑥ 《宋会要》职官27之50。
⑦ 见陆游：《剑南诗稿·夜观秦蜀地图》。
⑧ 洪适：《盘洲文集·贺钱运使到任启》。
⑨ 杨杰：《无为集·沈立神道碑》。
⑩ 《癸辛杂识前集·闽鄞二庙》。
⑪ 《事物纪原·运副、运判》。
⑫ 《宋史·职官志七》。
⑬ 《二老堂杂志·宪台》。
⑭ 宋慈：《洗斋录序》。

狱公事"，简称"提刑"；如由武臣充任"同提点刑狱"，简称"武宪"①。提举常平等司，总称"提举司"，其长官总称"提举官"。提举常平司，别称"仓司"、"庾司"②，其长官称"提举某路常平"，简称"常平使者"、"常平官"③。提举茶盐司，简称"茶盐司"，其长官称"提举某路茶盐"，简称"提盐"④。提举学事司，简称"学事司"、"学司"⑤，其长官为"提举某路学事"⑥，简称"提学"⑦。另外，有些路还设置提举市舶司、提举坑冶铸钱司等，简称"市舶司"⑧、"坑冶铸钱司"⑨。漕司、宪司和仓司总称一路的"监司"，作为皇帝的"耳目之寄"，号称"外台"⑩。监司又可称"监职"或"部刺史"⑪。漕、宪、仓以外诸司，如市舶司、坑冶铸钱司等，称为"杂监司"⑫。安抚使司，别称"帅司"，安抚使别称"帅臣"⑬。

　　除帅司和监司以外，路级还设置一些特殊官署。如制置使司，简称"制司"，别称"制阃"⑭。其长官制置使，简称"制臣"或"制使"⑮。发运使司，简称"发运司"，其长官发运使，简称"发运"⑯。总管数路的发运使称"某某等路都大发运使"，别称"大漕"⑰。发运副使简称"发副"⑱。总领某路财赋军马钱粮所，简称"总司"⑲、"总所"，别称"饷

①③⑰　《宋史·职官志七》。
②　（清）钱大昕：《十驾斋养新录·庾司》。
④　王洋：《东牟集》卷7。
⑤　《夷坚支戊·五台文殊》。
⑥　《宋会要》崇儒2之16、选举20之2。
⑦　《容斋三笔·蔡京除吏》。
⑧　《萍洲可谈》卷2。
⑨　《宋会要》职官43之148。
⑩　蔡戡：《定斋集·乞选择监司奏状》。
⑪　葛胜仲：《丹阳集·上监职书》；毕仲询：《幕府燕闲录·今无其官》。
⑫　《宋史·职官志一》。
⑬　《宋会要》职官41之116。
⑭　黄震：《古今纪要逸编》。
⑮　《宋史·李全传上》。
⑯　龚明之：《中吴纪闻·卢发运》。
⑱　《事物纪原·发副》。
⑲　《山堂先生群书考索续集·官制门》。

所"、"饷司"①。其长官称"总领某路财赋",简称"总领"②。

路级官署的官属,有参议官、参谋官、干办公事、指使、准备差遣、准备差使、主管机宜文字、主管书写机宜文字等。如安抚司干办公事简称"抚干",转运司干办公事简称"运干",提刑司干办公事简称"提干",提举茶盐司干办公事简称"盐干"③,总领所干办公事简称"总干",制置司主管机宜文字简称"制机",安抚司主管机宜文字简称"帅机",安抚司准备差遣简称"帅准"④,转运司准备差遣简称"漕司准遣",安抚司参谋官简称"抚参"⑤。主管机宜文字也可简称"主字"⑥或"机宜"⑦。

州级官署:北宋都城开封府和南宋都城临安府,其长官是牧、尹,委派亲王充任,称"判南衙"⑧。实际并不常设,而另派"权知府"一人为长官。凡任权开封府知府或临安府知府者,称"尹天府"⑨;任临安府通判者,称"倅天府"⑩。

各州的长官,称"权知某州军州事",简称"知州",别称"牧"⑪、"郡太守"、"郡守"、"专城"、"五马"⑫、"郡寄"⑬、"紫马"⑭、"州将"、"明府"、"府君"、"明使君"⑮。官品高而带中书、枢密院等职事者,称"判某州"⑯。另设"通判州军事",与知州同领州事,简称"通判",俗称

①　《十驾斋养新录·四总领》。

②⑯　《宋史·职官志七》。

③　赵必璩:《覆瓿集·行状》。

④　《十驾斋养新录·官名俗省》。

⑤　《齐东野语·景定行公田》。

⑥　《癸辛杂识别集·戴生星术》。

⑦　王十朋:《梅溪王先生文集后集·送黄机宜》。

⑧　陶穀:《清异录·官志》。

⑨　岳柯:《桯史·机心不自觉》。

⑩　《宋会要》职官73之30。

⑪　文同:《丹渊集·汉牧先状》。

⑫　《老学庵笔记》卷3。

⑬　《宋会要》职官47之21、46、52。

⑭　王益之:《职源撮要·太守、郡守》。

⑮　《书叙指南·称呼名谓》。

"倅"、"倅贰",别称"监州"①、"半刺"②、"从事"③。添差通判俗称"添倅"④。知州和通判总称"知、通"。

各州下设各"曹官"的官署。录事参军厅:其长官为"录事参军"(府级设"司录参军事",简称"司录"),简称"录事"⑤、"录参"⑥。官稍大而任录事者,称"知录事参军",简称"知录"⑦。徽宗时,录事参军曾改称"士曹"。录事参军主管本州的牢狱之一"州院"(府级称"府院",军级称"军院"),并纠察各曹官的违失⑧。司户厅:其长官为司户参军,简称"司户",徽宗时曾改称"户曹"。司法厅:其长官为司法参军,简称"司法",别称"法掾"⑨。司理厅或司理院:其长官为司理参军,宋初称"司寇参军",后改此名,简称"司理",别称"理掾"⑩。徽宗时曾改称"仪曹"⑪。

各州还下设幕职官的官署。幕职官简称"职官"⑫,别称"宾佐"、"幕客"⑬。签署(书)判官公事厅:简称"都厅",徽宗宣和三年(1121年)改称"签判厅"⑭或"签厅"⑮。其长官为"签书判官公事"(节度州即称"签书节度判官公事"),简称"签判"。徽宗时曾改称"司录"⑯。节度、观察或军事判官厅:简称"判官厅",其长官为"节度判官",简称"节判","观察判官"简称"察判"⑰,军事判官简称"军判"⑱。节度、观

① 《书叙指南》卷2,许景衡:《横塘集·奏罢辟张恕等为诸州通判札子》。
② 《永乐大典》卷7325,《宋会要》职官47之52、53。
③ 真德秀:《真西山文集·朝奉大夫、赐紫金鱼袋致仕滕公墓志铭》。
④ 《宋史·职官志一》。
⑤ 《职官分纪·总州牧》。
⑥ (明)周瑛等:《兴化府志·叙官》。
⑦ 《朱子语类·论官》。
⑧ 《淳熙三山志·曹官厅》。
⑨ 《范文正公集·胡令仪墓志铭》。
⑩ 杨简:《慈湖先生遗书·杨简行状》。
⑪ 《燕翼诒谋录·置司理参军》。
⑫ 《宋史·洪遵传》。
⑬ 《水心文集·黄度墓志铭》。
⑭ 谈钥:《嘉泰吴兴志·公廨·州治》。
⑮ 《永乐大典》卷2789,卢宪:《嘉定镇江志·金厅》。
⑯ 《宋史·职官志七》。
⑰ 《朝野类要·幕职》。
⑱ 《事物纪原·军判》。

察或军事推官厅：简称"节推厅"、"察推厅"①或"推官厅"，其长官为
"节度推官"，简称"节推"②，"观察推官"简称"察推"③、"军事推官"简
称"推官"④。凡推官也可简称"推"⑤。节度掌书记厅：简称"书记厅"，
其长官为"节度掌书记"，无出身者则称"观察支使"⑥，简称"书记"、
"支使"⑦。教授厅：州学设教授，作为学官，不属幕职官。教授可至州
衙厅前上下马，故称"上马官"⑧。所有学官为"缓慢优闲之职"，号称
"冷官"⑨。在都城的府学任教官，则称"京教"⑩。在诸王宫任大、小学
教授者，也简称"宫教"⑪。

　　驻泊兵马都监厅、兵马都监厅和兵马监押厅：简称"驻泊厅"、"都
监厅"和"监押厅"。其长官为"驻泊兵马都监"、"兵马都监"和"兵马
监押"，分别简称"驻泊"、"都监"和"监押"⑫。

　　县级官署：其长官是知县事或县令。差京、朝官任职者称为"知县
事"，简称"知县"；差选人任职者称为县"令"。知县和县令都称"作邑
人"⑬，别称"明府"⑭、"明大夫"、"明廷"⑮。选人初次改为京朝官，必
须先任知县，称为"须入"⑯。县丞，差京朝官任职者称为"知县丞"⑰，
简称"知丞"⑱。县丞别称"赞府"⑲。尉司：其长官为"县尉"。县尉别

————————————

① 《淳熙三山志·职官厅》。
② 曾巩：《元丰类稿·季节推亭子》。
③ 《朝野类要·幕职》。
④ 《永乐大典》卷 2789。
⑤ 陆九渊：《象山先生全集·与赵推》。
⑥ 《嘉泰吴兴志·州治》。
⑦ 《事物纪原·书记、支使》。
⑧ 《朝野类要·上马官》。
⑨ 《朝野类要·冷官》。
⑩ 《癸辛杂识别集·黄国》。
⑪ 《事物纪原·宫教》。
⑫ 《淳熙三山志·都监监押厅、州司武官》。
⑬ 《宋会要》职官 47 之 50。
⑭ 徐绩：《节孝集·送吕明府》；《容斋随笔·赞公、少公》。
⑮ 《书叙指南·称呼名谓》。
⑯ 《宋史·职官志七》。
⑰ 《兴化府志·叙官》。
⑱ 《朝野类要·知丞》。
⑲ 《桐江集·汪斗山识悔吟稿序》、《容斋随笔·赞府少公》。

称"少府"①、"户尉"②、"仙尉"③。

　　幕职州县官中的节度掌书记、观察支使、防御判官和团练判官,总称"支、掌、防、团判官",录事参军和县令总称"令、录",知司录参军、知录事参军、县丞或试衔知县总称"知令、录",三京军巡判官、司理参军、司法参军、司户参军、主簿和县尉总称"判、司、簿、尉"④。

三、阶　官

　　北宋前期,利用唐代的一些职事官名称组成官阶,借以决定官员的品秩、俸禄、叙迁等,当时称为"官"或"本官"、"正官",也称为"阶官"或"寄禄官"。如使相、左右仆射、六部尚书、侍郎、大夫、郎中、员外郎、卿、少卿等,并不担任与官名相应的职务。文臣按本官阶划分成三大类,即升朝官、京官和选人。从上而下,自使相、左右仆射至太子中允、赞善大夫、中舍、洗马,为升朝官;自著作佐郎、大理寺丞至秘书省校书郎。正字,将作监主簿,为京官;自留守判官、三京府判官至主簿、县尉,为选人。这些官名的简称和别称大致如同前述。其中值得注意的是,太子赞善大夫简称"赞善"⑤,太子中舍简称"中舍"⑥,"中舍"与中书舍人无关。元丰官制改革,"以阶易官",主要用"大夫"和"郎"作为阶官,从上而下,自开府仪同三司、特进、金紫光禄大夫、银青光禄大夫、光禄大夫至承议郎、奉议郎、通直郎为升朝官,自宣德郎(政和间改称宣教郎)、宣义郎至承务郎为京官。徽宗崇宁二年(1103年)和政和六年(1116年),又进一步改革选人的官阶,规定自承直郎至迪功郎为选人。

---

①　《容斋随笔·赞府少公》。
②　《云麓漫钞》卷5。
③　周辉:《清波别志》卷中。
④　《宋史·职官志十》。
⑤　《丹渊集·谢三泉知县赞善》。
⑥　《容斋三笔·中舍》。

开府仪同三司简称"开府"①,金紫光禄大夫、银青光禄大夫简称"金紫"和"银青"②,以下自光禄大夫、宣奉大夫至承直郎,都摘取前两字而省去"大夫"或"郎"字作为简称。其中"中大夫"则例外地简称"中大"③。京官和选人都以"郎"为阶官,其简称即省去"郎"字,如通直郎简称"通直"④,宣教郎简称"宣教",修职郎简称"修职"⑤。

　　武臣的本官,在宋徽宗政和二年以前,分成横班,诸司使和使臣三大类。从上而下,自内客省使、客省使至东西上阁门使,称为"横班"。横班中分正使和副使,带"副"字者便为副使。自皇城使、宫苑使至礼宾使、供备库使,称为"诸司使";自皇城副使、宫苑副使至礼宾副使、供备库副使,称为"诸司副使"。诸司使和诸司副使又各分为"东班"和西"班",自皇城使至翰林医官使称为"东班",自宫苑使至供备库使称为"西班"。自内殿承制至三班借职,称为"使臣",其中内殿承制、内殿崇班称为"大使臣",自东头供奉官至三班借职称为"小使臣"⑥。这些官名的简称不太复杂,如三班奉职简称"奉职"⑦,左、右班殿直简称"殿直"⑧,左、右侍禁简称"侍禁"⑨,东、西头供奉官简称"供奉官"⑩,内殿崇班简称"崇班"⑪,左、右骐骥正使和副使简称"骐骥"⑫,等等。这些简称不分左右,不辨正副,容易引起混乱。徽宗政和二年进一步改革官制,用"大夫"和"郎"代替原有的阶官。这些新的阶官在简称时,一般省去"大夫"和"郎"字,但也带来了一些混乱,如"武功大夫"和"武功郎"都简称"武功",便不易搞清其真正的官阶高低。

① 刘过:《龙洲集·代上韩开府》。
② 《曾公遗录》卷7。
③ 《避暑录话》卷上。
④ 《攻媿集·石通直挽词》。
⑤ 《陈与义集·黄修职雨中送芍药五枝》。
⑥ 《宋史·职官志九》。
⑦ 《李觏集·送杜奉职》。
⑧ 《李觏集·送候殿直之官吉州》。
⑨ 《李觏集·赠韩侍禁》。
⑩ 《宋史·职官志十一》。
⑪ 《王临川集·崇班胡珙等改官制》。
⑫ 《温国文正司马公文集·苏骐骥墓碣铭序》。

宋代还以节度使和观察使为"两使"。节度使有时称"节钺"①。又以节度观察留后（后改为丞宣使）、观察使、防御使、团练使、刺史等不带阶官者称为"正任"，以带阶官而兼领他官者则称为"遥郡"②。承宣、观察、防御、团练等正使，简称时一般省去"使"字。遥郡观察使、防御使、团练使、刺史，简称"遥察"、"遥防"、"遥团"、"遥刺"③。其中遥郡防御使，未立军功，不准"落阶官"，俗称"秃头防御"④。

宋代在相当长的时间里，还将阶官分为左、右，有出身者称"左"，无出身者称"右"，犯赃罪者除去左、右字⑤。凡阶官前带"左"字者，如"左迪功郎"，因"左"字像"右"字开口，所以别称"开口官"⑥。

（本文刊载于《上海师范大学学报》1985 年第 4 期。
本文的第一部分，曾以《宋代官署、官职简介》为题，
刊载于《文史杂志》1985 年第 1 期）

———————

① 《老学庵笔记》卷 3。
② 《庆元条法事类·官品杂压》。
③ 《曾公遗录》卷 8；苏辙：《栾城集·皇兄令羽磨勘转遥团》。
④ 叶绍翁：《四朝闻见录》丙集《秃头防御》。
⑤ 叶置：《坦斋笔衡》。
⑥ 《朝野类要·开口官》。

官僚政治制度的产物

——复杂多变的宋朝官制（一）

宋代职官制度颇为复杂。它虽然在形式上承袭了唐代后期和五代后周的旧制，实际上陆续作了一些重要的改革。从宋太祖开始，用设官分职、分割各级长官事权的办法，削弱了各级长官的权力，将权力集中于皇帝一身，加强了封建专制主义中央集权的政治统治。本文首先介绍宋代职官制度的几个重要特点。

一、官、差遣和职

宋代官制的第一个特点，是官员的官称和实际职务基本分离。唐代则天后广招人才，派往各地去"试官"，称为"差遣"。此后，只是局部的临时性措施，到宋代则形成一种制度。在宋太祖、太宗统一各国的过程中，留用了大批各国旧官员，使这批官员保持官位，领取俸禄，但不使掌握实权，只对其中的可靠者安排一些实际职务。对于宗室、外戚、勋旧，也仅授予高官，优加俸禄，而不给实职。真宗时，便把这些措施加以制度化。按照这一制度，一般官员都有"官"和"差遣"两个头衔，有的官员还加有"职"的头衔。

（一）官：指正官或本官。宋初利用唐代的三省六部等官名组成官阶，如左、右仆射，六部尚书、侍郎，大夫、郎中、员外郎，卿、少卿等，在成为官阶的名称后，失去了原有的意义，变成了官阶的一个资级，不再担任跟官名相应的职务。这些官名只用以定品秩、俸禄、章服和序迁,因此称为正官或本官,又称"阶官"或"寄禄官"。其中有文资、武阶的区别。

(二)差遣:指官员担任的实际职务。又称"职事官"。差遣名称中常带有判、知、权、直、试、管勾、提举、提点、签书、监等字。如知县、参知政事、知制诰、直秘阁、判祠部事、提点刑狱公事等。也有一些差遣名称并不带有上述各字,如县令、安抚使等。官阶按年资升迁,即使不担任差遣,也可依阶领取俸禄,而差遣则根据朝廷的需要和官员的才能,进行调动和升降。所以,真正决定官员实权的不是官阶,而是差遣。当时士大夫"以差遣要剧为贵途,而不以阶、勋、爵邑有无为轻重"。

(三)职:一般指三馆(昭文馆、史馆、集贤院)和秘阁中的官职,如大学士、学士、待制等,是授予较高级文臣的清高的头衔,并非实有所掌。宋神宗元丰三年(1080年)官制改革,撤销馆职,另设秘书省职事官,自秘书监臣、著作郎以下,都称馆职。其他文臣兼带馆职,武臣带阁门宣赞舍人,则称"贴职"。由于官场中有时也称各种差遣为职,因此常以"职名"来称呼帖职,以示区别。

北宋前期官称和实际职务分离的制度,是当时政治制度发展的必然结果。统治者据此可提拔官阶较低而有才能的官员担任要职,也可撤换无能的官员到闲职,这有利于统治者掌握用人大权,又有利于提高各级官府的行政效能。应该说,这是一种进步的措施。但是,历时稍久,官称和实际的分离,使朝廷内外大批官员无所事事。三省六部二十四司名义上都有正式官员。正如《宋史·职官志》序说:"事之所寄,十亡二三。"仆射、尚书、丞、郎、员外,"居其官不知其职者,十常八九"。这样,各级官府层次重复,叠床架屋,官僚机构变得空前庞大。后来,神宗以《唐六典》为蓝图,设置各级官衙,规定官员的编制和职权、官阶。新制定并省了一些机构,撤销了一些徒有空名的官称,使中央文官的官称和实职一致,采用旧文散官的名称重新编制成二十五阶,依此来定俸禄,减少官员等级,改为九品正、从共十八阶。哲宗时,因官阶减少,官员升迁过速,且易混杂,乃将寄禄官分为左、右,进士出身者加左,其他出身者加右。徽宗时,改定选人的寄禄官为承直郎等七阶,使与京朝官的寄禄官相混一。同时,又增设升朝官。这样,文臣的寄禄官共三十七阶。

二、选人、京朝官和使臣、诸司使等

宋代官制的另一个特点,是文官按官阶分为选人、京朝官和升朝官三等,武官按官阶分为使臣、诸司使、横班三等。

文官:(一)选人——一般又称幕职州县官,是低级文臣阶官和地方官的总称。选人的寄禄官最初有四等七阶二十六种,其官品为从八品和从九品。其中从签书判官厅公事到军、监判官为幕职官,协助府、州长官处理政务,分案治事;从州录事参军到县尉为州县官,分掌州、县事务。选人的阶官和职官比较丛杂,常有以京西路某县令为阶官而实际任河北路转运司勾当公事,或以陕西路某军节度判官而实际任河东某州州学教授者。选人须经磨勘(考核)和一定员数的举主推荐,根据本人有无出身和达到规定的考数(任职满一年为一考),才能升京、朝官。选人改为京、朝官,初任必须担任知县。神宗官制改革,未能整顿选人的官阶。徽宗崇宁间(1102—1106年),将选人七阶改为承直郎、儒林郎、文林郎、从事郎、通仕郎、登仕郎、将仕郎。政和间(1111—1118年),又将通仕郎改为从政郎,登仕郎改为修职郎,将仕郎改为迪功郎。南宋时沿袭此制。

(二)京官——唐代从宰相而下在京师做官者,都称"京官"。其中常能朝见皇帝者称"常参官",此外称"未常参官"。宋代京官的含义出现变化,仅指与选人品级相近而在京任职、又不常参的低级文官,实际类似唐代的未常参官。京官的寄禄官,北宋前期有秘书省著作佐郎、大理寺丞以下到秘书省校书郎、正字、将作监主簿等。神宗改制,自下而上有承务郎、承奉郎、承事郎、宣义郎、宣德郎(徽宗政和间改称宣教郎）等五阶,其官品从九品、正九品和从八品。宋初由吏部主管京官注授差遣事宜,太宗时设差遣院,跟升朝官一起,由差遣院委派差遣。神宗官制改革,废除京官之名,规定在法律上和一般公文中都称"承务郎以上",不过社会上士大夫们仍旧沿袭旧称京官。

（三）升朝官——唐代常参官到宋代称"升朝官",是可以朝见皇帝和参加宴坐的中、高级官员的总称。北宋前期,文臣自太子中允,武臣自内殿崇班以上为升朝官。神宗改制,文臣自通直郎到开府仪同三司,武臣自修武郎到太尉,为升朝官。又改侍从官以上官员每天赴垂拱殿朝见,称为"常参（日参）官";朝廷各司的朝官以上官员,每五天一次赴紫宸殿朝见,称为"六参官";在京的朝官以上官员,每逢朔（初一）、望（十五日）赴紫宸殿朝见,称为"朔参（两参或月参）官"。

武官:武官也按官阶分成横班、诸司使、使臣共三等。

（一）使臣——宋初武官处以"三班"者,称"祗应官",有左、右供奉班。太宗时因资品少,又陆续创设三班借职、三班奉职（原殿前承旨）、左右班殿直、左右侍禁、东西头供奉官,称"小使臣";内殿崇班、内殿承制以及阁门祗候称"大使臣"。大、小使臣都有三班院统辖。徽宗政和二年（1112 年）其他武官都改称"大夫"或"郎",唯独使臣依旧不改。高宗时重定武阶,其中小使臣八阶,大使臣两阶。

（二）诸司使——宋初承后唐之制,在三班之上,设诸司使、副,当时尚有正官担任实职,但后来逐步变成阶官。自皇城使至拱备库使,共四十使,是诸司正使;其副是诸司副使。诸司使和副使又各分为"东班"和"西班"。自皇城使至翰林医官使共二十使为东班,自宫苑使至备库使共二十使为西班。东班和西班因朝参时班位的排列方向而得名。诸司使副到徽宗政和二年,改用新名,凡正使称"大夫",副使称"郎"。其中东班只保留武功大夫一阶,副使称武德郎;西班合并为七阶,即武德、武显、武节、武略、武经、武义、武翼等大夫或郎。东西班官都是正七品。

（三）横班——比诸司使更高的武阶是横班,又称横行。也分正、副使,正使是内客省使、客省使、引进使、四方馆使、东上阁门使、西上阁门使;副使是客省副使、引进副使、东上阁门副使、西上阁门副使;共十阶。朝参时位在东班前,形成横行。徽宗时,改正使为大夫,副使为郎,共十二阶。后又增设宣正等大夫、郎十阶。总计原有的官阶,共二十五阶。正使为正五品到正六品,副使为从七品官。武官还有一种"阁职",类似文官中的馆职,被人们视为"有列清选"。有阁门祗候,东、西上阁门通事舍人,东、西上阁门使等。徽宗时,改通事舍人为宣赞舍人。凡书阁门之职,都称为"阁职"。此外,宋代以节度使和观察使为"两使",以节度观察留后(承宣使)、观察使、防御使、团练使、刺史等不带阶言者为"正使",而以带阶官即兼领他官者为"遥郡"。遥郡的地位比正任低,但俸禄相同。高宗初年,武将张俊曾任"拱卫大夫、徐州观察使、带御器械、御营司使前军统制",因其带拱卫大夫阶官而任徐州观察使,故属遥郡之列。此时由于"平贼"有功,赏其"落阶官",转为正任。两使和正任实际是武官的另一种官阶。

三、权、行、守、试

宋代官制的第三个特点,是官员的寄禄官名称前大都加上"权"或"行"、"守"、"试"等字,以表示职事官与寄禄官的关系。凡除授职事官,都依寄禄官阶的高低,在寄禄官前加这些字。其中侍郎、尚书初次任职,必定担任"权"官,亦即有一定的试用期,然后升为真官,再正式冠以试或守、行字。神宗官制改革,规定分行、试、守三等:凡官员的寄禄官高于职事官一品者,带行字;寄禄官低于职事官一品者,带守字;寄禄官低于职事官二品以上者,带试字。哲宗时规定,已任正官者,都改试为守。徽宗时,扩大到选人在京职事官,都依品阶带行、守、试,外任者一律不带。职事官相同而寄禄官前行、守、试字不同的官员之间,职钱也有一些差别。如御史大夫和六曹尚书,"行"者每月职钱六十贯,"守"者五十贯,"试"者五十贯。职事官跟寄禄官相当的官员,则不称行、守、试,其职钱按"行"者发给。

四、爵、食封和食实封

宋代官制的第四个特点,是一部分附加性官衔失去了实际意义,几乎变成了单纯的虚衔。宋代的附加性官衔中仍旧保留爵和食封、食实封,但跟唐代又不同。爵增为十二级,为王、嗣王、郡王、国公、郡公、开国公、开国郡公、开国县公、开国侯、开国伯、开国子、开国男。凡封爵都有食邑。食邑从一万户到两百户共分十四等。食邑仍是虚数,食实封才有一点好处。朝廷封邑诰命常将食邑和实封并列。食实封从一千户到一百户共分七等。实封数约为虚数的十分之四。食邑还不限于封爵,凡宰相、亲王、枢密使、三司使、殿阁学士以至侍郎、卿、监等文武大臣,或位臻将相,都赐食邑。食邑增加到一定数量,则可循资封公封侯。食实封者,按实封一户,每日计钱二十五文,随月俸向官府领取。

五、结　　衔

宋代官制的第五个特点,是官员的官衔颇为复杂,在神宗改制前更是如此。北宋前期,沿袭晚唐五代馀习,每名官员都有一连串的官衔,由寄禄官阶、散官阶、差遣、封爵、食邑等按规定的顺序组合而成,称"结衔",越是高官,衔头越多,结衔越长。结衔具体体现了宋代的官制,为了使读者有所了解,试举几例剖析:

(一) 宋真宗天禧五年(1021年),朱某的系衔为"两浙路提点刑狱、劝农使、朝奉大夫、行尚书度支员外郎、护军、借紫"。其中"两浙路提点刑狱"是朱某的差遣,即实际职务。"劝农使"是兼职,路、州级长官都要兼劝农使、副使或劝农事。"朝奉大夫"是文官的散阶,又称文散官。朝奉大夫的官品为正五品下。"行尚书度支员外郎"是本官阶即寄禄官阶。"护军"是勋的第四级。宋代依官品定勋,有上柱国、柱国、上护军等十二级。"借紫"是服色的一种。宋代寄禄官四品以上才能穿紫色公服，朱某为正五品下，而朝廷特赐服紫，所以在衔内称"借紫"。

（二）《资治通鉴》第一卷司马光署名的系衔为"朝散大夫、右谏议大夫、权御史中丞、充理检使、上护军、赐紫金鱼袋。"其中"朝散大夫"是文散阶，属从五品下。"右谏议大夫"是寄禄官阶。"权御史中丞"是差遣。御史中丞原为从三品官，而司马光的官品仅至从五品下，说明品阶不够高。按规定，凡御史中丞而"官未至者，皆除右谏议大夫权"。"理检使"是御史中丞的一种兼职。"上护军"是勋的第三级。"赐紫金鱼袋"是赐的第五等。宋代的赐有赐剑履上殿、诏书不名共六等。

朱某和司马光的上述结衔反映了神宗改制前的情况。

（三）宋理宗开庆元年（1259年），吴潜的系衔为"观文殿大学士、银青光禄大夫、沿海制置大使、判庆元府事兼管内劝农使、金陵郡开国公、食邑五千九百户、食实封一千七百户。"其中"观文殿大学士"是一种附加性的官衔，即帖职。"银青光禄大夫"是文官阶，属从二品官。"沿海制置大使、判庆元府事兼管内劝农使"是差遣。南宋在庆元府（即明州，治今浙江宁波）设沿海制置司，由庆元府长官兼任制置使；同时，宋制以宰相、三公、三少等出镇，概称"判"某"军府事"，吴潜曾任右丞相兼枢密使，故称"判庆元府事"，而不称"知庆元府"。"金陵郡开国公"是爵的第六等。"食邑五千九百户、食实封一千七百户"是所封户数。

（本文刊载于《文史知识》1986年第1期）

官僚政治制度的产物
——复杂多变的宋朝官制（二）

　　跟封建时代的其他王朝一样，宋代的政府机构也分为中央和地方两个系统。中央政府又可分为中枢部门和一般中央机构两大类。本篇叙述中枢部门的各个机构。

一、中书门下

　　宋沿唐代后期之制，设置中书门下，作为宋朝中枢部门的首脑官署和正副宰相集体处理政事的最高行政机构。中书门下简称"中书"。其办公厅设在宫中，称"政事堂"，别称"都堂"。

　　北宋前期，中书门下的长官为正宰相，称"同中书门下平章事"，简称"同平章事"。宰相的地位和职权是"佐天子，总百官，平庶政，事无不统"①。宰相一般每天要到中书门下值日办公。遇有国家大政，在议定后，奏告皇帝。印文为"中书门下"，如有两员以上宰相，则轮流值日掌印。副宰相称"参知政事"。太祖留用后周宰相范质、王溥、魏仁浦三人为相。乾德二年（964年），范质等人请退，乃独用赵普为门下侍郎、平章事。当时并不认为赵普是真正的宰相，有的官员提出宰相不可虚位，要求让尚书省长官署敕。但又有官员反对，提出皇弟赵光义现任

---

① 《宋史·职官一》。

开封府尹、同平章事，便是宰相之任。太祖赞同后者的意见①。这时，加官至平章事或国平章事者有多人，但都不参与政事。因此，实际上是赵普独专相权。三个月后，太祖想给赵普设置一个副职，但一时不知用什么名称合适，便问翰林学士承旨陶谷："下丞相一等者何官？"陶谷答道："唐朝有参知机务、参知政事。"于是以薛居正和吕余庆为副相，称"参知政事"②。最初，参知政事不宣制，朝参时不押班，不得登政事堂，不掌印，俸给比宰相少一半。显然，这时太祖并不想让薛居正等跟赵普平起平坐。开宝六年（973年），太祖怀疑赵普专权不法，为了分散其事权，才准许薛居正等登政事堂，跟赵普同议政事。不久，又命令与正宰相轮班拿印，并准许押班奏事③，从此成为定制。参知政事与正宰相在职位上的差别就此基本消失。参知政事的设置，分散了正宰相的事权，形成了对正宰相的有力牵制；同时，也给正宰相提供了好的助手，是一桩有百利而无一弊的措施。政事堂后称"制敕院"，分设五房办事，其官员称"堂后官"，宋初开始任用士人④。

中书门下的长官的编制不固定，大致同中书门下平章事和参知政事同时不超过五人。或三相一参，或三相而无一参。太宗以后，以三相二参或二相二参居多⑤。

从神宗时期开始，宋代宰相制度出现了四次变化。第一次是元丰改制，撤销中书门下，恢复唐初三省制度，置三省长官——尚书令、中书令和侍中。不过，这三个官位只是虚设，从不授人。又仿照唐制，用尚书左仆射、右仆射代行尚书令的职权，再用尚书左仆射兼门下侍郎，代行侍中的职权，尚书右仆射兼中书侍郎，代行中书令的职权，他们是正宰相。又增设四名副宰相：门下侍郎、中书侍郎、尚书左丞、尚书右丞。撤销了参知政事这一官职⑥。第二次是徽宗政和间，蔡京任宰相，自称

---

①② 《续资治通鉴长编》卷5。

③④ 《续资治通鉴长编》卷14。

⑤　洪迈：《容斋三笔》卷1《宰相参政员数》。

⑥　《宋史·职官一》。

"太师",总领门下、中书、尚书三省之事,改尚书左、右仆射为"太宰"、"少宰",由太宰兼门下侍郎、少宰兼中书侍郎①。钦宗靖康间(1126—1127年),又废除太宰和少宰,改为尚书左仆射和右仆射。第三次是南宋高宗建炎三年(1129年),正式以左仆射和右仆射兼同中书门下平章事,为正宰相;又将门下侍郎和中书侍郎改为参知政事,为副宰相;还取消尚书左、右丞的官称,大致上恢复了宋初的制度②。第四次是孝宗乾道八年(1172年),又改左、右仆射兼同中书门下平章事为左、右丞相,参知政事照旧,废除虚而不设的侍中、中书令、尚书令等名称。大臣虞允文、梁克家首任左、右丞相,并兼枢密使。宁宗开禧间(1205—1207年),以宰相兼枢密使,就成为定制③。

宰相以外,哲宗元祐元年(1086年)始设"平章军国重事"、"同平章军国事"之职,以处硕德老臣,位居宰相之上,每五天或两天一朝,非朝日不赴政事堂④。当时首以文彦博任"平章军国重事",吕公著任"同平章军国事"⑤。但这一官职只是一种最高的荣誉职位,并没有多少"军国重事"可管。南宋时,情况又有一些变化。宁宗时,权臣韩侂胄依照文彦博例,担任"平章军国事",立班在丞相之上,每三天一朝,赴政事堂处理军政大事⑥。理宗时,权奸贾似道也升任"太师、平章军国重事",职位比作为正宰相的丞相要高⑦。于是"平章军国重事"独揽军、政大权,丞相反而屈居以前副宰相的地位。

宋初罢免了节度使的兵权,但仍旧保留了它的官称,既作为武臣的一个官阶,又作为一种荣誉的官衔。凡是以亲王、枢密使、留守、节度使而兼门下侍中、中书令、同中书门下平章事者,都称为"使相"。使相位高爵显,用来安排德高望重的勋贤故老和久任宰相而罢政者,或者依照

① 《宋史》卷21。
②③ 《宋史·职官一》。
④ 《宋史》卷34《职官二》。
⑤ 《宋史》卷17。
⑥ 《宋史》卷38。
⑦ 《宋史》卷474《贾似道传》。

其正职或者检校官,加节度使衔而出判藩镇(即带节度称号的州府)①。使相不参与政事,不在敕上书押,仅在宣敕除授时,在敕尾存留其官衔②。神宗官制改革,将节度使阶改为"开府仪同三司"③,但仍保留节度使的称号。如元丰八年(1085年),韩绛以开府仪同三司加检校太傅、真江军节度使,出判大名府。徽宗崇宁五年(1106年),蔡京也以开府仪同三司加安远军节度使、中太一宫使④。

二、枢　密　院

枢密院是总理全国军务的最高机构,类似后世的国防部。简称"枢府"。唐玄宗时始设枢密院⑤,代宗时用宦官任"内枢密使",负责统领禁军⑥。五代后梁用士人代居其职,成为皇帝私人顾问,参与机要。后唐庄宗又分中书兵房置枢密院,如同参谋本部,与宰相分掌朝政。宋代常设枢密院,跟中书门下对掌文、武大权,称为东、西"二府"。兵部因而失去了原有的职权。枢密院的长官称枢密使或知枢密院事,副长官为枢密副使或同知枢密院事,签书枢密院事或同签书枢密院事。其下设都承旨和副都承旨,负责"承宣旨命,通领院务",由武官担任。还设编修官,不定员数⑦。枢密院"掌兵籍、虎符",有调动兵马之权,但必须得到皇帝的批准,将命令下达殿前司,才能调动⑧。枢密院的长官入朝奏事,与中书门下的长官先后上殿,彼此不通消息。

枢密院长官的地位略低于宰相,他们与参知政事、门下侍郎、中书侍郎、尚书左右丞等统称"执政官"⑨。宰相和执政官合称"宰执"。北

---

① ④　《宋史・职官六》。

②　《宋会要辑稿》职官1之16;佚名:《南窗纪谈》。

③　《宋史・职官九》。

⑤　《永乐大典》卷11001《府字・枢府》。

⑥　高承:《事物纪原》卷4《枢密》。

⑦　《宋史・职官二》。

⑧　《朱子语类》卷128《本朝二・法制》。

⑨　《庆元条法事类》卷4《职制门一・官品杂压》;《宋史・职官一》。

宋前期,统治者选拔执政官,大都从三司使、翰林学士、知开封府或御史中丞选拔,俗称"四入头"①。仁宗庆历间(1041—1048年)以前,枢密院长官和宰相互不兼任②。庆历间,因对西夏用兵,为便于统一指挥,命宰相吕夷简、章得象兼枢密使。神宗初年,对西夏战事结束,乃罢兼枢密使③。但此例一开,宰相不时兼枢密使之职,南宋时更是如此。为了防止武将跋扈,宋代一般委派文臣任枢密院长官。仁宗时,行伍出身的狄青晋升为枢密使。狄青每次出门,将士们争先瞻仰,引为骄傲。于是遭到许多文臣的非议,他们造作谣言,极力中伤。狄青不得已要求辞职。仁宗乃免去其枢密使之职④。

三、三　衙

宋初解除统军将领的兵权,驻扎在汴京周围的禁军分别由殿前都指挥使司和侍卫亲军都指挥使司统辖,称为"两司"。到真宗时,侍卫司的马、步军一分为二,便成为"三衙"⑤。三衙各设都指挥使、副都指挥使、都虞候、副都虞候各一员。宋初殿前司还设置"都点检"和"副都点检",地位在都指挥使之上,后因太祖曾任后周的殿前都点检,乃不复授人。真宗时,又废除侍卫两司的都虞候之职。三衙的职权是分掌全国禁军。南宋时,殿前司掌管殿前各班、直和步、骑各指挥的名籍,侍卫亲军马、步军司分掌马军、步军各指挥的名籍;同时,各自负责所辖军队的管理、训练、戍守、升补、赏罚等政令。跟枢密院相反,三衙虽然统辖全国禁军,但没有调遣之权⑥。

---

①　《容斋续笔》卷3《执政四入头》。
②　《文献通考》卷58。
③　《职官分纪》卷3《宰相》。
④　《续资治通鉴长编》卷183;《宋史·狄青传》。
⑤　章如愚:《山堂先生群书考索》续集卷44《兵制门·宋朝兵》。
⑥　《宋史·职官六》。

四、三　　司

三司是北宋前期最高财政机构，号称"计省"。唐末税法混乱，田赋、丁税都不足恃，国家财政依靠盐铁和度支。五代后唐明宗始设盐铁、度支和户部"三司"，宋初沿袭此制。三司的职权是总管各地贡赋和国家财政，类似后世的财政部。其长官是三司使，称"计相"，地位仅次宰相。副长官是三司副使。太宗时，罢三司使，另设盐铁、度支、户部三使。真宗时，又罢三使，重设三司使一员，另设盐铁副使、度支副使和户部副使①。盐铁下设兵、胄、商税、都盐、茶、铁、设等七案，掌管全国矿冶、茶、盐、商税、河渠和军器等事；度支下设赏给、钱帛、粮料、常平等八案，掌管财赋之数；户部下设户税、上供、修造、麹、衣粮等五案，掌管户口、二税、酒税等事。三司的附属机构有都磨勘司、都主辖支收司、拘收司、都理欠司、都凭由司、开拆司、发放司、勾凿司、催驱司、受事司等②。北宋前期，全国财政支出大部分依靠三司，三司实际上取代了尚书省的许多职务。神宗时实行变法，在三司之上设"制置三司条例司"，不久废罢。后来改革官制，又撤销三司，其职权分归户、工部等，户部始掌管全国财政。

在北宋前期，中书门下主管民政，枢密院主管军政，三司主管财政，三者鼎立，彼此不相知，而大权集中于皇帝一身。神宗改制后，宰相实际上兼管财政。南宋时，宰相兼任枢密使，实际又兼管部分军政。这样，宰相重新握有民政、财政和部分军政的大权。

五、翰 林 学 士 院

唐代有翰林学士、知制诰，为皇帝亲信顾问之官。宋代也置翰林学

---

① 《续资治通鉴长编》卷55。
② 《宋史·职官二》。

士院,能入院任职的都是一些文学之士。设翰林学士承旨、翰林学士等。承旨不常设,学士设员不定。学士院的职权是负责起草朝廷的制诰、赦敕、国书以及宫廷所用文书,还侍奉皇帝出巡,充当顾问①。实际是皇帝的秘书处。其他官员入院而又未授学士,即称"直学士院"。如果学士全缺,由其他官员暂行院中文书,则称"学士院权直"或"翰林权直"②。另有替皇帝讲解儒经者,称"翰林侍读学士"或"翰林侍讲学士",官阶较低者称"崇政殿说书",实际不属学士院。神宗后屡有变化,称为经筵官,一般为他官的兼职。北宋前期,翰林学士常被委任他职,如任知开封府、三司使之类,并不归院供职,故必须带知制诰职者,才真正掌管诏命,直接替皇帝起草麻制、批答及宫廷内所用文词③,称为"内制";单称知制诰或以他职带知制诰者④,则奉皇帝或宰相之命,分房起草官员升迁、磨勘、改换差遣等制词⑤,称为"外制";总称"两制"⑥。神宗改制,翰林学士虽不再另任他职,但仍带知制诰;遇缺,则以侍郎、给事中、中书舍人兼直学士院。南宋时,有以尚书兼权翰林学士,而不带知制诰的⑦。翰林院奏事的文书称为"榜子",移文三省、枢密院使用"谘报"⑧。

(本文刊载于《文史知识》1986 年第 2 期)

---

① 佚名:《元丰官制》。
② 《宋会要辑稿》职官 6 之 46。
③ 《宋会要辑稿》职官 6 之 50。
④ 《宋史·职官一》;林駉:《新笺决科古今源流至论》后集卷 2《两制》。
⑤ 《文献通考》卷 51。
⑥ 《欧阳修奏议集》卷 18《又论馆阁取士札子》。
⑦ 徐度:《却扫编》卷下。
⑧ 《宋会要辑稿》职官 6 之 51。

官僚政治制度的产物

——复杂多变的宋朝官制（三）

本篇叙述宋代一般的中央机构。

一、三省六部二十四司

三省，即门下省、中书省、尚书省。三省在唐代分掌定策、封驳和执行的职权，是朝廷处理政务的主要机构；唐代后期，政事堂成为三省长官联合办公的机构。宋代则颇为不同。北宋前期，在宫内设中书门下，在宫外设三省六部；三省长官非宰相者一般不得登政事堂，实际上剥夺了三省议政和决政的职权。

门下省：又称"左省"。其长官名义上是门下侍中，但很少委任过，实际上有名无职。副长官是门下侍郎。又另外委派一名给事中任"判门下省事"①，真正掌管本省的职权。其属官有左散骑常侍、左谏议大夫、左司谏、左正言以及给事中等。门下省的职权是主管皇帝宝玺、大朝会设位版、赞拜、拜表、宣黄、外官和流外官考课、年满斋郎转补以及各司附奏署名等。神宗官制改革，逐渐恢复三省的实际地位和职权，门下省专司审复，但门下侍郎成为尚书左仆射（宰相）的兼职或副宰相的专职，而不再跟门下省本身的职事相关。

---

① 《宋会要辑稿》职官 2 之 1。

中书省：又称"右省"。其长官名为中书令，但实际上也有名无职。副长官是中书侍郎。又另委派一名中书舍人任"判中书省事"，真正掌管本省职权。其属官有右散骑常侍、中书舍人、右谏议大夫、起居舍人、右司谏、右正言等。中书省的职权是主管郊祀、皇帝册文、幕职州县官考课、斋郎等年满复奏、文官改赐章服、僧道给赐紫衣师号、举人出身、寺观名额等①。神宗官制改革，中书省专司取旨出令，但中书侍郎成为尚书右仆射（宰相）的兼职或副宰相的专职，而不再跟中书省本身的职事相关。

门下省和中书省的左、右散骑常侍，左、右谏议大夫，左、右司谏，左、右正言，通称"两省官"②。门下省的起居郎和中书省的中书舍人称"小两省官"③，散骑常侍、给事中、谏议大夫等称"大两省官"④。北宋前期，大两省官员虽名为谏官，但除非皇帝特旨供职，并不得谏诤。

尚书省：又称"都省"。其长官名义上是尚书令，还有左右仆射、左右丞等，但尚书令从不委任。实际上另外委派诸司三品以上的官员或学士一员任"权判尚书都省事"。尚书省的职权是总辖吏、户、礼、兵、刑、工等六部和司封、司勋、考功、度支等二十四司，并主管议定官员谥号、祠祭、受誓戒、在京文武官封赠、注甲发付选人、二十四司人吏迁补等事⑤。尚书省长官的办公厅也称为"都堂"，常常跟中书门下的办公厅"政事堂"的别称"都堂"相混。尚书省所辖六部二十四司，分属左司和右司，左司掌管吏部（下辖司封、司勋、考功）、户部（下辖度支、金部、仓部）、礼部（下辖祠部、主客、膳部），右司掌管兵部（下辖职方、驾部、库部）、刑部（下辖都官、比部、司门）、工部（下辖屯田、虞部、水部）。左、右司各设郎中、员外郎各一人⑥。

① 《宋会要辑稿》职官 3 之 1。
② 《宋史·职官一》；《文献通考》卷 50。
③ 《文献通考》卷 50。
④ 洪迈：《容斋三笔·侍从两制》。
⑤ 《宋会要辑稿》职官 4 之 1、4。
⑥ 《续资治通鉴长编》卷 435；《宋史·职官九、一》。

　　唐代尚书省是最高行政机关，颇有威势。但在北宋前期，其职权已经被分割给三司、枢密院、礼仪院、审官院等机构，所剩职权无几，同时，尚书省的长官从不委任，各司郎中和员外郎也只是官阶的名称，并不管本司之事。《宋史·职官志》序说："三省六曹二十四司，类以他官主判，虽有正官，非别敕不治本司事，事之所寄，十亡二三。故中书令、侍中、尚书令不预朝政，侍郎、给事不领省职。"神宗改革官制，以尚书左仆射兼门下侍郎，右仆射兼中书侍郎，为正宰相，又以尚书左、右丞为副宰相，不再跟尚书省本身的职事相关。

　　吏部——宋初，吏部设"判吏部事"二员，其职权日益被削减。

　　宋太祖时，设立流内铨（简称铨司），委派"权判流内铨事"二员，专管考试选人判决案例和拟定差遣等事①。还设立三班院，委派"知三班院事"②或"勾当三班院"，员数不定，负责对东西头供奉官等武臣的考课和拟定差遣等事（原属宣徽院）③。太宗时，设立磨勘京朝官院和磨勘幕职州县官院，总称磨勘院，负责对京朝官和选人进行考核。随后，改磨勘京朝官院为"审官院"，磨勘幕职州县官院为"考课院"④。太宗时还设置"京朝官差遣院"，负责对少卿监以下京朝官注拟差遣⑤，淳化四年（993年）也并入审官院⑥。神宗熙宁三年（1070年），设置审官西院，主管武臣阁门祗候以上到诸司使等的磨勘、注拟差遣等事⑦。又改审官院为审官东院，主管文臣京朝官以下考核功过、叙其爵秩、注拟差遣等事。两院各派知院、同知院各一员，主簿二员⑧。元丰五年（1082年），作为全面改革官制的措施之一，是铨注之法全归吏部，撤销审官东院而改为吏部尚书左选，主管寄禄官在京朝官以上和职任非中书除

---

① 《宋会要辑稿》选举24之9，职官11之56。
② 《续资治通鉴长编》卷26。
③ 《续资治通鉴长编》卷28。
④ 《续资治通鉴长编》卷33、34；《宋会要辑稿》职官11之1。
⑤ 《续资治通鉴长编》卷22。
⑥ 《续资治通鉴长编》卷34。
⑦ 《宋会要辑稿》职官11之1、55、4、56。
⑧ 《宋会要辑稿》职官11之55、1、4，选举23之2。

授的文臣;撤销流内铨而改为吏部侍郎左选,主管从初任到选人的文
臣;撤销审官西院而改为吏部尚书右选,主管升朝官以上和职任非枢密
院除授的武臣;撤销三班院而改为吏部侍郎右选,主管副尉以上到从义
郎的武臣①。于是,以上文、武官员的选试、注拟、资任、升迁、叙复、荫
补、考课的政令以及封爵、策勋、赏罚殿最的制度,都归吏部掌管②。吏
部的长官是吏部尚书,设一员;副长官是吏部侍郎,设一到二员。其下
有郎中、员外郎各二员,分管尚书左、右选和侍郎左、右选。此外,还有
司封、司勋、考功的郎中和员外郎各二员,官告院主管官一员③等。

　　户部——宋初,设三司总管全国财政,户部几乎无所职掌,只委派
"判户部事"一员,接受各地土贡,至时陈列于殿庭。神宗官制改革,撤
销三司,全国财计始归户部,主管户籍、土地、钱谷的政令以及贡赋、征
役等事。设户部尚书一员,左、右曹侍郎各一员,郎中、员外郎各二员,
度支、金部、仓部各二员。左曹分管户籍、税赋、土贡、征榷等事,右曹分
管常平、免役、保甲、义仓等事。度支掌管全国财政预算,量入为出;金
部掌管全国货币收支,藏于府库;仓部掌管仓库贮积和收支等事④。

　　礼部——宋初设太常寺礼院。真宗时又设礼仪院,主管礼仪之
事⑤。礼部只委派"判礼部事"一员,掌管科举、奏补太庙斋郎等事。神
宗官制改革,撤销太常礼院,其职权划归礼部。礼部设礼部尚书、侍郎
各一员,郎中、员外郎四司(包括本部)各一员。礼部下设祠部、主客、
膳部等三司。掌管礼乐、祭祀、朝会、宴享、学校、科举的政令⑥。

　　兵部——宋初设枢密院,掌管军事的政令,武臣的铨选也归三班
院和审官西院负责,兵部只管皇帝仪仗、卤簿、武举、义勇弓箭手等
事,委任"判兵部事"一员。神宗官制改革,设兵部尚书、侍郎各一
员,职方、驾部、库部和本部等四司郎中、员外郎各一员,职权稍微扩
大,主管民兵、弓手、厢军、蕃兵、剩员、武士校试武艺、周邻少数民族官

---

①　《宋史》卷158。
②③④⑥　《宋史·职官三》。
⑤　《宋会要辑稿》职官22之23;《宋史·职官三》。

封□袭等事①。

刑部——宋初，刑部是最高司法机构之一，主管全国刑政，并审复大理寺所定大辟案件。太宗时，创设审刑院，将刑部审复权拨归审刑院，审刑院成为全国又一最高司法机构②。神宗改制，撤销审刑院以及纠察在京刑狱司，将其审复等权归还刑部。从此，刑部的职权大为扩大，主管全国刑法、狱讼、奏谳、赦宥、叙复等事。设尚书一员、侍郎二员；郎中和员外郎，本部各二员，都官、比部、司门等三司各一员。本部郎中和员外郎，又分为左、右两厅，厅各二员，左厅掌管详复，右厅掌管叙雪③。

工部——宋初只设"判工部事"一员，所属屯田、虞部、水部的职权全被划归"三司"，工部职权很少。神宗官制改革，撤销"三司"，工部才恢复职权。设工部尚书、侍郎各一员，本部和屯田、虞部、水部四司郎中、员外郎各一员。主管全国城郭、宫室、舟车、器械、钱币、河渠等政令④　南宋时，将军器监和都水监并归工部⑤，工部的职权更为增加。工部还兼管军器所和文思院；高宗时还设立制造御前军器所，委任提点官二员和提辖、监造官各若干员，负责制造武器；文思院负责制造金银、犀玉等器物，设提辖官一员，监官三员⑥。

二、寺　监

九寺：指太常、宗正、光禄、卫尉、太仆、大理、鸿胪、司农、太府等寺。北宋前期，虽然保留了九寺的名位，但大部分已成闲官，而另外委派朝官以一员或二员兼充"判本寺事"。其中只有大理、太常二寺还有一些

---

① 《宋会要辑稿》职官 14 之 1。
② 《宋会要辑稿》职官 15 之 28、29。
③ 《宋会要辑稿》职官 15 之 1；《宋史·职官三》。
④ 《宋会要辑稿》职官 16 之 1—2；《宋史·职官三》。
⑤ 《宋史·职官五》。
⑥ 《宋史·职官三》。

职权。神宗官制改革,九寺各专其职,并分设本寺的长官卿、少卿各一员以及丞、主簿一至二员,各寺职务忙闲不均。徽宗时有人记述,太府寺所隶场务众多,号称"忙卿";司农寺掌管仓库,号称"走卿";光禄寺掌管祭祀供应酒食,号称"饱卿";鸿胪寺掌管周邻族国朝贡,号为"睡卿"①。南宋时,将光禄、鸿胪二寺并入礼部,卫尉、太仆二寺并入兵部②。

诸监:宋代先后设置国子、少府、将作、军器、都水、司天等六监。宋初各监的基本情况是,国子监是全国最高学府,仁宗后,成为掌管全国学校的总机构,犹如后来的教育部。少府监的主要职事已划归文思院和后苑造作所,本监只管制造门戟、神衣、旌节等物。将作监也只管祠祭供省牲牌、镇石、炷香、盥水等事,有关土木工匠的政令、京城的缮修都归"三司"修造案掌管。仁宗嘉祐三年(1058 年),撤销"三司"河渠案,另设都水监,掌管修治河道之事。神宗熙宁六年(1073 年),撤销"三司"胄案,另设军器监,掌管制造武器。司天监掌管观察天文祥异、钟鼓漏刻、编制历书等③。各监除司天监以外,都设"判本监事"一至二员,或设"同判监事"一员,以及丞、主簿等。神宗官制改革,撤销了司天监,另设太史局,隶属于秘书省。国子监正式设祭酒、司业各一员为正、副长官,主管国子学、太学、武学、律学的政令。又设丞各一员,参领监事,设各学太学博士多员,分别负责讲授各种课程。南宋初,国子监并归礼部,重建太学,太学学官时有增减。神宗改制时,除国子监外,各监都设监和少监作为正、副长官,其下又设丞和主簿等。同时,恢复了本监职权④。

三、御史台和谏院

御史台:宋循唐制,设置御史台。唐代御史台的正副长官是御史大

---

① 王得臣:《麈史》卷下《谏诤》。
② 《宋史·职官四》。
③④ 《宋史·职官五》。

夫和御史中丞。北宋前期,御史台并不正式任命御史大夫,而只是作为一种加官,授予其他官员。神宗官制改革,撤销了这一官称①。于是御史中丞变成了御史台的长官。御史中丞俗称"台长"。副长官是侍御史知杂事。御史台的职权是主管对朝廷内外百官的监察和弹劾。下设三院:台院,由一名侍御史负责;殿院,由两名殿中侍御史负责,具体职权是依仪法纠正官员失仪之事;察院,由六名监察御史分工监督六部和各个机构,随事纠正,称为"六察"。官阶低而任殿中侍御史或监察御史,称"监察御史里行"。此外,还设推直官二员,专管审理刑事案件②。台官得上疏言事,评论朝政,弹劾官员。但三院御史言事,必须先向中丞报告。仁宗时刘筠任中丞后,御史言事就不必请示本台长官了③。按照唐制,御史还可"风闻"论事,即使纯属捕风捉影,也算合法。

谏院:宋初未设谏院。司谏、正言大都另有所任,并不专管谏诤;如朝廷特令供职,才正式成为谏官④。仁宗明道元年(1032年),以门下省址设谏院,是为单独设院之始⑤。其长官称"知谏院事",以司谏、正言充任。谏院主管规谏讽谕,凡朝政缺失、百官任非其人、各级官府办事违失,都可谏正⑥。元丰改制,以左、右谏议大夫为谏院长官,左隶门下省,右隶中书省。建炎三年(1129年),另建官署。

宋朝规定,台、谏官须由皇帝亲自选拔,避免与大臣发生人事关系⑦。其流弊是宰相每有作为,台、谏官议论纷起,政事为之掣肘。否则,便被权臣控制,成为他专权和排斥异己的工具。在统治集团内部斗争中,御史台和谏院起着重要的作用。此外,台、谏官都以言事弹劾为责,其职权并无多大差别,这一状况导致后世出现台、谏合

---

①② 《宋史·职官四》。
③ 《宋史·刘筠传》。
④ 《文献通考》卷50。
⑤ 《宋会要辑稿》职官3之52。
⑥ 《宋史·职官一》。
⑦ 《职官分纪》卷6《左司谏》。

流的趋势①。

　　除上述外,宋代还设置有秘书省、馆阁、宣徽院、审刑院、太常寺礼院和礼仪院等机构,各有专司,时有兴废,这里就不一一详述了。

　　　　　　　　　　　（本文刊载于《文史知识》1986 年第 3 期）

---

① 　关履权:《两宋史论》,中州书画社出版 1983 年版,第 83 页。

官僚政治制度的产物
——复杂多变的宋朝官制(四)

宋初承袭唐代后期之制,地方实行道—州—县三级建制。太宗时改道为路,实行路—州—县三级建制,终宋一代不变。

一、路 级 官 府

唐代后期,凡置节度使、观察使的道,是军事区域兼行政区域。遇朝廷临时派遣黜陟使等实行监察,道又成为监察区域。道有时也称"路",见于唐代的制书①。宋太祖时,承袭唐制,将全国分为若干道。太宗至道三年(997年)将全国改成十五路,仁宗初年析为十八路,神宗元丰八年(1085年)增至二十三路。宋代路的性质,因社会经济的发展和政治制度的变革,前后出现一些变化,因而使路级长官的编制、职权等发生相应的变动。

转运使司:宋太宗时,常派一、二员转运使去各地筹集军饷,事成即罢。李符曾任"知京西南面转运事",太祖亲书"李符到处,似朕亲行"八字易之,揭于大旗,常以自随。这时,转运官尚少威权②。从太宗起,取消节度使所领支郡,正式设置转运使,以削夺节度使的财权。转运使

---

① 《唐大诏令集·诸王·除亲王官下》。
② 《续资治通鉴长编》卷13。

全称为"某路诸州水陆计度转运使"①,其官衙称"转运使司"。转运使司的职权是负责计度本路的财赋、漕运钱谷;按察州县,荐贤举能;点检狱讼,疏理系囚;养兵捕盗,维持治安;救灾赈恤,考试举人。其职权范围包括一路的军、民、财、刑等各个方面。如以两省五品以上官员任职,或掌管两路以上者,称"都转运使"②。转运使常兼"本路劝农使",表示对农事的重视。有的转运使还兼"提点市舶司"③等职。转运使的编制,一般为每路二员。另有转运副使、转运判官,都随本人官资高低而称。转运使司的属官有主管文字、干办公事官各一员,以及准备差遣(文臣)、准备差使(武臣)若干员④。

在真宗景德四年(1007年)以前,转运使掌握一路的大权,实际是本路的最高长官。但宋朝皇帝不愿把一路之权长期集中在一二员转运使手中,因此又陆续设置提点刑狱司、提举常平司、安抚司、提举学事司等机构,以分割转运使司的事权,并且可以互相牵制和监督。

提点刑狱司:宋太宗淳化二年(991年),始派官员往各路提点刑狱事,次年省罢。真宗景德四年(1007年)复置,从此成为定制⑤。提点刑狱司的长官称"提点某路刑狱公事",简称"提点刑狱"或"提刑"。担任提刑的官资,文官一般为升朝官,武官为阁门祗候以上。天禧四年(1020年),命提刑兼本路劝农使,并委派使臣(武官)为副使。仁宗嘉祐间(1056—1063年),因武官担任的"同提点刑狱"大都不得其人,乃停罢。南宋时,各路重设武官提刑一员。提点刑狱司的职权是察访本路刑狱,审问囚徒,复查案牍,遇州县拖延狱讼不决和盗贼逃亡不获,则按劾失职官员申报朝廷;荐举官员。神宗时,曾命提刑兼管封桩钱谷、盗贼、保甲、军器等事。哲宗时,又命兼管坑冶。孝宗乾道八年(1172年),兼管催督本路经总制钱。提刑司的属官有检法官、干办公事

---

①③ 《两浙金石志》卷5《宋杭州放生池碑》。
②④ 《宋史·职官七》。
⑤ 《职官分纪》卷47《诸路提点刑狱》;《玉海》卷67《淳化刑部详复》。

官等①。

提举常平司，宋神宗熙宁二年（1069年），始设提举常平司，掌管一路的常平义仓、免役、市易、坊场、河渡、水利等事，推行新法，并荐举官员。哲宗元祐初（1086年）并入提刑司，绍圣初（1094年）复置。元符间（1098—1100年）后，成为固定的官职。南宋初，有些路的提举常平司，或由转运使、提点刑狱兼领，或由市舶司代管②。徽宗时，另设"提举茶盐司"，掌管茶、盐的产销。南宋时，各路都设"提举常平茶盐司"，其长官称"提举某路常平茶盐公事"，实际把提举常平和提举茶盐两司合并为一③。

除提举常平司以外，从神宗时开始，遇事都设提举司，如提举坑冶司、提举市舶司、提举学事司、提举保甲司、都大提举茶马司等，其职权是分掌有关事宜，并按察本路官吏。神宗时，各提举司的长官往往选拔"年少资浅轻俊之士"任职，或委任通判、知县、监当官资序的官员或选人，冠以"权发遣"之名④。此后相沿为例。各提举司的属官有干办公事、主管官等⑤。

各路转运使司，俗称"漕司"；提点刑狱司，俗称"宪司"；提举常平等司，俗称"仓司"。由于这些机构都具有监察职能，因此统称"监司"。监司作为皇帝的"耳目之寄"，权任颇重，号称"外台"⑥。

安抚使司，各路还常设安抚使司，俗称"帅司"。唐初派遣安抚大使十三人"巡省天下"，后遇各州水旱则设"巡察"、"安抚"等官。宋真宗时，始设西川、峡路安抚使，泾源等十五军州安抚经略使，河北缘边安抚使。此后，凡诸路遇水旱天灾或边境用兵，都特派使"体量安抚"，事成则罢。仅河北、河东、陕西、两广等路常置安抚使司⑦。安抚使掌管一路

①③　《宋史·职官七》。
②　（明）范嵩：《（嘉靖）建宁府志》卷20《古迹》。
④　司马光：《温国文正司马公文集》卷51《乞罢提举官札子》。
⑤　《永乐大典》卷14620《部字》。
⑥　蔡戡：《定斋集》卷2《乞选择监司奏状》。
⑦　《建炎以来朝野杂记》甲集卷11《安抚使》；《宋会要辑稿》职官11之79、81、90。

的兵政,由知州兼任,必须太中大夫以上或曾任侍从官者乃可得之,官品低者只称"主管某路安抚司公事"①或"管勾安抚司事"②。南宋前期,各路都建安抚使司,仅广东、广西两路依旧加"经略"二字。安抚使或经略安抚使成为一路的第一长官,掌握一路的兵、民之政,弹压盗贼;用兵时,有权"便宜行事"③。一般仍由各路最重要的州府长官兼任安抚使,如系二品以上官,则称"安抚大使"。同时,凡安抚使都带本路"马步军都总管"之职,由一名武官任副总管。宁宗后,各路兵政都归都统制司,民政分属各司,安抚使司反而有职无权④。安抚使司的属官有参议官、参谋官、干办公事、指使、准备差使、准备将领、准备差遣、准备使唤、主管机宜文字、主管书写机宜文字⑤。宋代有些重要而辟远的州、府,曾特设"管内安抚",由本州、府长官兼任,听从"帅司""节制"⑥。

　　一路之中,帅、漕、仓、宪各司并立,同掌军政、民政、财政、司法等权,互不统属,而又彼此监督。各司来往公文称为"关牒"⑦。随着各司的设置,路逐渐具有半地方监察区、半行政区的性质,路的长官实际上行使一级行政单位的职权。从唐到宋,路是由地方监察区向行政区过渡的一种形式。

　　路级特殊官府:各路还设置一些特殊的官府。太宗时,置江淮、两浙发运使司⑧,在淮南设局,指挥东南六路的转运使,调运粮食至汴京,兼管茶盐、货币的政令以及荐举官员等⑨。真宗时,称"都大发运使司"。设发运使、发运副使、发运判官等,委派升朝官或诸司使担任⑩。

①⑨ 《宋史·职官七》。

② 《宋会要辑稿》职官41之79。

③ 《宋会要辑稿》职官41之114;《宋史·职官七》。

④ 《建炎以来朝野杂记》甲集卷11《安抚使》。

⑤ 《永乐大典》卷14620《部字》。

⑥ 《宋会要辑稿》职官41之98、113、96。

⑦ 《宋会要辑稿》职官41之101。

⑧ 《建炎以来系年要录》卷119。

⑩ 《职官分纪》卷47《淮南浙江荆湖路都大发运使、副使、都监》。

南宋高宗绍兴八年（1138年），重设经制发运使，专管收籴粮食。孝宗乾道六年（1170年），以户部侍郎史正志为两浙、京、湖、淮、广、福建等路都大发运使，年底，撤销这一官府①。徽宗后，还因军事需要，临时设某路或数路的制置使司，委派制置使一员，主管本路或数路经画边防军旅等事。南宋时，继续设各路制置使，主管本路诸州军马屯防捍御，多派安抚大使兼任，有时派统兵马官担任；官资高者加"制置大使"。其属官有参谋、参议、主管机宜、书写文字、干办公事以及准备将领、差遣、差使等。南宋初，还创设总领所。张浚出使川陕，用赵开总领四川财赋，置所系衔，总领命官自此为始。总领所的长官称"总领"，其官属有干办公事、准备差遣、主管文字等。掌管调拨筹办各军钱粮，并有权预闻军政②。

二、州府军监级官府

路以下一级，为州、府、军、监，直属朝廷③。各州长官，实行军制④：由朝廷委派京朝官管理州郡事，称"权知某州军州事"，表示全权管理一州的军、民之政，带有强烈的军事性质。知州可直接向朝廷奏事，多用文人，且经常调换。二品以上和带中书、枢密院职事者，称"判某府（州、军、监）"。有些重要府、州的长官必兼其他要职，如河南府、应天府、大名府的知府兼任"留守司公事"，定州的知州兼任"安抚使、马步军都总管"⑤。一般知州也必兼本州提举或主管学事、提举数州兵甲巡检公事。知州以外，宋初还设"通判州军事"一至二员，简称"通判"，与知州同领州事，裁处兵民、钱谷、户口、赋役、狱讼审理等事。各州公文，知州须与通判一起签押，方能生效。通判还有权监督和向朝廷推荐本

---

① ⑤　《宋史·职官七》。
②　《宋史·职官七》；《文献通考》卷62。
③　三林：《燕翼诒谋录》卷1《知州借绯紫》。
④　三明清：《挥麈后录余话》卷1《祖宗兵制名〈枢廷兵检〉》。

州的官员。即便知州不法，通判也可奏告朝廷。南宋时，遇有军事，通判还负责筹办钱粮，催收经制钱和总制钱。知州和通判的属官，有录事、司户、司法、司理等各曹参军，或不并置，视本州的户口多寡而定。录事参军主管"州院"（监狱）的庶务，监督各曹。司户参军掌管一州的户籍、赋税、仓库出纳。司法参军掌管议法判刑。司理参军（宋初称"司寇参军"）掌管狱讼审讯。各曹官衙一般称"厅"，有的称院，如司理院①。

各州还设各种幕职官和监当官。幕职官有节度掌书记、观察支使、判官、推官等，负责协助本州长官治理郡政，总管各案公文。监当官是各州主管仓场库务等经济机构的官员，负责征收茶盐酒税、矿冶、造船、仓库出纳等事务。名目极多，随事置官。如"监临安府楼店务兼管抽税买竹场"、"监黄州市舶库"等②。

宋初，东京开封府设置尹、少尹各一员。太宗、真宗为皇子时都曾任开封府尹，总领府事。如无人任尹，则设"权知开封府事"一员，委任待制以上官员担任。主管京畿的民政，审理狱讼，捕治寇盗，登记户籍，均平赋役，颁布禁令。遇朝廷举行大礼，充当桥道、顿递等使。开封府奉皇帝圣旨审判的案件，刑部、御史台不得干涉。开封府内权要豪右盘根错节，号为难治。包拯曾知开封府，他天性峭严，平时不露笑容，人们称他"笑比黄河清"。民间流传着他知开封府时为官清正的许多故事。其属官有判官、推官四员，主管审讯、户口、租税等事。另有司录参军、功曹、仓曹、户曹、兵曹、法曹、土曹参军各一员，分管各曹职事；左右军巡使、判官各二员，分治京城内风火、盗贼及审讯狱讼等事。开封城内外分设左右等厢公事所，各设厢官③。南宋临安府常设知府一员、通判二员。其职权和属官跟开封府大致相同。临安城内外分为南北左右厢，各设厢官，负责听取民间的讼诉；分设使臣十员，负责缉捕在城盗

---

① 《宋史·职官七》；《职官分纪》卷41《通判军州》。
② 《永乐大典》卷14622《部字》；《宋史·职官七》。
③ 《文献通考》卷63；《宋史·职官六》；《职官分纪》卷38《左右厢公事所》。

贼。开封府和临安府还统辖京畿各县。

三、县 级 官 府

宋制,县分为赤、畿、望、紧、上、中、中下、下八等,除赤、畿为四京属县所定等级外,其余都按户数多寡而定。县的长官,宋初称"判县事",后改为"知县"或"县令"①。以京朝官领县称"知县",以选人领县称"县令"②。知县或县令的职权是主管一县的民政、司法、财政,如果驻有军队,则兼兵马都监(升朝官)或监押(京官以下)。仁宗初,县始设"丞",委派选人任职③。后以京朝官充丞者,称"知县丞";以选人充丞者,带"权"字,只称"县丞"④。丞是县的副长官,主管常平、坑冶、农田水利等事⑤。另设主簿、尉等。主簿掌管官物出纳,销注簿书。尉的职位居主簿之下,掌管训练弓手,维持治安,南宋时兼管巡捉私贩茶、盐、矾等。尉司犹如旧时代的县警察局。县级长官的编制,视县的等级而定,或不并置。宋时称县官为"亲民官"⑥。

各县在居民繁密或地形险要处设立镇、寨⑦。五代时,由节度使自补亲随为"镇将",与县令分庭抗礼,公事得以专达于州。宋初设置县尉,维持乡村秩序,镇将只管城郭以内,归本县管辖。自太宗始,都委派本州衙前吏人兼任⑧。后来改设镇的监官,掌管巡逻盗贼、烟火事宜,或兼征收酒税和商税。不过,有些地区长期保留镇将之职。寨设寨官,招收士兵,训练武艺,防止盗贼。镇、寨官员有权处分杖罪以下刑罚,其余解送本县⑨。各地还在重要地带或边远地区设立巡检司,不受州县疆界的限制。其长官称"都巡检使"、"同都巡检使"、"巡检使"、"同巡

---

①　(明)周瑛等:《兴化府志》卷1《叙官》。
②④　赵昇:《朝野类要》卷2《称谓》。
③⑤⑨　《文献通考》卷63。
⑥　《宋史·职官七》。
⑦　《事物纪原》卷7《镇》。
⑧　《职官分纪》卷43《镇将、镇副》;《续资治通鉴长编》卷18;《宋会要辑稿》职官48之92、93。

检使”,官阶低者称“都巡检”、“巡检”等,主管本界土军、禁军招募和训练的政令,巡逻州邑,捕捉盗贼,兼管巡捉私茶盐矾、私铸铜器和铁钱,或搜捉铜钱下海出界等①。巡检司隶属于所在州县长官统辖②。

（本文刊载于《文史知识》1986 年第 4 期）

---

① 《职官分纪》卷 35《都巡检使等》;《宋会要辑稿》职官 48 之 122;《永乐大典》卷 14622《部字》。
② 《宋史·职官七》。

官僚政治制度的产物

——复杂多变的宋朝官制（五）

适应官僚政治制度的需要,宋代形成了一套比较完整的官员品阶制度,还逐步减少了前代遗留下来的一些附加性官衔,并使升迁、考课和荐举制度不断完善而渐趋严密。

一、文、武臣的品阶制度

官品:北宋前期沿袭唐制,将官品分为九品,每品分正、从;四品以下,正、从之中又分上、下,共三十阶。其中仅少数官称的品格出现升降。在宋代政治生活中,官品所起作用甚微,只是决定官员公服颜色的一种标准:宋初规定三品以上服紫色,五品以上服朱色,七品以上服绿色,九品以上服青色。神宗官制改革,重订官品令,减少官品,共为九品正、从十八阶。官员的服色也改为,四品以上服紫,六品以上服绯,九品以上服绿①。

散官阶:北宋前期还沿袭唐制,保留"散阶"。散阶又称散官,是一种附加性官衔,表示一定的级别,与实际职掌和俸禄无关。文散官从开府仪同三司到将仕郎,共二十九阶;武散官从骠骑大将军到陪戎副尉,共三十一阶②。太宗初年,为避(光义)讳,将文散官中的正议大夫改为

---

① 《宋会要辑稿》舆服 4 之 28、29。
② 《宋史·职官九》;岳珂:《愧郯录》卷 7《散阶勋官寄禄功臣检校试衔》作武散官二十九阶。

正奉大夫,通议大夫改为朝奉大夫等。京朝官和选人,遇郊祀等庆恩,每次加五阶;到朝散大夫以上,每次加一阶。武官诸司使以上,如使额高者加金紫光禄大夫阶;内殿崇班初授,加银青光禄大夫阶①。散阶比较复杂,但作用不大,所以在神宗官制改革时废除了。此后,散官专指闲散不管事的官职,如节度副使、行军司马、防御副使、团练副使、州别驾、长史、司马、司士、文学、助教等②。这些官称易与神宗官制改革后的寄禄官阶相混,要注意区分。

本官阶:北宋前期,还有一种官阶,宋人称为"官",即"本官"阶③。本官阶大抵用实际职务的官称组成。以宰相和执政官为例,如吏部尚书是阶官,同中书门下平章事是职官;尚书吏部侍郎是阶官,参知政事是职官。但吏部尚书、吏部侍郎不纯属阶官或职官,管理其事则成为职官,不管理其事则成为阶官。至于选人,完全用幕职的令、录等为阶官,而这些令、录原来都有所系属的监司或州县。所以,情况十分复杂。本官阶跟官员的实际职务无关,是用以决定官员的俸禄,并作为官员享受赠官、叙封、恩荫、荐举等待遇的重要标准④。

北宋前期本官阶的等级,是在太宗末年和真宗时期确定的。《宋史·选举志》记载,太宗"淳化(990—994 年)以前,资叙未一,及是始定迁秩之制"⑤。据《宋史·职官志》"文臣京官至三师"和"武臣三班借职至节度使"等叙迁之制,其中文臣自太师、太尉、太傅到诸寺监主簿、秘书省校书郎、秘书省正字,共四十二阶,无出身(即非科举登第)者逐阶升转,有出身和带馆职、各部侍郎以上任两府长官、宰相超资升转(即越一资以上升转)⑥。武臣自节度使、节度观察留后到左右班殿直、三班奉职、三班借职,共二十七阶,内殿承制以下逐资升转,诸司副使以

① 《宋史·职官十》。
② 《庆元条法事类》卷4《职制门·官品杂压》。
③ 《宋会要辑稿》职官 77 之 51。
④ 《文献通考》卷 64。
⑤ 《宋史·选举四》。
⑥ 《宋史·职官九》。

上超资升转，或每次转五资，或七资；有战功者得以超资①。

神宗官制改革，将原有的京朝官本官阶改为职事官的名称，而新定的京朝官本官阶即寄禄官阶采用了原有的散阶名称。这些新定的京朝官寄禄官阶，自开府仪同三司到承务郎共二十五阶。这一改革使京朝官的官阶比前减少了十七阶。寄禄官阶的作用有二：一是用来决定京朝官的俸禄，二是朝廷委派官员任职时，以寄禄官阶为标准，在结衔时在寄禄官前加上"行"、"守"或"试"字（见前）。

新的京朝官寄禄官阶有其简单和系统的优点，但缺点是官阶减少，官员升迁较快。所以，哲宗元祐三年（1088 年），又将朝议、中散、正议、光禄、银青光禄、金紫光禄等大夫分置左、右，比前增加了六阶②。次年，进一步将朝请大夫到承务郎的官阶各分为左、右，增加了十四阶③；进士出身者加左，其他人加右，用以区别流品。绍圣（1094—1098 年）到大观（1107—1110 年）间，恢复新法，基本取消了左、右之分。高宗时，重行元祐之制，再分左、右。孝宗淳熙初（1174 年），又取消左、右字。

神宗改制，只对文臣京朝官的寄禄阶作了整顿，尚未顾及选人、武臣、内侍、医职等的官阶。到徽宗时，蔡京执政，首先在崇宁二年（1103 年），将选人的寄禄官阶改为承直郎、儒林郎至将仕郎，以便与京朝官的寄禄官阶统一④。接着在大观初年（1107 年），增加升朝官的寄禄阶，有宣奉、正奉、通奉、中奉、奉直等大夫，共五阶。政和二年（1112 年），再次改换选人的最后三阶名称，由通仕郎、登仕郎、将仕郎改为从政郎、修职郎、迪功郎。文臣的寄禄官阶至此完备。同时，对武臣的寄禄官阶进行整顿：保留节度使以下到刺史六阶⑤；新置太尉一阶，作为武阶之冠⑥；将横班正使各阶一律改为"大夫"，副使各阶改为"郎"；将诸司使

---

① 《宋史·选举四》。
② 《宋会要辑稿》职官 56 之 17。
③ 《续资治通鉴长编》卷 435。
④ 《宋会要辑稿》职官 56 之 25；《宋史·职官九》。
⑤ 《宋大诏令集》卷 163《政事十六·官制四》。
⑥ 《宋史·职官九》；《宋史》卷 21《徽宗纪三》。

改为武功大夫等阶,诸司副使改为武功郎等阶。政和六年,又新设宣正、履正、协忠、翊卫、亲卫等五"大夫"(属正使)和五"郎"(属副使)。政和二年,还改变了内侍和医职的官阶。

有关文臣京朝官和选人,武臣正任、横班、诸司使和使臣等的官阶,前已详述,不赘。

二、附 加 性 官 衔

宋代沿袭唐制,保留了一些附加的官衔。这些加官,除前述封爵和食邑、食实封外,还有勋官、功臣封号、检校官、兼宪衔、试衔等。

勋官:共十二级,自上而下为上柱国、柱国、上护军、护军、上轻车都尉、轻车都尉、上骑都尉、骑都尉、骁骑尉、飞骑尉、云骑尉、武骑尉,跟唐代相同。京官、选人从武骑尉开始升转,朝官从骑都尉开始升转,逐级而进①。骑都尉以上,两府和正任以上武臣遇到朝廷恩典,每次升转二级,文、武朝官升转一级。徽宗政和三年(1113 年),罢文臣勋官,南宋复旧②。

功臣封号:唐玄宗时给功臣赐号曰"开元功臣",僖宗时将相都加功臣的美号。五代时逐步增大其制。宋初因袭此制,凡宰相、枢密使初任,都赐予功臣号;参知政事、枢密副使初任不一定赐予,要到加恩才轮及③。功臣封号共分三等,第一等有"推忠"、"协谋"、"同德"、"佐理"等十一种,仅赐给中书门下和枢密院的长官,宰相初次加六字,枢密使副、参知政事等加四字,累加二字。第二等有"推诚"、"保德"、"翊戴"、"守正"等十九种,赐给皇子、皇亲、文武官员等,初次加四字,累加二字。第三等有"拱卫"、"翊卫"、"卫圣"、"保顺"等十种,赐给将

---

① 《职官分纪》卷 49《勋官》。
② 《宋史》卷 21《徽宗纪三》。
③ 徐度:《却扫编》卷中。

士，初次加二字，累加也如此①。仁宗时，名臣范仲淹曾被封为"推诚保德功臣"②。

检校官：共有十九级，为检校太师，太尉，太傅，太保，司徒，司空，左仆射，右仆射，吏部尚书，兵部尚书，户部尚书，刑部尚书，礼部尚书，工部尚书，左散骑常侍，右散骑常侍，太子宾客，国子祭酒，卿、监、诸行郎中、员外郎等，是文武臣及吏职、蕃官的一种加官，也属有名无实的荣誉头衔。凡加检校官者，在加官前添上"检校"二字。武臣初授内殿崇班，加"检校祭酒"。三班等初授，加"检校太子宾客"。文臣任枢密使，都带"检校太尉"或"检校太傅"③。太祖时大臣潘美，初除山南东道节度使，加"检校太保"④。

兼宪衔：共五级，为御史大夫、御史中丞、侍御史、殿中侍御史、监察御史，是武臣的一种加官。阁门通事舍人、内殿崇班以上的武臣，初任加"兼御史大夫"。三班等初授，加"兼监察御史"。其他官遇朝廷恩典，逐级升迁⑤。

试衔：共六级，为大理司直，大理评事，秘书省校书郎，正字，寺、监主簿，助教，一般是选人的一种加官。选人初授，加"试秘书省校书郎"；再任如到两使推官，加"试大理评事"；节度掌书记、观察支使、防御判官、团练判官，加"试大理司直"、"试大理评事"，再加则"兼监察御史"，也有加到"检校员外郎"以上者⑥。

神宗改制，废除了检校仆射以下的检校官、兼宪衔、功臣封号、试衔等实际不起作用的加官。但封拜周邻少数民族的君长，仍保留兼宪衔之类的加官⑦。

---

①⑤⑥　《宋史・职官九、十》。
②　《范文正公集・褒贤集》。
③　《职官分纪》卷49《检校兼官》。
④　陆耀遹：《金石续编》卷13《大宋新修南海广利王庙碑铭》。
⑦　徐度：《却扫编》卷下。

三、升迁、考课和荐举制度

升迁制度：宋代逐步形成一套严密的文武百官升迁制度，称"叙迁"之制。北宋前期，京官以上分为三大类：自将作监主簿到秘书监为一类，自左、右谏议大夫到吏部尚书即两制、两省官为一类，宰相和执政官又为一类。第一类官员根据有出身、卿列馆职、荫补人、杂流等大致分为四等；同是一官，迁转不同。前二等人可超资转官，后二等人逐资转官。第二类官员，因"论思献纳，号为侍从"，"皆极天下之选"，所以不再分等，共十一转。第三类官员，须曾任宰相者才能升转，可超等升资，宰相每次超三官，执政超二官①。武翼郎以上有军功的武臣，每升一官，即双转二官②。至于差遣，也有一系列法度，如自监当官升知县，知县升通判，通判升知州，都以两任为限③。这种升转方法称"关升"④。选人升为京朝官，须经专门机构的"磨勘"手续，才能"改官"为京朝官。神宗官制改革，将原来几个寄禄官合并为一阶，减少了许多资级，有无出身的升迁次序没有明确的区别⑤。南宋高宗后，承务郎以上文臣是四年一转，有出身者超资升转，无出身者逐资升转，升到承议郎都逐资升转，到朝议大夫开始七年一转。承信郎以上武臣是五年一转，升至武功大夫也是七年一转⑥。

考课制度：宋代官员升迁，还须经过考课。唐代已建立起比较严密的考课制度，但后期流于形式。宋初文、武常参官各按职务的繁简定出期限，有三十六月或三十个月、二十个月满任的，考满迁资，遇郊祀等大

---

① 曾敏行：《独醒杂志》卷2。
② 赵昇：《朝野类要》卷3《升转》。
③ 《文献通考》卷39。
④ 王栐：《燕翼诒谋录》卷3《关升次序》。
⑤ 章如愚：《山堂先生群书考索》续集卷29《官制门·新旧官制》；洪迈：《容斋三笔》卷3《侍从转官》。
⑥ 《宋史·职官九》。

典只加转散阶、勋官、封爵、食邑①。所谓资，即官员升迁的等级，一般是指官阶；同时，官员任职期满也称"成资"。此时资和任尚相互一致。

宋太祖后来改变了岁满升迁之制，京朝官没有劳绩不再迁资，规定京官的每一次任期为三十个月②。于是资、任开始分离，虽然差遣任满仍称"成资"，但不经考课合格，不能升资。

宋代称官员升迁本官阶时的考课为"磨勘"。京朝官升转都有一定年限，在任期内每年由上级长官考查其功过，再由审官院、吏部等专门机构复查其考绩优劣，而后决定升转本官阶。考查的标准因职务而异，一般用"七事"考查监司，七事是"举官当否"、"劝课农桑，增垦田畴"、"户口增损"等。用"四善"、"三最"考查守令，四善是"德义有闻、清谨明著、公平可称、恪勤匪懈"，三最是"狱讼无冤、催科不扰为治事之最"，"农桑垦殖、水利兴修为劝课之最"，"屏除奸盗、人获安处、振恤困穷、不致流移为抚养之最"。考查分成三等，七事中达到五项列为上等，达到三项列为中等，其他为下等③。选人须经磨勘合格，才能改为京朝官，称"改官"。宋代的磨勘制度，从太祖、太宗时逐步酝酿，到真宗时正式形成。真宗时，首次制订京朝官每三年磨勘进秩一次之法④，凡京朝官和选人任满三周年以上，不论是否代还，由审官院或考课院考核功过，然后引见皇帝，再由皇帝亲自考查，决定升黜⑤。官员犯有过错或罪行，则按等级延期磨勘⑥。伎术官虽任京朝官之职，审官院不予磨勘⑦。这时，对武臣的磨勘制度也逐步形成。此后，大致规定了文臣三年、武臣五年一次磨勘加阶转官之法⑧。

荐举制度：宋初还逐步制订了官员的荐举（保任）制度。官员磨勘

---

① 《续资治通鉴长编》卷2。
② 《续资治通鉴长编》卷3。
③ 《宋史·职官三》。
④ 李心传：《旧闻证误》卷2。
⑤ 《宋会要辑稿》职官11之6、7；《宋史·选举六》。
⑥⑦ 《宋会要辑稿》职官11之8、7。
⑧ 《续资治通鉴长编》卷143；《宋会要辑稿》职官11之9。

迁官或担任差遣,一般都要举主推荐,并充当保证人。荐举的对象主要是中、下级文武官员,称"被举官";荐举人称"举主"。真宗天禧元年(1017年),开始限制荐举人数:两省五品以上官员,每人每年荐举京朝官五员,升朝官荐举三员①。仁宗初,规定通判以上官员可荐举他人,被举人须现任的属官,且举主中还应有两员"职司",由本部按察官或本路监司、帅司的长官充当②。庆历三年(1043年),范仲淹改订"磨勘保任之法":从朝官升员外郎,员外郎升郎中,郎中升少卿监,须有转运使、提刑或清望官五员保任。不久,因遭反对而罢行③。嘉祐间(1056—1063年),规定担任县令,须有举主三员,方才入选④。中、低级武臣,也规定由高、中级文臣或武臣荐举,每名举主荐举有定额。举主荐举京官,被举人犯赃,举主一般要同罪而受一定的惩处。神宗时,一度取消荐举制。徽宗后,继续实行。

荐举与升迁、考课等制度紧密结合,随着冗官现象的逐步严重,官员升迁条件日益严格。一是增加举主。选人磨勘改官,举主由四员增至五员。二是增加考数或年限。选人磨勘改官,由四考增到五考,如在任曾犯过错,再增一考⑤。南宋后期,选人自承直郎到修职郎为六考,迪功郎为七考⑥。京朝官的磨勘迁官年限为四年,待制以上六年,正任和遥郡十年⑦。三是限员。规定每次引见皇帝而后迁官的人数,未获引对者则待次,即等待下次引对。南宋每次选人改官约一百员左右⑧。四是缩减所升品阶。如诸司副使升迁,最初每次可升二十资直迁正使,仁宗时改为升十五资,治平二年更减为五资(诸司副使共二十阶,每阶即为一资)。又制订"止法",规定文臣至中大夫、须任"侍从"官之职,

① 《玉海》卷118《选举·考课》。
② 《宋会要辑稿》选举27之20。
③ 《宋史·选举六》。
④ 《职官分纪》卷42《县令》。
⑤ 《宋史·选举四》。
⑥ 《永乐大典》卷14628《部字》。
⑦ 《宋会要辑稿》职官11之21;《续资治通鉴长编》卷211。
⑧ 《建炎以来朝野杂记》甲集卷12《选人改官额》。

才许升太中大夫。执政官升转为金紫光禄大夫,要到拜相,才许升为特进。武臣升转到武功大夫,如不立军功,不准转右武大夫①。伎术人等升到武德大夫为止,不迁横行或遥郡②。政事堂吏升迁,到奉直大夫为止③。

　　宋朝通过建立考课、荐举等制度,加强了对各级官员考核、奖惩的手段,但后来逐渐变成例行公事,徒具形式而已④。

(本文刊载于《文史知识》1986 年第 5 期)

---

① 赵昇:《朝野类要》卷 3《升转》。
② 《宋会要辑稿》职官 52 之 26。
③ 《宋史》卷 21《徽宗纪三》。
④ 本篇采用了俞宗宪《宋代职官品阶制度研究》(《文史》第 21 辑)中的一些观点。

封建政治制度的产物
——复杂多变的宋朝官制（六）

宋代还逐步形成了比较严密的恩荫、致仕、俸禄制度。

一、恩 荫 制 度

恩荫又称"任子"、"荫子"、"门荫"，是封建统治者根据官员职、阶高低而授给其子弟或亲属以官衔或官职的制度。宋代官僚地主阶级在官员丧失世袭爵位和封户特权的情况下，为了确保"世守禄位"①，参照唐制，制订了扩大中、高级官员荫补亲属的制度。

唐代品官荫补亲属的范围较小，五品以上官员荫孙，三品以上官员荫曾孙，未有荫兄弟、叔侄的规定，且"不著为常例"②。中唐后到五代时期，恩荫制度基本上崩坏。宋太祖规定五品以上的文、武官员都可荫子弟，实际是恢复唐制。真宗时，形成了比较完整的恩荫制度。文官从知杂御史以上，每年奏荫一人；从带职员外郎以上，每三年奏荫一人；武臣从横行以上，每年奏荫一人；从诸司副使以上，每三年奏荫一人。没有兄弟、叔侄、曾孙等亲属远近的严格"品限"，因而"旁及疏从"，以致"入流寝广，仕路益杂"③。

---

① 《续资治通鉴长编》卷25。
② 赵汝愚：《宋名臣奏议》卷74，范镇：《上仁宗论荫补旁亲之滥》；《续资治通鉴长编》卷169。
③ 赵汝愚：《宋名臣奏议》卷74，范镇：《上仁宗论荫补旁亲之滥》。

　　宋代恩荫的名目大致有五类：一是"大礼"即举行郊祀（京城郊外大祭祀，如南郊祀天、北郊祀地）或明堂典礼（祀后土、皇地祇于明堂），每三年一次。按规定，宰相、执政官可荫补本宗、异姓、门客、医人各一人；东官三师、三少到谏议大夫，荫补本宗一人；寺、监长贰到左右司谏、开封少尹，荫补子或孙一人。这是《宋史·职官志》①的记载。据《庆元条法事类》"荐举格"规定，"臣僚遇大礼，荫补缌麻以上亲"，宰相为十人，执政官八人，侍从六人，中散大夫到中大夫四人，带职朝奉郎到朝议大夫三人②。二是"圣节"即皇帝诞日。太宗末年规定，翰林学士、两省五品、尚书省四品以上，赐一子出身③。真宗时规定，大两省至知杂御史以上，各奏荫一子充京官，少卿监奏荫一子充试衔④。太皇太后，皇太后均录亲属四人为官，皇后二人，诸妃一人，公主丈夫的亲属一人⑤。三是官员致仕（退休）。曾任宰相和现任三少、使相，荫补三人；曾任三少、使相、执政官和现任节度使，荫补二人；太中大夫及曾任尚书侍郎和右武大夫以上，并曾任谏议大夫以上及侍御史，荫补一人。四是官员上奏遗表。曾任宰相和现任、曾任三少、使相，荫补五人；曾任执政官、现任节度使，荫补四人；太中大夫以上，荫补一人；诸卫上将军、承宣使，荫补四人；观察使，荫补三人⑥。五是改元、皇帝即位、公主生日、皇后逝世时等临时性的恩典，都给予品官亲属以一定的荫补名额。

　　通过恩荫，每年有一批中、高级官员的子弟获得低级官衔或差遣。仁宗庆历元年（1041年），左正言孙沔说，每遇大礼，臣僚之家和皇亲母后外族，"皆奏荐略无定数"，多至一二十人，少不下五七人，不问才愚，都居禄位，甚至"未离襁褓，已列簪绅"⑦。高宗绍兴七年（1137年），又

①　《宋史·职官十》。
②　《庆元条法事类》卷12《荫补·荐举格》。
③⑤　《宋史·选举五》。
④　范仲淹：《范文正公奏议》卷上《答手诏条陈十事》。
⑥　《宋史·职官十》；《庆元条法事类》卷12《荫补·荐举格》。
⑦　《续资治通鉴长编》卷132。

有官员指出,这时每遇亲祠之岁,任子约四千人①,比北宋增加两三倍。据统计,宋代的州县官、财务官、巡检使等低、中级差遣,大部分由恩荫出身者担任。

二、致仕制度

宋代以前,中国封建社会尚未形成比较完整而严密的官员致仕即退休制度。从宋太祖到真宗时期,才逐步建立起一整套比较严密的官员致仕制度。

一般文臣年达七十,武臣年达八十,除少数元老、勋贤等尚需留任外,都应自动申请致仕。如果官员未到规定年龄,无特殊理由,不得请退。如确因昏老不能任事或自愿就闲,可以奏请朝廷准予提前休致,当时称"引年致仕"。习惯上,凡是援引七十岁这一年限而退闲者,也都称"引年致仕"。官员到了退休年龄,即可撰写表札,通过所在州府,向朝廷提出申请,获得批准,便能领到致仕告、敕,作为致仕的证明文件。北宋前期,高级官员致仕,必须"落职"即解除在三馆、秘阁中所任官职。神宗时,开始允许职事官都带原职致仕。端明殿学士、工部尚书王素,观文殿学士、兵部尚书、知蔡州欧阳修,是宋代"带职致仕"的第一、二人。

太宗时,规定给予致仕的官员以半份俸禄。神宗时规定,对曾因立战功而升转两官以上的武臣,致仕后准予领取全俸。

官员致仕后,都升转其本官阶一阶,称"加转一官"。官员致仕时照例应升转的官资或官阶,称为"合致仕官"。如果得到皇帝的特准,还可升转几阶。已经致仕者,每逢朝廷举行大礼、皇帝登基、庆寿等,仍能升转官阶。有些选人无资可升,则改任初等京官。八十岁以上者,再加转一级官资。

---

① 《宋史·选举五》。

　　四品以上文臣和六品以上武臣致仕时，还可按官品授予其三到一名近亲子弟低级官衔；五品到七品文臣和七品武臣，可荫补一名近亲。在法律上，官员荫补亲属常称"恩泽"。官员挂冠时，如只荫补亲属而不升转官资，则称"守本官致仕"。因荫补得官者，致仕时最高只能升为武功大夫；官员任职时，如曾犯罪等等，只能转官，不能荫子孙。

　　官员致仕时，还可按规定向朝廷要求"恩例"，如允许在科举考试时升其亲属的名次，授予"出身"，指射差遣，减少磨勘年限等。

　　致仕官员在朝廷需要时，允许复出任职，授予相应的差遣，称"落致仕"。复职的致仕官员一般可以恢复原来的官阶，如在致仕时已加转过一阶，恢复旧官实际比致仕时降低了一阶；如系"守本官致仕"，享受过"恩泽"，复职后不予追回，但下次致仕时便不再"推恩"。

　　宋朝统治者还采取一些措施奖励及时致仕和惩处年迈不退的官员。仁宗时，一度对到期致仕者发给全俸。又制造"知止勇退，保全晚节"的舆论，使官员们以及时退休为荣。真宗时，知苏州孙冕刚满七十岁，便在厅壁题诗道："人生七十鬼为邻，已觉风光属别人。莫待朝廷差致仕，早谋泉石养闲身。……寄语姑苏孙刺史，也须抖擞老精神。"题毕，拂衣归隐九华山。朝廷表彰他的风格，准许他再任，孙冕拒绝。此事成为当时官场中的一段佳话。对另外一些年迈老朽、不愿退休的官员，则不时由朝廷勒令致仕，或停止磨勘转官，或不准荫补子弟，或降官，等等，以示惩罚①。

三、俸 禄 制 度

　　宋代官员的俸禄，包括正俸（钱）、衣赐（服装）、禄粟（粮食）、茶酒厨料、薪炭、盐、随从衣粮、马匹刍粟、添支（增给）、职钱、公使钱以及恩赏等。

---

① 　参见拙作：《宋代官员致仕制度概述》，《南开学报》1983 年第 3 期。

　　宋初官员俸禄基本上承袭后周所定之数,较唐德宗贞元四年(788年)减少一半①,而且官府在发给俸钱时,规定以八分为十分,扣除了十分之二②。有些官员,如秘书郎还不发给俸钱;京官在任以三十个月为满,期满即停止发给俸料。同时,对选人实行后汉乾祐三年(950年)"回易料钱俸户"之制:官员每月"料钱"(正俸),由官府折成实物,平均每一贯文摊给两家俸户发卖,每户每月交纳五百文。比如"万户以上县令"料钱二十贯,给予俸户四十户;依此类推③。宋太宗初年,废除俸户制,本官月俸都给三分之二实物,三分之一现钱。雍熙四年(987年),规定不再扣除二分俸钱,"并以实价给之"。至道二年(996年),开始发给秘书郎月俸;京官任满三十个月后,继续领取俸料。次年,重定"百官俸给折支物",一般是一分给实钱,二分折支④。这时,各级官员的俸禄仍然不高。如三班奉职月俸仅七百文、驿券肉半斤。有人在驿舍题诗曰:"三班奉职实堪悲,卑贱孤寒即可知。七百料钱何日富?半斤羊肉几时肥?"朝廷得悉这一消息⑤,便在真宗大中祥符五年(1012年),第一次大规模增加文武职官俸钱⑥,三师、三公、仆射各增加二十千,三司、御史大夫、六尚书、中丞、郎、两省侍郎等各十千,京官、大使臣各二千,小使臣各一千五百或一千;文臣中幕职州县官等依旧。仁宗嘉祐间(1056—1063年),正式制订"禄令",详细地规定了文、武各级官员的俸禄的数量。如规定宰相、枢密使每月俸料为三百千,春、冬衣服各赐绫二十匹、绢三十匹,冬绵一百两,每月禄粟各一百石,傔(侍从)人的衣粮各七十人,每月薪一千二百束,每年炭一千六百秤,盐七石等。东京畿县五千户以上知县,升朝官每月俸料二十千,京官十八千;三千户以上知县,升朝官十八千,京官十五千。各路一万户以上县令,二十

---

① 《宋史·职官十一》。
② 《宋会要辑稿》职官57之22。
③ 《宋会要辑稿》职官57之23、18、19。
④ 《宋会要辑稿》职官57之20—23、28。
⑤ 《宋朝事实类苑》卷63《谈谐戏谑》。
⑥ 《宋会要辑稿》职官57之28。

千,等等①。神宗熙宁四年(1071年),因幕职州县官俸料最低,而且多寡不均,有的县尉月俸仅五贯九百五十文,乃戏作诗云:"妻儿尚未厌糟糠,僮仆岂免遭饥冻?赎典赎解不曾休,吃酒吃肉何曾梦?"②于是决定增加他们每月的料钱、米麦:县令、录事参军原为十贯、十二贯,米、麦三石者,增至十五贯、米麦四石;司理、司法、司户参军,主簿,县尉,原为七贯、八贯、十贯、米、麦两石者,增至十二贯,米、麦三石;等等③。元丰改制,整顿京朝官的寄禄官阶,将京朝官的本官阶改为采用散阶形式的寄禄官阶,据此决定俸禄的多寡。阶官的俸钱也称为"料钱",比前又略有增加④。同时,对在京职事官自御史中丞、开封府尹、六部尚书以下的官方供给钱数,一并改成"职钱",按照阶官高下分为行、守和试三等,"试"者职钱稍低。承直郎以下官员充当职事官,可按阶官领取俸禄。部分职事官在料钱外,另支职钱。如果阶官"大夫"的官员担任郎官,既可领取"大夫"的俸钱,又可领取郎官的职钱。徽宗大观元年(1107年),因职钱也属"添支","其名重复",而且厚薄不均,改为"贴职钱",自学士到直阁以上,不分内外,并予支给⑤。宰相蔡京每月除领取仆射的俸钱外,又领取司空的俸钱,他的廉从的钱米也都支本色,比元丰间的俸禄成倍地增加了。宣和间(1119—1125年),停支贴职钱,恢复"添支"旧制⑥。

南宋初,国家财政窘困,武臣颇众,俸给、米麦都减半支给,后来又多次减少,正任观察使每月禄米才两石六斗。侍从官初任,虽然依旧赐予鞍马、衣服等,但也照例减半,"赐目"上写着:"马半匹,公服半领,金带半条,汗衫半领,袴一只",颇为滑稽可笑⑦。后来又逐渐恢复北宋旧

①　《宋史·职官十一》。
②　《宋朝事实类苑》卷63《谈谐戏谑》。
③　《宋史·职官十一》;《宋会要辑稿》职官57之40—41。
④　《宋会要辑稿》职官57之56。
⑤　《宋史·职官十一、十二》。
⑥　《宋史·职官十二》。
⑦　庄绰:《鸡肋编》卷中。

制,官员都有添支、料钱,职事官有职钱、厨食钱,负责纂修者有折食钱,在京厘务官有添支钱、米,选人和使臣如分配不到职田,则有茶汤钱①,等等。

宋代官员俸禄还有一些具体的规定,如北宋地方官大都分配给职田,每一员从四十顷到一、二顷不等②,南宋时大幅度减少。各路监司、帅司和州军、边县、带兵帅臣等,还由朝廷给与一定的"公使钱",专为官员往来时供应酒食之用,依官品高下、家属多寡而决定钱数③。官员请病假或事假满一百天后,不能继续任职,即停发月俸。赴边远地区包括河北、河东、四川、广南、福建等地任职,可以预借俸钱④,还酌量增加"添支"。官员丁忧持服期间,武臣中三班使臣、横行,文臣中太中大夫以上,都可照领月俸⑤;节度使领取一半,正任刺史三分之一。官员在外地任职,家属可分领俸给、衣赐、添支钱等⑥。

（本文刊载于《文史知识》1986 年第 8 期）

---

① ② 《宋史·职官十二》。
③ 王栐:《燕翼诒谋录》卷 3《公使库不得私用》。
④ 《宋会辑稿》职官 57 之 24。
⑤ 《宋会辑稿》职官 57 之 38;《宋史·职官十一》。
⑥ 《宋会辑稿》职官 57 之 38、29、56、57。

宋代"苏湖熟,天下足"谚语的形成

　　北宋浙西地区(相当于今江苏省南部的大部和浙江省的西北部,宋神宗时始设两浙西路)农业已经高度发展。到南宋时,由于北方劳动人民的大量南迁和耕作经验的传播,促使这一地区的农业获得进一步的发展。自南宋中期开始,出现了"苏湖熟,天下足"的谚语,这一谚语集中地反映了浙西地区特别是苏州(宋徽宗政和三年即公元1113年升为平江府,治今江苏苏州市)和湖州(治今浙江湖州市)粮食生产在国内的重要地位。

　　中国历史上第一位记载这一谚语的是范成大。他在《吴郡志》卷50《杂志》记载:"谚曰:'天上天堂,地下苏杭'。又曰:'苏湖熟,天下足。'"《吴郡志》成书于宋光宗绍熙三年(1192年),可见这一谚语在绍熙三年以前已经出现了。第二位记载者是叶绍翁。他在《四朝闻见录》乙集《函韩首》记载,宋宁宗嘉定元年(1208年),方信孺受命出使金国,对金军元帅说:"浙西十四郡尔,苏湖熟,天下足,元帅之所知也。而况生齿日繁,增垦者众,苇萧岁辟,圩围浸广。"第三位记载者是吴泳。他在《鹤林集》卷39《隆兴府劝农文》指出,"吴中厥壤沃,厥田腴,稻一岁再熟,蚕一年八育。……吴中之民,开荒垦洼,种粳稻,又种菜、麦、麻、豆,耕无废圩,刈无遗陇。……所以吴中之农专事人力,故谚曰'苏湖熟,天下足',勤所致也。"吴泳在理宗嘉熙四年(1240年)稍后担任知隆兴府(治今江西南昌市)。第四位是高斯得。他在《耻堂存稿》卷5《宁国府劝农文》中说,他亲眼见到"浙人治田,比蜀中尤精。……

其熟也,上田一亩收五六石,故谚曰:'苏湖熟,天下足。'虽其田之膏腴,亦由人力之尽也。"高斯得在宋理宗时担任知宁国府(治今安徽宣城市)。值得注意的是,还有第五位是陆游。他在宋宁宗嘉泰四年(1204 年)时撰《常州奔牛闸记》中说:"语曰'苏常熟,天下足'。"把湖州去掉,换上了常州。早在宋仁宗景祐初年,范仲淹就说过:"苏、常、湖、秀,膏腴数千里,国之仓庾也。"①把常州列在湖州之前,说明范仲淹心目中,常州的农业发展程度要略胜湖州一筹。但从南宋初年开始,这种情况出现了变化,湖州的农业水平逐步超过了常州。宋高宗时,有人指出:"自巡幸以来,军贮岁计多仰浙西,而平江、湖、秀之产倍于他郡。"②未曾提及常州。虽然陆游在宋宁宗时一度言及常州,用常州来代替湖州,但方信孺又以湖州来代替常州。宋理宗端平二年(1235年),吴潜更在《论计亩官会一贯有九害》奏疏中说:"二浙之田,独湖、苏、秀为最美,而常、杭则次之,衢、越为常稔,而严、婺、台则不及。"③明确指出湖州、苏州、秀州(治今浙江嘉兴市)的耕地属全国第一流的"最美"之田,常州(治今江苏常州市)和杭州(治今浙江杭州市)为其次。常州的农业发展水平之所以退居全国第二流,主要是因为受到地理条件的限制。宋理宗景定五年(1264 年),黄震也说过:"镇江、江阴及常州之晋陵、武进,皆是沿江一带高冈硗土,所种多系荞麦、豆、粟……"④晋陵和武进两县是常州的治所,这里地势较高,土质贫瘠,所以只种植荞麦、豆、粟等粮食作物,农田的亩产量自然比种植水稻为低。宋度宗时,还有人指出:"浙右郡号沃壤,独毗陵田高下不等,必岁大熟,民乃足。"⑤常州在唐代称毗陵郡,宋代有时沿用此称,说明常州的粮食产量勉强够能自给,如遇歉收,就不得不依靠外地支援了。因此,与吴潜同时代的人吴泳和高斯得都以"苏湖熟,天下足"为谚,而不再提及常州

---

①　《范文正公集》卷 9《上吕相公并呈中丞谘目》。

②　《建炎以来系年要录》卷 54。

③　《宋左丞相许国公奏议》卷 2。

④　《慈溪黄氏日抄分类》卷 73《辞省札发下官田所请铜印及人吏状》。

⑤　史能之:《咸淳毗陵志》卷 20《财赋》。

了。由此推断,这一谚语是在宋理宗时期最终定型的。

　　"苏湖熟,天下足"谚语的出现和定型,完全是这两州农业发展的产物。南宋末年,平江府即苏州的上等田,每亩平均产量为米三石。方回《续古今考》卷18《附论班固计井田百亩岁入岁出》说:"吴中田今佳者,岁一亩丰年得米三石,山田好处或一亩收大小谷二十秤,得米两石,皆百合斗。"宋宁宗嘉定二年(1209年),知湖州王炎说:"本州境内修筑堤岸,变草荡为新田者凡十万亩,亩收三石。"①这里,王炎并未说明湖州的围田亩产三石是米抑或谷,这两者的计量是有相当大的差距的。宋宁宗嘉定年间,岳珂在《愧郯录》卷15《祖宗朝田米值》中说:"今苏、湖间上田,每岁收主租一石,折糙而计,亦止得八斗。"岳珂指出苏州和湖州上等田的平均亩产量是相同的,所以湖州的亩产三石,同样应该是米的计量。正如高斯得所说,苏、湖两州的上田"一亩收五六石",这自然是指谷的计量了。宋代将稻子加工成米的比例一般为稻子二石折米一石②,按这个比例,高斯得和方回、王炎所说的亩产量实际并无二致。与全国其他各个府、州相比,南宋还没有一个府州稻米亩产量能够达到这个水平。同时,平江府和湖州每年粮食产量也占据了南宋各路粮食总产量的相当一部分,显示了两个府、州在全国经济生活中的重要地位。以平江府为例,早在北宋仁宗时,范仲淹就说过:"臣知苏州日,点检簿书,一州之田系出税者三万四千顷,中稔之利,每亩得米二石至三石,计出米七百余万石。"范仲淹由此计算、东南地区每年上供朝廷的粮食总共为六百万石,这不过是苏州一州的年产量③。如果以湖州每年的粮食产量仅达苏州的一半计算,两州的年产粮食则达到一千万石以上,这样,就不是一个很小的数字了。按照南宋全国人口保持在一千一百多万户到一千二百多万户(宋高宗绍兴二十九年,即1159年),全国各路共一千一百零九万一千八百八十五户,见《建炎以来系年要录》

①　《宋会辑稿》食货6之31《垦田杂录》。
②　《宋会辑稿》食货1之45《农田杂录》。
③　《范文正公集·范文正公政府奏议》卷上《答手诏条陈十事》。

卷183。宋宁宗嘉定十五年即1222年,全国诸路共一千二百六十六万九千三百十户,见佚名《两朝纲目备要》卷16《宁宗》,平江府和湖州两地每年的粮食产量几乎可以分给全国每户一石米。实际情况还不止如此。据卢镇等《重修琴川志》卷6《叙赋·田》和杜范《杜清献公集》卷16《常熟县版籍记》,仅仅平江府常熟县(今江苏常熟市),在宋理宗端平二年(1235年)经过"经界法"的清丈土地后,全县共有耕地二百四十一万九千多亩。如果以每亩常年产量米二石计算,全县年产约四百八十多万石,这样,就差不多可以为全国每户提供四斗左右的米了。加上平江府其他各县,平江府和湖州每年所产稻米,就远远不只为全国每户供应一石稻米了。由此不难看出,"苏湖熟,天下足",决非华而不实的虚语。

(本文刊载于《农业考古》1987年第2期)

宋 代 的 节 日

宋代社会生产力的进一步发展和阶级结构的重新组成,给人们的物质生活和精神生活带来了许多新的内容,也使人们的生活方式发生了不少变化。其中,最能反映当时民情风俗的各种节日,也出现了一些变革。本文介绍宋代帝、后的"圣节",官定的重要节日,节气性和季节性的节日,带有宗教迷信性质的节日等。

一、帝、后的"圣节"

宋代"圣节"是指皇帝和太后的生日。皇帝生日举行一定仪式的庆祝典礼,可以追溯到南朝,梁元帝每逢自己诞日,必定斋素讲经,后来因事中断。明代学者顾炎武据此认为,"生日之礼,古人所无",至"齐、梁之间",乃行此礼①。以后,唐中宗在生日宴请过侍臣和内戚于宫廷,并与学士联句。不过,正式举行生日祝寿,应始于唐玄宗。开元十七年(729年)八月五日,玄宗诞辰,设宴招待百官于花萼楼,遂立此日为"千秋节"。布告全国、宴乐庆祝,休假三天。大和七年(833年)十月十日唐文宗生日,命全国州府设宴。数年后,文宗诞日,又令禁止屠宰②。这是皇帝诞日置节号、赐宴和禁屠之始。但此后各朝皇帝的"圣节"

---

① 《日知录集释》卷13《生日》。
② 高承:《事物纪原》卷1《圣节》。

"或置或不置"，直到五代"始立为定制"①。

宋代皇帝都立"圣节"，甚至有些皇太后也仿此建节。北宋九朝皇帝的"圣节"是：

节　　名	圣节时间	皇帝庙号	建节时间
长春节	二月十六日	宋太祖	建隆元年正月十七日
乾明节	十月七日	宋太宗	太平兴国二年五月十四日
承天节	十二月二日	宋真宗	至道三年八月八日
乾元节	四月十四日	宋仁宗	乾兴元年二月二十六日
寿圣节	正月三日	宋英宗	嘉祐八年八月二十三日
同天节	四月十日	宋神宗	治平四年二月十一日
兴龙节	十二月八日	宋哲宗	元丰八年五月五日
天宁节	十月十日	宋徽宗	元符三年四月十一日
乾龙节	四月十三日	宋钦宗	靖康元年二月二十六日

宋太宗"圣节"最初称乾明节，淳化元年改名寿宁节。宋哲宗生于熙宁九年十二月七日，因避僖祖（赵匡胤的四世祖）的忌日，改用八日②。宋徽宗生于元丰五年五月五日，也因避俗忌③："俗以每月初五、十四、二十三日为月忌，凡事必避之。"改用十月十日④。这些表明，"圣节"的名称和时间可依统治者的愿望稍加改变。南宋六朝皇帝加上帝显的"圣节"是：

节　　名	圣节时间	皇帝庙号	建节时间
天申节	五二十一日	宋高宗	建炎元年五月六日
会庆节	十月二十二日	宋孝宗	绍兴三十二年八月二十六日
重明节	九月四日	宋光宗	淳熙十六年二月二十一日
瑞庆节	十月十九日	宋宁宗	绍熙五年九月十七日
天基节	正月五日	宋理宗	嘉定十七年十一月二十七日
乾会节	四月九日	宋度宗	景定五年十二月四日
天瑞节	九月二十八日	宋帝㬎	咸淳十年七月十二日

---

① 赵彦卫：《云麓漫钞》卷 2。
② 《续资治通鉴长编》卷 356。
③ 周密：《齐东野语·月忌》。
④ 周密：《癸辛杂识》后集《五月五日生》。

　　宋宁宗的"圣节"原名天祐节，使用一个多月后改称瑞庆节①。

　　每逢新皇帝即位，便由宰相率领群臣上表奏请，为皇帝生日立节。老皇帝的"圣节"便自然消失。仅宋孝宗时，高宗尚健在，逢天申节依例庆祝；宋光宗时，孝宗也健在，逢会庆节也依例祝寿。到"圣节"那天，皇帝坐殿，文武百官簪花，依次上殿祝寿，进献寿酒。皇帝退入另殿，设御宴款待群臣以及外国使臣：先由百官进酒祝寿，然后由皇帝赐百官酒食，乐坊伶人致语，同时奏乐；酒数行而罢。皇帝又赐百官衣各一袭（套）。各级官衙休假一天。各路州军除向皇帝进贡银、绢、马等礼物外，在僧寺或道观开建"祝圣寿"道场，长官进香、享用御筵，用乐，放生，以示庆祝。朝廷下令禁止屠宰、丧葬和决大辟罪（死罪），还给赐度牒、紫衣师号等，准许剃度僧侣和试放童行②。如遇皇帝北征、郊祀和皇室丧事，"圣节"暂时罢宴或不举乐，如遇天灾严重、老皇帝梓宫（灵枢）在殡或皇太后丧事，暂罢祝寿仪式，百官仅赴阁门拜表称贺，再去相国寺进香和做祝寿道场。

　　北宋时，也曾为两名皇太后的生日立过节名。宋仁宗初年，为太后刘氏正月八日生日立长宁节。宋哲宗初年，为宣仁太后高氏七月十六日生日建坤成节③。当时庆祝活动的内容，包括文武百官上殿祝寿、献纳金酒器，内外命妇进献香合和入宫祝寿，开启道场斋筵，京城禁止行刑和屠宰七天，剃度僧道三百名④。宋徽宗初年，皇太后孟氏依照嘉祐、治平"故事"，仍称"圣节"，但不应立生辰节名，遂成为定制⑤。

二、官定的重要节日

　　除"圣节"外，宋代还有一些官定的重要节日，其中有传统的节日，

---

① 《宋会要辑稿》礼57之18—19《诞圣日》。
② 《宋会要辑稿》礼57之14—23《诞圣节》、《节日》。
③ 《续资治通鉴长编》卷354。
④ 《宋会要辑稿》礼57之37—38。
⑤ 《宋会要辑稿》礼57之23《节日》。

也有统治者出于政治需要而一时制定的节日。前者有元旦、上元节、中和节,后者有天庆、天祯、天贶、先天、降圣、天应、开基等节。

元旦:正月一日。又称正旦、元日、旦日,俗称年节、新年。是日,朝廷下令免收公、私房租和准许京城百姓"关扑"(主要是赌博)三天。民间用鸦青纸或青绢剪成大小幡,由年长者戴之,或贴于门楣①。家家饮屠苏酒和术汤,吃年馎饦(面片汤或面条)。从早晨开始,百姓穿上新衣,往来拜节,并燃放爆竹②。各坊、巷摆设食物、日用品、水果、柴炭等,歌叫关扑。如马行、潘楼街、州东宋门外等处,都搭起彩棚,铺陈冠梳、珠翠、头面、衣着、靴鞋、玩好之物等。其间开设舞场、歌馆,车马交驰,热闹异常。傍晚,贵家妇女出游、关赌,入场观看或进市店饮宴③。朝廷举行正旦"大朝会",皇帝端坐大庆殿,四名魁伟武士站在殿角,称"镇殿将军"。殿庭列仪仗队,百官都穿戴朝服冠冕,各州进奏官手持土特产,各路举人的解元(乡试第一名)也穿青边白袍、戴二量冠立班。高丽、南蕃、回纥、于阗等使臣,随班入殿祝贺。朝贺毕,皇帝赐宴。宫城前,已结扎起山棚(灯山),百官退朝时山棚灯火辉煌,金碧相射。次日,辽使或金使赴御园射箭,在此赐宴。朝廷选派能射者伴射,中的者则赐银鞍马、衣着等。伴射凯旋,市井百姓遮路围观,争呼口号④。各州官员、士大夫在正旦日,赴州衙序拜,依年齿为序,而不按官位高低⑤。

上元节:正月十五日为上元节,又称元夕节或元宵节。京城张灯五天,各地三天,城门弛禁,通宵开放。唐代以前,上元张灯"岁不常设"⑥。宋太祖时,因为"朝廷无事,区宇咸宁",加之"年谷屡丰",决定上元节再增十七、十八日两夜举行庆祝⑦。节日期间,京城的士民群集

①　吕原明:《岁时杂记》。
②　陈元靓:《岁时广记》卷5《元旦上》。
③　孟元老:《东京梦华录》卷6《正月》。
④　《东京梦华录》卷6《元旦朝会》;吴自牧:《梦粱录》卷1《元旦大朝会》。
⑤　施宿:《嘉泰会稽志》卷13《节序》。
⑥　朱弁:《曲洧旧闻》卷7。
⑦　《宋会要辑稿》礼57之28《上元节》。

御街，两廊下歌舞、百戏、奇术异能鳞次栉比，乐声悠扬。有击丸踢球者、踩绳上竿者，还有表演傀儡（木偶）戏、魔术、杂剧、讲史、猴戏、鱼跳刀门、使唤蜂蝶等。又朝北搭起台阶状鳌山（又称灯山、彩山），上面画有神仙等故事，左右用彩绢结成文殊、普贤菩萨，还张挂无数盏彩灯，极其新巧。许多灯以琉璃制成，绘有山水人物、花竹翎毛。鳌山顶端安置木柜贮水，不时放水，像瀑布飞溅而下。还用草把缚成双龙，遮上青幕，草上密置灯烛数万盏，远望如双龙蜿蜒飞腾。从鳌山到附近大街，约一百多丈，用棘刺围绕，称"棘盆"，实际是大乐棚。盆内各色彩灯"照耀有同白日"①，居中立两竿，各高数十丈，用缯彩装饰，挂着纸糊的百戏人物，或木雕仙佛、车马等像。乐人奏乐，同时演出飞丸、走绳、爬竿、掷剑等杂戏。皇帝和妃嫔在宫城门楼上观灯戏嬉，百姓在楼下观看露台（露天舞台）演出杂剧，奏乐人不时引导百姓高呼"万岁"②。朝廷在上元夜设御宴于相国寺罗汉院，仅赐中书和枢密院长官，其余即使现任使相、前任两府也不得参加③。百姓们以绿豆粉做成的蝌蚪羹、糯米汤元、焦㙮、春茧为节日美食，还迎邀紫姑神，预卜当年蚕桑④。十八日夜或十九日开始"收灯"。晏殊《正月十九日》诗云："楼台寂寞收灯夜，里巷萧条扫雪天。"正是描写这一情景。

中和节：二月一日称中和节。唐代贞元五年（789年）始立此节，最受重视。宋代放官员朝假一天，但不休务。皇帝开始换单罗服（单袍），官员换单罗公裳。民间用青囊盛上百谷、瓜果种子、互相赠送。百官进献农书，显示重农务本⑤。次日，为挑菜节。宫中举办挑菜御宴：事先准备红绿花斛，种植生菜、荠花等，俟宴酬乐声起，后妃、皇子等自中殿各以金篦挑菜，有赏罚⑥。

---

① 《岁时广记》卷10《立棘盆》。
② 《东京梦华录》卷6《元宵》。
③ 欧阳修：《归田录》卷2。
④ 沈括：《梦溪笔谈》卷21《异事》。
⑤ 《梦粱录》卷1《二月》。
⑥ 周密：《武林旧事》卷2《挑菜》。

开基节:正月四日称开基节。宣和二年(1120 年)四月,宋徽宗为纪念太祖在后周显德七年(960 年)正月四日登位、建立宋朝,决定立此节名①。是日,禁止屠宰和行刑②,各级官员皆赴宫观等处进香③。

天庆等节:宋真宗时,对辽作战失利,为掩饰澶渊城下之盟的耻辱,决定编造神人颁降天书的谎言和用封禅泰山等办法来"镇服四海,夸示外国",于是陆续创立了五个节名。景德五年(1008 年)正月三日,伪造天书下降承天门,下令改元,并于十一月决定以正月三日为天庆节,命各州兴建天庆观④,各官衙休假五天,百官赴宫观或僧寺进香。朝廷赐百官御宴。各州军提前七天选派道士在长官廨宇或宫观建道场设醮,特令官员、士庶宴乐,五天内禁止行刑和屠宰。大中祥符元年四月一日、六月六日,又陆续两次伪造天书下降,事后决定分立二日为天祯节和天贶节。遇此二日,不准屠宰和行刑⑤,在京和各地官衙都休假一天。天祯节后因避宋仁宗讳(赵祯),改称天祺节。大中祥符五年闰十月,以后唐天成元年(926 年)七月一日"圣祖"轩辕皇帝下降日定为先天节,又以十月二十四日"圣祖"降临延恩殿日定为降圣节,皆令放假五天,不准行刑,禁止屠宰,准许请客和奏乐,互赠"保生寿酒"。各州选派道士建道场设醮⑥。宋仁宗初年,因天庆等五节"费用尤广",增加百姓负担,决定将各宫观同时设醮改为轮流设醮⑦。

天应等节,政和四年(1114 年),宋徽宗也借口"天帝"降临,旌旗、辇辂等出现云端,以十一月五日立为天应节。规定该日建置道场,各级官员前往进香朝拜,放假一天,停决大辟刑,禁止屠宰。此后,又陆续立宁贶(五月十二日)、天符等节名⑧。

---

① 李埴:《皇宋十朝纲要》卷 18《徽宗》。
② 赵昇:《朝野类要》卷 1《诸节》。
③ 《宋会要辑稿》礼 57 之 32。
④ 陈公亮:《严州图经》卷 1《寺观》。
⑤ 《事物纪原》卷 1《天祺》。
⑥ 《宋会要辑稿》礼 57 之 28—31。
⑦ 《宋会要辑稿》礼 57 之 29。
⑧ 《宋会要辑稿》礼 57 之 31—33。

天庆等节，最初京城的宫观每节斋醮七天，后来减为三天、一天，逐渐废罢。到南宋时，京城不再举行庆祝活动，也不休假，仅外州官员赴天庆观朝拜和休务两天①。

三、节气性和季节性的节日

宋代民间仍然使用与农事有密切联系的二十四个节气，每个节气都有气候变化的意义，其中立春、清明、立秋、立冬、冬至等较为重要。此外，还有一些季节性的节日，如端午、七夕、中元、中秋、重阳、腊八、除夕等节。元旦、上元等节，原来也属季节性的节日，因倍受国家重视，从法律上详细规定了举行庆祝的规格和内容，故列入官定的重要节日一类，已见前述。

立春：立春前一天，开封或临安府奉献大春牛（土牛）和耕夫、犁具到宫中，用五色彩杖环击牛三下，表示劝耕，称为"鞭春牛"。各州县也造土牛和耕夫，清晨由长官率领官吏举行"打春"仪式。打春毕，百姓争抢其"肉"，但不敢触动号为"太岁"的耕夫②。百姓互赠装饰着花朵而坐在栏中、上列百戏人物和春幡雪柳的小春牛。当时以牛为丑神，出土牛用以表示加速送走寒气③。朝廷还赐给百官金银幡胜（剪彩或刻金银箔、缯绢而成），挂在幞头左方，入殿向皇帝祝贺，然后带回私宅④。

社日：每年有两个社日。宋代以立春后第五个戊日为春社，立秋后第五个戊日为秋社。朝廷和各州县都举行祭祀社稷的仪式，官衙各放假一天。民间做社糕、社酒相送，并用肉、饼、瓜、姜等切成棋子大小，浇在饭上，称社饭。学生也放假。小学生还把葱缚在竹竿上，推窗触葱，称"开聪明"。有的加上大蒜，以求能够计算。妇女暂停穿针引线。人

---

①　洪迈：《容斋五笔》卷1《天庆诸节》。

②　《岁时广记》卷8《立春》。

③　袁文：《瓮牖闲评》卷3。

④　《东京梦华录》卷6《立春》；《梦粱录》卷1《立春》。

们争取新及第进士的衣裳,认为吉兆①。

寒食和清明:自冬至后一百零五天,称寒食节,又称"一百五日"、"百五节"、"禁烟节"②。陕西人称为熟食日,京东人称为冷烟节,太原人称为一月节③。寒食前一天为"炊熟日",蒸成枣糕,用柳条串起,插在门楣上,称"子推"或"子推燕"④。子女长大后,多在此日上头。寒食节前后三天,家家停止烟火,只吃冷食。为此,节前多积食物,谚云:"馋妇思寒食,懒妇思正旦。"寒食第三天为清明节。是日,宫中赐新火给近臣、戚里⑤。从寒食到清明,官衙放假七天,军队停止训练三天。百姓纷纷出城扫墓,不设香火,只将纸钱挂在墓旁树上。客居外地者,登山望墓而祭,撕裂纸钱,飘向空中,称"擘钱"。城市居民乘此携带酒食春游⑥。张耒诗云:"寒食清明人意间,春城士女出班班。柳黄花白楼台外,紫翠江南数叠山。"开封郊外"四野如市",人们群聚在树下或园亭之间,罗列杯盘,互相劝酬⑦。

端午,唐时每一个月的五日,都可称端午⑧。宋以五月五日为端午节,又称端五、重五⑨、重午、天中、浴兰令节。自五月一日至端午前一天,市中出售桃、柳、葵花、菖蒲、艾叶,端午那天家家铺设在门口,吃粽子、五色汤元、茶酒等,"士庶递相宴赏"⑩。还将泥塑张天师像,用艾做头,用蒜为拳,挂在门额上,以禳毒气。苏辙诗云:"太医争献天师艾,瑞雾长萦尧母门。"南方很多地区还赛龙舟竞渡⑪。

七夕,七月七日为七夕节。北宋初仍沿用五代旧习,七夕用六日。

---

① 程大昌:《演繁露》卷12、《岁时广记》卷14《二社日》。
② 蔡絛:《铁围山丛谈》卷2、《岁时广记》卷15《寒食上》。
③ 庄绰:《鸡肋编》卷上。
④ 金盈之:《醉翁谈录》卷3。
⑤ 《宋朝事实类苑》卷32《赐新火》。
⑥ 《鸡肋编》卷上。
⑦ 《东京梦华录》卷7《清明节》。
⑧ 《容斋随笔》卷1《八月端午》。
⑨ 郑刚中:《北山文集》卷22《重五》。
⑩ 《东京梦华录》卷8《端午》。
⑪ 《岁时广记》卷21《端五上》。

太宗太平兴国三年（978 年），开始改用七日①。民间崇尚果实、茜鸡（以茜草熬鸡）和摩睺罗。摩睺罗即泥塑幼童像，精致者装上彩色雕木栏座，遮以纱罩，甚至用金玉珠翠装饰。傍晚，妇女和儿童穿上新衣，在庭院中立长竹竿，上置莲花，称"花竿"②；设香桌，摆出摩睺罗、酒果、花瓜、笔砚、针线，姑娘们个个呈巧、焚香列拜，称"乞巧"。有些妇女对月穿针，或把蜘蛛放入盒子内，次日观看网丝圆正，即为"得巧"③。此日又是晒书节，朝廷三省六部以下，各赐钱设宴，为晒书会④。

中元：七月十五日为中元节。官府放假三天，军队停止教阅一天。各州长官往圣祖庙朝谒⑤。百姓在家搭起圆竹架，顶部放置荷叶，装满各种食物和"目连救母"画像，借以祭祀祖宗。或赴墓地拜扫。僧寺也建盂兰盆会，向施主募捐钱米，代荐亡人。是日，百姓一般不吃荤食，屠户为之罢市⑥。

中秋：八月十五日为中秋节。节前，京城酒店出售新酒，市民争饮，不到中午便销售一空。晚上，金风送爽，丹桂飘香，富豪皆登楼台酌酒高歌，通宵赏月。贫民也质衣买酒，"勉强迎欢，不肯虚度"⑦。南宋时，浙江上放"一点红"羊皮小水灯几十万盏，浮满江面，灿烂如繁星⑧。

重阳：九月九日为重阳节，又称重九节。民间用糖和面蒸成糕，糕上插小彩旗，镶嵌石榴子、银杏、松子肉等，称重阳糕，用来互相馈赠。又用粉做成狮子蛮王形状，放在糕上，称"狮蛮"。各僧寺都设斋会。北宋时，有些僧寺设狮子会，僧侣坐在狮子像上做法事讲说，游人最多。苏轼诗云："菊花开时即重阳。"此时菊花盛开，民间竞相赏菊，将菊花

①　王栐：《燕翼诒谋录》卷 3《七夕改用七日》。
②　《嘉泰会稽志》卷 13《节序》。
③　《东京梦华录》卷 8《七夕》、《武林旧事》卷 3《乞巧》。
④　《朝野类要》卷 1《曝书》。
⑤　《岁时广记》卷 29、30《中元》。
⑥　《事物纪原》卷 8《盂兰》、《武林旧事》卷 3《中元》。
⑦　《梦粱录》卷 4《中秋》。
⑧　《武林旧事》卷 3《中秋》。

和茱萸插在头上,并且饮茱萸酒或菊酒①。绍兴府(治今浙江绍兴)民间很少做重阳糕,而多吃栗粽,亲友间当天非遇丧葬,不相往来②。十日,士庶再集宴赏,称"小重阳"③。

立冬和冬至:十月内立冬前五天,北宋都城上自宫廷,下至民间,开始贮藏蔬菜,以供一冬食用。于是车载马驮,充塞道路。立冬的时鲜有鹅梨、螃蟹、蛤蜊等④。十一月冬至,民间重视此节,为一年三大节(其余为正旦、寒食)之一。士庶换上新衣,备办食物,大多吃馄饨。俗语云:"新节已到,皮鞋底破,大捏馄饨,一口一个。"还用馄饨祭祀祖先。店铺罢市三天,垂帘饮酒赌博,称"做节"。官府也特准百姓关扑和减免公私房租三天。皇帝于此日受百官朝贺,称"排冬仗",百官都穿朝服。各官衙放冬至假五天,军队停止教阅三天⑤。

除夕:腊月(即十二月)八日,僧寺做成五味粥,称腊八粥,馈赠施主。百姓也用果子、杂料煮粥而食。二十四日,民间用蔬食、胶牙饧(麦芽糖)、萁豆等祭灶⑥。腊月底,被认为"月穷岁尽之日",故称"除夜"。而二十四日为"交年节"或"小节夜",三十日为"大节夜"⑦。民间都洒扫门闾,除尘秽,净庭户,换门神,挂钟馗,钉桃符,贴春牌,并祭祀祖先。晚上则准备迎神的香、花、供品,以祈新年的平安。宫中举行大驱傩(驱逐疫疠)仪式:军士等戴面具,穿绣画杂色衣,手执金枪、龙旗,装扮成六丁、六甲、判官、钟馗、灶君、门神、土地等,共一千多人,从宫内鼓吹驱祟到城外,称为"埋祟",而后散去。与此同时,点燃爆仗,声震如雷。农民们还点起火炬,称"照田"⑧。百姓合家围炉而坐,饮酒唱歌,奏乐

---

① 《东京梦华录》卷8《重阳》、《梦粱录》卷5《九月》。
② 《嘉泰会稽志》卷13《节序》。
③ 《岁时广记》卷35《重九中·再宴集》。
④ 《东京梦华录》卷9《立冬》。
⑤ 《东京梦华录》卷10《冬至》、《岁时广记》卷38《冬至》。
⑥ 《梦粱录》卷6《十二月》。
⑦ 《岁时广记》卷39《交年节》、《武林旧事》卷3《岁除》。
⑧ 《玉峰志》卷上《风俗》。

击鼓,坐以达旦,称为"守岁"①。南宋前期,民间老幼一度不讲究守岁②,后来才恢复旧习。俗语云:"守冬爷长命,守岁娘长命。"③

四、宗教迷信性的节日

宋代佛、道二教流行,加上一些新的封建迷信的出现,使民间的节日也增添了不少新的内容。现按时间顺序,将各地带有宗教迷信性质的主要节日介绍如下:

人日:古代占卜书以正月一日为鸡,二日为狗,三日为猪,四日为羊,五日为牛,六日为马,七日为人,八日为谷④。苏轼诗云:"晓雨暗人日,春愁连上元。"民间在此日剪彩绢人像,称"人胜",贴在屏风或戴在头髻上,表示人人新年后形貌更新。贺铸《人日》词云:"巧剪合欢罗胜子,钗头春意翩翩。"⑤民间还用面做成肉馅或素馅春茧,内藏写有官品的纸签或木片,食时探取,以卜将来官品的高低。欧阳修诗云:"来时擘茧正探官。"即是描写这一习俗。

玉皇生日:正月九日为"玉皇大天帝"生日。临安府居民赴承天观阁上建会⑥。

梓潼帝君生日:二月三日为梓潼帝君生日。帝君即晋代张恶子,本庙在剑州梓潼县七曲山,宋时屡被加封⑦。相传该帝君专"司桂籍,主人间科级",各地任官之人都就观建会,祈求仕途顺利⑧。

祠山张真君生日:二月八日为祠山张真君生日。张真君即张渤,宋时又称张王、祠山真君,本庙在广德军(治今安徽广德),赐额广惠王庙

---

① 《东京梦华录》卷10《除夕》、《梦粱录》卷6《除夜》
② 《瓮牖闲评》卷3。
③ 《岁时广记》卷40《岁除·祝长命》。
④ 《容斋三笔》卷16《岁后八日》。
⑤ 《全宋词》,第533页。
⑥ 《梦粱录》卷19《社会》。
⑦ 《宋会要辑稿》礼21之25。
⑧ 郑瑶等:《景定严州续志》卷4《祠庙》;《梦粱录》卷19《社会》。

或祠山行宫。江、浙各地也都建此庙。五代以来，此庙"素号灵应，民多以牛为献"。宋统治者屡加封号，尊崇备至①。逢其生辰，百姓竞赴朝拜，乘时演出百戏如杂剧、相扑、小说、影戏等。祭者必诵《老子》，且禁食猪肉②。

花朝节：二月十五日为花朝节。此时浙中百花竞放，正是游赏季节。州县长官到郊外，赐父老酒食，劝谕农桑。僧寺和尼庵建释迦涅槃会，信徒前往烧香膜拜③。

上巳日：中国古代以三月中第一个巳日为上巳节。魏晋以后到宋代，改为专用三月三日为上巳日④。民间在流水上洗濯，除去宿垢，称"禊"（即洁）⑤。南海人不做寒食，而在上巳扫墓⑥。此日又是北极祐圣真君和真武（又名真武灵应真君）生日，百姓都去祐圣观和祥源观（醴泉观）烧香。各道观也建醮，禳灾祈福⑦。

大禹生日：越州（即绍兴府）民俗以三月五日为大禹生日。是日，人们"倾城俱出"，去禹庙瞻仰游览⑧。

东岳帝生日：三月二十八日为东岳圣帝生日。各地善男信女在前一天在大路上通宵礼拜，会集到东岳传祠（行宫），称"朝岳"⑨，祈求农业丰稔⑩。

佛日：俗称四月八日为释迦佛的生日，又称浴佛节。各寺院都建浴佛斋会，僧徒用小盒装铜佛像，放入香药糖水（浴佛水），一面铙钹交迎，遍走街巷闾里，一面用小勺浇灌佛像⑪。临安六和塔寺集中童男童

————————————

① 《宋会要辑稿》礼 20 之 83、163。
② 《嘉泰会稽志》卷 6《祠庙》、《梦粱录》卷 14《外郡行祠》。
③ 《梦粱录》卷 1《二月望》、《玉峰志》卷上《风俗》。
④ 王观国：《学林》卷 5《节令》。
⑤ 葛立方：《韵语阳秋》卷 19。
⑥ 《岁时广记》卷 18《上巳上》。
⑦ 《夷坚志》卷 24《婺州两会首》。
⑧ 《嘉泰会稽志》卷 13《节序》。
⑨ 陈淳：《北溪字义》卷下《世俗鄙俚》。
⑩ 常棠：《澉水志》卷上《寺庙门》。
⑪ 《武林旧事》卷 3《浴佛》。

女和信徒举办朝塔会，西湖上举行各种放生会，观众达数万人①。尼庵也设饭供茶，称无碍会②。

竹迷日和龙生日：五月十三日为龙生日和竹生日（竹迷日）。民间认为此日栽竹，必定茂盛③。

崔府君生日：六月六日为崔府君生日。崔府君一说是东汉人，崔瑗（字子玉），一说是唐滏阳令④。本庙在磁州（治今河北磁县）。额曰崔府君庙，朝廷经常派官员主持庙事⑤。据说，宋高宗在北宋末出使至磁州境时，崔府君神曾显灵护驾，南宋时乃在各地兴建显应观，以褒其功。是日，百姓纷集该庙烧香，而后为避暑之计⑥。

解制日：佛教以四月十五日为"结制"或"结夏"开始之日。僧、尼从此日起，安居禅教律寺院，不能单身出外云游。佛殿也建楞严会。至七月十五日，僧尼寺院都设斋解制（又称解夏），称"法岁周圆之日"。自结制到解制，前后共九十天⑦。

威惠广祐王生日：饶州（治今江西鄱阳）民间以八月十五日为威惠广祐王生日，斋供三昼夜⑧。

鬼节：十月一日为鬼节。民间至此日谒墓，如同寒食⑨。

（本文刊载于《上海师范大学学报》1987 年第 3 期）

———————————

①　《梦粱录》卷 19《社会》。

②⑨　《玉峰志》卷上《风俗》。

③　《岁时广记》卷 2《夏·季夏月》。

④　王象之：《舆地纪胜》卷 1《两浙西路·显应观》。

⑤　《宋会要辑稿》礼 21 之 25。

⑥　《武林旧事》卷 3《都人避暑》、《梦粱录》卷 4《六月》。

⑦　《梦粱录》卷 3《僧寺结制》、卷 4《解制日》。

⑧　洪迈：《夷坚志》卷 48《广祐王生辰》。

唐宋之际社会阶级关系的
变动与农民战争

唐、宋之际，是中国封建社会由前期向中期转变的时期。这一转变开始于唐代中叶，到宋代告一段落。本文着重探讨唐、宋之际社会阶级关系，主要是地主阶级、农民阶级、手工业工匠、商人、家内服役者等身份地位的演变，并进一步考察这些演变对人民群众阶级斗争带来的种种影响，藉以说明自唐代中叶以后中国封建社会确实进入了新的发展阶段。

一、地 主 阶 级

唐代的地主阶级是由门阀士族、宦官、藩镇、皇亲贵戚、勋贵功臣以及庶族地主等阶层或集团组成的。自魏晋南北朝以来，门阀士族的势力已经大为削弱，"贵有常尊，贱有等级"的传统门第族望也受到了某些破坏。但是，士族仍然以门第族望自炫，不与贵戚和庶族通婚；以提倡名教、礼法相标榜，俨然孔孟的继承人；重视儒经，以取重于时，最初反对开设进士科，后来又积极加入，进而把持科举，以此作为猎取高官的重要门径。士族中很多人可以世袭爵位和封户，有些人可以用门荫得官，借此保持他们的政治特权和社会地位。他们还广占良田沃土，拥有为数众多的部曲、佃客、奴婢等劳动力。在唐代地主阶级的几个阶层或集团里，士族尤其阻碍社会经济的发展，他们的政治和经济势力，使土地难于进入流通的过程。唐代新起的皇亲贵戚、勋贵功臣,享有许多封建特权,诸如世袭爵位、封户、田地,他们对历代相传的士族门第不满,极力采取降低士族门第等级的办法,使自己成为等级最高的新贵。在唐代后期,宦官和藩镇的最高层已经凌驾于地主阶级的其他阶层或集团之上,并且左右皇权,兴废皇帝,甚至割据一方,挑起连年混战,使社会生产受到严重破坏。庶族地主是出身寒微的非身份性地主和官僚,不享有士族的种种封建特权,不能够世官世禄;他们重视诗赋辞章,拥护科举取士制度,希望自己进士科登第,跻入"衣冠户"之列;他们拥护皇权,是加强专制主义中央集权的积极支持者;他们常常违背名教、礼法,遭到士族的讥诮;同时,他们也对土地和劳动力进行贪婪的掠夺;他们的土地兼并和荫庇客户,使土地能够比较容易地进入流通领域,也使直接生产者对于地主的人身依附关系稍为松弛一些。

唐末农民起义沉重打击了地主阶级的各个阶层或集团。大批士族、皇族、勋贵、宦官、百官遭到起义军的严厉镇压。庶族地主同样也遭到了打击,但庶族地主中余下的一部分则乘机崛起;他们中有些人混入了农民军,最后又背叛了农民军;有些人利用地方势力,直接与农民军对抗。在唐末、五代时期,这部分庶族地主利用社会的动乱,崭露头角,成为获利最多的暴发户。

宋初结束了五代十国的分裂局面,对各国官僚采取兼收并蓄的政策,保持其原有官职,给予优厚待遇。与此同时,又不断通过科举考试等途径吸收大批士大夫,于是赵宋王朝组成了自己的基本官僚队伍。

如果说魏晋南北朝是门阀士族统治的社会,唐代是半门阀地主、半官僚地主统治的社会,那末,宋代就是官僚地主统治的社会。这是因为非身份性的官僚地主已经成为宋代地主阶级的主体。由于门阀士族最后消失,宋代社会上门第族望观念淡薄,封建官府"取士不问家世",人们"婚姻不问阀阅"[1],因此,士大夫"家不尚谱牒,身不重乡贯"[2],已经

---

[1] 《通志》卷25《氏族略》。

[2] 陈傅良:《止斋文集》卷35《答林宗简》。

不存在"士、庶之别"。以婚姻为例。当时的"贵人家"经常在科举考试年份选婿,不管"阴阳吉凶及其家世"只要举人省试及格,都有可能中选,称为"榜下捉婿"。还给予女婿一笔"系捉钱",供其在京费用。"富商、庸俗与厚藏者"嫁女,也在榜下捉婿,增加"系捉钱",使举人们俯就①。百姓们娶妻,也不顾门户"直求资财"②。在这种新的社会风气之下,作为地主阶级主要组成部分的各等级官僚,不再像唐代以前那样凭借族望门第的高下担任官职。而统治者主要通过科举考试选拔民户中的士大夫进入仕途,其次通过恩荫、吏人出职、进纳买官等途径吸收品官子弟、吏胥、富民等跻入官僚行列。所以,从历史渊源考察,宋代的官僚地方虽然是唐、五代以来庶族地主尤其是"衣冠户"的继续和发展,但因宋代已不存在门阀士族,所以不称庶族地主,而称为官僚地主。此其一。

宋代官僚地主不再严格地区分清、浊的流品,在法律上和习惯上一般把一品到九品的官员之家称为"官户"。在唐代,"官户"曾经是一种属于封建国家直接控制的依附性最强的农奴的名称,其社会地位比官奴婢略高。随着社会历史和阶级斗争形势的发展,官户、杂户逐渐得到放免。宋太祖建隆四年(963 年)颁行的《重详定刑统》,虽然继续把一种类似官奴婢的人户称为"官户"③,但是,约至宋仁宗初年开始,社会上逐渐把品官之家称为"官户"④。不过,宋仁宗时更经常使用的名词仍是"衣冠"、"命官形势"或"形势户"等。直到宋神宗熙宁年间(1068年至 1077 年)实行免役法,规定从前不负担差役的"官户"、"坊郭户"、"女户"等都要交纳"助役钱","官户"才正式在封建法律上有所反映。此后,"官户"一词就成为品官之家的法定户名,在宋代的史籍上屡见不鲜。从唐代至宋仁宗以后,"官户"这一名词涵义的前后迥然不同的

---

① 　朱彧:《萍洲可谈》卷 1。
② 　蔡襄:《蔡忠惠公文集》卷 29《福州五戒文》。
③ 　窦仪等:《重详定刑统》卷 6《名例律·官户、奴婢犯罪》;卷 12《户婚律·养子》。
④ 　蔡襄:《蔡忠惠公文集》卷 22《乞复五塘札子》。

变化,正反映出人们的社会关系发生了较大的变动。此其二。

宋代官僚地主的政治、经济地位呈现不稳定状态。能够累世显达即世代做官的为数不多,普遍情况是三世而后衰微。虽然如同王明清在《挥麈录前录·本朝族望之盛》中所载,宋代存在一些"族望",但只是因为在各该族中出了一两名大臣、后妃而已,他们并不享有前代门阀士族的传统特权。宋代官僚地主的普遍情况是他们的"富贵"较少长达三世以上。南宋人吕皓说:"今之富民,鲜有三世之久者。"①北宋大臣富弼说,臣庶之家,一旦出现不肖子孙,家道迅速沦落。理学家张载也说过:"今骤得富贵者,止能为三四十年之计。造宅一区及其所有,既死则众子分裂,未几荡尽,则家遂不存。"②这种现象跟前代门阀士族即使朝代推移,依然以门第自负,统治者也根据其门第加以重用的状况大不相同。由此在宋代经济领域中出现了"贫富无定势,田宅无定主"③的普遍趋向。而一些思想家也充分认识到这一趋向,提出了"财货不过外物,贫富久必易位"④的观点,主张消除物欲。此其三。

宋代品官之家即官户享有的特权跟唐代的品官有所不同。具体表现在减免国家赋役、世袭爵位和封户以及享受恩荫待遇上。唐代前期,品官享有免除赋役的特权;后期实行两税法,品官开始负担两税和杂徭。宋代承袭此制,但又有一些不同。按照封建国家规定,官户跟民户一样必须交纳二税,虽然官户可以巧立名目逃避二税或者转嫁他人,但并不享有免除二税的特权。支移、折变也"不以民户而输、官户而免",而"令官、民户一概输纳"⑤。科配、和预买的负担与否,则也因时而异。但是,官户仍然享有免除职役和夫役的特权。唐代的贵族、大臣可以世袭爵位和封户。唐初加食实封户者,还可向被封的课户征收租调以及

---

① 吕皓:《云溪稿·上邱宪宗卿书》。
② 《续资治通鉴长编》卷150,庆历四年六月戊午;《张载集·经学理窟·宗法》。
③ 袁采:《世范·治家·富家置产当存仁心》。
④ 黄震:《黄氏日抄》卷78《七月初一日劝上户放债减息榜》。
⑤ 《庆元条法事类》卷48《支移折变》。

庸，"世世不绝"。后来改由封建国家统一征收，再分别支给食实封者①。宋代官员的附加性官衔中也保留了爵以及食封、食实封，但跟唐代已颇为不同，一是没有子孙世袭的规定，二是官员食邑和食实封户数的多少，只在一定角度表明其官位的高低，一般不能真正收取封户的租税。仅在领取月俸时，按每实封一户，多领取二十五文足②。唐代的品官已经有权荫补亲属，但荫补的范围还比较小。唐制，五品以上官员可以荫孙，三品以上官员可以荫曾孙，尚未有荫兄弟、叔侄的规定，而且"不著为常例"③。从宋初到宋真宗时期，逐步形成了比较完整的恩荫制度。文官从知杂御史以上，每年奏荫一人；从带职员外郎以上，每三年奏荫一人；武臣从横行以上，每年奏荫一人；从诸司副使以上，每三年奏荫一人。根本没有兄弟、叔侄、曾孙等亲属远近的"品限"，因而"旁及疏从"，以致"入流寖广，仕路益杂"④。宋仁宗时，有不少官员已经看到"国朝任子之令，比前世最为优典"，主张加以改革⑤。恩荫的名目大致有五类：一是"大礼"即举行郊祀（京城之外大祭祀，如三岁南郊、圜丘时北郊）或明堂典礼（祀后土、皇地祇于明堂），每三年一次。二是"圣节"即皇帝诞日。三是官员致仕（退休）。四是官员上奏遗表。五是改元、皇帝即位、公主生日、皇后逝世时等临时性的恩典，都给予品官有关亲属以一定的荫补名额。通过恩荫制度，每年有一大批中、高级官员的子弟获得低级官衔或官职、差遣。宋仁宗庆历元年（1041年），左正言孙沔说，每遇大礼，臣僚之家和皇亲母后外族，"皆奏荐略无定数"，多至一二十人，少不下五七人，不问才愚，都居禄位，甚至"未离襁褓，已列簪绅"⑥。皇祐二年（1050年），何郯说，这时每三年以荫得官

---

①　高承：《事物纪原》卷4《实封》。

②　佚名：《趋朝事类》，《说郛》商务本卷34；赵昇：《朝野类要·爵禄·食邑》。

③④　赵汝愚：《宋名臣奏议》卷74，范镇：《上仁宗论荫补旁亲之滥》。《续通鉴长编》卷169，皇祐二年八月己未。

⑤　文同：《丹渊集》卷39《龙图母（毋）公墓志铭》。

⑥　《续通鉴长编》卷132，庆历元年五月壬戌。

者以及其他"横恩"授官者不减一千多人①。宋高宗绍兴七年(1137年),又有官员指出,这时每遇亲祠之岁,任子约四千人②,比北宋增加两三倍。据统计,宋代的州县官、财务官、巡检使等低、中级差遣,大部分由恩荫出身者担任。随着官员家庭人数的自然增殖,凭借恩荫得官者日益增多,恩荫制度便成为宋代官冗的主要原因之一。此外,宋代封建国家在给予官户一些特权的同时,又陆续制订各种条法对官户予以一定的限制。诸如按照官员品级的高低规定占有田产的最高限额,禁止一般官员在本贯或购置产业州县、寄居七年以上去处任职,禁止地方官在任所购置田宅,禁止地方官跟部下的百姓结婚,任期满后不得在任所寄居,禁止各级官员购买和承佃官田宅,禁止官员承买坊场、坑冶③,等等,这一切无非为了防止各级官员过分利用自己的职权,无限地扩张自己的经济力量、侵夺商人和其他地主甚至封建国家的利益,其根本目的是为了维持宋朝地主阶级的长远统治。此其四。

宋代地主阶级中还包括一定数量的乡村上户。按照宋代农村的五等户制,乡村上户一般是指第一等户到第三等户,遇到需要区别中户即第三等户的场合,上户就单指第一、二等户。宋代的官户是由政治地位决定的,乡村上户则由其经济地位而定。各地区因传统习惯的不同,划分户等的标准有所差别。一般地说,乡村上户是占田较多的地主。韩琦说:"乡村上三等并坊郭有物业人户,乃从来兼并之家。"④在乡村上户中,虽然同属一个等第,但财产的差别往往相当悬殊。比如第一等户,有占田一顷、三顷的,也有占田十顷、百顷的,所以,出现了"高强户"、"出等户"、"无比户"之称,他们与本等人户拥有的财产"大段相远"。在乡村主户中,上户大致占总数的十分之一弱,其余为乡村下户⑤。

---

① 《续通鉴长编》卷169,皇祐二年八月己未。
② 《宋史》卷159《选举志五·铨法下·补荫》。
③ 《宋会要辑稿》食货1之20《农田杂录》;食货6之1《限田杂录》;《包拯集》卷4《请法外断魏兼》等。
④ 韩琦:《韩魏公集》卷17《家传》。
⑤ 毕仲游:《西台集》卷1《耀州理会赈济奏状》;《宋会要辑稿》食货65之55《免役》;刘安世:《尽言集》卷11《论役法之弊》。

乡村上户的政治地位比官户要低一些,但在他们轮流担任州县职役和乡役即在担任吏职的期间,就可以跟官户一样成为"形势户"。封建法律规定,形势户"谓见(现)充州、县及按察官司吏人、书手、保正、其(耆)户长之类,并品官之家非贫弱者"①。这些州县吏职名目绝大部分是由上户担任的,由于担任吏职,出入官衙,他们便在政治上取得一定的职权,可以恃仗"形势",欺压贫苦农民。他们还可以通过纳粟补官,输钱买官,科举考试,与宗室、官户联姻等途径入仕,转化为官户。但是,当轮差衙前、保长等职役、保役时,由于官吏的百般勒索以及水火的损败,往往弄得破家荡产。有些上户不得不把田产献给"贵势之家",以避差役。到南宋中期以后,乡村上户还出现日益减少的趋势。这里的"日益减少"并不指少数上户转化为官户的现象,而是指较多的上户因破败家产、降为中下之户。宋孝宗时,董煟指出:"今之乡落,所谓上户亦不多矣。"②宋宁宗时,吴泳说:"昔号某州为殷富者,今则为空穷州矣;昔称某邑为壮大者,今则为凋敝邑矣,上户析为中户,中户变为下户。"③倪千里也说:"上、中户之产,与曩绝殊。……昔之为上、中户者,今也多析而为下户矣。"④宋度宗时,平江府的上户大批"死于非命"⑤。乡村上户日益减少的主要原因,不外是封建官府繁重的赋役压榨,诸如征科斛面、和籴、运粮、招军造舰费用、保役等,致使许多乡村上户"产去而税存,蓝缕不庇形,糟糠不充腹,鞭笞缧绁",沦为官府的阶下之囚⑥。乡村上户的日见减少,是宋代地主阶级大土地所有制恶性膨胀和社会财富加速两极分化的必然结果,也是宋代地主阶级经济地位不稳定的一个具体表现。总之,乡村上户的社会地位犹如唐代的庶族地主,但又有所不同。

　　由官僚地主、乡村上户地主以及工商地主(见后)组成的宋代地主

---

① 《庆元条法事类》卷47《赋役门一·违欠税租》。
② 《救荒活民书》卷2《劝分》。
③ 《鹤林集》卷17《论郡县人心疏》。
④⑥ 《宋会要辑稿》食货70之107—108。
⑤ 《宋史》卷173《食货上一》。

阶级,是作为中国封建社会中期新兴的社会力量而登上历史舞台的。官僚地主阶层还成为宋代地主阶级的主体和当权派。在漫长的中国封建社会中,魏晋的门阀士族不是没有起过某些积极的作用,只是因其后来日益腐朽和没落,严重阻碍社会的发展,才变成了历史前进道路上的一块绊脚石。唐代中叶以后,门阀士族逐渐被官僚地主所取代,宋代官僚地主还成为地主阶级的当权派,这表明中国封建社会前期和中期之间地主阶级内部发生了一次新陈代谢的过程。这是中国封建社会的一次不小的进步。跟门阀士族相比,宋代的官僚地主还有相当的生命力。大量的历史事实证明,以它为主体的宋代地主阶级对社会政治、经济和文化的发展,都一度起过积极的促进作用。当然,作为封建统治阶级,又有其剥削和压迫广大人民的一面,因而不免随着时间的推移,变得愈益腐朽和保守,以致阻碍了社会的继续发展。

二、农 民 阶 级

从唐代中叶到宋代,农民阶级的阶级结构和身份地位也在发生变化。唐代的农民阶级主要是由均田制下的一般农民以及逃户、客户、部曲等组成的。均田制下的一般农民也属于社会地位较低的庶族,但因为封建官府日益繁重的赋役剥削,越来越多的人被迫弃家外逃。唐肃宗时已经出现全国户口逃散过半的危机。很多逃户最后又不得不投靠地主,成为衣食客、浮客、浮户、佃客、隐户、荫户等。从此,他们沦为没有独立户籍和失去封建国家法律保障的地主的"私属"。魏晋以来的部曲制度到唐代已处于没落阶段,但社会上仍然存在相当数量的部曲。部曲是人身依附极为严格的农奴,属于地主"私家所有","随主属贯","别无户籍",可以拥有私产,娶良人、客女、奴婢为妾,平时替地主种田,战时就从军打仗①。唐代中期,统治阶级实行主要按照土地、财产

---

① 见《唐律疏议》。

征发赋役的两税法和职役法。在两税法中，规定"户无主客，以见居为簿"①，承认客户的合法地位。同时，用"轻税入官"、"免其六年赋调"的办法招诱客户，承认他们在官府文书中是有户籍的。接着，又把客户编入第九等户，用九等户制来控制和剥削客户②。这样，客户由地主的"私属"变为封建国家的正式编户，由非法变为合法，其身份地位得到了一些提高。

宋代的客户仍然具有独立的户籍，封建国家承认他们的编户、齐民的身份。在封建国家统计户口时，往往分别统计主户和客户的户口数；同时，封建国家向他们征收丁税、干食盐钱等杂税。这种情况跟唐代中期以后基本相同。但是，宋代客户的身份地位跟唐代又有一些不同。

宋代的"客户"一词一般已成为租佃土地的贫苦农民的专称。在唐代，凡农民移徙异乡、脱离户籍，都被称为"客户"。客户和土户相对，主要表示外乡和本乡地域的不同。宋代客户和主户相对。宋太祖开宝九年（976年），第一次统计全国主、客户的总数为三百零九万五百零四户。这次户口统计有其重要的意义，即客户的户籍权和作为封建国家编户齐民的社会地位初次得到宋王朝的正式承认。宋代客户和主户间的不同，主要在于"佃人之田，居人之地"③，本身没有田产，不交纳二税，其次在于"侨寓"他乡，而主户既有"常产"，又交纳二税，所以也称"税户"。官府主要是根据有无田产来区分主、客，登记在户籍上。客户分为两大类，即坊郭客户和乡村客户。坊郭客户是居住在坊市的无田产的外来人户，大都依靠出卖劳动力谋生，经营小手工业，充当"人力"，做摊贩等。在有些地区，坊郭客户的户数少于乡村客户，略多于坊郭主户。南宋福建路汀州的坊郭客户就是这种情况④。乡村客户是宋代佃农的主体，他们的户数约占全国总户数的百分之三十五左

---

① 《旧唐书》卷118《杨炎传》。
② 《旧唐书》卷105《宇文融传》；《唐会要》卷85《籍帐》。
③ 李觏：《直讲李先生文集》卷28《寄上孙安抚书》。
④ 《永乐大典》卷7890《汀字·汀州府》引《临汀志》。

右①。乡村客户的名称常常因地区或租佃关系、依附关系的差别而有
所不同。如旁户（旁下客户）、浮客、牛客、小客、私下分田客、火客、火
佃、地客、庄客、佃户、租户、种户等，如此众多名称的出现，无非说明客
户的增多和客户在农业生产中的重要地位。此其一。

宋代封建法律开始对客户的迁移自由权作出明确的规定。在此以
前，客户虽然成为国家的正式编户历时已久，但封建国家对客户的迁移
自由等长期未作规定。为了更有效地控制客户，地主阶级需要制订体
现自己意图的法律条文，以便更好地约束客户。但是，作为一种上层建
筑的法律，对于经济基础的需要的反映，总是落后于现实生活的。所
以，直到北宋初年，封建国家才对客户的迁移自由问题作出规定。这就
是宋仁宗天圣五年（1027 年）十一月以前的所谓"旧条"。"旧条"规
定：江、淮、两浙、荆湖、福建、广南州军"私下分田客，非时不得起移，如
主人发遣，给予凭由，方许别主（住）。"这一法令剥夺了淮河、汉水以南
（不包括川峡地区）的民间分成租制客户的迁移权，规定这些客户平时
不能随便迁移，只有在地主发给通行证后，才准予起程。北宋在太平兴
国三年（978 年）最后统一南方各地；次年，又平定北汉。此前即五代十
国的分裂时期，不可能颁发地域如此辽阔的法令。所以，这一法令的颁
发时间只能在 978 年至 1027 年之间近五十年内。这一法令把分成租
制客户的能否迁移，交与地主全权处理，其结果使分成租制客户"多被
主人折（抑）勒，不放起移"。针对这种情况，天圣五年十一月，宋仁宗
下诏："自今后客户起移，更不取主人凭由，须每田收田毕日，商量去
住，各取稳便，即不得非时衷私起移；如果主人非理拦占，许经县论
详。"②对"旧条"稍作更改，取消了客户迁移必须由地方发放通行证书
的规定，允许客户在每年收成后，跟地主商量去留，但既不准许客户随
意迁移，又不准地主无理阻碍。这一更改，给予客户一定的迁移权，跟

① （日）加藤繁：《中国经济史考证》第二卷，三八《宋代的主客户统计》。
② 《宋会要辑稿》食货 63 之 177《农田杂录》。

"旧条"相比,客户对于地主的人身依附关系稍稍作了改轻。皇祐四年(1052年),宋王朝对夔州路各州官庄客户的迁移问题作了规定,凡"逃移者,并却勒归旧处,他处不得居停"。又规定该路施(今湖北恩施)、黔(今四川彭水)二州各县的"主户壮丁、寨将子弟等旁下客户",如果"逃移入外界,委县司画时差人,计会所属州县追回,令著旧业,同助祗应,把托边界"。①夔州路是宋代社会经济落后的地区,施、黔二州又是少数民族聚居地,封建国家对这里的官庄客户和旁下客户都予严格限制,不准他们随便迁移。宋孝宗淳熙十一年(1184年),夔州路官府为了禁止豪强"偷搬地客",实行了一路的"专法":客户自此年起,如被搬移,"不拘年限,官司并与追还";如果违法强搬佃客,按照"略(掠)人条法,比类断罪"②。宋高宗绍兴二十三年(1153年),宋王朝下诏:"民户典卖田地,毋得以佃户姓名私为关约,随契分付;得业者,亦毋得勒令耕佃。如违,许越诉,比附'因有利债负虚立人力顾(雇)契敕'科罪。"这一诏书是根据知鄂州庄绰(《鸡肋编》作者)的建议而由户部"立法"的③。有关宋代客户迁移自由问题的史料比较丰富,本文仅就封建国家立法来进行论述。至于在实际生活中,因为剥削阶级的"法律的运用比法律本身还要不人道得多"④,所以,客户的境遇更为悲惨,其中还因时间和地区而有所不同,此处不再赘述。此其二。

宋代封建法律又开始对客户的社会地位作出明确规定。在封建社会中,阶级的差别一般是用居民的等级划分而固定下来的,同时,还为每个阶级确定了在国家中的特殊法律地位。在前代,比如在《唐律疏议》中,封建国家曾对直接生产者部曲、客女以及奴婢、官户等的社会地位作过详尽的规定。但是,自从客户由"私属"转变为封建国家的正式编户后,封建法律对客户的社会地位长期未作规定。在这段时间里,

① 《宋会要辑稿》食货69之66—67《逃移》,淳熙十一年六月二十七日。
② 《宋会要辑稿》食货69之66—67《逃移》。
③ 《建炎以来系年要录》卷164,绍兴二十三年六月庚午。
④ 《马克思恩格斯全集》第1卷,第703页。

客户的社会地位相对地说是不算太低。这是值得注意的。宋仁宗景祐末年（1037年）到宝元初年（1038年），王琪知复州（今湖北天门），有一名地主殴死佃客，法吏将按现行法律判处地主死罪，王琪却怀疑不决。十几天后，果然有"新制"下达，凡类似案件，都准许减罪免死①。从这一"新制"后来实施的情况看，它一度停止执行或废除过。因为，二十来年后，即嘉祐二年（1057年），随州（今湖北随县）司理参军李抃之父李阮因殴杀佃客，将被判处死刑，李抃请求用自己的官职代父赎罪。宋仁宗准其请求，免李阮真决（刺面），编管到湖南道州②。于是宋朝规定：凡地主殴打佃客致死，可"奏听敕裁，取敕原情"，但仍然没有"减等之例"。这就是所谓"嘉祐法"③。然而，再过二十来年，情况又发生了变化；宋神宗元丰年间（1078年至1085年），开始规定，凡地主殴杀佃客，都可减一等定罪，只被判处流判邻州之刑，而"杀人者不复死矣"④。这一规定至宋哲宗时重加详定，在元祐五年（1090年）七月乙亥，由刑部正式订成条法："佃客犯主，加凡人一等。主犯之，杖以下勿论；徒以上，减凡人一等。谋杀、盗、诈及有所规求避免而犯者，不减。因殴致死者，不刺面，配邻州本城；情重者，奏裁。"⑤意思是说，佃客侵犯地主，比平民罪加一等，地主侵犯佃客，则罪减一等。南宋高宗初年，封建国家对于地主殴杀佃客的罪行又减刑一等，只判以编配本州城。从此，"侥幸之途既开，鬻狱之弊滋甚，由此人命寖轻，富人敢于专杀"⑥。这就是说，经过景祐末年至宝元初年、元丰年间、元祐五年以及绍兴初年几次立法，佃客在法律上的社会地位低于地主二等。把这几次立法跟唐律中"诸部曲殴良人者，加凡人一等，奴婢又加一等"⑦相比，可以看出景祐末年至绍兴初年以后的客户（佃客）似乎又回复到了唐代部曲、奴婢

① 《宋史》卷312《王琪传》；郑克：《折狱龟鉴》卷8《王琪》。有关这一"新制"颁行时间的考证，详见别文。
② 郑瀷：《郧溪集》卷12《李抃状》；《续通鉴长编》卷185，嘉祐二年四月癸丑。
③④⑥ 《建炎以来系年要录》卷75，绍兴四年四月丙午。
⑤ 《续通鉴长编》卷445。《文献通考》卷167《刑考六》同。《宋史》卷199《刑法志一》作元祐六年。
⑦ 《唐律疏议》卷22《斗讼二》，

的社会地位。此其三。

　　宋代还逐步形成了一种新的主佃关系即"佃仆"制度。"佃仆"之称,始见于北宋,盛行于南宋浙东、浙西、江东、淮西、福建诸路,并且一直延续到元、明以后。清代乾隆年间,曾经有人叙述安徽南部佃仆制度的由来和性质说:"安省徽州、宁国、池州府属地方,自前宋、元、明以来,缙绅有力之家,召募贫民,佃种田亩,给予工本,遇有婚丧等事,呼之应役。其初尚不能附于豪强女仆之列,累世相承,称为佃仆,遂不得自齿于齐民。"①可见这种佃仆制度是从宋代开始,而后逐渐发展形成的。北宋时,许多地区已经出现地主视客户如奴仆、奴隶的现象。宋仁宗时,苏洵说:富民召募浮客,分耕田亩,"视以奴仆"。官员朱寿隆劝谕"大姓",将流民"畜(蓄)为田仆,举贷立息,官为置籍索之"②。

　　南宋时,有关佃仆的记载更是屡见不鲜。宋孝宗时,地主刘四九之妾鬼小娘,因佃仆拖欠租谷,令其他仆人"执而挞之"③。淮西蕲州蕲春县富室黄元功,命其佃仆张甲"受田七十里外查梨山下"④。江东饶州乐平县地主向生,命其田仆在田里种植绿豆。江西建昌军南城县地主邓椿年,经常出外"巡庄",检查佃仆种田情况⑤。袁采所撰《袁氏世范》一书中,还专门撰文劝谕佃仆妇女不宜私自向地主的家属借债⑥。元代初年有人说:南宋末年"江南富户,止靠田土,因买田土,方有地客。所谓地客,即系良民,……若地客生男,便供奴役,若有女子,便为婢使,或为妻妾"⑦。地客生男育女,都得为地主的佃仆或奴婢,供地主剥削和役使,这跟清初人所说佃户"累世相承,称为佃仆,遂不得自齿于齐民"一致。因此,随着佃仆以及奴婢的自然增殖,地主和佃仆的关系就

①　转引自《历史研究》1963 年第 5 期,第 112 页。
②　《宋史》卷 333《朱寿隆传》。
③　洪迈:《夷坚志补》卷 16《鬼小娘》。
④　洪迈:《夷坚志补》庚集上《黄解元佃仆》。
⑤　洪迈:《夷坚志补》庚集下《向生驴》;《夷坚三志》壬集卷 1《邓生畏萝卜》
⑥　袁采:《袁氏世范》卷 3《治家·佃仆不宜私假借》。
⑦　《元典章》卷 57《刑部》十九,《诸禁·禁典雇·禁主户典卖佃户老小》。

延续和扩大开来。佃仆制度是在前代的部曲、"私属"制度消失以后出现的一种新的剥削制度，它采取了最有利于地主的剥削方式。在这种剥削制度下，佃仆对于地主具有最为严格的人身依附关系。束缚在这种依附关系下的直接生产者，具有双重的身份，一方面他们是地主的生产性劳动者的佃客，向地主承佃纳租，另方面他们又是地主的服役性劳动者的奴仆，为地主服更多的劳役。简言之，这种依附关系既是主佃关系，又是主仆关系。此其四。

总之，从唐末到宋代，甚至到元代，农村直接生产者佃客对地主的人身依附关系和佃客的社会地位，出现了波浪式的发展变化过程。在唐末五代、北宋前期，佃客取得了封建国家编户齐民的地位，这是佃客社会地位稍有提高和人身依附关系较为松弛的时期。但是，到北宋中期以后，封建国家开始对佃客的社会地位作出明确的规定，佃客被一再降格，有些地区还形成了佃仆制度，这些情况跟唐末五代、北宋前期的佃客相比，出现了社会地位逐步下降和人身依附关系逐步加强的趋势，似乎又回复到了唐末以前的部曲、奴客的地位。不过，这不是简单的重复过去的历史，而是在新的更高的基础上的重复：宋代的佃客毕竟获得了独立的户籍，并且由于租佃关系的发展，佃客与地主之间普遍订有书面租佃契约，劳役地租显著减少等，因此跟唐末以前的部曲、奴客仍然有较多的区别，从这个角度考察，宋代佃客的社会地位和人身依附关系比前代的部曲、奴客仍然有所提高和松弛。

宋代农村中的直接生产者除客户以外，还有乡村下户。乡村下户一般是指农村的第四等和第五等户，系自耕农和半自耕半佃农以及佃农。乡村下户跟唐代称为"编户"或"百姓"的自耕农相似，是农民阶级的上层。在全国乡村主户的总数中，下户约占十分之九，或约占三分之二。在全国城乡主、客户总数中，除去约占百分之三十五左右的客户，下户则约占百分之六十弱[①]。乡村下户的经济情况是这样的，按照宋

[①] 《续通鉴长编》卷131，庆历元年二月；刘安世：《尽言集》卷11《论役法之弊》；魏了翁：《鹤山先生大全集》卷73《知达州李君墓表》。

代乡村五等户的划分标准,有的地区如蜀中的下户有田三、五十亩或五、七亩①,有的地区拥有税钱一百文或十文的田产也算下户②,有的地区"物力钱"在三十八贯五百文者为第四等户,不到此数者为第五等户③。除去隐寄的假冒"下户"(实为上户,为逃避税役,分立户名,转移财产,降低等第而为"下户"),一般下户所占耕地都很少,有的甚至"才有寸土","其名虽有田,实不足以自给"④。朱熹在江西南康军遇旱灾时,统计各户需要籴米者,将下户分为"作田"、"不作田"、"作他人田"三类,还附记另外各"经营甚业次"⑤。表明下户中既有自耕农,又有脱离农业而经营其他行业者(如流入城镇或墟市充当小商贩、经营小手工业,或者充当佣工者),还有佃农。实际是佃农的下户,本身没有田产,官府称为"无产税户","并无寸土尺椽,饥寒转徙,朝不谋夕"⑥。他们中有些人租佃地主的土地,有些人租种官府的职田或闲田⑦。由于缺乏各种生产资料和生活资料,下户每逢春耕之际,不得不向上户地主借贷耕牛、种子或粮食,在秋收时加倍偿还;如果不能及时还清债务,则又转息为本。宋宁宗时,真德秀说,乡村末等人户"尤更可怜,夏田才种,则指为借贷之本以度冬;秋田甫插,则倚为举债之资以度夏"⑧。终年遭受地主高利贷的盘剥。

宋初封建国家推行过一系列促进社会生产的措施,这对乡村下户经济的发展是有利的。同时,随着人口的自然繁殖,乡村下户的数量日益增多,他们的经济获得了一定的发展。但是,生产的逐步发展,却扩大了地主阶级的贪欲。首先是封建国家不断增加了对乡村下户的压榨。乡村下户本来就是宋代封建国家赋役的主要承担者之一,压在他

① 《续通鉴长编》卷168,皇祐二年六月。
② 吕南公:《灌园集》卷14《与张户曹论处置保甲书》。
③ 王十朋:《梅溪王先生文集》后集卷25《定夺余姚县和买》。
④ 真德秀:《真文忠公文集》卷10《申尚书省乞拨和籴米及回籴马谷状》。
⑤ 朱熹:《朱文公文集》别集卷9《取会管下部分富家及缺食之家》。
⑥ 吕祖谦:《东莱吕先生文集》卷1《为张严州作乞免丁钱奏状》。
⑦ 《宋会要辑稿》职官58之6、17《职田》。
⑧ 《真文忠公文集》卷6《奏乞倚阁第四等、第五等人户夏税》。

们肩上的有二税和名目繁多的苛捐杂税,如支移、折变、加耗、和预买、丁税、和籴、经总制钱、月桩钱、预借等。从宋初到宋末,这些赋税的剥削量明显呈现出加重的趋势。还有夫役和职役。夫役是封建国家按照城乡民户的人丁户口数量征调丁夫从事的劳役,官户、形势户享有免役的特权,坊郭户和乡村上户可以出钱雇人代役,实际负担夫役的就只有乡村下户以及客户。乡村下户的职役,主要是担任壮丁、栏头、乡书手、斗子、掐子、秤子、库子等,属于县、乡级机构中最低等的职务,直接受由上户担任的耆长、里正等县、乡胥吏指挥。跟颇为繁重的夫役相比,乡村下户的职役还是比较轻的。当然,乡村上户常常将自己承担的"重难"职役转嫁到下户头上,从而加重了下户的负担。由于封建国家的赋役压榨以及地主的高利贷剥削,乡村下户的经济状况出现了逐步下降的趋势。北宋后期人韦骧说,下户贫民"谷未破粒,吏索田税;织未下机,官督租帛。凶年歉岁,举不暇给,复称贷而益之。公家取其半,富者又取其半,饥寒并至,而无所赖,老弱填委沟壑,壮者流入工贾……"①在这种情况下,下户的土地不断被地主所吞并,而许多丧失土地的下户便加入了佃农的队伍。北宋人吕大钧说:"今访闻主户之田少者,往往尽卖其田,以依有力之家。有力之家既利其田,又轻其力而臣仆之,若此则主户益耗,客户日益多。"②到南宋末年,据方回记载,"望吴侬之野,茅屋炊烟,无穷无极,皆佃户也"③。表明这时候在浙西地区乡村下户几乎绝迹了。

宋代乡村下户作为主户的一部分,其社会地位要比客户高一些,经济地位则跟客户相差无几。乡村下户平时生活极为艰困,但只要有一点可能,仍然想方设法供其子弟入学攻读。正如宋仁宗时大臣富弼说:"负担之夫,微乎微者也。日求升合之粟,以活妻儿,尚日那(挪)一二钱,令其子入学,谓之'学课',亦欲奖励厥子读书识字,有所进益。"朝

①　韦骧:《钱塘集》卷2《本政》。
②　《宋文鉴》卷106,吕大钧《民议》。
③　方回:《续古今考》卷18《初为算赋·附论班固计井田百亩岁入岁出》。

廷上也不乏"崛起于贫贱之中"的官员①。当然,这毕竟是乡村下户中的极少数。

三、工　匠

在农民阶级的身份地位发生变化的同时,手工业工人即工匠的身份地位也出现了变化。

唐代的工匠有好几类,一是官手工业的"贱民",如官奴婢、"官户"、"杂户"等,这些"贱民"除在农业生产领域从事劳动外,还被大批用于手工业领域。随着劳动技能的提高和长期的斗争,封建国家开始允许他们自赎为良,或被迫准许他们免贱从良。二是民间的"番匠"。封建国家规定他们每年服役二十天,如果稽留不赴或者在役逃亡,都要受罚;服役期间,口粮自备。这种强制性的番役制,在均田制时期是十分普遍的。三是民间的"和雇匠"。唐代中叶以前,"和雇匠"甚少。唐代中叶以后,由于均田制的崩溃和统治阶级内部争夺劳动力的斗争,"贱民"为良者增多,和雇制也出现了逐渐发展的趋势。和雇匠的身份地位比"贱民"要高得多。

在唐代中叶以后工匠的身份地位变化的基础上,宋代工匠的身份地位出现了很多变化。在宋代的官手工业中,官奴婢之类的"贱民"已经几乎消失,代之以从民间召募来的厢军中的工匠即兵匠。宋代厢军的数量是相当多的,其中除很少部分人系因犯罪而被发配到"牢城""指挥"服役和老年士兵等以外,相当多的人在不同的作业"指挥"中工作,诸如采造、装卸、窑务、造船、省作院、作院工匠、船坊铁作、水磨、运锡、铁木匠、酒务、竹匠、造船军匠、鼓角匠、秤斗务等,都是当时先后成立的专业"指挥"②。属于这些"指挥"的厢军,实际上是受雇于封建国

---

① 《续通鉴长编》卷150,庆历四年六月戊午;《张载集·经学理窟·宗法》。

② 《宋史》卷189《兵志三·厢兵》。

家而终身工作的工匠,他们跟民间工匠的区别首先在于具有军籍。他们中间很多人原是"有手艺者",在招兵时经过试验,才"改刺充兵匠"①。苏轼说过:"不知雇人为役,与厢军何异?"②兵匠有"工食钱",但比一般雇募来的民间工匠要少。如宋高宗时,临安府筑城的杂役兵匠,每天"工食钱"为二百五十文,比一般工匠的三百五十文少一百文③。军器所的下等工匠,每月支粮二石、添支钱八百文、每日食钱一百二十文,杂役兵匠月粮一石七斗、每日食钱一百文④。宋理宗时,庆元府作院的军匠,每日支钱三百文、米二升、酒一升;民匠一贯五百文;诸军子弟匠五百文,米、酒与军匠同⑤。兵匠的身份地位,从"工食钱"等项反映出比民匠要低,但比唐代的"贱民"又要提高不少。兵匠的存在,减轻了封建国家对于民间工匠和农民的劳役剥削。此其一。

宋代的官手工业一般不再无偿征调民间工匠服役,而是采取一种新的介于征调和雇募之间的方式——"差雇"⑥。宋代官府在平日将民匠登记在簿籍,遇到需要时就按照簿籍而轮流差雇。南宋人撰《州县提纲》一书说:"役工建造,公家不能免;人情得其平,虽劳不怨。境内工匠,必预籍姓名。名籍既定,有役按籍而雇,周而复始,无有不均。"⑦岳珂《愧郯录》也说:"今世郡县官府,营缮创缔,募匠应役。凡木工,率计在市之朴斫规矩者,虽启楗之技无能逃。平日皆籍其姓名,鳞差以俟命,谓之'当行'。间有幸而脱,则其侪相与讼挽之不置,盖不出不止也,谓之'纠差'。"⑧无论"按籍而雇",或者"募匠""鳞差",都是在差中有雇,雇中有差。所谓"差",是因为并非出于工匠的自愿,而是官府括

---

① 《续通鉴长编》卷467,元祐六年十月丙子。
② 苏轼:《苏东坡奏议集》卷1《上皇帝书》。
③ 《宋会要辑稿》方域2之21《行在所》。
④ 《宋会要辑稿》职官16之4—5《军器所》。
⑤ 梅应发等:《开庆四明续志》卷16《作院》。
⑥ 《宋会要辑稿》职官16—7《军器所》,绍兴六年六月十八日条云:"差雇工匠";李元弼《作邑自箴》卷2《处事》云:"差雇人马、船车、作匠之类,置簿轮转,逐名后,多空素纸,批凿差雇月日……"
⑦ 佚名:《州县提纲》卷2《籍定工匠》。
⑧ 岳珂:《愧郯录》卷13《京师木工》。

籍而征发的。所谓雇，是因为官府对于服役的工匠支付"请受"或"食钱"。宋高宗时，从两浙、江南、福建等五路"差拨"到军器局造作，"除本身请受外，每月（日）添支食钱一百七十文、米二升半"①。按照规定，这些工匠一年一替②。宋理宗时，庆元府作院"照籍轮差"定海等县民匠，每四十日一替，日支钱一贯五百文、米二升、酒一升，起程给盘缠钱五贯、回程十贯，这样的报酬被认为是比较合适的，因此，"人皆乐赴其役"③。在差雇制下，民间工匠在服役期间的待遇要比唐代单纯的轮差制工匠要优厚一些。此其二。

宋代的官手工业有时也采用"和雇"民匠的方式，而民营手工业则普遍采用这种方式。和雇制的普遍采用，刺激了工匠的生产兴趣，也反映工匠的身份地位有了提高。官手工业在兵匠不足之时，除差雇民匠外，还和雇民匠④。所谓"和雇"，就是雇主和工匠"彼此和同"，即出于双方自愿。一般地说，民匠对官衙是敬而远之的，只有在报酬比较优厚或适当的情况下，民匠才会接受官府或官营作坊的雇募。如宋神宗时，保州的作院召募工匠，所给雇值包括银鞋钱以及南郊赏赐，跟厢军相同⑤。北宋末，建溪茶场的采茶工匠日领工钱七十文足⑥。有的官营作坊规定民匠自备物料，使民匠尽一家的人力采矿、烹炼，规定十分之中若干分充作工价⑦。我国最早的一部完备、系统的建筑学著作，北宋李诫编《营造法式》，详细系统地规定了建筑业中各工种不同等级操作的定额和材料的用量，也规定了工匠的报酬。有时官府对工匠规定："能倍功，即赏之，优给其值。"⑧鼓励工匠提高产量。但是，各级封建官府

---

① 《宋会要辑稿》职官16之23《军器局》。
② 《宋会要辑稿》职官16之8《军器所》。
③ 梅应发等：《开庆四明续志》卷6《作院》。
④ 《宋会要辑稿》刑法2之47《禁约》，大观二年五月一日诏："自今造作，计其工限，军工委有不足，方许和雇民工，事讫即遣……"
⑤ 《续通鉴长编》卷296，元丰二年二月庚子朔。
⑥ 庄绰：《鸡肋编》卷下。
⑦ 《宋会要辑稿》食货34之17《坑冶杂录》。
⑧ （清）王昶：《金石萃编》卷140《宣仁后山陵采石记》。

也不时"以和雇为名,强役工匠,非法残害",以致"死者甚众"①。遇到这种情况,"和雇"匠的生活,实际上跟被征调来服役的工匠相差无几。宋神宗时,在发生斩马刀局工匠暴动后,王安石表示:"凡使人从事,须其情愿,乃可长久。"又说:"饩廪称事,所以来百工。饩廪称事来之,则无强役之理。且以天下之财给天下之用,苟知所以理之,何忧不足而于此靳惜!"②反对利用政治力量"强役"各色工匠,主张在经济上给予优待,以便提高工匠的劳动兴趣。王安石的这一主张是颇有见地的。

在民营手工业中,和雇工匠制已经被普遍采用。尽管有关资料比官营手工业要少,但仍能反映出一个概貌。跟官手工业一样,民营手工业按照行业的不同而分成许多"作"或"行",作有"作头",行有"行老"或"行头"、"行首"。在北宋开封和南宋临安的市场上,凡需要"雇觅"作匠者,便可找行老"引领"③。"诸行借工卖伎人"在茶肆"会聚"行头,由行头向雇主推荐④。这些作匠看来主要是为城市居民提供修补加工的业务,并不直接制造手工产品。他们通过行老等人跟雇主发生联系,从中遭受行老等人的剥削。

在直接制造手工产品的民营作坊中,有时和雇的工匠数量也很多。宋仁宗时,端州崔之才,居端岩侧,"家蓄石工百人,岁入砚千数"⑤。宋神宗时,徐州利国监有三十六处铁冶,冶户都是富豪,"藏镪巨万",每冶各有工匠一百多人,"采矿伐炭,多饥寒亡命、强力鸷忍之民"⑥,全监约有工匠四千多人。宋徽宗时,开封武成王庙前张家、皇建院前郑家油饼店和胡饼店,每家各有五十多饼炉,"每案用三五人捍剂卓花入炉"⑦。以每炉用工匠三人计,则每家雇佣工匠一百五十人。宋孝宗

① 《续通鉴长编》卷355,元丰八年四月。
② 《续通鉴长编》卷262,熙宁八年四月己丑。
③ 孟元老:《东京梦华录》卷3《雇觅人力》;吴自牧:《梦粱录》卷19《雇觅人力》。
④ 《梦粱录》卷16《茶肆》。
⑤ 蔡襄:《蔡忠惠公文集》卷25《研记》。
⑥ 苏轼:《苏东坡奏议集》卷2《上皇帝书》。
⑦ 《东京梦华录》卷4《饼店》。

时,饶州鄱阳城内染坊余四、吴廿二,"铺肆相望","募染工继作,终夜始息"①。还有一些工匠,自备生产工具,为他人加工产品。北宋时,兖州一民家妇女,里人称为"贺织女","佣织以资之,所得佣直,尽归其姑"②。南宋时,饶州鄱阳县白石村一村民,"负机轴","为人织纱于十里外"③。有些工匠已跟农业脱离,成为专业性的纺织品生产者,在文献中被称为"织纱匠"或"织罗匠"④。有些地区的工匠还专为商人的订货制造或加工产品,赚取工钱。宋孝宗时,江西抚州民陈泰,以贩布起家,每年拿出本钱,贷给抚州崇仁、乐安、金溪以及吉州各县的"织户"。陈泰与织户之间,"各有驵(牙人)主其事"。"诸驵"除了负责将本钱分发给织户并从织户收取织物以外,还负责为陈泰"作屋停货"。比如乐安县"驵"曾小六曾经替陈泰"积布至数千匹"。陈泰每年六月开始,亲自带仆人往各处催索织物,到深秋乃归⑤。在这里,陈泰已经不是单纯经营布匹的买卖。而是预先将资金贷给织户,再从织户取得生产的布匹,作为直接生产者的织户。实际上,按照陈泰的订货制造或加工布匹,从中获取雇值。织户和陈泰、"诸驵"三者之间的生产关系,颇堪注意。此其三。

在经济比较发达的一些地区,如京东、河北、两浙、江东、成都府、梓州路等全国丝织业区域,还出现了为数众多的"机户",并且由机户发展成为机坊。机户是中国历史上到宋代才出现的新的名词,专指拥有织机而以家庭为单位生产并销售纺织品的专业性的小手工业者。宋太祖时,济州最早出现机户,其中有十四户每年为官府织绫,接受雇值⑥。宋仁宗时,梓州已有"机织户"几千家⑦。梓州是丝织品的重要产地之

---

① 洪迈:《夷坚三志》辛卷7《毛家巷鬼》。
② 李元纲:《厚德录》卷2《贺织女》。
③ 《夷坚乙志》卷8《无颏鬼》。
④ 《夷坚三志》辛卷5《程山人女》;《夷坚乙志》卷17《张八叔》。
⑤ 《夷坚支癸》卷5《陈泰冤梦》。
⑥ 《文献通考》卷20《市籴考一》。
⑦ 《宋会要辑稿》食货64之23《匹帛》。

一，每年要"上供"许多绢、红锦、鹿胎、青丝绫等，这里的织工还能织出八丈阔幅的绢①。因此，在这里出现了大批机户。宋神宗时，成都府有许多机户，官府预俵丝、红花和工值给他们"雇织"②。汉州有许多"绫户"长期替官府织绫，领取"工钱"③。宋徽宗时，河北、京东也有机户被官员"拘占"，"织造匹帛"，"亏过机户工价等钱"，以致机户"日有陪（赔）费侵渔"④。由于各地官员普遍强使机户织造，因此尚书省特地立法，对"诸外任官，自置机杼，或令机户织造匹帛者"，处以二年的徒刑⑤。南宋时，成都府、徽州、温州、嘉兴府、常州、镇江府等地都有许多机户存在。约在宋孝宗、光宗时，临安府周五在丰乐桥侧开设机坊⑥。南宋末年，临安府有许多机坊，专织素纱、天净、三法、新翻、栗地等纱和一种专供画家使用的"幅狭而机密"的"唐绢"⑦。由机户发展成为机坊，可能跟这些小作坊因经济力量的增长而雇用了一定数量的非家庭成员的工匠有关，从而使这些小作坊由家内作坊扩大为非家内作坊。有关文献中的这些机户或机坊，主要织造丝织品，他们常常被官府"差雇"织作，官府往往少给或拖欠"工钱"。有时还被某些官员"拘占"去织造高档丝织品，常常费工赔本。机户的产品大多成为商品，一部分产品由机户直接贩卖，投入市场，另一部分产品则卖给"揽户"（牙商），受揽户的中间剥削⑧。

宋代机户或机坊的大量出现，尽管现存史料不足以说明他们的内部结构，但他们的数量增加这一事实本身，说明宋代的纺织业中已经有不少小作坊跟原料生产明显分离，又有许多工匠跟农村家庭副业明显

---

① 张邦基：《墨庄漫录》卷2。
② 《续通鉴长编》卷338，元丰六年八月己亥。
③ 吕陶：《净德集》卷4《奏使回奏大事状》。
④ 《宋会要辑稿》刑法2之45《禁约》。
⑤ 《宋会要辑稿》刑法2之91《禁约》。
⑥ 《夷坚支丁》卷8《周氏买花》。
⑦ 《咸淳临安志》卷58《物产》。
⑧ 袁甫：《蒙斋集》卷2《知徽州奏便民五事状》；黄震：《黄氏日抄》卷71《申乞散还盐袋机户钱讫，再乞立定期限状》。

分离。这种手工业和农业分工的进一步扩大在当时是空前的；同时，由机户发展为机坊，表时这些小作坊的内部结构可能有了一些变化。机户既然以生产商品为其主要经营目的，随着它的队伍的不断扩大，不仅促进了当地丝织业的发展，而且促进了整个社会的商品经济的进一步发展。此其四。

总之，宋代手工业中兵匠、差雇匠与和雇匠的普遍存在以及各地机户的大量出现，反映宋代工匠的身份地位比前代有了较多的提高。

四、商　人

宋代工商业比较发达，府州县镇的城郭（又称坊郭）内居住着许多富裕的商人和手工业主。北宋秦观说："大贾之室，敛散金钱，以逐什一之利；出纳百货，以收倍称之息，则其居必卜于市廛。"①在社会上，人们开始稍微改变以前把商业视为"末业"的传统观念。南宋陈耆卿说："古有四民，曰士，曰农，曰工，曰商。士勤于学业，则可以取爵禄；农勤于田亩，则可以聚稼穑；工勤于技巧，则可以易衣食；商勤于贸易，则可以积财货。此四者，皆百姓之本业，自生民以来，未有能易之者也。"②商业跟士、农、工等行业一样成为社会的"本业"，从而把商业在国民经济中的作用提到了前所未有的高度。因此，不仅行商坐贾经营商业，而且士大夫们也普遍地利用一切机会贩运货物，以牟取暴利。北宋前期，士大夫中"粗有节行者"还能恪守祖训，"以营利为耻"，虽然有的人经不住商业利润的诱惑，去"逐锥刀之资"，但还要悄悄地进行。从北宋中期开始，社会风气显著变化，"仕宦之人"，"纡朱怀金，专为商旅之业者有之，兴贩禁物、茶盐、香草之类，动以舟车，贸迁往来，日取富足"③。

---

① 《淮海集》卷6《安都》。
② 《嘉定赤城志》卷37《风俗门·土俗·重本业》。
③ 蔡襄：《蔡忠惠公文集》卷15《国论要目·废贪赃》。

一般官员如此,大臣们也极少例外,甚至身居相位者,还"专以商贩为急务"①。这种事例之多,实在不胜枚举。此外,还有宗室、举人、僧尼、乡村人户等,也都想方设法从事贸易。

跟商业在人们心目中逐步由"末业"变为"本业"相适应,社会上也开始稍微改变以前视商人为"杂类"或"贱类"的传统观念。南宋黄震说:"国家四民,士、农、工、商。""士、农、工、商,各有一业,元(原)不相干,……同是一等齐民。"②商人成为封建国家的"四民"之一,跟士、农、工一样取得了"齐民"的资格。虽然宋初的封建法律仍然沿袭前代,禁止商贾本人参加科举考试或做官,但不久略为放宽尺度,允许其中的"奇才异行者"应举③,也允许其子弟应举。北宋时,曹州商人于令仪的子、侄多人进士登第④。庐州茶商侯某"家产甚富赡",其子进士及第,后授真州幕职官⑤。南宋时,鄂州富商武邦宁,"交易豪盛,为一郡之甲",其次子康民"读书为士人"⑥。建安人叶德孚贩茶,后获得"乡荐"即取得参加礼部试的资格,娶宗室女,授将仕郎⑦。饶州鄱阳士人黄安道应举累试不中,改营商业,成为"贾客",后又预乡荐,参加礼部试,终于登第⑧。福州闽清士人林自诚也舍笔砚而为商贾⑨。此外,商人可以通过接受朝廷的招募为封建国家管理税收、向官府进纳钱粟、充当出使随员、跟宗室或官员联姻、交结权贵等途径,获得官职。

随着国内外贸易的逐步发展和商人社会地位的提高,商人的资本与日俱增。各地出现了许多富裕的商贾,他们拥有巨额的资本。诸如

---

① 《宋史全文》卷33《理宗三》。
② 《黄氏日抄》卷78《词诉约束》、《又晓谕假手代笔榜》。
③ 《宋会要辑稿》选举14之12《锁厅》;14之15《发解》。
④ 王辟之:《渑水燕谈录》卷3。
⑤ 《永乐大典》卷13139《梦字》。
⑥ 《夷坚支庚》卷5《武女异疾》。
⑦ 《夷坚丁志》卷6《叶德孚》。
⑧ 《夷坚丁志》卷16《黄安道》。
⑨ 《夷坚支丁》卷4《林子元》。

汴京资产达百万的富商极多,超过十万者"比比皆是"①。其中有著名的"大桶张氏","以财雄长京师"②。徽州大商祝氏"其邸肆生业,有郡城之半",号称"半州祝家"③。泉州诸蒲,经营海上贸易达三十年,每年贩运商品一千万,获利五分④。

在自然经济占统治地位的宋代,土地是最重要的生产资料。加之,土地私有化程度加深,土地卖买盛行,商人只要交纳田契税,就能大量占田,而被视为合法。因此,商人在积累大量财富的同时,一般都要购置土地,把部分商业资本转变为土地资本,自己则变成单纯的地主或商人兼地主。南宋海商张𬸚多年远航交阯和渤泥诸国贸易,"其货日溱",后来在婺州城外购买大批田地⑤。张𬸚弃商从农,其资本暂时退出流通领域。更多的商人在农村添置土地后继续在城内经商。北宋后期人李新说,陆、海商贾"持筹权衡斗筲间,累千金之得,以求田问舍"⑥。南宋中期人朱熹在泉州同安县,见到"市户"跟官户等一样"典买田业,不肯受业"⑦。平江府麸面商周氏,买陂泽围裹成田因而致富⑧。有些地区的商人在购置土地后,利用这些生产资料种植经济作物,再行加工出卖⑨。有些商人在买田后,雇仆种植蔬菜,再将剩余产品出卖⑩。有些商人长期出外贩卖货物,亲属继续经营田产,借以养家⑪。这些商人对土地的投资,并没有使自己变为单纯的地主,而是成为兼营工商业的工商地主。他们对土地的投资,固然加速了土地的集中,但也不能说这些土地资本从此跟商品流通完全绝缘了,事实相反,

①　《续通鉴长编》卷85,大中祥符八年十一月己巳。
②　廉布:《清尊录》。
③　朱熹:《朱文公文集》卷98《外大父祝公遗事》。
④　方回:《桐江集》卷6《乙亥前上书本末》。
⑤　吕祖谦:《吕东莱文集》卷7《大梁张君墓志铭》。
⑥　李新:《跨鳌集》卷20《上王提刑书》。
⑦　《朱文公文集》卷43《答陈明仲》。
⑧　《夷坚三志》己集卷7《周麸面》。
⑨　《宋会要辑稿》食货32之12《茶盐杂录》。
⑩　《夷坚支甲》卷5《灌园吴六》。
⑪　《宋会要辑稿》食货69之50《逃移》。

这些土地资本还能在一定限度内促进商品经济的发展;同时,这些资本并非完全凝固于土地,在"贫富无定势,田宅无定主"的情况下,地权转移频繁,这些资本还可能重新回到流通领域中去。

总之,宋代商人的社会地位比以前有所提高,社会上人们稍微改变贱视商人的传统观念,商人可以通过多种途径获得官职,商人积累起大量资本,还购置土地,其中一部分土地资本也可能促进商品经济的发展。

五、家内服役者

在唐代中叶以后到宋代劳动力的重新编制过程中,家内服役者的身份地位也发生了变化。

唐代的家内服役者主要是奴婢,其次是"随身"。奴婢隶属于主人,为"家仆"之一,"律比畜产","同于资财,买卖时有价",毫无人身自由,是当时社会地位最为卑下的"贱口"。唐代蓄奴的风气比前代有所减弱,但仍然较盛,贵族、官员往往蓄养数百、上千名奴婢。蓄奴制表明唐代社会还存在着奴隶制度的严重残余。不过,唐代的奴婢已跟奴隶社会的奴隶有所差别,唐律规定,主人杀害奴婢,要罚杖一百,或处以一年的徒刑,说明主人已经不能随便杀死奴婢了。同时,从唐代中叶以后,随着社会经济的继续发展,官府或私家拥有奴婢的数量呈现日益减少的趋势,而另一种雇佣制,即"随身"制的比重则在逐渐增加。《唐律疏议·释文》说:"二面断约年月,赁人指使,为'随身'。""随身"系雇赁而来,有一定期限,社会地位比部曲略高,但低于平民①。

宋代的家内服役者的身份地位明显地比前代要有所提高,首先表现在宋代已经不存在将大批罪犯以及罪犯的子女籍没入官为奴的制度。唐代法律规定:"凡反逆相坐,没其家为官奴婢。""反逆"者一家的男女和奴婢,都属于籍没为官奴婢之列②。说明唐代还不时将罪犯的

---

① 均见《唐律疏议》。
② 《文献通考》卷11《户口二》;《唐六典》卷6《刑部尚书》。

家属籍没为奴。南宋末年人方回说："近代无从坐没入官为奴婢之法，北方以兵掳则有之。近代法不善者，宦官进子，宫无罪之人；良人女犯奸三人以上，理为杂户，断脊杖，送妓乐司收管。"①这就是说，宋代对于犯罪者及其家属，一般都按律论处，不再像唐代那样将大批人没官为奴，只是在平民女子犯奸而情重的情况下，罚为"杂户"，送到妓乐司看管。宋太宗时，宰相卢多逊获罪，"期周以上亲属，并配隶边远州郡，部曲、奴婢纵之"②。其亲属虽然变为罪犯，但并没有立即改变高贵的身份而为奴隶；同时，其原有的部曲、奴婢也没有受到牵连、被籍没为官奴婢，而是全部被释放。另外，各地也有将某些罪犯断配为奴或婢的③。但在宋代这种"杂户"或奴婢为数不会很多。宋代有些文人还认为，虽然"律文有官户、杂户、良人之名"，但现"今因无此色人，谳议者已不用此律"④。完全否定了当时"杂户"之类的存在。实际情况是宋代社会上已经不存在前代的"良人"与"官户"、"杂户"的极为严格的贵贱高下之分，因此所谓"罪奴"已经寥寥无几了。此其一。

宋代的家内服役者主要是受雇佣的劳动者"人力"和"女使"。据现存资料，"人力"一词，最早大约见于唐宣宗大中七年（853 年），表示劳力或劳动力的意思⑤。宋代继续存在奴婢买卖和强掠、抵债为奴的现象。据罗愿记载，湖北鄂州"民间所须僮奴，多籍江西贩到，其小者或才十岁左右"⑥。江南、荆湖南北等地"民略良人，鬻岭外为奴婢"。有一次，经过知虔州、广东提点刑狱周湛派人侦查搜捕，获得被掠的男女二千六百人，"给饮食放还其家"⑦。宋太宗时曾经下诏："江南、两浙、福建州军，贫人负富人钱无以偿，没入男女为奴婢者，限诏到，并令

---

① 方回：《续古今考》卷 36《酒浆笾醢醯盐幂奄女溪》。
② 《宋史》卷 264《卢多逊传》。
③ 《庆元条法事类》卷 75《刑狱门·编配流役》。
④ 费衮：《梁溪漫志》卷 4。
⑤ 仁井田陞：《中国法制史研究（土地法·取引法）》，东京大学出版会 1960 年版，第 658 页。
⑥ 罗愿：《罗鄂州小集》卷 5《鄂州到任五事札子》。
⑦ 《宋史》卷 300《周湛传》。

勘彐以还父母，敢隐匿者治罪"①。封建国家禁止富人利用逼债强迫负债人的儿女做奴婢的做法，甚至对违犯者要"治罪"，但这种非法的抵债为奴的现象始终存在，不能根绝。贫苦农民一旦经受不了地主富豪高利贷的盘剥，无法偿还，地主富豪便强迫负债人以子女抵债。尽管如此，这种通过买卖、强掠、抵债而来的奴婢，已经不是家内服役者的主要来源。宋代的家内服役者主要来自雇佣，在法律上一般称为"人力"和"女使"。北宋初年，窦仪等撰《重详定刑统》时，尚未采用此称，只沿用前代的奴仆、随身等词。大约直到宋仁宗时制订"嘉祐敕"，"人力"、"女使"才见于宋代的法律上。"嘉祐敕"规定，"略和诱人为人力、女使"，"依略和诱人为部曲律，减一等"②。葛洪《涉史随笔》说："古称良、贱，皆有定品，良者即是良民，贱者率皆罪隶。今之所谓奴婢者，概本良家，既非气类之本卑，又非刑辟之收坐，不幸迫于兵荒，陷身于此。"③指出宋代的奴婢跟前代的奴婢之间的不同之处。由此说明，宋代的奴婢本来出身"良家"，因为家境窘迫，不得不出卖自己的劳动力。人力和女使跟雇主一般订有雇佣契约，上面写明期限、工钱或身钱等项④。宋代封建国家还制订专法："雇人为婢，限止十年。其限内转雇者，年限、价钱，各应通计。"⑤雇期届满，女婢可以回家，或者另找雇主，或者续订雇约。奴婢和雇主之间订有雇佣契约，这在前代也是不多见的。此其二。

宋代的人力和女使的身份、地位比唐代的奴婢要高。宋代的人力、女使与雇主之间的雇佣关系本身，就标志着人力、女使的身份、地位要高于唐代的奴婢。宋太祖初年，规定臣僚"不得专杀"奴仆，又下诏各

---

① 《文献通考》卷166《刑法考五》。
② 《宋会要辑稿》刑法1之33《格令二》。
③ 葛洪：《涉史随笔·汉高帝诏免奴婢自卖者为庶人》。
④ 《建炎以来系年要录》卷164；袁采：《袁氏世范》卷3《治家·雇女使年满当送还》；周密：《癸辛杂识》别集卷下《银花》。
⑤ 罗愿：《罗鄂州小集》卷5《鄂州到任五事札子》。

州凡判处死刑的案件必须上报刑部详复,将"生杀之权"收归朝廷中央①。宋真宗时,本来按照"旧制","士庶家僮仆有犯,或私黥其面",被认为是合法的,但这时宋真宗认为"今之僮使,本佣雇良民",乃下诏今后僮仆有过失,主人不得私刺其面②。随后,又按照唐律中对于主人杀死奴婢和部曲判刑的条法,规定:"自今人家佣赁,当明设要契,及五年,主因过殴决至死者","加部曲一等"③。大中祥符三年(1010年),魏王赵元佐之子允言因箠侍婢过重,被朝廷贬官,禁止朝谒,勒归私宅④。宋仁宗至和元年(1054年),宰相陈执中家中的女使迎儿被凌虐致命身死,开封府出面验尸处理,一时闹得满城风雨。殿中侍御史赵抃、翰林学士欧阳修等纷纷上疏弹劾。赵抃说:"若女使本有过犯,自当送官断遣。岂宜肆匹夫之暴,失大臣之体,违朝廷之法,立私门之威!"如果迎儿被陈执中亲手杖毙,陈执中则"不能无罪";如果确系被陈的爱妾阿张所殴致死,阿张"自当擒付所司,以正典刑",而陈也不宜继续居于相位。赵抃还提出:"臧获虽贱,其如性命非轻,当与辩明,以伸冤滥。"⑤不久,陈执中罢相,出判亳州⑥。在宋代现实生活中,奴仆、女婢突然死亡或失踪,其家属经地方官府控告主家,主人因而被传讯甚至被捕判刑者,不乏其例⑦。这些事实说明这时的"佣赁"人即人力、女使的社会地位比唐代的奴婢要高,也比部曲要高一些。不过,在前述宋仁宗"嘉祐敕"中,遇到"略和诱人为人力、女使"的场合,按照"略和诱人为部曲律"减一等定罪,说明人力、女使的社会地位又出现变化,变为略低于唐代的部曲。南宋《庆元条法事类》对于人力和佃客奸主罪的判刑,也规定:"诸旧人力奸主者,品官之家,加凡奸二等;民庶之家,

① 王栐:《燕翼诒谋录》卷3《主家不得黥奴仆》。
② 《续通鉴长编》卷54,咸平六年四月癸酉。
③ 《文献通考》卷11《户口二·奴婢、佣赁等》。
④ 《宋会要辑稿》帝系1之33《太子诸王》。
⑤ 赵抃:《清献集》卷6《论宰臣陈执中家杖杀女使》、《乞一就推究陈执中家女使海棠非理致命》。
⑥ 《宋史》卷285《陈执中传》;卷12《仁宗纪四》。
⑦ 周密:《齐东野语》卷7;司马光:《涑水记闻》卷2;刘克庄:《后村先生大全集》卷160《英德赵使君墓志铭》。

加一等。即佃客奸主,各加二等。"①人力与雇主在犯有同等罪行时在量刑上有不平等的规定,表明人力仍对雇主具有比较严格的人身依附关系,其身份、地位比一般平民为低,但又比佃客略高。此其三。

总之,宋代人力、女使的大批出现及其身份、地位的稍为提高,标志着中国封建社会中奴隶制度严重残余的进一步削弱,具有比较重要的意义。诚然,宋代还存在着卖身为奴或被掠为奴的现象,这类奴婢为数也不少,但跟受雇的人力、女使相比,显然已经退居次要的地位了。

六、人民群众的阶级斗争

由唐代的士族、贵族和部曲、奴客、贱民、番匠、奴婢等旧的社会阶级结构,逐渐转变为宋代的官僚地主和佃客、乡村下户、差雇匠、和雇匠、商人、人力、女使等新的社会阶级结构,标志着中国封建社会内部阶级关系发生了一次重大的变化。宋代社会阶级关系的变化以及新的封建经济制度、政治制度等的形成,促使人民群众阶级斗争的动力、对象、方式、口号等都发生了很大的变化。

最明显的变化是宋代的农民起义更加明确地提出了"均贫富"和"均贫富、等贵贱"的战斗口号,对地主阶级剥削、压迫农民的经济、政治制度提出挑战。人所共知,唐代中叶以前的农民起义把斗争矛头首先指向地主政权,突出反抗封建隶属关系的强化,要求提高人身权利。唐代中叶以后,农民起义继续打击地主政权,同时把斗争矛头指向地主经济,逐步地由朦胧而明确地提出了"平均"社会财富的要求或口号。唐末王仙芝起义,王仙芝自称"天补平均大将军"。五代南唐时,黄梅县民诸佑在组织农民准备起义时,提出过"使富者贫,贫者富"②的思想。北宋初年,川峡地区王小波、李顺起义军,更加明确地提出了"均

---

①　《庆元条法事类》卷80《诸色犯奸》。

②　陆游:《南唐书》卷14《陈起传》。

贫富"的口号。王小波向广大农民宣称:"吾疾贫富不均,今为汝均之。"①南宋初年,洞庭湖畔钟相、杨太起义军在王小波、李顺起义口号的基础上,补充入"等贵贱"的内容。钟相告诉起义军:"法分贵贱贫富,非善法也。我行法,当等贵贱,均贫富。"起义军自称"爷儿",称封建法律为"邪法",称杀死官吏、儒生、僧道等为"行法",称剥夺地主财产为"均平"②。"均贫富、等贵贱"口号的明确提出,与其说是中国封建社会农民战争经验积累和革命传统的必然结果,毋宁说是宋代特定的历史条件下的产物。马克思主义经典作家告诉我们,"平等的要求",在农民战争中"是对极端的社会不平等,对富人和穷人之间、主人和奴隶之间、骄奢淫逸者和饥饿者之间的对立的自发的反应","这种自发的反应,就其本身而言,是革命本能的简单的表现,它在这上面,而且也只有在这上面找到了它成立的理由"。还指出,"平等的观念","本身都是一种历史的产物,这一观念的形成,需要一定的历史关系"。③宋代的阶级结构、土地制度等决定官僚地主阶级占有大量的财富,而广大劳动人民处于赤贫的境地。同时,宋代"官无世守,田无常住"的社会现实,使农民阶级先进分子认识到贵贱、贫富是可变的、易变的,并非天命所定。既然官僚、商人和地主通过土地兼并、囤积居奇、营私舞弊、敲诈勒索等手法,不断改变自己的经济和政治地位,甚至有些官僚、商人和地主就在激烈的竞争中破产而沦为贫贱,正像有些士大夫已经看到的"贫不必不富,贱不必不贵"④的社会现象那样,那末农民阶级也未尝不可用自己的方式,即用革命战争的方法来杀死富者和剥夺富者的财产,实现"均贫富,等贵贱"的口号。这是农民阶级对于封建制度在感性认识阶段的一个不小的飞跃。此外,北宋中期和南宋初年,封建国家连续四次立法降低佃客的法律地位,从此"人命寖轻,富人敢于专杀"佃客。

① 　王辟之:《渑水燕谈录》卷8《事志》。
② 　《三朝北盟会编》卷137。
③ 　《马克思恩格斯选集》第三卷,第146至147页。
④ 　刘跂:《学易集》卷6《马氏园亭记》。

钟相、杨太起义军提出"等贵贱"的口号,并且指斥封建法律为"邪法",就是否定这一封建法律,也是对这一时期封建国家肆意降低佃客社会地位的一种反抗。由此可见,宋代农民起义所提出的"均贫富,等贵贱"的战斗口号,本身是当时历史条件的产物,是农民阶级革命本能的简单的反映。此其一。

宋代农民采取了新的斗争方式——抗租斗争。宋代以前,农民的阶级斗争,除武装起义以外,经常性的斗争方式是为反抗封建国家的赋役剥削而弃土逃亡。到宋代,尤其南宋,农民阶级就增添了一种新的斗争方式即抗租斗争。宋代租佃制度的发展,实物地租成为地主剥削佃客的主要手段。随着社会生产的逐步发展,地主的贪腹日益膨胀。为了满足自己贪得无厌的剥削欲望,地主便通过正额地租和名目繁多、花样百出的额外地租以及高利贷,对佃客进行敲骨吸髓般的剥削,攫夺了佃客的大部分甚至全部土地产品,使佃客过着极端贫穷困苦的生活。为了生存和保卫自己的劳动果实,佃客便不断展开反对地主高额地租的斗争。这种方式的斗争,北宋时甚少,南宋后就日益增多。较早的一次,是宋神宗时由成都府正法院的"佃氓"们发动的。这些"佃氓"执耜辟壤,共得良田四千七百多亩,正法院"寺僧稍欲检察","佃氓""辄手棘待诸途,往往相掊击濒死"。正法院僧徒"检察"佃客新开辟的良田,目的在于使"佃氓输租于寺廪",而佃客为了保卫自己惨淡经营而得的土地,拒绝输租,就跟僧侣地主进行了激烈的斗争[1]。这是"佃氓"们一种自发的集体行动。稍后,据晁补之记载,佃客们利用一切可能情况,尽量少向地主交纳地租,如秀州的"佃户靳输主租,讼由此多"。"庄奴不入租,报我田久荒"[2]。而在平时,佃客们常常"偷瞒地利",这自然是指分成租制佃客想方设法替自己多留下一部分土地产品,而在地主老爷们眼里变成了"偷瞒"土地产品,被视为做事不"诚信"的一种表现[3]。

---

①　扈仲荣等:《成都文类》卷39,杨天惠撰《正法院常住田记》。
②　晁补之:《鸡肋集》卷65《奉议郎高君墓志铭》、卷5《视田五首》。
③　李元弼:《作邑自箴》卷6《劝谕民庶榜》。

实际上这正是佃客抗租斗争的一种方式。南宋时,佃客的抗租斗争以两浙和江西路居多。湖州的佃客,往往"数十人为朋,私为约,无得输主户租"①。江西抚州附近地区租种官田的佃客,"不复输纳"地租,"春夏则群来耕获,秋冬则弃去逃藏。当逃藏时,固无可追寻,及群至时,则倚众拒捍"②。佃客们有组织地甚至巧妙地进行斗争,不向官、私地主纳租,使地主一时无可奈何。婺州地主卢助教,以刻剥起家,"因至田仆之居,为仆父子四人所执,投置杵臼内,捣碎其躯为肉泥"③。福建建宁府建阳县某乡"火田"即"火佃",不堪地主和官府的压榨,拿起武器"大作啸聚","纵火杀人"④。平江府吴县的佃客,为了反抗巡尉司派弓兵下乡替地主催租,百般苛虐佃客,"举族连村"地"群起而拒捕",弓兵"追愈急",佃客"拒愈甚","非佃伤官兵,则官兵伤佃,否则自缢自溺"。因此,"不独田主、租户交相敌仇,而官司、人户亦交相敌仇,善良怵而为奸邪,田里化而为盗贼"。秀州德清县的佃客,还发动了反对"府第庄干"即官僚地主庄田的干人大斗收租而要求"降斗"的斗争⑤。事后,地方官黄震在谈到平江府吴县佃客的抗租斗争时,警告浙东路的官员们说:"府第庄干多取赢余,上谩主家,下虐租户,刻剥太甚,民怨入骨,往往结集拒捕。顷岁德清县降斗之事,尝烦官兵,今非昔比,尤当预戒。"⑥可见这次反对地主大斗收租的斗争,后来还发展成为反对封建官府的武装斗争。这些事例只是出于当时士大夫的零星记录,但由此可知佃客的抗租斗争已经日益频繁,成为农民阶级经常性的斗争方式之一,从而为宋代人民群众经常性的斗争增添了新的内容。些其二。

宋代农民开始进行夺取地主土地的斗争。在封建社会中,土地是主要的生产资料。宋代社会不重家世、不崇门阀,土地成为划分贫富贱贵的主要标准。加之,宋代土地私有制进一步发达,租佃制度盛行,地

---

①　吕祖谦:《东莱吕太史文集》卷10《薛常州墓志铭》。
②　陆九渊:《象山先生全集》卷8《与苏宰》之二。
③　洪迈:《容斋三笔》卷16《多败长恶》。
④　(明)冯继科:《嘉靖建阳县志》卷6上《艺文志》。
⑤⑥　黄震:《黄氏日抄》卷70。

主更加依靠土地来刻剥农民。农民为了摆脱困境,迫切要求土地,期望得到一小块土地进行简单的再生产,以便维持生活。不过,这时的农民斗争尚未将土地从一般财富中区别开来,王小波、李顺起义军和钟相、杨太起义军虽然提出了"均贫富"的口号,这一口号的背后也隐藏着农民的土地要求,但并没有明确地提出来。这是因为农民对于封建制度的基础——地主土地所有制仍然缺乏理性的认识。但是,现实生活促使农民自发地要求土地,在武装起义中从地主手里夺回土地耕种。南宋初年,湖南、广南、江西、福建等路二十多州的起义农民,纷纷"占据民田"即夺取地主的土地耕种,或者不直接夺取,而"令田主出纳租课"①。这些起义中也包括钟相、杨太起义。钟、杨起义军在洞庭湖畔夺取地主的土地耕种,"春夏则耕耘,秋冬水落,则收养于寨"②。福建范汝为起义军,也是"占据乡村民田耕种,或虽不占据,而令田主计亩纳租及钱银之类"③。如果田主顽抗,就"夺其种粮、牛畜而逐之"④。在宋朝官军残酷镇压这次起义后,统治者担心已经接受"招安之人"继续"占夺民田,认为己业",所以规定由各州县"出榜晓谕,许人户陈诉,官为断还"⑤。地租是土地所有权由以实现的经济形态,起义农民强迫田主按亩交纳租课,土地变为农民的"己业",显示农民已经成为这些土地的主人。可以这样说,南宋初年在相当广大的地区,农民群众掀起了夺取地主土地的斗争热潮。在这些起义先后被宋朝官军残酷镇压以后,他们从地主手中夺来的土地又被反攻倒算回去。宋高宗绍兴二年(1132年),福建等路宣抚副使韩世忠曾经要求用钱三万八千贯购买临江军新淦县被官府籍没的"贼徒田宅"⑥。绍兴七年,各地官府还以"贼徒田舍"充当官庄⑦。只有对参加过起义而后来向宋军投降的农民,地方官府才"依格"免予没收田产,已经没收者,除卖出者以外,都发还给

---

① ③　《宋会要辑稿》刑法3之47《田讼》。
② 　熊克:《中兴小纪》卷18。
④ ⑤　廖刚:《高峰文集》卷1《投富枢密札子》。
⑥ 　《建炎以来系年要录》卷54,绍兴二年五月乙亥。
⑦ 　《宋史》卷173《食货志上一》。

他们的子孙①。宋孝宗时,湖南郴州宜章县李金起义,宋朝官军进行血腥镇压,李金等几十名首领被俘牺牲,宋朝官府为地主们效力,"复故田宅者以千数"②。这些事例表明起义农民曾经夺取地主的土地和房屋,在起义失败后,又被地主们抢了回去。宋理宗时,福建汀州晏梦彪起义,起义农民杀死许多地主,夺取大批土地耕种。在起义失败后,封建官府实行反攻倒算,"根括"起义农民"户绝田"和"户绝钱米",其中仅米一项即有五千三百多石,每年催纳入仓。在起义失败二十七年以后,汀州还有"贼绝田"八百顷,拨充"均济仓"③。这些田地就是起义农民从地主手里夺来,而米则是起义农民从这些田里生产的。宋代农民夺取地主的土地归自己占有和耕种的行动,显示农民阶级已经把斗争锋芒指向封建生产关系的核心——地主土地所有制,毫无疑义,这又是中国农民战争史上的一块路碑。此其三。

宋代农民还展开了夺取地主浮财和粮食的斗争。参加者主要是乡村下户和佃客。夺取地主浮财和粮食是宋代农民更为经常性的斗争方式,也是农民"均贫富"的具体行动之一。宋初川峡地区王小波、李顺起义时,起义军就曾"调发""富人大姓"所有财粟,"大赈贫乏"④。广大农民也积极带领起义军去地主家夺取财货,有的还"指引"起义军发掘"豪家"收藏财物的地窖⑤。这是在农民武装起义时夺取地主的浮财。遇到凶年饥岁,地主囤积粮食,等待高价,嗷嗷待哺的农民们就成群结队地起而夺取地主的粮食和钱财。宋仁宗时,开封府界农民"持仗劫粟",信州农民"劫米而伤主"⑥。寿州各县饥民"相与发富人之仓,而攘其粟"⑦。宋哲宗时,寿州农民又一次十多人或二三十人一伙,"打

---

① 《建炎以来系年要录》卷 92,绍兴五年八月丙寅。
② 朱熹:《朱文公文集》卷 88《观文殿学士刘公神道碑》。
③ 《永乐大典》卷 7892《汀字·汀州府》。
④ 沈括:《梦溪笔谈》卷 25《杂志二》。
⑤ 黄休复:《茅亭客话》卷 6《奢侈不久》、《金宝化为烟》。
⑥ 《宋会要辑稿》兵 11 之 18、24《捕贼二》。
⑦ 《永乐大典》卷 20204《毕字·毕从古》。

劫"屯助教、谢解元、地主魏氏等家财物,每处皆夺取达几千贯①。南宋时,这类斗争屡见不鲜。宋高宗时,衢州饥民俞七、俞八"与佃主徐三不足","因集保户"达一千多人,"持杖劫夺谷米,不计数目,并擒捉徐三等同往祠神烧香"②。宋孝宗时,各路不时发生"饥民乘势劫取富民廪粟"③的事件。宋宁宗时,台州等地饥民"以借粮为名",强迫地主交出钱米④。徽州休宁县农民金十八等几百人,冲进县衙,要求"籴官米"县官被迫开仓给之。南康军建昌县农民方念八等一百多人到邻县"强发富家仓米"⑤。宋理宗、度宗时,江西建昌军农民"多由富家征取太苛,而民不能堪",乃举行暴动。宋理宗时,南丰县"诸佃"在张半天、何白眉带领下,攻打县城,焚毁谭姓大地主的屋舍⑥。宋度宗时,南丰县农民罗动天、詹花五,"怨其主谌氏,相挺劫其家,乘势入县焚毁"⑦。起义军先在农村夺取地主财产,入县城后"虏略财货","杀死宗室、三民",邻县无不震动⑧。吉州许多农民在城内外"群起剽掠米粮、钱物",农民们"填塞街巷",夺取富家的廪粟及其他财物,甚至把富家守墓人的小米、麦、纻、丝、麻、锅、釜、牛、犬等,"扫地一空",守墓人"男子奔走逃避,老弱被其捽缚,使供吐所藏"。所得财物,由农民们在富家墙外均分⑨。徽州"佃奴"即佃仆在宋朝知州投降元朝时,举行暴动,"屠富户、富户无算,城空月余",还将地主库存财物"发而攘之"⑩。对于农民阶级这一经常性的斗争方式,封建官府的一般对策是"杀一儆百",即捕杀首领,以控制局势,防止事态发展。但宋代农民从未停止

① 苏式:《苏东坡奏议集》卷10《乞赐度牒籴斛斗,准备赈济淮浙流民状》。
② 《宋会要辑稿》兵13之20《捕贼》。
③ 《宋会要辑稿》兵13之26《捕贼》。
④ 《宋会要辑稿》兵13之47《捕贼》。
⑤ 《赵文忠公公文集》卷6《奏乞分州措置荒政等事》。
⑥ 刘埙:《水云村稿》卷13《汀寇钟明亮事略》。
⑦ 王柏:《鲁斋王文宪公文集》卷20《王公墓志铭》。
⑧ 刘埙:《水云村稿》卷14《代申省乞蠲租免籴状》。
⑨ 欧阳守道:《巽斋文集》卷4《与王吉州论郡政书》。
⑩ 方回:《桐江集》卷8《先兄百三贡元墓志铭》。

过这种方式的斗争。此其四。

宋代封建官府对农民和工匠、商人的繁重赋税剥削,如科配、和买、盐税等,都曾经激起反抗斗争。杨太曾"立说":"从之者无税赋、差科,无官司、法令"①。宣布废除压得人民难以喘息的赋税、差役(包括职役和夫役)和科配。宋孝宗时,湖南郴州宜章县百姓李金,因县衙"抑买乳香急","乘众怒,猝起为乱",起义军达一万多人②。十几年后,宜章县农民又在陈峒领导下举行暴动,反抗封建官府用"和籴"来无偿勒索农民的粮食③。广西农民主要因为不堪封建官府强迫他们高价买盐,也在弓手李接领导下起义,起义军到处张贴榜文,宣布"不收民税十年",获得广大人民拥护,"从叛者如云"④。此其五。

宋代广大直接生产者的佃客和乡村下户是人民群众阶级斗争的主力军,掀起过如火如荼的斗争;同时,宋代各个行业的中、下层人民,如士兵、茶园户、盐户、坑冶户、茶贩、盐贩、木匠、兵匠、渔民等,也都纷纷进行武装斗争,以反抗封建官府的残酷压榨。

宋代实行募兵制,封建国家经常在灾荒年分招募饥民为兵。这一"养兵"政策可以收到两方面的功效:一是"无赖不逞之人,既聚而为兵,有以制之,无敢为非";二是"因其力以卫良民,使各安田里"⑤。这不能不削弱了农民阶级的斗争实力。对此政策,宋太祖赞不绝口,以为"可为百代之利"⑥。但是,一般士兵的生活十分惨苦。将官常常克扣"廪给"(军饷)是公开的秘密,士兵实际所得无几,往往妻子冻馁。将校或官员还强迫士兵服各种劳役。特别是厢军,生活更是痛苦。一旦所受压迫和剥削超过了可以忍受的程度,士兵们便立即手持武器,向统治者展开斗争。于是被宋朝养兵政策削弱了的一部分农民的斗争力

---

① 李纲:《梁溪先生全集》卷73《乞发遣水军吴全等付本司招捉杨么奏状》。
② 《建炎以来朝野杂记》甲集卷15《市舶司本息》;《朱文公文集》卷88《观文殿学士刘公神道碑》。
③ 杨万里:《诚斋集》卷89《千虑策·民政上》。
④ 《朱子语类》卷133《本朝七·盗贼》。
⑤ 朱弁:《曲洧旧闻》卷9。
⑥ 邵博:《河南邵氏闻见后录》卷1。

量,便在兵变中显示了出来。从北宋初年开始,士兵进行斗争,一直到南宋末年,从未间断过。据统计,士兵斗争共达上百次,在中国历史上是没有先例的。士兵斗争可以分成四类:一、单纯的兵变。宋真宗时,广武卒刘旰率领几千名士兵,在西川怀安军起事,谋杀西川都巡检使韩景祐,未成。攻打五州军、十县镇,六天内行军五百多里,坚持斗争十天,失败①。益州守军因愤恨主将苛虐,由赵延顺率领,杀死主将,推举都虞候王均为主,建号"大蜀",改元"化顺",建立政权②。宋宁宗时,利州路兴元府军士反对将帅克扣军饷,由张福、莫简率领,称为"红巾队",杀四川总领财赋杨九鼎,剖其腹,实以金、银③。二、士兵与百姓联合造反。宋太祖时,卫士杨密与"妖人"张龙儿、百姓王裕等"共图不轨事"④。宋仁宗时,徐州"妖人"孔直温在军士中活动,"诱军士为变"⑤。贝州宣毅卒王则与州吏张峦、卜吉合谋,占领贝州,建立"安阳国"。王则自称"东平郡王",以张峦为宰相、卜吉为枢密使,改元"得胜"。深、保、齐州都曾有士兵和百姓跟王则起义军联络,准备响应⑥。宋高宗时,杭州禁军陈通等人抗议将帅不发衣粮,杀副将造反。捉住知州叶梦得,杀死两浙转运判官吴昉。苏、秀二州守军立即到杭州跟陈通会合。起义士兵"每获一命官,亦即枭斩"⑦。陈通还与越州新昌县摩尼教秘密组织的首领盛端才、董闿和台州天台县摩尼教秘密组织的首领余道"潜约""同日举事"⑧。三、士兵响应农民起义,加入起义军。王小波、李顺起义过程中,曾有虎翼卒五百人由指挥使张璘带领,杀监军的宦官王文寿,参加了张余部起义军⑨。峡路漕运士兵几千人也在江陵府准

① 《续通鉴长编》卷41,至道三年八月。
② 《通鉴长编纪事本末》卷25《王均之变》。
③ 刘时举:《续宋编年资治通鉴》卷15《宁宗四》;罗大经:《鹤林玉露》卷10。
④ 《续通鉴长编》卷7,乾德四年十二月庚辰。
⑤ 《续通鉴长编》卷157,庆历五年十一月辛卯。
⑥ 《续通鉴长编》卷161至卷163。
⑦ 《建炎以来系年要录》卷8至卷9;洪迈:《容斋续笔》卷5《盗贼怨官吏》。
⑧ (明)田琯:《万历新昌县志》卷13《杂传志》。
⑨ 《通鉴长编纪事本末》卷13《李顺之变》。

备响应,但事机不密,杨承进等二十一名首领被杀①。四、逃亡。士兵不堪官员和将领的压迫和剥削,经常性的斗争方式就是逃亡。宋仁宗时,"诸处逃军,藏匿民间,或在山谷,寒饿转死者甚多"②。宋神宗时,苏轼说过:"逃军常半天下。"③南宋时,士兵逃亡事件更是屡次发生。对于宋代的士兵斗争,应该进行具体的分析。除少数属于骄兵叛乱以外,其多数具有正义的性质。在这些斗争中,广大士兵杀死贪官污吏和为非作歹的武将,建立政权,打击了各地区的封建统治;有些士兵还跟农民、百姓联合起来,甚至参加到农民起义军中。因此,从士兵斗争的主要一面讲,仍不失为宋代人民群众斗争重要的一部分。

商品经济的发达,促使在商品生产和流通领域中谋生的人数大量增加。茶园户(茶农)、盐户(亭户)、坑冶户、茶贩、盐贩、木匠、兵匠、渔民等中下层人民,都曾因封建官府垄断人民生活必需品如茶、盐、酒、矾等买卖,对人民进行残酷剥削,或因地方官吏肆意刻剥,生路断绝,被迫单独进行各种形式的斗争,或者举行武装暴动,或者参加农民起义。茶园户:宋神宗时,彭州三百多茶园户、五千多人,反对官场收购茶叶亏损价钱,聚集茶场"作闹",包围监官"诟詈",撕毁其衣服,殴打其随从④。盐户(亭户):宋太祖时,海门监盐户庞崇等起义,失败,被杀三百多人⑤。宋恭帝时,庆元府各场盐丁因为"积年被官吏榷剥","不胜其苦",即以"借粮"为号召,由徐二百九、叶三千四率领,"相挺为盗",举行暴动,使"千里惊扰"⑥。坑冶户:宋仁宗时,广南岑水监坑冶户因官府收购铜货"止给空文","无所取资",遂与江西"盐盗"结合,"郡县不能讨"⑦。宋神宗时,福州车盂场坑户"相聚为盗,吏

---

① 《宋史》卷268《张逊传》。
② 《续通鉴长编》卷195,嘉祐六年十一月辛未。
③ 《苏东坡奏议集》卷1《上皇帝书》。
④ 《续通鉴长编》卷282,熙宁十年五月庚午。
⑤ 《续通鉴长编》卷13,开宝五年十月己酉。
⑥ 黄震:《黄氏日抄》卷77《申省宽盐课状》、《申已断亭户徐二百九等》。
⑦ 张方平:《乐全集》卷40《蔡公(抗)墓志铭》。

民无敢呵者"①。宋宁宗时,有官吏说:"今之盗贼所以滋多者,其巢穴有二,一曰贩卖私盐之公行,二曰坑冶炉户之恣横,二者不能禁制,则盗贼终不可弭。"②茶贩:史称王小波、李顺因贩茶失业,举行起义。宋孝宗时,一批茶贩因不堪官府的百般勒索,在赖文政率领下,于湖北造反,转入湖南、江西、广东。这支"茶盐"队伍多达几千人③。盐贩:茶贩、盐贩是宋代常年存在的民间武装力量。福建、江西、两浙等路都有大批"盐子",数十人、数百人为群,携带武器,贩卖私盐,遇到官军,即与格斗。这些盐贩和茶贩在反对封建官府高价出卖茶、盐,而使人民能买到比较廉价的茶、盐方面,发挥了作用。汀州附近各地农民,还预先将本地"某处某家富有财物"的消息告诉汀州农民。汀州农民便持挟刀杖,"以贩盐为名"聚集起来,由报信者充当向导,"置立部伍,公以劫屋为事",夺取地主富豪的财物④。木匠:宋孝宗时,宣州胡姓木匠聚集当地居民数千人,占据麻姑山,举行起义⑤。兵匠:宋神宗时,斩马刀局兵匠,由于"役苦"和被禁军将校强迫服役,"不胜忿而作难",杀死作头和监官⑥。渔民:钟相、杨太起义,洞庭湖畔的广大渔民纷纷加入,成为这支农民起义军的重要力量。宋理宗时,湖州潘丙等拥戴济王赵竑当皇帝,发动政变,其支持者中有几十名太湖渔民。这些事件显示渔民也已登上了宋代的政治舞台。此其六。

　　总之,宋代人民群众的阶级斗争,针对以官僚地主为主体的地主阶级及其所建立的新的经济和政治制度,提出了新的战斗口号,采取了新的斗争方式如抗租斗争、夺取地主土地等财物的斗争、抗

---

① 黄裳:《演山集》卷34《俞君(备)墓志》。
② 《宋会要辑稿》兵13之39《捕贼》。
③ 《建炎以来朝野杂记》甲集卷14《财赋一·江茶》;《朱文公文集》卷88《观文殿学士刘公(珙)神道碑》。
④ 《永乐大典》卷7895《汀字·汀州府·丛录》。
⑤ 叶适:《水心文集》卷14《徐德操墓志铭》。
⑥ 陈师道:《后山丛谈》;《续通鉴长编》卷262,熙宁八年四月己丑。

税斗争等,而参加斗争的革命力量除佃客和乡村下户以外,还有士兵、茶园户、盐户、坑冶户、茶贩、盐贩、木匠、兵匠、渔民等各个行业的广大中下层人民。

（本文原刊于《中国农战史论丛》第 5 辑,
山西人民出版社 1987 年版）

唐宋之际地主阶级身分地位的演变

　　唐宋之际，中国封建社会内部发生了重要的变革。从唐代中叶开始，中国封建社会进入了新的发展时期，即由中国封建社会的前期迈入了中期。中国封建社会中期历五代十国、两宋、元代，直到明代后期出现资本主义萌芽以前，共约八百年时间。由唐代中叶开始的社会发展变化，到宋代几乎完全定型，从而呈现出不同于过去的社会新面貌。这一新面貌表现在社会的各个方面，从物质生产、科学技术到社会阶级关系，乃至上层建筑以及人民群众的阶级斗争等，都具有跟前代颇不相同的新特色。

　　本文试就唐、宋之际社会阶级关系变化的主要内容之一——地主阶级身分地位的演变进行探讨，以求教于前辈和专家。

一、由门阀士族到官僚地主

　　有唐时代社会经济的发展，促使社会各阶级逐步改变自己的生活方式，也逐步改变各种社会关系。当然，在封建社会里每一次较大的社会变革，必须通过广大农民和工匠对于封建统治进行反复的斗争才能实现，尽管这些斗争首先是为了经济的利益而进行的，但斗争的结果却使社会阶级关系发生了较大的变化。

　　唐、宋之际社会阶级关系的演变，最引人注目的是地主阶级身分地位方面的变化。这种变化简而言之，就是由门阀士族演变为官僚地主。

　　在唐代,地主阶级主要包括以下几个阶层或集团:一是门阀士族。他们"官有世胄,谱有世官"①,是社会地位和门第很高的身分性地主,他们是魏晋以来士族的继续。唐代"贵有常尊,贱有等级"的传统门第族望标准,虽然已经受到某些破坏,但是,门第族望的等级跟勋官的品级一样,依然是社会上视为同等的等级标准。士族以门第族望自炫,不与贵戚和庶族通婚;以提倡名教、礼法相标榜,俨然孔孟的继承人;重视儒经,以取重于时,最初反对开设进士科,后来又积极加入并进而把持科举,以此作为猎取高官的重要门径。士族中很多人可以世袭爵位和封户,有些人可以用门荫得官,借此保持他们的政治特权和社会地位。他们还广占良田沃土,拥有为数众多的部曲、佃客、奴婢等劳动力。在唐代地主阶级的几个阶层或集团里,士族尤其阻碍社会经济的发展,他们的政治和经济势力,使土地难于进入流通的过程。自然,跟魏晋南北朝相比,这时的士族势力已经大为削弱了。二是宦官和藩镇。他们的最高层在唐代后期已经凌驾于地主阶级的其他阶层或集团之上,并且左右皇权,废立皇帝,甚至割据一方,挑起连年混战,使社会生产受到严重破坏。三是皇亲贵戚、勋贵功臣。他们是唐代新起的皇室、贵族,享有许多封建特权,诸如世袭爵位、封户、田地,"传之子孙","非有大故,无或黜免"②。他们对历代相传的士族门第不满,极力采取降低士族门第等级的办法,使自己成为等级最高的新贵。四是庶族地主。他们是出身寒微的非身分地主和官僚,不享有士族的种种封建特权,不能够世官世禄;他们重视诗赋辞章,拥护科举取士制度,希望自己由进士科登第,跻入"衣冠户"之列;他们拥护皇权,是加强专制主义中央集权的积极支持者;他们常常违背名教、礼法,遭到士族的讥诮。同时,他们也对土地和劳动力进行贪婪的掠夺。他们的土地兼并和荫庇客户,使土地能够比较容易地进入流通领域,也使直接生产者对于地主的人身依附关系稍为松弛一些。他们的势力日益发展,对唐代社会的影响不断

---

① 《全唐文》卷372柳芳《姓系论》。
② 《唐大诏令集》卷65《封建功臣诏》。

增大。

　　总的来说,唐代处于半门阀、半官僚地主统治的时期。唐末农民起义沉重打击了地主阶级的各个阶层或集团。唐代都城长安居住着大批士族、皇族、勋贵、宦官,百官"皆家京师"①。黄巢领导的农民军攻入长安后,毫不留情地镇压了这些平日高踞于广大人民头上的寄生虫。起义军"杀唐宗室在长安者无遗类"②,"尤憎官吏,得者皆杀之"③,以致"天街踏遍公卿骨"④。起义军所到之处,"衣冠旧族,多流落间阎间,没而不振",或者"爵命中绝,而世系无所考"⑤。著名的"崔、卢、李、郑及城南韦、杜二家,蝉联珪组,世为显著",经过黄巢农民军的扫荡,到宋代已经"绝无闻人"⑥。唐末农民起义对于地主阶级的沉重打击使一些侥幸漏网的官员、地主及其后裔胆破心寒,甚至一直到五代十国时期仍然心有余悸。他们"有言曰:贵不如贱,富不如贫,智不如愚,仕不如闲"⑦。有的人还直言不讳地说:"非不爱公王将相名位,徒见以乱易乱,若覆杯水,不如田家树一本疏木,尚得庇身荫族,积久存也。"⑧因此,宁愿"隐于山泽之间","皆莫肯仕者"⑨。

　　在唐末农民起义的过程中,一部分庶族地主同样遭到了打击,另一部分庶族地主便乘机崛起。他们中有些人混入了农民军,最后又背叛了农民军⑩;有些人利用地方势力,直接与农民军对抗⑪。在唐末、五代时期,这部分庶族地主利用社会的动乱,崭露头角,成为获利最多的暴发户。

---

① 《朱子语类》卷112《朱子九·论官》。
② 《资治通鉴》卷254,广明元年十二月庚寅。
③ 洪迈:《容斋续笔》卷5《盗贼怨官吏》。
④ 韦庄:《秦妇吟》。
⑤ 祖无择:《龙学文集》卷9《张澄神道碑铭》;《宋史·刘温叟子烨传》。
⑥ 王明清:《挥麈录前录》卷2《本朝族望之盛》。
⑦ 赵令畤:《侯靖录》卷8。
⑧ 柳开:《河东先生集》卷14《宋故中大夫、行监察御史、赠秘书少监柳公墓志铭》。
⑨ 苏洵:《嘉祐集》卷13《族谱后录下篇》;苏辙:《栾城集》卷25《伯父墓表》。
⑩ 孙光宪:《北梦琐言》卷17《梁祖为佣保》条云,朱温"家世业儒",祖信、父诚皆以教授为业。
⑪ 《宋史·元绛传》载,元绛曾祖在唐末"聚众保乡里,进据信州"。

宋初结束了五代十国的分裂局面,对各国官僚采取兼收并蓄的政策,保持其原有官职,给予优厚待遇。与此同时,又不断通过科举考试等途径吸收大批士大夫,于是赵宋王朝组成了自己的基本官僚队伍。

二、宋代地主阶级身分地位的新特点

宋代地主阶级身分地位的新特点表现在,第一、非身分性的官僚地主已经成为宋代地主阶级的主体。

由于门阀士族最后消失,宋代社会上门第族望观念十分淡薄,士大夫"家不尚谱牒,身不重乡贯"①,已经不存在"士、庶之别"。作为地主阶级主要组成部分的各等级官僚,不再像唐代以前那样凭借族望门第的高下担任官职,而统治者主要通过科举考试选拔民户中的士大夫进入仕途;其次通过恩荫、吏人出职、进纳买官等途径吸收品官子弟、吏胥、富民等跻入官僚行列。所以,从历史渊源考察,宋代的官僚地主虽然是唐、五代以来庶族地主尤其是"衣冠户"的继续和发展,但因宋代已不存在门阀士族,所以不称庶族地主,而称为官僚地主。

第二、宋代官僚地主不再严格地区分清、浊的流品,在法律上和习惯上一般把一品到九品的官员之家称为"官户"。

在唐代,"官户"曾经是一种属于封建国家直接控制的依附性最强的农奴的名称,其社会地位比官奴婢略高。《唐律疏议》规定:"官户"系"前代以来配隶相生,或有今朝配没,州县无贯,唯属本司"者②。官奴婢一次放免为官户,再次放免为杂户,三次放免才成为良人(平民)。"官户"、"杂户"等,都是直接隶属于封建国家的所谓"贱民"。随着社会历史和阶级斗争形势的发展,官户、杂户逐渐得到放免。北宋初年,依旧保留唐律的有关条文。宋太祖建隆四年(963年)颁行的《重详定

①　陈傅良:《止斋文集》卷35《答林宗简》。
②　《唐律疏议》卷3《名例三》。

刑统》,继续把一种类似官奴婢的人户称为"官户"①。约至宋仁宗朝开始,社会上逐渐把品官之家称为"官户"。天圣年间(1023—1032年),兴化军百姓陈清勾结"官户形势",一起向当地官府申请胜寿、西冲等五处陂塘内土地,决水为田②。不过,宋仁宗时更经常使用的名词仍是"衣冠"、"命官形势"或"形势户"等。直到宋神宗熙宁年间(1068—1077年)实行免役法,规定从前不负担差役的"官户"、"坊郭户"、"女户"等都要交纳"助役钱"③,"官户"才正式在封建法律上有所反映。此后,"官户"一词就成为品官之家的法定户名,在宋代的史籍中屡见不鲜。从唐代到宋仁宗以后,"官户"这一名词涵义的前后迥然不同的变化,正反映出人们的社会关系发生了较大的变动。

第三、宋代官僚地主的政治、经济地位呈现不稳定状态。

宋代的官僚地主能够累世显达即世代做官的为数不多,普遍情况是三世而后衰微。虽然如同王明清在《挥麈录前录·本朝族望之盛》中所载,宋代存在一些"望族",但只是因为在各该族中出了一两名大臣、后妃而已,他们并不享有前代门阀士族的传统特权。宋代官僚地主的普遍情况是,他们的"富贵"较少长达三世以上。南宋人阳枋说:"俗言,'三世仕宦,方会著衣吃饭。'余谓三世仕宦,子孙必是奢侈享用之极,衣不肯着布缕、绸绢、衲絮、缊敝、浣濯、补缀之服,必要绮罗、绫縠、绞绡靡丽新鲜华粲,缔缯绘画,时样奇巧,珍贵殊异,务以夸俗而胜人;食不肯蔬食、菜羹、粗粝、豆麦、黍稷、菲薄、清淡,必欲精凿稻粱、三蒸九折、鲜白软媚,肉必要珍羞嘉旨、脍炙蒸炮、爽口快意,水陆之品、人为之巧、缕簋雕盘、方丈罗列,此所谓'会著衣吃饭'也。殊不知极盛者,极衰之征;奢华者,寥落之基;丰腴者,贫薄之由;富庶者,困苦之自。盖子孙不学而专蒙穷奢极靡,惟口体是供,无德以将之,其衰必矣。"④吕皓

① 窦仪等:《重详定刑统》卷6《名例律·官户、奴婢犯罪》,卷12《户婚律·养子》。
② 蔡襄:《蔡忠惠公文集》卷22《乞复五塘札子》。
③ 《文献通考·职役考一》。
④ 阳枋:《字溪集》卷9《杂著·辨惑》。

说:"今之富民,鲜有三世之久者。"①北宋理学家张载也说过:"今骤得富贵者,止能为三四十年之计。造宅一区及其所有,既死则众子分裂,未几荡尽,则家遂不存。"②言下之意,大部分官僚地主只能数十年或者两、三代保持他们的官位和财产,嗣后,由于子孙的穷奢极欲、腐败之极,或者由于子孙众多,瓜分家业,或者由于地主阶级内部争权夺利的斗争,而迅速衰落破败,代之而起的是另一批新的官僚地主。宋真宗时著名宰相寇准,生前"豪侈冠一时",死后"子孙习其家风",多致穷困③。宋仁宗、神宗时宰相富弼,曾经"辅佐三朝",死后不久,"家世零替"④。类似的事例甚多。这种现象跟前代门阀士族"虽朝代推移、鼎迁物改,犹卯然以门第自负,上之人亦缘其门地而用之"⑤的状况大不相同。由此在宋代经济领域中出现了"贫富无定势,田宅无定主"⑥的普遍趋向。而一些思想家也充分认识到这一趋向,提出了"财货不过外物,贫富久必易位"⑦的观点,主张消除物欲。

第四、宋代品官之家即官户享有的特权跟唐代的品官有所不同。

封建特权是封建等级制度和封建政治的伴生物。唐、宋之际,门阀士族逐步被官僚地主所替代,门阀政治改变为官僚政治,导致宋代的封建特权的内容跟唐代有些差别。具体表现在减免国家赋役、世袭爵位和封户以及享受恩荫待遇上。

首先,在减免国家赋役负担的特权方面,宋代的官户比唐代的品官要少。唐代前期规定,九品以上的官员"皆为不课户"⑧,这就是说,九品以上的官员享有免除赋税和徭役的特权。唐代后期实行两税法,品官开始负担两税和杂徭。宋代承袭此制。宋代的赋役包括二税(正

---

① 吕皓:《云豀稿·上邱宪宗卿书》。
② 《张载集·经学理窟·宗法》。
③ 刘清之:《戒子通录》卷5《训子孙文·司马文正》。
④ 《宋会要辑稿》职官77之81。
⑤ 《文献通考·选举七·任子》。
⑥ 袁采:《世范》卷8《治家·富家置产当存仁心》。
⑦ 黄震:《黄氏日抄》卷78《七月初一日劝上户放债减息榜》。
⑧ 《通典·历代盛衰户口·丁中》。

税）、科配（摊派）、和买、差役、夫役等。按照封建国家规定,官户跟民户一样必须交纳二税。虽然官户可以巧立名目逃避二税或者转嫁他人,但并不享有免除二税的特权。宋太祖初年,下诏"令逐县每年造形势门内户（原注:系见任文武职官及州县势要人户）夏、秋税数文帐,内顽滑逋欠者,须于限内前半月了足"①。为了催督形势户（官户包括在内）的赋税,各州、府还设置"形势版籍",由通判"专掌其租税"②。在科配与和买方面,北宋时规定官户在限额内（宋真宗时定为三十顷,宋徽宗时改为十顷到一百顷）所占田产可以免除,限额外"悉同编户"③。但宋高宗时,又不管限田数额,官户一律不免科配与和买④。张俊曾经向宋高宗要求蠲免所置大批产业的科配与和预买,理由是州县"并不理会官户,与百姓一等均科"。高宗认为张俊系"主兵大将",特予批准。但仍遭到朝廷一些大臣的反对⑤。宋宁宗时,官户的科配与和预买,又恢复北宋的旧制⑥。在支移、折变方面,北宋末年,允许官户依照限田额所占田产,其"夏、秋税物并免支移、折变,于本县止纳本色"⑦。宋光宗时,因为有的官员建议"二税支移、折变,初不以民户而输、官户而免,乞应官、民户一体均敷",随即批准执行。不久,又下令折变、加耗等,"并令官、民户一概输纳"⑧。在差役方面,宋神宗以前,官户及其有荫子孙（享受恩荫待遇的官员的子孙）"当户差役,例皆免之"⑨。宋神宗时,王安石变法,令官户交纳助役钱,比民户减半。宋徽宗时,官户限额内田产,得免差科;限额外田产,则跟编户一同⑩。宋孝宗时,开始在两浙路实行新法,即官户与民户一概轮差,但准许官户雇人代役⑪。不

---

① 《文献通考·田赋四·历代田赋之制》。
② 《续通鉴长编》卷12,开宝四年正月辛亥。
③ 《宋会要辑稿》食货6之1《限田杂录》引"政和令格"。
④⑧ 《庆元条法事类》卷48《支移折变》。
⑤ 《建炎以来系年要录》卷78。
⑥ 《庆元条法事类》卷48《科敷》。
⑦ 《宋会要辑稿》刑法2之92《禁约》。
⑨ 李觏:《直讲李先生文集》卷28《寄上孙安抚书》。
⑩ 《宋会要辑稿》食货6之1《限田杂录》。
⑪ 《宋会要辑稿》食货6之5《限田杂录》。

久，又改为官户田产在限额内可免一半差役。此外，官户还可免除夫役。宋徽宗时规定，官户在限额内田产免除"差科"。这一差科是指差役和科配，而差役中又包括夫役。宋哲宗元祐元年（1086年），吏部侍郎傅尧俞说："乡村以人丁出力，坊郭以等第出财，谓之'差科'，相与助给公上，古今之通道也。"①宋代官员还经常提及"差科人夫"②，"官司指为丁夫，差科连并"③等。说明在官户免除的差科负担中，还包括着夫役。宋高宗时，有人提出州县城乡人户，都因有身丁而"充应诸般差使"，官户、形势之家也因此要交纳"免役钱"，"唯有僧道，例免丁役，别无输纳，坐享安闲"，认为应该让僧道按照等级高下，出"免丁钱"④。反映这时的官户虽然不直接承担夫役，但必须交纳免役钱。到宋宁宗时，又规定"品官之家，乡村田产免差科"。"差科"跟"科差"可以通用。所谓"科差"，也是指征调丁夫役使⑤。表明这时恢复了北宋的旧制，准许官户免除夫役。官户之所以享有免除差役、夫役或雇人代役的特权，是因为官员身任官职，假如"使与民户通差，则仕者不能兼治"⑥。

　　综观有宋一代的赋役制度，可知宋代的官户享有免除差役及夫役的特权，但不能免除二税和支移、折变，科配和预买的负担与否则因时而异。这跟唐代前期的品官享有完全免除赋役的特权颇不相同。

　　其次，宋代的官户不再享受唐代贵族、大臣世袭爵位和封户的特权。唐代的爵有国王、嗣王和郡王、国公、开国郡公、开国县公、开国县侯、开国县伯、开国县子、开国县男共九等。与爵相联的，是按爵级的高下赐予一定数量的封户和实封户。所给封户只是一种虚名，加食实封户者，才"得真户"，"分食诸郡"，向被划为封户的课户征取租调以及

---

① 《续通鉴长编》卷388，元祐元年九月丁丑。
② 《续通鉴长编》卷317，元丰四年十月乙丑。
③ 《建炎以来系年要录》卷160，绍兴十九年七月癸卯。
④ 《宋会要辑稿》食货12之9《身丁》。
⑤ 《庆元条法事类》卷48《科敷·赋役令》："夫役，谓科差丁夫役使。"
⑥ 薛季宣：《浪语集》卷28《策问二十道》之三。

庸①。食实封者死后，其子孙可按规定承继，"世世不绝"。唐末五代，取消了食实封的给赐，改行"特加邑户"制②。到宋代，虽然在官员的附加性官衔中依旧保留了爵以及食封、食实封，但跟唐代已颇为不同。宋时将唐代爵中的嗣王和郡王划分成两等，又新设郡公、开国公两等，共十二等。凡封爵都加食邑。食邑分为一万户、八千户、七千户到三百户、二百户，共十四等。封男，食邑三百户以上；封子，食邑五百户以上；封伯，食邑七百户以上；封郡侯，食邑一千户以上；封公，食邑二千户以上；封王，有特旨，可食邑三千户以上。亲王重臣有特旨，加到一万户。一般食邑仍是虚数，另有食实封之数。朝廷封邑的诰命，每将食邑与食实封的户数并列。食实封的户数约为虚封的十分之四左右，分为一千户、八百户到二百户、一百户七等。如食邑一千户者食实封四百户，食邑七百户者食实封三百户，食邑五百户者食实封二百户，实际情况较为复杂。食邑还不限于封爵，凡宰相、亲王、枢密使、三司使、殿阁学士以至侍郎、卿监、将军等，也赐食邑。官员食邑和食实封户数的多少，只在一定角度表明其官位的高低，一般不能真正收取封户的租税，仅在领取月俸时，按每实封一户，多领取二十五文足③。同时，宋代官员的封爵以及食邑、食实封也没有子孙世袭的规定④。

　　再其次，宋代的官户虽然丧失了唐代前期的品官完全免除赋役的特权，也丧失了唐代的贵族、大臣世袭爵位和封户的特权，但通过恩荫（门荫、任子）制度，又得到了补偿。这就是宋代的各级官员还享有根据自己官职的高低而授给其子弟或亲属以官衔、差遣的特权。正如宋太祖所说：在努力促使国家"运祚悠远"的同时，也让大臣们"世守禄位"⑤。恩荫制度便是宋朝统治者力图使官员世代保持禄位的措施之一，虽然事实上宋代官员已经不可能世袭固定的官职了。

---

① 《新唐书·百官志一》；《唐会要·缘封杂记》。
② 高承：《事物纪原》卷4《实封》。
③ 佚名：《趋朝事类》，见《说郛》（商务本）卷34；赵昇：《朝野类要》卷3《爵禄·食邑》。
④ 《宋史·职官志十》。
⑤ 《续通鉴长编》卷25，雍熙元年三月乙卯。

　　唐代的品官已经有权荫补亲属,但荫补的范围还比较小。唐制,五品以上官员可以荫孙,三品以上官员可以荫曾孙,尚未有荫兄弟、叔侄的规定,而且"不著为常例"①。唐代中叶以后到五代时期,恩荫制度基本上崩坏。宋太祖即位,规定五品以上的文、武官员都可荫子弟,实际是恢复唐制。宋太宗即位,各地官员遣子弟进奉方物,都授以低级官衔②。这是由于建国之初,"人未乐仕",为了罗致士大夫,"至有敦遣富人,使为官者",所以对于荫补兄弟、叔侄之制"未遑议也"③。宋真宗时,形成了比较完整的恩荫制度。文官从知杂御史以上,每年奏荫一人;从带职员外郎以上,每三年奏荫一人;武臣从横行以上,每年奏荫一人;从诸司副使以上,每三年奏荫一人。根本没有兄弟、叔侄、曾孙等亲属远近的"品限",因而"旁及疏从",以致"入流寖广,仕路益杂"④。宋仁宗时,有不少官员已经看到"国朝任子之令,比前世最为优典",主张加以改革⑤。

　　宋代的恩荫名目大致有四类:一是"大礼"即举行郊祀或明堂典礼,每三年一次。按规定,宰相、执政官可以荫补本宗、异姓、门客、医人各一人;东宫三师、三少到谏议大夫,荫补本宗一人;寺、监长贰到左右司谏、开封少尹,荫补子或孙一人。这是《宋史·职官志》⑥的记载。据《庆元条法事类》"荐举格"规定,"臣僚遇大礼,荫补缌麻以上亲",宰相为十人,执政官八人,侍从六人,中散大夫到中大夫四人,带职朝奉郎到朝议大夫三人⑦。二是"圣节"即皇帝诞日。宋太宗至道二年(696年)规定,翰林学士、两省五品、尚书省四品以上,赐一子出身⑧。宋真宗

①　赵汝愚:《宋名臣奏议》卷74,范镇:《上仁宗论荫补旁亲之滥》;《续通鉴长编》卷169,皇祐二年八月己未。
②　《续通鉴长编》卷18,太平兴国二年三月壬戌。
③　《续通鉴长编》卷182,嘉祐元年四月丙辰。"议"字一作"暇"。
④　赵汝愚:《宋名臣奏议》卷74,范镇:《上仁宗论荫补旁亲之滥》。
⑤　文同:《丹渊集》卷39《龙图母(毋)公墓志铭》。
⑥　《宋史·职官志十·杂制·臣僚大礼荫补》。
⑦　《庆元条法事类》卷12《荫补·荐举格》。
⑧　《宋史·选举五·铨法下》。

时，规定两省至知杂御史以上，各奏荫一子充京官，少卿监奏荫一子充试衔①。太皇太后、皇太后均录亲属四人为官，皇后二人，诸妃一人，公主丈夫的亲属一人②。三是官员致仕（退休）。曾任宰相和现任三少、使相，荫补三人；曾任三少、使相、执政官和现任节度使，荫补二人；太中大夫及曾任尚书侍郎和右武大夫以上，并曾任谏议大夫以上及侍御史，荫补一人。四是官员上奏遗表。曾任宰相和现任、曾任三少、使相，荫补五人；曾任执政官、现任节度使，荫补四人；太中大夫以上，荫补一人；诸卫上将军、承宣使，荫补四人；观察使，荫补三人③。此外，还有改元、皇帝即位、公主生日、皇后逝世等临时性的恩典，都给予品官有关亲属以一定的荫补名额。

通过恩荫制度，每年有一大批中、高级官员的子弟获得低级官衔或官职、差遣。宋仁宗庆历元年（1041 年），左正言孙沔说，每遇大礼，臣僚之家和皇亲母后外族，"皆奏荐略无定数"，多至一二十人，少不下五七人，不问才愚，都居禄位，甚至"未离襁褓，已列簪绅"④。皇祐二年（1050 年），何郯说，这时每三年以荫得官者以及其他"横恩"授官者不减一千多人⑤。宋高宗绍兴七年（1137 年），又有官员指出，这时每遇亲祠之岁，任子约四千人⑥，比北宋增加两三倍。据统计，宋代的州县官、财务官、巡检使等低、中级差遣，大部分由恩荫出身者担任。随着官员家庭人数的自然增殖，凭借恩荫得官者日益增多，恩荫制度便成为宋代官冗的主要原因之一。

宋代封建国家在给予官户一些特权的同时，又陆续制订各种条法对官户予以一定的限制。诸如按照官员品级的高低规定占有田产

---

①　范仲淹：《范文正公奏议》卷上《答手诏条陈十事》。

②　《宋史·选举五·铨法下》。

③　《宋史·职官志十》；《庆元条法事类》卷 12《荫补·荐举格》。

④　《续通鉴长编》卷 132，庆历元年五月壬戌。

⑤　《续通鉴长编》卷 169，皇祐二年八月己未。

⑥　《宋史·选举志五·铨法下·补荫》。

的最高限额①,禁止一般官员在本贯或购置产业州县、寄居七年以上去处任职②,禁止地方官在任所购置田宅③,禁止地方官跟部下的百姓结婚,任期满后不得在任所寄居④,禁止各级官员购买和承佃官田宅⑤,禁止官员承买坊场、坑冶⑥,等等。这一切无非是为了防止各级官员过分利用自己的职权,无限地扩张自己的经济力量,侵夺商人和其他地主甚至封建国家的利益,其根本目的是为了维持宋朝地主阶级的长远统治。

　　第五、宋代地主阶级中还包括一定数量的乡村上户和城郭工商地主。

　　按照宋代农村的五等户制,乡村上户一般是指第一等户到第三等户,遇到需要区别中户即第三等户的场合,上户就单指第一、二等户。宋代的官户是由政治地位决定的,乡村上户则由其经济地位而定。各地区因传统习惯的不同,划分户等的标准有所差别。一般地说,乡村上户是占田较多的地主。韩琦说:"乡村上三等并坊郭有物业人户,乃从来兼并之家"⑦。在乡村上户中,虽然同属一个等第,但财产的差别往往相当悬殊。比如第一等户,有占田一顷、三顷的,也有占田十顷、百顷的⑧。所以,出现了"高强户"、"出等户"、"无比户"之称,他们与本等人户拥有的财产"大段相远"⑨。在乡村主户中,上户大致占总数的十分之一弱,其余为乡村下户⑩。乡村上户的政治地位比官户要低一些,但在他们轮流担任州县职役和乡役即在担任吏职的期间,就可以跟官户一样成为"形势户"。封建法律规定,形势户"谓见(现)充州、县及按

①　《宋会要辑稿》食货1之20《农田杂录》;食货6之1《限田杂录》。
②　《宋会要辑稿》职官8之25《吏部》;职官8之51《吏部二》。
③　《包拯集》卷4《请法外断魏兼》。
④　《建炎以来系年要录》卷187,绍兴三十年十一月庚辰。
⑤　《续通鉴长编》卷81,大中祥符六年七月甲寅。
⑥　《宋会要辑稿》刑法2之11《禁约》。
⑦　韩琦:《韩魏公集》卷17《家传》。
⑧　《续通鉴长编》卷376,元祐元年四月;《宋史·食货志上五·役法上》。
⑨　毕仲游:《西台集》卷1《耀州理会赈济奏状》;《宋会要辑稿》食货65之55《免役》。
⑩　《续通鉴长编》卷131,庆历元年二月;卷277,熙宁九年秋;刘安世:《尽言集》卷11《论役法之弊》。

察官司吏人、书手、保正、其（耆）户长之类，并品官之家非贫弱者"①。这些州县吏职名目绝大部分是由上户担任的。由于担任吏职，出入官衙，他们便在政治上取得一定的职权，可以恃仗"形势"，欺压贫苦农民。他们还可以通过纳粟补官，输钱买官，科举考试，与宗室、官户联姻等途径入仕，转化为官户。总之，乡村上户的社会地位犹如唐代的庶族地主，但又有所不同。

宋代工商业比较发达，府州县镇的城郭（又作坊郭）内居住着许多富裕的商人和手工业主。北宋秦观说："大贾之室，敛散金钱，以逐什一之利；出纳百货，以收倍称之息，则其居必卜于市廛。"②在社会上，人们开始稍微改变以前把商业视为"末业"的传统观念。南宋陈耆卿说："古有四民，曰士，曰农，曰工，曰商。士勤于学业，则可以取爵禄；农勤于田亩，则可以聚稼穑；工勤于技巧，则可以易衣食；商勤于贸易，则可以积财货。此四者，皆百姓之本业，自生民以来，未有能易之者也。"③商业跟士、农、工等行业一样成为社会的"本业"，从而把商业在国民经济中的作用提到了前所未有的高度。因此，不仅行商坐贾经营商业，而且士大夫们也普遍地利用一切机会贩运货物，以牟取暴利。北宋前期，士大夫中"粗有节行者"还能恪守祖训，"以营利为耻"，虽然有的人经不住商业利润的诱惑，去"逐锥刀之资"，但还要悄悄地进行。从北宋中期开始，社会风气显著变化：仕宦之人，"纡朱怀金，专为商旅之业者有之，兴贩禁物、茶盐、香草之类，动以舟车，贸迁往来，日取富足"④。一般官员如此，大臣们也极少例外，甚至身居相位者，还"专以商贩为急务"⑤。这种事例之多，实在不胜枚举。此外，还有宗室、举人、僧尼、乡村人户等，也都想方设法从事贸易。

跟商业在人们心目中逐步由"末业"变为"本业"相适应，社会上也

① 《庆元条法事类》卷47《赋役门一·违欠税租》。
② 《淮海集》卷6《安都》。
③ 《嘉定赤城志》卷37《风俗门·土俗·重本业》。
④ 蔡襄：《蔡忠惠公文集》卷15《国论要目·废贪赃》。
⑤ 《宋史全文》卷33《理宗三》。

开始稍微改变以前视商人为"杂类"或"贱类"的传统观念。南宋黄震说，"国家四民，士、农、工、商"，"士、农、工、商，各有一业，元（原）不相干，……同是一等齐民。"①商人成为封建国家的"四民"之一，跟士、农、工一样取得了"齐民"的资格。虽然宋初的封建法律仍然沿袭前代，禁止商贾本人参加科举考试或做官，但不久略为放宽尺度，允许其中的"奇才异行者"应举②，也允许其子弟应举。北宋时，曹州商人于令仪的子、侄多人进士登第③。庐州茶商侯某"家产甚富赡"，其子进士及第，后授真州幕职官④。南宋时，鄂州富商武邦宁，"交易豪盛，为一郡之甲"，其次子康民"读书为士人"⑤。建安人叶德孚贩茶，后获得"乡荐"即取得参加礼部试的资格，娶宗室女，授将仕郎⑥。饶州鄱阳士人黄安道应举累试不中，改营商业，成为"贾客"，后又预乡荐，参加礼部试，终于登第⑦。福州闽清士人林自诚也舍笔砚而为商贾⑧。此外，商人可以通过接受朝廷的招募为封建国家管理税收、向官府进纳钱粟、充当出使随员、跟宗室或官员联姻、交结权贵等途径，获得官职。

随着国内外贸易的逐步发展和商人社会地位的提高，商人的资本与日俱增。各地出现了许多富裕的商贾，他们拥有巨额的资本。诸如汴京资产达百万的富商极多，超过十万者"比比皆是"⑨。其中有著名的"大桶张氏"，"以财雄长京师"⑩。徽州大商祝氏"其邸肆生业，有郡城之半"，号称"半州祝家"⑪。泉州诸蒲，经营海上贸易达三十年，每年

---

① 《黄氏日抄》卷78《词诉约束》、《又晓谕假手代笔榜》。
② 《宋会要辑稿》选举14之12《锁厅》；选举14之15《发解》。
③ 王辟之：《渑水燕谈录》卷30。
④ 《永乐大典》卷13139《梦字》。
⑤ 《夷坚支庚》卷5《武女异疾》。
⑥ 《夷坚丁志》卷6《叶德孚》。
⑦ 《夷坚丁志》卷16《黄安道》。
⑧ 《夷坚支丁》卷4《林子元》。
⑨ 《续通鉴长编》卷85，大中祥符八年十一月己巳。
⑩ 廉布：《清尊录》。
⑪ 朱熹：《朱文公文集》卷98《外大父祝公遗事》。

贩运商品一千万,获利五分①。

　　在自然经济占统治地位的宋代,土地是最重要的生产资料。加之,土地私有化程度加深,土地卖买盛行,商人只要交纳田契税,就能大量占田,而被视为合法。因此,商人在积累大量财富的同时,一般都还购置土地,把部分商业资本转变为土地资本,自己则变成单纯的地主或商人兼地主。南宋海商张楙多年远航交阯和渤泥诸国贸易,“其货日溙”,后来在婺州城外购买大批田地②。张楙弃商从农,其资本暂时退出流通领域。更多的商人在农村添置土地后继续在城内经商。北宋后期人李新说,陆、海商贾“持筹权衡斗筲间,累千金之得,以求田问舍”③。南宋中期人朱熹在泉州同安县,见到“市户”跟官户等一样“典买田业,不肯受业”④。平江府麸面商周氏,买陂泽围裹成田,因而致富⑤。有些地区的商人在购置土地后,利用这些生产资料种植经济作物,再行加工出卖⑥。有些商人在买田后,雇仆种植蔬菜,再将剩余产品出卖⑦。有些商人长期出外贩卖货物,亲属继续经营田产,借以养家⑧。这些商人对土地的投资,并没有使自己变为单纯的地主,而是成为兼营工商业的工商地主。他们对土地的投资,固然加速了土地的集中,但也不能说这些土地资本从此跟商品流通完全绝缘了。事实相反,这些土地资本还能在一定限度内促进商品经济的发展;同时,这些资本并非完全凝固于土地,在“贫富无定势,田宅无定主”的情况下,地权转移频繁,这些资本还可能重新回到流通领域中去。

---

① 方回:《桐江集》卷6《乙亥前上书本末》。
② 吕祖谦:《吕东莱文集》卷7《大梁张君墓志铭》。
③ 李新:《跨鳌集》卷20《上王提刑书》。
④ 《朱文公文集》卷43《答陈明仲》。
⑤ 《夷坚三志》己集卷7《周麸面》。
⑥ 《宋会要辑稿》食货32之12《茶盐杂录》。
⑦ 《夷坚支甲》卷5《灌园吴六》。
⑧ 《宋会要辑稿》食货69之50《逃移》。

三、宋代地主阶级的历史作用

　　由官僚地主、乡村上户地主和工商地主组成的宋代地主阶级,是作为中国封建社会中期新兴的社会力量而登上历史舞台的。官僚地主阶层还成为宋代地主阶级的主体和当权派。这种现象的出现有其历史的必然性和正当性。正如恩格斯所说:"马克思了解古代奴隶主,中世纪封建主等等的历史必然性,因而了解他们的历史正当性,承认他们在一定限度的历史时期内是人类发展的杠杆;因而马克思也承认剥削,即占有他人劳动产品的暂时的历史正当性。"①按照恩格斯的指示,古代的奴隶主和封建帝王,在一定的历史时期,都曾经充当过一种历史动力的角色。在漫长的中国封建社会中,魏晋以后的门阀士族不是没有起过某些积极的作用,只是因其后来日益腐朽和没落,严重阻碍社会的发展,才变成了历史前进道路上的一块绊脚石。唐代中叶以后,门阀士族逐渐被官僚地主所取代,到宋代,官僚地主成为了地主阶级的当权派,这表明中国封建社会前期和中期之间地主阶级内部发生了一次新陈代谢的过程。这是中国封建社会的一次不小的进步。跟门阀士族相比,官僚地主还有相当的生命力,虽然它已经度过了血气方刚的年华,但尚未步入风中残烛的门限,只是处于年富力强的阶段。大量的历史事实证明,以它为主体的宋代地主阶级就其整个阶级、某些团体和个人而言,对社会政治、经济和文化的发展,都一度起过积极的促进作用。现分述如下:

　　第一、以宋太祖、太宗为首的地主阶级,适应广大人民的要求,在宋初用十七年的时间,陆续攻灭荆湖、后蜀、南汉、南唐、吴越、泉州、北汉等国,结束了五代十国长期纷争的混乱局面,统一了北纬约 39 度以南、东经约 101 度以东的中国大部分地区,沟通南北,维系东西,为社会生

---

① 《马克思恩格斯全集》卷 21,第 557—558 页。

产的恢复和发展创造了比较和平、安定的环境。

第二、吸取了唐、五代弊政的历史教训,为了有效地防范文臣、武将、女后、外戚、宗室、宦官等六种人专权独裁,制订出了一整套集中政权、兵权、财权、司法权等的"祖宗家法"①,建立起封建专制主义中央集权的政治制度,基本上消除了唐代后期和五代以来威胁皇权和造成封建割据的种种因素。实行比较严格的科举取士制度,科举向士大夫广泛开放,对于士大夫,"家不尚谱牒,身不重乡贯"②,只要文章和诗赋合格,就可录取。由此选拔了大批出身于一般地主和殷富农民家庭的才能之士以及部分工商子弟为官,不断为各级官府输入新鲜血液,并且扩大了宋朝统治的阶级基础。又实行募兵制度,招募本地老百姓、军人子弟、饥民等为兵,主要充当禁军和厢军。由于大批职业士兵"以起军旅",广大直接生产者免受"征伐之苦"和"屯戍之苦",而收"晏然无预征役"之利③。同时,占全国军队总数约三分之一的厢军以及南宋各地的"系将禁军"和"不系将禁军",是一支从事牧业、手工业的专业生产兵,这支军队分担了农民和工匠的大部分夫役,使农民和工匠能够用更多的时间从事生产。

第三、发展教育事业,建立太学、宗学、州县学、书院和家塾等各种教育机构,在一些经济比较发展的地区,"弦诵之声,往往相闻"④。各类学校"广开来学之路"⑤,扩大招生范围,学生不拘门第和家世。建立起一套比较完整的学制,不仅有完备的考试制度、积分法,而且有健全的行政组织和严密的学规法令,对学生的入学手续、教师的职责、课程、学生守则等都作了详尽的规定。

第四、以不立"田制"和"不抑兼并"为一代的国策⑥,实行私有程度

---

① 《续通鉴长编》卷480,元祐八年正月丁亥。
② 陈傅良:《止斋文集》卷35《答林宗简》。
③ 《文献通考·兵四》。
④ 耐得翁:《都城纪胜·三教外地》。
⑤ 潜说友:《咸淳临安志》卷11《学校·宗学》。
⑥ 《宋史·食货志上一·农田》;王明清:《挥麈录余话》卷1《祖宗兵制名〈枢廷备检〉》。

比较高的地主和自耕农土地所有制,制订日益严密的法律条文,保障私人对于土地的转移让渡,使土地买卖和典当的法律更加规范化。诸如对买卖土地的全过程,规定在典卖土地前,必须询问亲邻,或由买主交纳"定钱",再订立"合同契",到官府交纳契税钱,然后加盖官印。卖买双方必须办完上述法定手续后,才得到官府的正式承认,并给予法律的保证。这些条法的实行,一方面意味着封建国家对于土地买卖的某种控制和干涉,另一方面亦即主要方面意味着封建国家承认和保障土地的私有权。因此,在整个宋代,土地买卖盛行,土地所有权转移十分频繁。

第五、在一定程度上放松了对农民的人身束缚,采用地主分散出租土地,让农民承佃交纳租课的剥削方式。减轻了对佃农的劳役地租剥削,代之以不断加重的实物地租,使实物地租成为有宋一代主要的地租形态。实物地租分为分成租和定额租两种形式。地主通过分成租或定额租制对佃农的剥削率是一致的,但采取定额租制的地主较少干涉佃农的生产活动,而且剥削量相对固定,佃农对于土地比较愿意多投入生产工本,生产的积极性比分成租制佃农有所提高。还在部分官田和两浙、江西、江东、广东、福建等经济较为发展的地区,实行一种由实物地租向货币地租过渡的地租形态——"折钱"租以及钱租。

第六、促进了社会经济的发展。农业方面,由于封建国家在某些时期推行奖励垦田的措施,以及一些官员关心农事,指导垦殖,诸如水田、圩田、山田、淤田、沙田、涂田等得到大量开发,耕地比前代要增加很多。耕作制度和技术不断获得改进和提高,使传统农业趋于成熟,粮食单位面积产量在当时世界上居于领先的地位。最明显的是封建国家鼓励南方百姓杂植粟、麦、黍、豆等作物,而北方百姓"广种秔稻"①。还采取措施,在全国大部分地区推广占城旱稻,在南方推广小麦以及棉花等农作物,推广踏犁、犁刀、秧马、人力水车、牛转水车、筒车、扬扇等农具。这

① 《宋史·食货志上一》。

比较先进的农具的推广，减轻了农民在耕地、插秧和灌溉时的劳动强度，增强了农民抗御水、旱灾害的能力，并且提高了功效。此外，还兴修了规模较大的水利工程一千一百多项①。这些措施在当时就收到了很大的经济效益。手工业方面，扩大了各个行业的规模，分工细密。官营作坊往往役使兵匠和民匠几百甚至上千人，分成几十作。民营作坊，如韶州岑水场、信州铅山场都聚集过坑户或"浮浪"十几万人，所产铜之多使官府无本钱收购。登州、莱州的金矿，也曾聚集过数万人。当然，大多数民营作坊规模较小，分工也不如官营作坊细密。手工业产品的数量，如银、铜、铅、锡、铁等矿产量，铜钱的铸造量，各种武器尤其是火器的生产量，纸张、书籍、瓷器、纺织品等的生产量，都比前代增加很多。生产技术也比前代大有提高，形成了更多地区性的著名产品。商业方面，在自然经济占统治地位的情况下，商品经济比前代有较多的发展。十万户以上的大城市有所增加。在大城市中，打破了营业时间和地点的限制；在城市郊区和农村，形成了许多市、镇，出现了更多的同业店铺组织的"行"，南宋临安至少有四百十四行。还发行了世界上第一张纸币"交子"，铜钱和铁钱的流通量也大为增加。对外贸易的兴盛，使瓷器 丝织品等商品远销亚洲和东非各国。宋代社会经济的发展，为资本主义生产关系萌芽的出现准备了初步的物质条件。在促进社会经济发展的过程中，广大农民和工匠是主要力量，但由官僚地主为当权派的封建国家所实行的一些政策和措施，对促进社会经济的发展也起过积极的作用。

第七、促进了科学技术的发展，使宋代成为中国封建社会中科技最为繁荣发展、各种发明创造层出不穷的时期。数学、天文学、医学、药物学、生物学、化学、农学、地质学、地理学、气象学、建筑学、机械学等学科，都取得了多方面的成就。印刷术、造纸术、指南针和火药等"四大

---

①　冀朝鼎：《中国历史上的基本经济区与水利事业的发展》，中国社会科学出版社1981年版，第5页。

发明"得到了广泛的应用。采矿、金属冶炼和铸造、造船和航海、纺织和印染、制瓷等技术也有了新的提高。还出现了一批著名的科学家,如沈括、苏颂、燕肃、杨惟德、黄裳、秦九韶、李冶、杨辉、李诫、宋慈等,为世界文明作出了杰出的贡献。

第八、创立了一种新的思想理论体系即理学。理学家用"理"来概括精神,用"气"来概括物质,对理和气这一组高度概括的哲学范畴进行了比较深入的探讨,迈进了研究精神与物质的关系以及宇宙和人类本质的新阶段。在事物矛盾运动的规律方面,提出了"无独必有对"或"一分为二"的新命题。指出"对"的普遍性,甚至指出有些"对"的双方可以互相转化,这就把中国古代朴素的辩证法思想提到了新的高度。不可否认,理学在思辨哲学方面的发展,是人类认识史上一次很大的进步。同时,理学从哲学和伦理学等方面批判佛、道二教,削弱了它们在汉族中的影响。理学所提倡的某些"节义"主张,也可移植到无产阶级文化中来,使之变为有用①。理学还对周邻各少数民族的封建化,对日本、朝鲜等国历史的发展,发生过很大的影响。但是,理学又从哲学的高度来论证新的封建等级制度的合理性,重建了封建纲常伦理学说,因此,在强化封建礼教、维护宗法方面,随着中国封建社会的逐步发展,起着愈益消极的作用。

此外,在各项学术包括历史学、地理学、金石考古学、音韵学、目录学等方面,在文学和艺术方面,都涌现了不少名垂后世的专门家。他们流传下来的丰富的学术著作和艺术创造,具有独特的时代特色,是中国文化史上的一份珍贵的财富。

总之,宋代以官僚地主为主体的地主阶级,作为中国封建社会中期新兴的社会力量,对当时社会的发展,起过积极的促进作用。当然,作为封建统治阶级,又有其剥削和压迫广大人民的一面,因而不免随着时

---

① 《范文澜历史论文选集》,中国社会科学出版社 1979 年版,第 298—300 页。

间的推移,变得愈益腐朽和保守,以致阻碍了社会的继续发展。但是,如果只看到宋代地主阶级腐朽和保守的一面,而忽略了他们曾经发挥的积极作用,看不到他们对历史发展作出的一定贡献,也是不符合史实的。

（本文刊载于历史研究编辑部:《中国封建地主阶级研究》,
中国社会科学出版社 1988 年版）

宋代的避讳习俗

在中国古代，人们不得直接书写或称呼帝王、圣贤和尊长之名，而必须采用其他方法加以回避，这种习俗称为"避讳"。凡与这些尊长之名相同的人、地、职官、书、物等名，都要回避。这种习俗开始于周代。到宋代，随着社会的发展，出现了一些新的内容，还出现了一些有远见卓识的文人学者实际上反对这种习俗。

宋代避讳的特点是一般只避尊长之名，不避其字、号或谥号。依照其内容，可分为官讳和私讳两大类。

一、官　　讳

官讳又称国讳，包括三部分内容。第一、皇帝生前的"御名"（正名）、曾用名（旧讳），这些名死后成为"庙讳"。如宋孝宗淳熙十五年（1188 年），下诏将"文书式"和国子监现行《韵略》中所载高宗"御名"改为庙讳，由刑部和国子监负责改正①。孝宗、光宗死后，其"御名"改为庙讳，也经历了类似的过程。回避皇帝旧讳，始于宋真宗大中祥符二年（1009 年）。是年六月，规定中外文字有与太宗旧讳"光义"二字相连及音同者，并令回避。到仁宗宝元元年（1038 年）四月，翰林侍读学士李俶建议"毋得连用真宗旧名"。英宗治平元年（1064 年）十一月，翰林

---

① 　《宋会要辑稿》仪制 13 之 17—18。

学士贾黯奏请"毋得连用仁宗旧名""受益"二字。自此，禁止连用皇帝的旧讳二字，遂"著之文书令，为不刊之典"①。

　　第二、有些皇帝的生父和太祖、太宗的几代祖先之名，也列入庙讳。前者如宋英宗生父赵允让（淮安懿王）、孝宗生父赵偁，后者如宋太祖、太宗之父赵弘殷（宣祖）、祖赵敬（翼祖）、曾祖赵珽、高祖赵朓、远祖轩辕、始祖（圣祖）玄朗。这部分官讳有些是可变的。如哲宗初年，决定将翼祖皇帝赵敬的神主改迁夹室，按礼部例，其名不再回避，即不入官讳之列。当时称"祧迁"或"祧庙"。徽宗崇宁四年（1105 年），又认为翼祖不应"祧迁"，乃归还本室，其名讳添入《集韵》。高宗绍兴三十二年（1162 年），因为把钦宗的神主祔庙，翼祖夫妇的神主再次"祧庙"，规定从此其名"依礼不讳"。但光宗时将作监倪思提出，尽管祧庙不讳是符合礼制的，在文字之间尽可不讳，不过官员和百姓命名对应该避其正讳，不避嫌讳。于是朝廷规定，今后"臣庶命名，并不许犯祧庙正讳。如名字见有犯祧庙正讳者，并合改易"②。

　　第三、皇太子、亲王以及皇后之父等名讳。如宋仁宗即位前任寿春郡王时名"受益"，供奉官赵承益请避其讳，改名"承炳"。后来受益改名"祯"，度支郎中、御史知杂杜梦证为避其嫌名，改曰"尧臣"。仁宗初年，刘太后执政，其父刘通追封彭城郡王，"通"字也定为官讳③。但刘太后死后，到明道（1032—1033 年）间，又复其旧即不再避刘通之名④。哲宗即位初，英宗高皇后改为太皇太后，朝廷下诏全国回避太后之父高遵甫名下一字⑤。这时，文及甫给人写信，省去"甫"字，只称"及启"、"及再拜居易少卿兄"等⑥。宋高宗皇后吴氏，其父为吴近，凡"近拍"者

---

① 岳珂：《愧郯录》卷 2《旧讳训名》。
② 《宋会要辑稿》仪制 13 之 14—18。
③ 《宋史》卷 242《后妃上》。
④ 周密：《齐东野语》卷 4《避讳》。
⑤ 《续通鉴长编》卷 353。
⑥ 《宝真斋法书赞》卷 18《文周翰盛暑帖》。

皆改为"傍拍"①。

宋代的庙讳，据洪迈《容斋三笔》卷11《帝王讳名》，这时共有五十个字。具体的回避方法，有改字、改音、缺笔、空字、用黄纸覆盖等。

第一、改字。改动范围极广，包括人的姓名以及官曹、官称、官阶、地、书、衣冠等名。凡遇需要回避的字，就改用同音字或同义字。关于改姓氏：真宗时规定，应回避"圣祖"等名讳，凡姓玄武氏者皆改姓"都氏"；姓敬氏者，皆析为文氏和苟氏，变成两姓。徽宗时，还命有关官府审定姓氏"犯祖宗庙讳者，随文更易"。高宗即位后，蜀中大族违犯"御名""构"的嫌音者颇多，"仓卒之间，各易其姓"。如句涛，是"仍其字而更其音"；鉤光祖，是加金字；絢纺，是加丝字；苟谌，是加草字；句思，是改勾为句。勾龙如渊，是增龙字。于是句氏一姓析为多家②。宋朝还规定回避"宣祖"赵弘殷的名讳，凡殷字都改为商或汤③。关于改人名：徽宗时，承直郎宋敬为避翼祖之名，改名"竞"④。仁宗初年，命杨大雅任知制诰。大雅原名"侃"，因犯真宗旧讳"元侃"，下诏改名⑤。关于改官曹名：仁宗初年，为避刘通讳，改通进银台司为"承进银台司"⑥。关于改官称：仁宗初年，为避刘通讳，改通判为"同判"，通事舍人为"宣事舍人"。关于改官阶名：为避刘通讳，又改通奉大夫为"中奉大夫"、通直郎为"同直郎"⑦。又为避"支"字，改观察支使为"观察推官"⑧。关于改地名：真宗时，为避"圣祖"讳，改朗州为鼎州，蔡州郎山县为确山县，梓州玄武县为中江县。仁宗初年，为避刘通讳，还改通利军为"安利军"，通州为"崇州"，大通监为"交城监"。吴中平田有小土丘，称为

---

① 项安世：《项氏家说》卷8《因讳改字》。
② 王明清：《挥麈前录》卷3。
③ 朱彧：《萍洲可谈》卷1。
④ 《宋会要辑稿》仪制13之15。
⑤ 《愧郯录》卷2《旧讳训名》。
⑥ 《宋会要辑稿》仪制13之12。
⑦ 《宋会要辑稿》仪制13之13。
⑧ 张孝祥：《于湖居士文集》卷15《讳说》。

"墩"，后来避光宗讳，都改为"坡"①。关于改衣冠名：仁宗初年，因避刘通讳，改通天冠为"承天冠"。关于改殿名：真宗时，诏改含光殿为会庆殿，原因是"光"乃太宗旧名的上一个字②。关于改物名：山药原为薯药，英宗即位后，为避御讳"曙"，遂称山药。蒸饼也因避仁宗御讳"祯"的嫌音，改为"炊饼"③。关于改文书等名：孝宗时，为避御名"昚"的嫌音"申"字，凡"状申"都变成"状呈"，时间的申时改成"衙时"④。一时还将公文用语"申复"改为"中复"。

第二、改音。即改读。高宗初年，采用改读法以避讳。规定对钦宗之名"桓"，"各以其义类求之"读音。以威武为义者读作"威"，以回旋为义者读作"旋"，以植立为义者读作"植"⑤。

第三、空字。凡遇官讳，如难以用他字代替，便将该字空缺。孝宗亲撰古体诗两首，其中一首云："志士惜日短，愁人知夜长。摄衣步前庭，仰观南雁翔。□景随形运，流响归空房。"岳珂指出其中缺少一字，"盖避庙讳，所以尊祖也"⑥。

第四、缺笔。又称"空点画"。唐代以前，避讳多用改字法；唐代以后，兼用改字、缺笔二法。缺笔法是在应回避而难以回避的情况下，可用缺笔的方法，少写最后一画。如《贡举条式》中《淳熙重修文书式》规定，庙讳皆写成玄（玄）、朗（朗）、匡（匡）、胤（胤）、炅（炅）、恒（恒）、祯（祯）等。

第五、用黄纸覆盖。宋代官讳增多，遇难以回避的常用字，不得已则可用黄纸覆盖。这可能是宋代的创造。如哲宗时高鲁王和仁宗初刘通的正讳，在难避时都允许用黄纸覆盖⑦。

---

① 叶绍翁：《四朝闻见录》戊集《韩墩梨》。
② 《愧郯录》卷2《旧讳训名》。
③ 顾文荐：《负暄杂录》。
④ 《于湖居士文集·讳说》。
⑤ 《宋史》卷108《礼志十一》。
⑥ 《宝真斋法书赞》卷3《历代帝王帖》。
⑦ 《宋会要辑稿》仪制13之12。

　　对于庙讳,宋朝规定不仅要回避其单名和双名的正讳,还要回避其嫌名(指正名的同音字)。皇帝的双名旧讳,可以不回避其中一字,但二字连用则为犯讳;单名的旧讳,则必须回避。哲宗初年,一度允许庙讳的嫌名可以依例不讳,但进呈文字仍应用黄纸覆盖①。

　　宋朝还把一些字定为官讳。徽宗宣和初年,根据户部勾当公事李宽奏请,凡以"圣"字为名者,皆予禁止。给事中赵野又提议世俗以君、王、圣三字取名者,应全部"革而正之",而仍有以天为称者,也拟禁止。此后,又有人提出龙、皇、主、玉字也应遏禁。于是这八个字成为官讳的一部分②。此外,还曾规定回避万、载等字。当时,据此将龙州改名政州,青龙镇改名通会镇。到高宗初年,建昌军通判庄绰提出从徽宗大观(1107—1110 年)后,避龙、天、万、载等字,"更易州县名不当",朝廷才将一批地名恢复旧称③。

二、私　　讳

　　私讳又称家讳。太宗雍熙二年(985 年)下诏,官员三代的名讳只可行于自家,州县长官不准命人将家讳在客位榜列出;新授的职官,除三省、御史台五品,文班四品、武班三品以上,允许按"式"奏改,其余不在请改之列④。同时,律文又规定:"诸府号、官称犯祖父名,冒荣居之者,徒一年。"⑤"诸上书若奏事,犯祖庙讳者,杖八十;若嫌名及二名偏犯者,不坐。"⑥此后,直到仁宗嘉祐六年(1061 年)五月前,尚未确立一个严密的制度,有时某一小官要求避家讳而获准改换差遣或官阶,而高官却不获允许;有时虽然二名为嫌名而准许回避,正犯单讳却不予批

---

①　《宋会要辑稿》仪制 13 之 12、19。
②　龚明之:《中吴纪闻》卷 5《易承天为能仁寺》。
③　《建炎以来系年要录》卷 43。
④　《宋会要辑稿》仪制 13 之 19、20。
⑤　《愧郯录》卷 10《李文简奏稿》。
⑥　《续资治通鉴长编》卷 193。

准。王栐觉得雍熙二年诏书与律文的规定相反,可能是"此诏既行之后,人无廉耻,习以成风,故又从而禁之耶"①? 这时,"前后许与不许,系于临时",说明尚未"稽详礼律,立为永制"。于是在嘉祐六年根据知审官院贾黯的建议:"父祖之名为子孙者所不忍道,不系官品之高下,并听回避",下诏:"凡府号、官称犯父祖名,而非嫌名及二名者,不以官品高下,并听回避。"②说明从这时开始,从法律上正式规定,凡官员所授官职,遇府号或官称违犯父、祖正名时,不论官品高下,都准回避;如果只犯嫌名或双名中一字,仍旧不讳。神宗、徽宗时,一度不准官员为避私讳而改官称。神宗、哲宗时人苏轼撰《杂纂·续纂》,提到"讳不得——小官祖父名"的歇后语。表明这时品级较低的官员又不准回避家讳了。理宗时人赵昇说,当时"授职任而犯三代名讳者",准许回避;如"二名偏犯",则不准回避③。

官员在接受差遣、升迁官阶等时,回避家讳的方法很多,有改地、改授差遣、换官、改职、改官称、沿用旧衔、不系衔内等十多种。

第一、改地。即改换所授差遣的地点。宋敏求任提举万寿观公事,因观名犯其父嫌名,改受提举醴泉观。贾易知寿州,因州名犯其祖讳,改知宣州。马骘任权发遣衡州,因本州安仁县名犯其父讳,改差主管台州崇道观。

第二、改授差遣和换官。詹猷新差主管官告院,其高祖名告,乃与新监进奏院胡涓对换。新除起居舍人罗点,因"起"字犯曾祖名,改除太常少卿。张子奭任太常寺奉礼郎,因父名宗礼,改授太祝④。

第三、改授次等阶官。宋朝"著令",凡官员经过磨勘(考核),其升迁的阶官官称如与三代名讳相犯,允许自陈,授给次等阶官,称为"寄理",系衔时放在官称之首⑤。

---

① 《燕翼诒谋录》卷4《禁士大夫避讳》。
② 《续资治通鉴长编》卷193。
③ 赵昇:《朝野类要》卷4《杂制》。
④ 《宋会要辑稿》仪制13之24—26。
⑤ 《愧郯录》卷3《阶官避家讳》。

第四、改职。即改换所授职名。徐处仁任资政殿学士，因避其祖讳，改授端明殿学士。

第五、改官称和官衔名。宋太祖初年，侍卫帅慕容延钊和枢密使吴廷祚都因其父、祖讳章或璋，原应在拜使相时带"平章事"，乃改称同中书门下二品①。高宗时，沈该任提举编修玉牒所，因"举"字是其曾祖名，乃暂时改做"提领"。宁宗时，朝廷除张嗣古为起居郎，张嗣古以犯家讳辞免，特改起居郎为"侍立修注官"②。宋代在京师设平准务，蔡京以其与父名准相违，改称平货务③。

第六、仍用旧衔。梁克家连升三官为左银青光禄大夫，因"光"字为其父名，乃仍用旧官系衔。

第七、不系官衔内。施师点迁官，应加食实封，因"实"字犯父名，命其免予系衔。梁克家迁翰林学士、知制诰，后三字犯祖讳，准其在衔内暂免系结。

第八、减去差遣名称中某字或暂不迁官。张俊授枢密使，因其父名密，改称"枢使"。太府寺丞楼钥原应迁太常博士，但"常"字犯其祖讳，申请回避，朝廷命其暂任旧职④。

第九、改文书用语。宋代尚书省将文书下达，照例开头皆称"勘会"。曾公亮任相，因父名会，改称"勘当"⑤。寇準作相，各司公文用语都改"準"为"准"⑥。苏轼祖名序，苏轼为人写序文，都改成"叙"；又以为不妥，改用"引"。王安石撰《字说》，不收"益"字，原因是其父名益⑦。同时，益字也是仁宗的旧讳之一，也应回避。

第十、改人名。司马光担任宰相期间，韩维（字持国）为门下侍郎。

---

①　《愧郯录》卷10《同二品》，《宋会要辑稿》仪制13之26。

②　《朝野类要》卷4《杂制》。

③　叶梦得：《石林燕语》。

④　《宋会要辑稿》仪制13之26、27。

⑤　谢维新：《古今合璧事类备要》续集卷3《姓名门·讳忌》。

⑥　（清）梁绍壬：《两般秋雨庵随笔》卷5《避讳》。

⑦　陆游：《老学庵笔记》卷6。

两人"旧交相厚"，司马光为了避自己父亲之讳，常常称韩维为"秉国"，而不称"持国"①。

第十一、其他更改。蔡京任相，凡来往公文皆避京字，还改京东、京西为畿左、畿右。秦桧妻子名山，乃改山称"岩"②。哲宗时章惇为相，安惇任从官，安惇见章惇，必称己名为"享"。光宗皇后叫李凤，宫中称凤仙花为"好女儿花"③。秦桧专权时，凡食物的"脍"都改为"鱼生"。刘温叟因父名岳，终身不敢听乐，不游嵩岳和岱岳。徐积父名石，平生不使用石器，遇石头不踩，逢桥则命人负之而过④。更多的士大夫则在日常应酬和著作中，不直接称呼父祖的名字，而用父祖的最高官位的简称来代替。如岳珂称其父岳霖为"银青"，原因是岳霖的官阶最高为银青光禄大夫⑤。

对于私讳，宋朝按照比官讳略为放宽的原则，允许"二名不偏讳"和不避嫌名。但也有"出于一时恩旨免避，或旋为改更者"⑥。如赵洙以国子司业为宗正少卿，洙父名汉卿，御史认为这是"冒宠授官"，准备纠劾。幸而执政者提出异议，理由是"礼文"有"不偏讳"的规定，才免被劾。寇準新授襄州刺史、山南东道节度使，自言父名"湘"，与州名音同，要求"守旧镇"。宰相认为，湘与襄为嫌名，可以不避。孝宗时还下令，"诸府号、官称犯父祖兼（嫌）名及二名偏犯者，皆不避讳"⑦。这一规定成为当时的"常行之法"⑧。岳珂指出，官员"避家讳者不避嫌名，虽著于令，初无官曹、官称之别"。他解释，比如中书舍人，中书是曹司，不是官称，而舍人是官称⑨。有时，官称显然与官员家讳相违，朝廷却

---

① 王明清：《挥麈后录》卷6。
② 《齐东野语·避讳》，《于湖居士文集·讳说》。
③ （清）李世熊：《宁化县志》卷2《土产志》。
④ 《齐东野语·避讳》。
⑤ 《宝真斋法书赞》卷28《银青制札帖》。
⑥ 《容斋五笔》卷3《士大夫避父祖讳》。
⑦ 《宋会要辑稿》仪制13之29、30。
⑧ 《容斋三笔》卷11《家讳中字》。
⑨ 《愧郯录·官称不避曹司》。

不准回避。如李焘之父名中,应追赠中奉大夫。李焘向朝廷提出,追赠父官,"当告家庙,与自身不同",要求改赠元丰改制前相应的旧阶光禄卿。但正在中书任职的洪迈认为,如果"一变成式",以后追赠中大夫,必欲改赠旧阶秘书监;追赠太中大夫,必欲改赠旧阶谏议大夫。势必造成混乱,以致"法不可行"。朝廷最后听从了洪迈的意见①。

三、避讳的弊病

宋代避讳的风尚带来了一些弊病。朝廷礼官为维护皇权的威严,"每欲其多庙讳"。随着各朝皇帝的替代,庙讳陆续增添,而且在实行时,连一些形似的字也列入回避之列。如真宗名恒,从心从亘,音胡登切;缺其一画则为恒,音威。于是连恒也不敢用,而改用"常"字。

许多庙讳加上其嫌音,士人在参加各级科举考试时最易违犯,一旦不慎,便名落孙山。为此,在举行考试时,贡院都"晓示试人宗庙名讳久例全书",张挂在墙壁或铺陈在道路上。但是,每次考试总不免有一些人因"用庙讳、御名",违犯"不考式"而遭黜落②。

宋孝宗时,宫中将旧版《文苑英华》交给宦官校雠,"改易国讳"。如押"殷"字韵诗,因冒犯"宣祖"赵弘殷之讳,乃改殷为商,于是将一诗之韵全令协"商"字。宦官召募"后生举子"为门客,他们"竞以能改避为功"。这时只有大臣周必大觉得这种做法"尽坏旧本,其甚害理者","殊可痛惋",决定自校一本藏于家③。乱改古书,必然造成混乱。有些文学作品,因为避讳,被改得面目全非。如苏轼《念奴娇·赤壁怀古》词,原作"乱石崩空",为了避"崩"字,改成"乱石穿空"。又如秦观《踏莎行》词,原有"杜鹃声里斜阳树"一句,因为讳英宗"曙"字,不得不改

---

① 《容斋三笔·家讳中字》。
② 《宋会要辑稿》选举 4 之 8、3 之 26。
③ 项安世:《项氏家说》卷 8《文苑英华》。

为"杜鹃声里斜阳暮","遂不成文"①。

　　官员们还利用家讳抬高自己的身份和欺压下属。资政殿学士黄中之子任临安府通判,其官阶仅中散大夫或中大夫,借口避父讳,命合府称其为"通议"即通议大夫,比原有官阶高了好几阶,而"受之自如"②。李清臣之父名不陋,派客吏修理屋漏,呼而问之,客吏答道:"今次修了不漏。"李不陋大怒,立即严惩客吏。赵方在楚州,问一倡妓从何而来,对方答道:"因求一碗饭,方到此。"赵方怒其言及自己和父亲之名,将对方处死。陈卓知宁国府,一名司法参军初次参见,陈问其何往,答道:"在安仁县寓居。"陈转身入内,在家庙内边哭边诉说:"属吏辄称先世之名。"司法见状,手足无措,很快寻医而去③。仁宗至和(1054—1056年)间,田登知应天府,自讳其名,触犯者必生气,吏卒多被榜笞,于是全府皆讳灯为"火"。上元节(正月十五日)点灯,依例准许百姓入州治游赏,吏人写榜张贴于闹市云:"本州依例放火三日。"④从此,留下了"只许州官放火,不许百姓点灯"的笑柄。北宋时,宗室赵宗汉也恶人犯其名,称汉子为"兵士"。其妻供奉罗汉,其子请人教《汉书》,仆从们说:"今日夫人召僧供十八大阿罗兵士,太保请官教点《兵士书》。"都城百姓"哄然传以为笑"⑤。大臣钱良臣也自讳其名,幼子十分聪慧,凡经史中出现"良臣"二字,都为之改正。一天,读《孟子》"今天之所谓良臣,古之所谓民贼也"句,改为"今之所谓爹爹,古之所谓民贼也"⑥。徽宗宣和间,知常州徐申会见一名知县,知县说:"已三状申府,未施行。"徐怒形于色,训斥道:"君为县宰,岂不知长吏名,乃作意相侮!"知县不服,大声回答:"今此事申府不报,便当申监司,否则申户部,申台(按指

---

① 项安世:《项氏家说》卷8《因讳改字》。
② 《容斋三笔·家讳中字》。
③ 张端义:《贵耳集》卷中。
④ 庄绰:《鸡肋编》卷中;陆游:《老学庵笔记》卷5。
⑤ 《老学庵笔记》卷3。
⑥ (元)仇远:《稗史·志杂》。

御史台），申省，申来申去，直待身死即休。"说罢，长揖而退。徐虽然生气，也无法治罪①。还有朝官蔡昂，为谄媚蔡京，称蔡为父，全家不准犯"京"字，亲属犯者训斥，奴婢犯者笞笞，宾客犯者罚酒，自己违犯则自打耳光②。这些带有故事性的记载，极为可笑，但在当时人们习以为常，鲜以为怪。

四、避讳的怀疑者和反对者

宋代士大夫大都看重避讳，把它当作天经地义之事。但也有一些士大夫对此提出异议，甚至自己不讲家讳。

首先是有些思想家对某些庙讳提出怀疑，认为大可不必。宋仁宗时，胡瑗为皇帝讲解《乾卦》，谈到元、亨、利、贞，其中贞字犯御讳，仁宗"为动色"。胡瑗不慌不忙地说："临文不讳。"程颐为哲宗讲课，言及"南容三复白圭"，内侍提醒他："容字，上旧名也。"程颐不听。讲毕，对哲宗说："昔仁宗时，宫嫔谓正月为初月，饼之蒸者为炊，天下以为非。嫌名、旧名，请勿讳。"③公然向皇帝提出不要回避御讳的嫌名和旧名。朱熹认为，真宗时王钦若之流论证"圣祖"之名为"玄朗"，但"这也无考竟处"。"某常疑本朝讳得那旧讳无谓。且如宣帝旧名病己，何曾讳？平帝旧名亦不曾讳"。他赞成当时朝廷"祧了几个祖讳"，但圣祖玄朗依然不祧，"那圣祖莫较远似宣祖些么"④！

其次是有些官员反对实行家讳。北宋时，大臣杜衍不赞成官员们自定家讳，他说："父母之名，耳可得而闻，口不得而言，则所讳在我而已，他人何预焉。"知并州的第三天，孔目官来请家讳，他说："下官无所讳，惟讳取枉法赃吏。"孔目官"悚然而退"。包拯知开封府，上任之日，吏人也来请家讳。包拯瞋目而视说："吾无所讳，惟讳吏之有

①③　《齐东野语·避讳》。
②　《两般秋雨庵随笔·讳》。
④　《朱子语类》卷128《本朝二·法制》，

赃恶者。"①南宋时,张孝祥还撰《讳说》篇,说:"避讳一事,始闻而笑,中闻而疑,终之不能自决。"他主张"二名不偏讳,卒哭乃讳,礼也。私讳不及吏民,律也"。即官员生前不应自讳,只有皇帝之讳通行天下②。马光祖知临安府,莅政之初,吏人具牒请家讳,马光祖批曰:"祖无讳,光祖亦无讳,所讳者强盗、奸吏。"③有些官员任官不避家讳。如富弼之父名言,富弼照样充任右正言、知制诰;韩保枢之子韩亿和孙韩绛、韩缜,都历官枢密院,未曾回避④。

再其次是还有一些士大夫赞成实行家讳,但不赞成以家讳强加于人。宋理宗时,张端义说:"近年以来,士大夫之避讳,自避于家则可,临官因致人罪则未可。"他列举许多事例,说明当时"习尚如此",只是"未能各家自刊《礼略韵略》耳"⑤! 在避讳风尚炽盛的状况下,这或许是一种较为切合实际的主张。

(本文刊载于《上海师范大学学报》1988 年第 4 期)

---

① 《古今合璧事类备要·讳忌》。
② 《于湖居士文集·讳说》。
③ 《稗史·莅政》。
④ 《容斋五笔》卷 3《士大夫避父祖讳》。
⑤ 《贵耳集》卷中。

宋代的婚姻礼仪

　　唐、宋之际，社会风尚发生了显著的变化。从唐代中期以后尤其是到了宋代，社会生产力有了许多发展。社会阶级结构也从唐代的门阀士族和部曲、奴客、贱民、番匠、奴婢等旧格局转变为宋代的官僚地主和佃客、差雇匠、和雇匠、人力、女使等新的格局。周围各少数民族特别是契丹、党项、女真等族一度强盛建立起幅员广大的国家。由于这三个因素的影响，人们的生活方式发生了许多变化。这些变化表现在物质生活如饮食、家具、衣服、装饰、房屋、交通工具等方面，又表现在精神生活如礼仪、信仰、文艺、思想等方面。人们在物质生活和精神生活各个方面的爱好和习惯，便构成了这一时期的社会风尚，婚姻礼仪是其中一部分。

　　在婚姻方面，宋朝社会上虽然门第观念并未消除，但人们对于门第的看法却出现了相当大的变化。在此以前，社会上崇尚士族门第。到宋代，社会上已经不存在严格的士、庶之别，人们在选择婚姻的标准方面主要重视对方或对方家庭的官职或钱财，至于乡贯、族望等已被置诸脑后了。最典型的事例，是京城的许多"贵戚"，择婿时不论男方的家世，只要男方礼部试即省试中榜，便算符合标准，而且还资助新女婿一大笔缗钱，称为"系捉钱"。因为这些士人经过殿试就能获得官职，跻身官僚的行列，所以根本不必去考虑他们的家世门第。这些士人实际上也不以家世门第为重，他们觉得钱财更为宝贵。宋神宗、哲宗时，丁骘指出："近年进士登科，娶妻论财，全乖礼仪。衣冠之家，随所厚薄，则遣媒妁往返,甚于乞丐,小不如意,弃而之它。"因此,"市井驵侩,出捐千金",士人们便"贸贸而来,安以就之"。这些士人"名挂仕版,身被命服,不顾廉耻,自为得计。玷辱恩命,亏损名节,莫甚于此!"①贵戚们择婿由完全以族望为标准,到不讲家世;士人们娶妻由论门第,到完全论财产,这不能不是社会风尚的一大变化。当然,士人们与商人联姻,在有些官员看来,确是"不顾廉耻"、"亏损名节",但这种已经形成的较前为进步的风气是不可能因为一篇奏章就能够改变了的。据记载,宋仁宗时,"召试馆职"凌景阳即与汴京酒店户孙氏结婚。南宋时,有些官员如孝宗时丞相留正、侍郎诸葛某,也与泉州海商王元懋结为"姻家"。

随着社会上择偶标准的改变,婚姻制度发生了一些变化。宋仁宗时,蔡襄叹息当时的"昏(婚)礼,无复有古之遗文"②。当时社会上婚礼混乱,有些士大夫深感有必要重定婚姻等礼仪。稍后,司马光根据《仪礼》,参照当时民间通行的礼仪,撰成《书仪》十卷。其中有关婚礼的规定称"婚仪",约占一卷多的篇幅。

根据司马光《书仪》以及《政和五礼新仪》,宋代的婚仪有纳采(媒人向女家赠采择之礼,一般赠雁,太学的三舍生可用羊,平民用鸠、鹜代替)、问名(媒人问女方名字,女家答以名某、排行第几、年龄多少)、纳吉(男家卜得吉兆,再派媒人往告,婚姻之事于是定)、纳币(又称纳成,男家派媒人送聘礼)、请期(告期。报告迎娶日期)、亲迎(女婿往女家迎娶。以上古称"六礼")、妇见祖祢和舅姑、婿见妇之父母等。其中以下几点值得注意:

一、重　资　财

宋代人极其重视聘财和资装。所谓"将娶妇,先问资装之厚薄;将嫁女,先问聘财之多少",甚至双方订立契约,写明某物多少、某物

---

① 《宋文鉴》卷61《请禁绝登科进士论财娶妻》。
② 《蔡忠惠公集》卷18。

多少，"以求售某女者"。"世俗"有"铺房"的仪式，即在迎亲前一天，女家派人到男家布置新房，铺设被褥等物，把所有陪嫁的衣服、袜、鞋等全部陈列出来①。福建漳州民间嫁女，因为随嫁的"装奁厚薄，外人不得见"，乃置"随车钱"，"大抵多者一千贯，少者不下数百贯"。倘不如此，必为"乡邻讪笑"②。还有男家向女家"下财礼"的仪式，南宋末年，吴自牧《梦粱录》记载，男家的聘礼，"富贵之家"则送"三金"，即"金钏（镯）、金鋜（锁足）、金帔坠"；"铺席宅舍"如无金器，则送镀金的银器。"士宦"之家也有送销金大袖、黄罗销金裙、缎红长裙，或送珠翠团冠等首饰、上细杂色彩缎匹帛，加上花茶果物、团圆饼、羊、酒等，还有送官会（一种纸币）、银铤的。财礼的多少，视贫富而定，也有"下等人家"只送织物一二匹，官会一二封，再加上鹅、酒、茶、饼而已。

二、坐　花　轿

　　宋代男家用花轿来迎接新娘。轿子是中国古代特有的一种载人工具。它是从辇、舆等逐步演变而成的。汉代以后，舆轿的名目繁多，有肩舆、竹兜、编舆、板舆、步舆、腰舆、兜子等。大约在五代，出现了有顶的轿子。到北宋，虽然士大夫主要骑马或骑驴，"不甚用轿"③，但在民间已较为普遍使用。据张择端《清明上河图》和《宋史·舆服志》一般轿呈长方或正方形，饰有黄、黑两等，凸盖无梁，周围簟席，左右开窗，前面设帘，用两根长竿扛抬。南宋时，朝廷允许百官乘坐轿子，达到了"无人不乘轿"的程度④，民间使用更为普遍。在结婚仪式上，原来迎亲使用的交通工具——花车越来越被花轿所代替。司马光说"今妇人幸

---

①　见《东京梦华录》卷5《娶妇》。

②　廖刚：《高峰文集》卷5《漳州到任条具民间利病五事奏状》。

③④　《朱子语类》卷128。

有毡车可乘,而世俗重担子,轻毡车"①。"担子"即轿。据《政和五礼新仪》规定,皇帝娶皇后入宫,皇后乘坐肩舆(原注:"肩舆为担子")进堂上,再降舆升车。又据孟元老描述,亲王家的公主出嫁,乘金铜担子,轿顶用朱红漆的脊梁,盖以剪棕,装饰渗金铜铸云凤花朵,四周垂绣额珠帘、白藤间花。两壁栏槛都雕刻金花装的雕木人物、神仙。担子装两竿,用十二人抬,竿前后都用绿丝绦金鱼钩子钩定②。士庶之家和贵家女子婚嫁,也乘坐担子,但担顶上没有铜凤花朵。当时市面上有人专门出租担子。据吴自牧描述,南宋临安府民间在迎亲的日子,男家算定时辰,预先命"行郎",指挥搬运花瓶、花烛、妆合、照台、裙箱、衣匣、交椅等人,还雇借官私妓女乘马,雇请乐官鼓吹,领着花担子,前往女家,迎接新人。花担子到女家后,女家置酒款待行郎,发给花红银碟、利市钱会(铜钱和会子),然后乐官奏乐催妆,时辰一到,催促登担;茶酒司互念诗词,催请新人出阁登担。新人由女家亲戚抱上新担后,抬担人不肯起步,仍念诗词,求取利市钱酒,称为"起担子"。女家发给钱会后,才抬起担子奏乐,迎到男家门口。这时预定时辰将到,乐官、妓女和茶酒司等人互念诗词,在门口索取利市钱物花红等,称为"拦门"。宋以后,新娘乘坐花轿的风气相沿不改,花轿的设备愈加讲究,花轿也愈加富丽堂皇。

三、撒谷豆、跨马鞍、上高坐的仪式

宋代新娘入门前要举行"撒谷豆"、跨马鞍以及新郎"上高坐"的仪式。《东京梦华录》和《梦粱录》都记载,新娘下花担子后,有"阴阳人"或"尅择官"手拿花斗,盛上谷、豆、铜钱、彩果、草节等,一边念咒文,一边望门而撒,小孩们争着拾取,称为"撒谷豆"。据传,这是为了厌青

---

① 《书仪·亲迎》。
② 《东京梦华录》卷4《公主出降》。

羊、乌鸡、青牛之神等三"煞"的。新娘下担子，不能踩到地面，而要在青布条或者青锦褥、青毡花席上走，由一名妇女捧镜面向担子倒行，又有数名妇女持莲座花烛导引前迎，先跨过马鞍和秤，再入中门。当晚，新郎要"上高座"。新郎身穿绿色公服，头戴簪上花和胜的幞头，在中堂登上置于一只榻上的椅子，称为"上高坐"。先是媒人，然后姨、姑各斟酒一杯，请新郎饮下，最后丈母请新郎饮酒，然后才下高座归房。"撒谷豆"是由民间的迷信而形成的仪式，而跨马鞍和上高坐则是受北方游牧民族影响的产物。

四、拜先灵和交拜仪式

宋代新郎和新娘还要举行"拜先灵"和交拜的仪式。新娘进入男家前，男家在影堂（摆祖先画像处）中设香、酒、菜肴等，舅（公公）和姑（婆婆）穿起盛装，站在堂上，一东一西，相对而立。赞引者把一对新人带到阶下或堂前，主持人进入堂中，焚香，跪着酹酒，俯伏，起立。祝者跪下宣读："某（婿名）以今月吉日，迎妇某（妇姓）婚，事见祖祢。"祝者起立，主持人再拜。司马光说："古无此礼，今谓之拜先灵，亦不可废也。"①表明"拜先灵"在当时是民间流行的一种习俗。《东京梦华录·娶妇》记载，新郎和新娘面对面各挽一段彩绢的一端，彩绢中间结一同心，新郎倒行，称"牵巾"，走到家庙参拜，然后新娘倒行，扶入新房。在此以后，还要举行夫妻"交拜"的仪式。司马光认为"古无婿、妇交拜之仪，今世俗始相见交拜"②。交拜的仪式是这样的：新郎和新娘各由陪伴者（富家由女仆）引导，进入新房，中间布席，新郎立在东席，新娘立于西席，新娘先对新郎一拜，新郎答拜，新娘又一拜、两拜。然后新郎揖请新娘就坐。这也是"乡里旧俗"，因为男子"以再拜为礼，女子以四拜

———————

①② 《书仪·亲迎》。

为礼”的缘故。

五、结发的仪式

宋代新郎和新娘还有结发的仪式。唐代杜甫《新婚别》诗云"结发为君妇"，是说自孩提开始结发以来就为夫妻。西汉李广说"结发"与匈奴战，是说"始胜冠年少时"①。从五代开始，出现父母为新人"合髻"的仪式②。宋代"世俗"沿袭此仪，仪式是这样的：男坐在左（宋代以左为尊），女坐在右，各留出一撮头发，由男、女两家提供丝织物、钗子、木梳、头帼（一种发带）等，合梳为髻，然后喝"交杯酒"③。

六、各色新衣

宋代新郎根据身份穿着不同样式的新衣。宋代贫苦人家终身只穿麻布做的衣服，麻布当时通称"布"或"苎布"。贫苦人家的子弟只在做新郎时，穿绢做的新衣三天，称为"郎衣"④。一般富裕的平民子弟，在结婚时，按官府规定只能穿戴丝织的衣衫和幞头。至于贵族和官僚之家的子弟，则可以借穿官服。据《东京梦华录》和《梦粱录》描述，官宦人家子弟举行婚礼前，先由女家赠给新郎礼服——绿色的公服（公裳）、罗花幞头、靴、笏，新郎便在婚礼上穿戴，官府只准许品官子弟和三舍生在结婚时穿戴这种衣帽⑤，宋神宗元丰官制改革以后，六品到九品官可穿绿色的公服，所以官员子弟和三舍生的结婚礼服也是绿色的。当时习俗还喜欢在新郎的幞头上插戴花、胜，以致"拥蔽其首"，颇失大

① 《鸡肋编》卷上。
② 欧阳修：《归田录》卷2。
③ 《东京梦华录》卷5《娶妇》。
④ 《鸡肋编》卷下。
⑤ 《政和五礼新仪》卷179"三舍生及品官子孙假九品（服）"。

丈夫的气派,因此引起司马光的非议。他赞成实在不得已,不妨"随俗",戴花一两枝、胜一二枚就可以了①。

（本文刊载于《文史知识》1988 年第 12 期）

① 《书仪·亲迎》。

宋代的服装风尚

作为"文明古国"的中国,亦是"衣冠王国"。《左传》定公十年疏云:"中国有礼仪之大,故称夏;有服章之美,谓之华。"从夏、商朝开始,中国逐渐形成冠服制度,到西周时已基本完善。从此,帝王后妃、达官贵人以至黎民百姓,衣冠服饰都有一定的区别。同时,随着社会经济的不断发展和生活水平的不断提高,人们对衣冠服饰的要求也越来越高。隋、唐时期,国家统一,经济繁荣,服饰愈益华丽,形制更加开放,尤其在妇女中间,出现了袒胸露臂的现象。从唐代中叶以后,中国封建社会进入了中期,社会经济继续发展。到宋代,农业、手工业、商业和科学技术都有突出的发展,学术思想领域出现了长时期的百家争鸣的局面。作为当时物质文明和精神文明的综合反映,衣冠服饰出现了一些新的特色。

一、"衣服无章,上下混淆"

在现实生活中,宋代民间往往突破朝廷规定的等级制度,穿戴的衣冠上自皇帝、贵族、百官,下至士人、平民,没有绝对严格的差别。隋唐时期的幞头,发展到宋代,已成为男子的主要首服。人们一般都戴幞头。官员的幞头背后,装上两脚,用铁丝或琴弦、竹篾等为骨,一般为直脚。从宋初开始,直脚逐渐加长,目的是防止官员上朝站班时互相交头接耳。官员一般穿"公服",宋初规定三品以上用紫色,五品以上朱色,

七品以上绿色,九品以上青色。宋神宗时,改为四品以上紫色,六品以上绯色,九品以上绿色①。公服的形式,是圆领,大袖,下裾(大襟)加一横襕。到南宋时,由幞头改用幅巾,甚至岳飞这样的武将也以包裹幅巾为尚,冠帽之制渐衰。同时,百官的衣服由公服改为紫窄衫。赵彦卫说:"至渡江,方着紫衫,号为'穿衫尽巾',公卿皂隶,下至闾阎贱夫,皆一律矣。"②这种情况在北宋和南宋许多地方都不断出现过。哲宗至徽宗时人张耒在《衣冠篇》中说,当时胥徒的冠服与知州、县令相差无几,公卿大夫与武官、技术官的衣冠没有太大区别③。宋孝宗时人梁克家说,三十年前,"自缙绅而下","衣服递有等级,不敢略相陵躐"。而后"渐失等威,近岁尤甚,农贩细民至用道服、背子、紫衫者,其妇女至用背子、霞帔"④。朱熹也说过:"今衣服无章,上下混淆。"⑤到南宋末年,"衣冠更易,有一等晚年后生,不体旧规,裹奇巾异服,三五为群,斗美

---

① 《宋史》卷153《舆服四》。
② 《云麓漫钞》卷4。
③ 《柯山集拾遗》卷9。
④ 《淳熙三山志》卷40《岁时·序拜》。
⑤ 《朱子语类》卷91《礼八·杂仪》。

夸丽"①。这些情况表明，原来按规定只能穿白色和皂色服装的庶人、公人、商贾等，常常违禁穿戴官员才有资格穿戴的衣冠，而朝廷越是不断下令禁止百姓"逾僭"，越是证明这种"逾僭"的严重性和普遍性。

二、崇尚素雅和大方、新颖

宋人的衣冠服饰崇尚素雅、大方和新颖。有些学者认为，宋代在"程朱理学影响下，服饰趋于拘谨和质朴"。这并不符合事实。程朱理学直到宋理宗时才受到统治者的重视，取得了学术思想上的统治地位。这时，宋王朝已经走过了大约六分之五的路程。程、朱理学对宋代服饰的影响并不像想象中的那样严重，何况朱熹还主张衣冠要"便身"和"简易"，否则要自然而然地被淘汰，这种观点倒是符合服装的发展趋向的。

文化的发展使人们对衣冠色彩的爱好，从鲜艳和单纯改变为繁复而协调，对比色调日趋稳重和凝炼。宋代的服装，除北宋官员的公服以外，民间一般服装更多地使用复杂而调和的色彩。当时出现了印花的丝织品，在木板上雕刻图案，然后印在丝织品上，称"缬帛"。又出现了加入金线编织的丝织品，称"销金"。织锦也进入了全盛时期。尽管官府三令五申，禁止民间雕刻和买卖缬板，禁止服用"皂班（斑）缬衣"，禁止民间男女穿戴销金衣帽，但并未奏效。宋徽宗时，据孟元老《东京梦华录》记载，汴京大相国寺内，有尼姑公开出售"生色销金花样幞头帽子"。宋孝宗时，知台州唐仲友在州衙召集工匠"雕造花板，印染斑缬，凡数十片"，运回老家彩帛铺使用②。《梦粱录》里也描写了南宋后期临安府大街上有"销金裙"、"段（缎）小儿销金帽儿"、"挑金纱异巧香袋儿"等出售③。

---

① 吴自牧：《梦粱录》卷18《风俗》。
② 《朱文公文集》卷18《按唐仲友第三状》。
③ 《梦粱录》卷13《夜市》。

　　徽、钦时期，民间服装在色彩、款式、图案等方面出现了新风格。宣和年间（1119—1125年），士庶竞相以鹅黄色为腰腹围，称"腰上黄"。妇女便服，不施衿（结带）纽，紧身短小，称"不制衿"。开始从宫廷外传，很快全国"皆服之"①。妇女的鞋底呈尖形，用双色合成，称"错到底"②。钦宗靖康初年（1126年），汴京妇女的首饰、衣服、织帛等备有一年四季的节日礼物或花卉，称"一年景"。这些新式服装的竞相出现，表明当时民间已形成了一次突破服装旧格调、旧样式的新高潮。毋庸讳言，这是一种社会进步的现象。南宋时有些文人视之为奇装异服，与北宋的亡国联系起来，攻击为"服妖"③，实在是没有道理的。

三、吸取少数民族服装的长处

　　宋代汉族人民充分吸收了周邻少数民族服饰的优点。仁宗、徽宗时期，曾屡次下诏禁止士庶和妇女仿效契丹人的衣冠和装饰，如庆历八年（1048年），禁止"士庶仿效胡人衣装，裹番样头巾，着青绿，及乘骑番鞍辔，妇人多以铜绿兔褐之类为衣"④。大观四年（1110年），又下诏说："京城内近日有衣装杂以外裔形制之人，以戴毡笠子，着战袍，系番束带之类"，"宜严行禁止。"⑤政和七年（1117年）和宣和元年（1119年），又两次禁止百姓穿戴契丹服装，如毡笠、钓墪（即妇女的袜裤），违反者"以违御笔论"⑥。这说明违禁者极多，有无法禁绝的趋势。据袁褧记载，徽宗崇宁间（1102—1106年），汴京妇女们"作大鬟方额"；政和（1111—1118年）、宣和（1119—1125年）之际，"尚急扎垂肩"；宣和后，"多梳云尖巧额，鬓撑金凤"。还有"瘦金莲方"、"莹面丸"、"遍体香"，

---

① 见佚名：《东南纪闻》卷3。
② 陆游：《老学庵笔记》卷3。
③ 陆游：《老学庵笔记》卷2。
④ 《宋会要辑稿》舆服4之7《臣庶服》。
⑤ 吴曾：《能改斋漫录》卷13《诏禁外制衣装》。
⑥ 《宋史·舆服五》；《宋会要辑稿》舆服4之7。

都是"自北传南者"①。契丹服装的颜色，如"茶褐、黑绿诸品间色"，也在这时传入汴京②。为汉族服色增添了新的色调。

必须指出，宋朝的服装，实际上只有"朝服"还保留一点汉制，其他都是从"胡服"变化而来的。朱熹说过："今世之服，大抵皆胡服，如上领衫、靴鞋之类，先王冠服扫地尽矣。"③

四、妇女戴盖头

唐代妇女骑马远行，为了防止风沙，多着幂䍠，全身遮蔽。后来改用帷帽，仅保护面部，"拖裙到颈"，"渐次浅露"。后来又戴起皂罗，五尺见方，也称"㡇头"。宋人高承认为，这种㡇头就是宋代的"盖头"④。周煇认为，宋朝妇女走上大街，用方幅紫罗，障蔽半身，俗称"盖头"，就是唐代帷帽之制⑤。

北宋中期，司马光在《家范》一书中，记载当时士大夫家的女子到官府打官司，"蒙首执牒"，"以争家资"。说明这时女子出门戴盖头，在士大夫家属中已经成为一种习惯。司马光提倡"男治外事，女治内

① 《枫窗小牍》卷上。
② 周密：《癸辛杂识》别集卷上《胡服间色》。
③ 《朱子语类》卷91《礼八·杂仪》。
④ 《事物纪原》卷3《帷帽》、《盖头》。
⑤ 《清波别志》卷中。

事",主张"妇人无故不窥中门","妇人有故,出中门,必拥蔽其面"。男仆入中门,妇女一定要回避,不能回避,必须用衣袖遮面。女仆无故,也不准出中门,有事走出中门,也要"拥蔽其面"①。南宋高宗时,朱熹任泉州同安县(治福建今县)主簿和知漳州(治今福建漳州)期间,见到妇女抛头露面,往来街上,下令以后妇女出门必须用花巾兜面,后人称为"文公兜"②。

由于士大夫们的提倡,宋朝妇女出门戴盖头者日益增多。汴京的妓女出门都将盖头背系在冠子上。替官员和贵族说媒的上等媒人,着紫背子,戴盖头③。在金明池附近开设的酒肆中,当垆少女出门时"幂首摇摇而来",与男子们说话。元夕节观灯,妇女戴"幂首巾"上街,入曲巷酒店饮酒,仍"以巾蒙首"。荆南府(治今湖北江陵)妇女到医者家求医,"蒙首入门"。有的妇女在室内还用紫色盖头遮首④。南宋末年,甚至农村少妇出门,也要带上皂盖头。毛珝诗云:"田家少妇最风流,白角冠儿皂盖头。笑问旁人披得称,已遮日色又遮羞。"⑤临安府富室的男女,在结婚前三天,由男家送给新娘一些"催妆"礼物,其中包括销金盖头。在举行婚礼时,新娘带上盖头,然后由男家夫妇双全的女亲,用秤杆或机杼挑下盖头,新娘"方露花容"⑥。

五、背子的流行

在宋朝形形色色的服装中,背子是男子和妇女都穿着的一种服装。它形制美观,穿着方便,所以深受人们的喜爱。

背子的形制与半臂、背心不同。背子的袖管长至手腕,两裾(衣服

---

① 《家范》卷2《祖》;卷1《治家》。
② 《福建通志》总卷21《风俗志·泉州府》。
③ 《东京梦华录》卷7《驾回仪卫》;卷5《娶妇》。
④ 均见《夷坚志》。
⑤ 《吾竹小稿·吴门田家十咏》。
⑥ 《梦粱录》卷20《嫁娶》。

的前襟)平行而不缝合,两腋以下开叉。妇女的背子长度与裙子相等,袖子比衫子略宽①。一种样式是在两腋和背后都垂有带子,腰间用勒帛(一种束在外面用丝织物做的带子)束缚;另一种样式是不垂带子,腰间不用勒帛,任其左、右两襟敞开。半臂的袖管只及背子的一半,其袖长与现代的短袖衬衣相似。宋朝广州的妇女穿黑色的半臂,也称为"游街背子"②,半臂又与背子不加区别。背心不装袖管,与现代一样。

有关背子的起源和最早使用的时间,历来有不同的说法。后唐马缟认为,隋朝大业末年(617年),炀帝的宫女和百官的母、妻等,以"绯罗蹙金飞凤背子"作为朝服和会见宾客、公婆的"长服"。唐玄宗天宝年间(742—756年),西川进贡五色织成的背子。宋朝人高承把背子的起源提前到秦代。他说,秦二世命令衫子上朝服外加背子,背子的袖管比衫子短,整个长度与衫子相齐③。叶梦得提出,背子原来是从称为半臂的武士服发展而来的,背子"引为长袖",与半臂不同,掖下和背后都垂有带子。他曾见祖父家居和燕见宾客时"未甚服背子"。徽宗大观间(1107—1110年),他亲见宰相和执政接见堂吏,签押文书,"犹冠帽,用背子"。到他在北宋末、南宋初撰《石林燕语》时,这一服装制度废除了④。程大昌、朱熹、陆游等人对背子也各有考略与描述,可见背子是开始于宋朝以前,而兴盛于宋朝的一种服装。背子主要是从半臂发展而来的,到宋朝,背子不仅袖管加长,而且两裾加长。同时,男子和妇女的背子之制又有一定的区别:男子的背子只是衬服,一般不穿在外作为常服;妇女的背子则作为常服甚至礼服穿用。据孟元老记载,上等媒人"戴盖头,着紫背子";中等媒人"戴冠子,黄包髻,背子"⑤。

---

① 高承:《事物纪原》卷3《背子》。
② 朱彧:《萍洲可谈》卷2。
③ 《事物纪原》卷3《背子》。
④ 《石林燕语》卷10。
⑤ 《东京梦华录》卷5《娶妇》。

耐得翁记载,临安府酒库在寒食和清明节前开沽煮酒,派倡妓打扮成三等装束,其中第二等为"冠子、裙、背者"①。在宋徽宗以前,背子一般要用勒帛束缚,徽宗以后就不用勒帛,变为散腰了,这样显得更为简便和潇洒。

　　　　　　　　（本文刊载于《文史知识》1989 年第 2 期）

---

① 《都城纪胜·酒肆》。

一论朱熹的政治主张

本文是拙作《论朱熹的政治主张》的第一篇,以论述朱熹的抗金态度为主。

在对待金朝军队不断侵掠的问题上,朱熹是主张坚决抵抗抑或投降?他应该属于抗战派还是投降派?在"文化大革命"前,大陆的学术界就有两种绝然相反的观点,一直未有定论。"文化大革命"中,有些"学者"提出朱熹是"媚敌求荣的无耻的投降派","是一个大卖国贼","是第二个秦桧"云云。笔者最早在一九七八年发表《朱熹是投降派、卖国贼吗?》[①]一文,反驳了这些错误观点。不过,该文的个别材料论证得不够准确,而且限于篇幅,有些问题的阐释还不够深入。现在有必要对这一问题进行全面、深入的论述。

(一)

笔者认为,宋朝和金朝的对立,到朱熹登上政治舞台,已经有三十年左右的时间了。当时,宋朝政治生活中的首要问题是对金的和战问题,每个官僚士大夫都会在这个问题上作出抉择,或是主战,或是主和,或是主守,三者必居其一。朱熹当然也不会例外。总的来说,他既不是主战派,也不是投降派,而是一位主守派。

[①] 载《历史研究》1978 年第 9 期。

作为宋朝大理学家的朱熹,他的思想体系或理学体系的形成也有一个过程。大体上说来,随着他的思想体系或理学体系的形成,他在对待金朝侵掠者的态度和主张方面前后出现了很大的变化,这一变化可以分为三个阶段。

第一阶段,即宋孝宗即位初年,他积极主张北伐,站在主战派的行列。

朱熹的理学体系是在宋孝宗乾道年间(1165—1173 年)逐步建立的。在此以前,他对"禅、道、文章、楚辞、诗、兵法,事事要学",而且"务为笼统宏阔之言,好同而恶异,喜大而耻于小"①,并无一定之见。宋孝宗即位初年,起用主战派首领张浚,并为被投降派秦桧迫害致死的抗金将领岳飞昭雪,开始作北伐金朝的准备,同时要朝内外陈述时政阙失。这时,朝野上下,群情振奋。朱熹与许多士大夫一样,赞同"恢复"中原故土,激烈反对与金朝议和。

绍兴三十二年(1162 年)八月,朱熹应诏上书,正式提出他的政见。在奏书中,他指出宋朝的形势是"祖宗之境土未复,宗庙之仇耻未除,戎虏之奸谲不常,生民之困悴已极"。现在已经到了决定"国家盛衰治乱之机、庙社安危荣辱之兆"的关键时刻,陛下(指宋孝宗)应该做三件事:一是熟讲帝王之学。陛下以前只是"讽诵文辞,吟咏情性",近年"欲求大道之要,又颇留意于老子、释氏之书",这不是好办法。自古以来,帝王之学必须首先"格物致知",以掌握世上事物的变化,使"义理所存,纤微毕照",这样,就自然意诚心正,能够妥善处理天下的事务。二是定计(方针)。今天的"计"不外乎"修政事,攘夷狄"。但朝廷不能及时定"计",原因是被讲和之说所疑惑。金朝于宋有不共戴天之仇,则与金朝不能讲和,义理十分明显。所以,与金朝讲和,有百害而无一利。希望陛下罢黜和议,追还使人,任贤使能,立纪纲,厉风俗。数年之后,志定气饱,国富兵强,然后衡量自己力量的强弱、金朝寻衅的程度,

①　王懋竑:《朱子年谱》卷 1 上;《延平答问后录》赵师复跋。

"徐起而图之"。担保"中原故地不为吾有，而将焉往"？三是正朝廷。朝廷是国家的根本，所以先要整顿。希望陛下任用忠臣贤士，使各尽其才，以修明政事①。朱熹的这封奏书，既向宋孝宗宣讲了儒家的《大学》之道，又表明了他自己反对与金朝讲和的立场。

这一时期，朱熹曾经向担任枢密使的张浚提出过分路派遣宋朝军队攻打金朝、恢复中原的建策。他认为应该根据金朝调集兵力不易的特点，分派宋军进趋关陕、西京、淮北等地，牵制和分散金朝兵力，同时又派舟师从海道出击。再选择精锐部队数万人，进攻金朝的薄弱处，收回山东，把金兵分为两截，使其"首尾相应不及"，然后下诏号召中原豪杰响应。但是，朱熹的这一建策未被采纳②。

这一时期，朱熹还在写给陈俊卿的信中痛斥与金议和的主张。他指出：阻碍国家恢复大计的，是讲和之说；破坏边陲备御常规的，是讲和之说。对内违背我民忠义之心，对外断绝中原遗民之望，是讲和之说；虽然现在可免日坐愁城，但养成今后的"宴安之毒"的，也是讲和之说。表示他坚决反对向金朝"卑辞厚利"、乞怜讨好。他在信中还说："祖宗之仇，万世臣子之所必报而不忘者。"如果决定与金朝讲和，就会使三纲沦丧，万事废弃③。

朱熹的这一政见，与他这时的老师李侗的主张十分相似。李侗说过："不共戴天，正今日第一义，举此不知其他。即宏上下之道，而气正矣。夷狄所以盛者，只为三纲五常之道衰也。"④李侗把抵抗金朝的侵掠放在一切事情的首位，说明他是主张抗战复仇的。但他又从纲常的理论来解释金朝的强大是由于宋朝三纲五常的衰颓。李侗的这一主张显然为朱熹所接受，并且被进一步发挥，使抗战复仇的主张与皇帝熟讲《大学》之道以及纲常伦理学说联系在一起。

---

① 《朱文公文集》卷11《壬午应诏封事》。
② 《朱子语类》卷110《朱子七·论兵》。
③ 《朱文公文集》卷24《与陈侍郎书》。
④ 朱熹：《延平答问》。

笔者在《朱熹是投降派、卖国贼吗?》一文中,提到"朱熹坚持认为,'人主(皇帝)义在复仇'。为此,他与主张和议的李夙、李浩等人发生过争论。"这一史实出自叶适《水心文集》卷16《著作、正字二刘公墓志铭》的记载。笔者原来把这件事定在宋孝宗即位初年(1162年),这在时间上不准确。根据这篇墓志铭,朱熹的这些活动是在虞允文当丞相的时候。墓志铭说:"虞丞相允文赞上谋恢复锐甚,希进者趋和之。"虞允文是乾道元年(1165年)三月庚申任参知政事的①。墓志铭又说,刘朔向宋孝宗"极谏":"臣观今日通和,未为失策。昔富弼累增岁币,今减十万矣……"所谓富弼"累增岁币",乃是指宋仁宗时,知制诰富弼出使辽朝,在辽朝的压力下,同意每年增加岁币银、绢各十万两匹。而所谓"今减十万矣",则是指宋孝宗隆兴二年(1164年)十二月到次年正月,宋、金双方议定减少岁币十万两匹②,这说明朱熹与刘夙、李浩等人的争论,主要是朱熹反对隆兴和议,并主张"复仇",这件事发生的时间,当在宋孝宗乾道元年,而不应在其即位初年。笔者原来把刘夙误写为"李夙",应予更改。

第二阶段,即隆兴初年张浚北伐失败至宋、金达成和议以前,他从积极主战改变为主张"合战、守之计以为一"。

宋孝宗隆兴元年(1163年),抗战派首领张浚任枢密使、都督江淮军马,开始北伐。张浚派兵进入金境,十分顺利地攻占了虹县、灵璧和宿州等地。但由于宋军将领间不和,坐失战机,反而被金军在符离击败,宋军损失惨重。宋孝宗在金朝重兵的威胁下,屈辱求和。

张浚北伐的失败,使朱熹对宋朝主动出击劲敌金朝、收复失土的决策产生了动摇。这一年,他在《垂拱奏札》之二中,分析当时社会上人们应付金朝的三种对策。他认为:"战诚进取之势,而亦有轻举之失。"表明他对张浚这一次北伐评价是准备不足,以致失败。"守固自治之术,而亦有持久之难"。担心对金朝采取守势难以持久。至于和议,他

---

① 《宋史》卷33《孝宗纪一》。
② 《宋史》卷33《孝宗纪一》;《金史》卷6《世宗纪上》。

则尤其深痛恶疾。他说："和之策则下矣！而主其计者，亦以为屈己爱民，蓄力观衅，疑敌缓师，未为失计。"他从天理人欲和三纲五常的理论出发，反驳朝廷上"主计者"（决策者）的谬论，指出"今日所当为者，非战无以复仇，非守无以制胜，是皆天理之自然，非人欲之私忿也"。如今与金朝"释怨而讲和"，不是屈己，而是违背"天理"。己可以屈，"天理"岂能违背！违背"天理"，其危害将使"三纲沦，九法斁，子焉而不知有父，臣焉而不知有君"。他主张立即停止与金朝讲和，使全国都知道朝廷复仇雪耻的本意，然后"表里江淮，合战、守之计以为一，使守固而有以战，战胜而有以守"。这样，持以岁月，"以必复中原、必灭胡虏为期而后已"。这些言论表明，朱熹已经从积极北伐复仇，改变为"合战、守之计以为一"的主张。

在《垂拱奏札》之三，朱熹进一步讲述周宣王"侧身修行，任贤使能，内修政事，外攘夷狄"的"周道"，认为"制御夷狄，其本不在乎威强，而在乎德业；其任不在乎边境，而在乎朝廷；其具（备）不在乎兵食，而在乎纪纲"。所以，应以开纳谏诤、黜远邪佞、杜塞幸门、安固邦本等四件事为急务，其余诸如国威未振、边备未修、仓库未充、士卒未练等不足为忧①。显然，朱熹在主张"合战、守之计以为一"的同时，又开始把内修政事放在外抗金朝之上，认为必须治理好宋朝内政，才能与金朝相抗争。

第三阶段，即乾道元年以后，他主张固守南宋国土，反对贸然北伐，变为十分坚决的主守派。

宋孝宗隆兴元年稍后，南宋与金朝达成了和议。南宋作为战败国，被迫将唐、邓、海、泗、商、秦六州之地割给金朝。不过，金朝也作了一些让步，允许南宋皇帝对金不再称臣，改称"侄皇帝"；"岁贡"改称"岁币"，每年减少十万，仍为二十万。

所谓隆兴和议的签订，使朱熹对宋朝"恢复"中原故土失去了信

---

① 《朱文公文集》卷13《垂拱奏札》二、三。

心。一方面,他对和议极其"愤叹",另方面又认为和议一经成立,"南北再欢,中外无事","所谓万世必报之仇者,固已无所复发其口矣"①。所以,从此以后,直到淳熙十五年(1188年)前,他不再公开谈论"复仇"或"恢复"之事,一意著书讲学,逐步完成了他的理学体系。这时,他在治理宋朝内政和对抗金朝方面也形成了固定的看法。

淳熙十五年,宋孝宗召见朱熹,朱熹乘机上疏详细阐述了自己的政治主张。在内政方面,他提出宋朝的"急务"是辅助太子、选任大臣、振举纲维、改变风俗、爱养民力、修明军政等六件事。而比这六件事更急需去做的是陛下要正心。陛下的心是国家的"大本"。这是"自然之理"。唯有克去心中的"人欲之私",才能存下"天理之公"。检验陛下一心的邪正,先察看宫庭内是否"端庄齐肃",后察看贵戚、近臣等是否恭敬守职,必须"洞然无有毫发私邪",然后发号施令,群听不疑,进贤退奸,众志咸服,纪纲得以振举,政事得以修明。这样,朝廷百官、六军、万民就"无敢不出于正,而治道毕也"。在"恢复"中原故土方面,他提出隆兴初年不该仓促罢兵讲和,致使"宴安鸩毒之害日滋日长,而坐薪尝胆之志日远日忘"。近年以来,"纲维解弛,蟊孽萌生,区区东南事犹有不胜虑者,何恢复之可图乎!"他告诫宋孝宗首先要"正心克己",治理朝廷政事,取得真实功效,再考虑"恢复"这个"远图"。现在朝夕谈论"恢复"不绝于口,实际只是空话,取快一时。真正有志于"恢复",不在于"抚剑抵掌"之间②。朱熹既反对隆兴初年与金和议,又反对当时仓促出兵北伐,认为不先治理好内部政事,增强国势,就谈不上"复仇"。这里,他把治理宋朝内政放在首位,作为恢复中原故土、打败金朝的前提。

如果说在奏疏中必须把自己的政见说得面面俱到,以致观点不够明确的话,那末,在朱熹与弟子的随便言谈之间,他的主张就表达得最清楚不过了。《朱子语类》一书中记录了他谈论"恢复"的好几条语录,

---

① 《朱文公文集》卷75《戊午谠议序》。
② 《朱文公文集》卷11《戊申封事》。

其中最能代表他的主张的是："今朝廷之议，不是战便是和，不和便战。不知古人不战不和之间，亦有个且硬相守底道理，却一面自作措置，亦如何便侵轶得我！今五六十年间，只以和为可靠，兵又不曾练得，财又不曾蓄得，说恢复底都是乱说耳。"①表明他既反对向金朝屈辱讲和，又反对主动出兵"恢复"，主张在不战、不和之间坚守南宋国土。朱熹的这一主张，直至他死前，没有多大的变化。

笔者在《朱熹是投降派、卖国贼吗？》一文中，把朱熹对金态度的第三阶段定在"隆兴初年宋、金和议达成后"，这在时间上也不准确。其实，据上引《二刘公墓志铭》，直到宋孝宗乾道元年，朱熹仍然反对与金朝议和，并且依旧主张"恢复"中原故土。所以，朱熹由主战变为主守，比较准确的时间，应该是在乾道元年主张固守南宋本土，所以是实足的主守派。

朱熹为什么会成为实足的主守派呢？是因为在宋孝宗以后相当长的一段时间内，南宋社会的阶级矛盾即地主阶级和农民阶级的矛盾成为主要的矛盾。在宋高宗前期和宋孝宗初年，虽然民族矛盾曾经占居主导地位，但自宋孝宗以后，情况就完全变了。这时，金朝的女真族已经完成了封建化，女真贵族作为封建地主，主要依靠剥削汉族佃客、收取地租为生，对外掳掠已不再是一件"荣誉的事情"。金朝统治者的对外掠夺性正在日益减褪，并且正在步宋朝地主阶级的后尘，逐渐变得腐朽无能；同时，金朝内部阶级矛盾逐步尖锐化，这一切都使他们无力和无意对宋朝作大规模的侵掠。所以，金世宗即位不久，就表示愿意与宋朝"修旧好"②。这一时期，宋、金两朝统治者最关注的是如何巩固他们各自国内的统治。这就意味着，金朝无力大举南侵，宋朝也无力全师北伐，双方旗鼓相当，互相采取守势，保持既有的疆域。以后到宋宁宗初年，虽然抗战派韩侂胄大展宏谋，主动出兵北伐，但由于军事上准备不足，缺乏得力的将领，最后仍然归于失败。

---

① 《朱子语类》卷133《本朝七·夷狄》。
② 《金史》卷107《高汝砺传》。

其次,是因为朱熹把中庸的理论作为自己的信条。朱熹说过:"常人之学,多是偏于一理、主于一说,故不见四旁,以起争辩。圣人则正中和平,无所偏倚。"①他在和、战之间采取了不和、不战的主守立场,正好表明他力求实行"正中和平,无所偏倚"的信条。

再次,是与朱熹哲学上的形而上学观点密切有关。当然,阶级斗争以及民族斗争是决定一个人哲学思想转变的关键,但是,哲学思想反过来对如何认识和对待阶级斗争以及民族斗争也产生重要的影响。朱熹虽然继承了北宋哲学家们提出的"无独有对"的命题,并发展了这一具有辩证法因素的思想,认为"就一言之,一中又自为对"。还列举了事物互相对立的许多例子②。但是,他又否认事物的对立面双方在一定的条件下可以互相转化,认为对立的双方由"天理"的安排互相依赖、永世存在。所以,在宋、金的关系上,他力求维持既成的局面,固守南方。

总之,朱熹之所以从积极的主战派变为"合战、守之计以为一",又变而为坚决的主守派,是由当时的社会主要矛盾决定的。综观宋、金之间和战的全部历史,朱熹的这些主张比较切合当时的实际情况,应该说是颇有远见的。元朝学者袁桷说过:"尝闻先生(按即朱熹)盛年,以恢复为最急议,晚岁则曰'用兵当在数十年后'。辛公(按即辛弃疾)开禧之际,亦曰'更须二十年'。阅历之深,老少议论,自有不同焉者矣。"清楚地指出朱熹与辛弃疾一样,前后的主张大有不同,但后来的主张变得更加成熟了③。

如果按照卖国或爱国这一标准来区分南宋前期的投降派、主战派和主守派,那么,主战派和主守派毫无例外地都应该划归为爱国者,因为他们都主张抗战,以抵御金人的入侵;反对本朝投降派的投降政策。至于投降派,一般地说都应该列入卖国者。因此,不管朱熹一生中对金

① 《朱子语类》卷8《学二·总论为学之方》。
② 《朱子语类》卷95《程子之书一》。
③ 袁桷:《清容居士集》卷46《跋朱文公与辛稼轩手书》。

的态度前后发生过三次变化，但他一贯反对投降政策，主张抗击金军入侵，因此，他不愧为一位爱国者。

（二）

断定朱熹是"投降派"的理由，是朱熹"吹捧投降派的秦桧为'端人正士'"。确实，对于宋高宗时期作恶多端的投降派和卖国贼秦桧，在朱熹生活时代的每一个士大夫，都会根据自己主战、主守或主和的立场，作出一定的评价。如果是主战派，必然会痛骂秦桧，揭露其祸国殃民的罪恶和流毒；如果是主和派，就必然要吹捧秦桧，为其涂脂抹粉、歌功颂德。对于秦桧的态度如何，已经成为当时衡量每一个官僚士大夫对金和战的态度的试金石。因此，如果朱熹吹捧过秦桧，那末不言而喻，罪责难逃，这正是足以定为投降派和卖国贼的最好证据。但是，朱熹果真吹捧过秦桧吗？

《朱子语类》卷133《本朝七·夷狄》记载，朱熹的弟子陈文蔚问及"复仇之义"，朱熹在师徒的对话中谈到宋孝宗初年张浚北伐金朝的情况。他说："孝宗即位，锐意雪耻，然事已经隔，与吾敌者，非亲杀吾父祖之人，自是鼓作人心不上。所以当时号为端人正士者，又以复仇为非，和议为是；而乘时喜功名、轻薄巧言之士，则欲复仇。"这段话的记录者是他的另一名弟子沈僩。所谓朱熹"吹捧"秦桧为"端人正士"的结论，就是依据这段话而得出的。

为了弄清事实真相，笔者以为必须解决以下几个问题：

第一，朱熹是在什么时候跟陈文蔚、沈僩谈这段话的？根据《朱子语类·序目》，陈文蔚是戊申年即宋孝宗淳熙十五年（1188年）后，跟随朱熹学业。沈僩则要晚一些，即在戊午即宋宁宗庆元四年（1198年）后。这说明，朱熹说这段话的时间是在他晚年即1198年到1200年死以前，可以说是代表了他后期的思想，也就是他一生中占主导地位的思想。

　　第二，朱熹对陈文蔚等所说的"号为端人正士者"，是否指秦桧呢？秦桧是宋高宗绍兴二十五年(1155年)十月病死的。朱熹所说的"号为端人正士者"，是指宋孝宗即位初年反对张浚北伐的那些官僚士大夫。这时，秦桧离开人世已经七八年。显而易见，朱熹所说的"端人正士"根本不是指秦桧。

　　从朱熹的大量著作和语录来看，他对秦桧从未袒护或"吹捧"过，相反地，只有贬低和痛斥的语言。他在乾道元年六月所撰《戊午谠议序》中，慷慨陈词，控诉秦桧的卖国罪行及其流毒。他说："秦桧之罪所以上通于天，万死而不足以赎者，正以其始则唱邪谋以误国，中则挟虏势以要君，使人伦不明、人心不正，而末流之弊，遗君后亲，至于如此之极也。"①不仅如此，在淳熙九年(1182年)，朱熹任提举浙东常平茶盐公事时，还曾移文温州，命令拆毁秦桧祠堂。移文说："故相秦桧归自虏廷，久专国柄，内忍事仇之耻，外张震主之威，以恣睢戮善良，销沮人心忠义刚直之气，以喜怒为进退，崇奖天下佞谀偷惰之风。究其设心，何止误国！"②尽管朱熹是从三纲五常来论证秦桧的罪行的，但毕竟表明他痛斥秦桧不仅有言论，而且有行动。不难想象，如果朱熹信奉秦桧的投降主义，并且"吹捧"秦桧为"端人正士"，他可能多次撰文和谈话来痛斥秦桧，并且下令拆毁用以纪念秦桧的祠堂吗？

　　第三，朱熹所说"号为端人正士者"究竟是指谁呢？宋孝宗在即位初年，"恢复之志甚锐"，而且"只要年岁做成"③。宋孝宗"置恢复局，览《华夷图》，建国用使，开都督府，立奉使司。兵自偏裨而下，各有长记；将自准备而上，又有揭贴。江北诸城，浚隍增隍，沿淮分戍，鼓声达于泗、颍。盖无一日不为恢复之事"④。但是，在朝廷上，大臣们对究竟是主动出兵北伐金朝，以收复中原故土，还是维持宋、金和议，以固守疆

① 《朱文公文集》卷75。朱熹的这类言论另见《朱子语类》卷131。
② 《朱文公文集》卷99《除秦桧祠移文》。
③ 《朱子语类》卷127《本朝一·孝宗朝》。
④ 刘时举：《续宋编年资治通鉴》卷9《宋孝宗二》。

土这个重大决策，出现了激烈的争论。这次争论的实质，不是主战还是主和，而是主战还是主守。主战派的代表人物是张浚，主守派的代表人物是史浩。在绍兴三十二年（1162 年）八月前，翰林学士史浩就已主张在长江沿岸的重镇瓜洲和采石筑城，而江淮宣抚使张浚表示反对，他认为："不守两淮而守江干，是示敌以削弱，怠战守之气，不若先城泗州。"①双方意见出现分歧。九月，金朝派使者"来索旧礼"，宋孝宗命大臣"各陈应敌定论以闻"②。参知政事史浩又提出："先为备守，是为良规。议战议和，在彼不在此。倘听浅谋之士，时兴不教之师，寇去则论赏以邀功，寇至则敛兵而遁迹，使彼无辜之赤子，皆为横死之游魂，取快一朝，含冤万世。"③又说：现在"内乏谋臣，外无名将，士卒既少，而练习不精，而遽动干戈，以攻大敌，能保其必胜乎？"他要宋孝宗"少稽锐志，以为后图，内修政事，外固疆圉，上收人才，下裕民力，乃选良将、练精卒、备器械、积资粮。十年之后，事力既备，苟有可乘之机，则一征无敌矣"④。史浩主张放弃淮河防线，重点固守长江沿岸，确实只是一种消极防御的策略，这当然不可能被"锐意雪耻"的宋孝宗所接受。于是，宋孝宗决意采纳张浚的主张，开始对金朝大张挞伐。

　　史浩的"备守""良规"，在内容方面，与朱熹在绍兴三十二年（1162年）八月所撰《壬午应诏封事》⑤，有一些相同之处，如提出宋朝要内修政事，实行任贤举能等措施。但不同之处，朱熹当时是从主战派的立场出发，而史浩则纯粹是从主守派的立场出发的。

　　在宋孝宗隆兴元年（1163 年）正月至五月史浩与张浚同时执政期间，史浩一方面反对和阻挠张浚的北伐准备工作，另方面又做了一些有利于抗金的事情。如他向宋孝宗诉说秦桧擅权以来久被诬陷的赵鼎、李光"无罪"和岳飞"久冤"，要求"复其官爵，禄其子孙"，宋孝宗一一予

①　《宋史》卷 361《张浚传》。
②　《宋史》卷 33《孝宗纪一》。
③　刘时举：《续宋编年资治通鉴》卷 8《宋孝宗一》。
④　叶绍翁：《四朝闻见录》丙集《张（浚）、史（浩）和战异议》。
⑤　《朱文公文集》卷 11。

以采纳①。宋孝宗又依照史浩的计策,任命平民李信甫为兵部员外郎,派他带蜡书去中原,"招豪杰之据有州郡者,许以封王世袭"②。还下令驱逐秦桧的党羽,仍旧禁止他们随便进入临安③。这些措施的实行,说明史浩不同于投降派,而是一个不太积极的主守派。正因为如此,才被后来也变为主守派的朱熹称为"端人正士"。朱熹替史浩等主守派解释他们的动机,说他们这些"端人正士""岂故欲忘此虏(指金人),盖度其时之不可,而不足以激士心也"④。实际上,这也正是朱熹在后期主张固守的主要理由。

在宋孝宗初年,真正的投降派是秦桧的余党汤思退、王之望等人。在张浚北伐以前,汤思退闲居,不受重用。张浚北伐失败后,宋孝宗准备与金朝媾和,又召回汤思退,任右仆射。于是,汤思退乘宋军"师徒溃散,人情摧阻,异论交兴"之际,大肆活动,"力主割地以盟"⑤。这样,宋朝朝廷上又一次出现了主战派和投降派之间的激烈斗争,斗争的结局是投降派占据上风,宋与金订立了屈辱的和议。

对于投降派汤思退、王之望等人,朱熹在与弟子的言谈中,也从未赞美过,相反地,只有痛斥之词。比如他说过:"汤思退事秦桧最久,其无状皆亲学得,故所为如此之乖。"又说:"汤思退、王之望、尹穑三人奸甚,又各有文,以计去了魏公(按即张浚),尽毁其边备山寨、水柜之类,凡险要处有备御者皆毁之,还了金人四州,以谓可以保其和好而无事矣。一日只见虏骑十万突至,惊扰一番而去,三人者乃罢。……汤卒以惊死败。小人情状如此!"又说:"三人之意,惟恐奉虏不至,但看要如何。虏见其著数低,易之,遂无所不敢。使其和议如秦桧时,则亦一桧矣。好枭三人首于都市,俾虏人闻之,亦以少畏。"⑥这些言论表明,朱熹对汤思退等投降派是切齿痛恨的,对他们的投降活动也进行了无情

---

① 《宋史》卷 396《史浩传》。

②③ 《宋史》卷 33《孝宗纪一》。

④ 《朱子语类》卷 133《本朝七·夷狄》。

⑤ 叶适:《水心别集》卷 15《外稿·终论五》。

⑥ 《朱子语类》卷 132《本朝六·中兴至今人物下》。

的揭露。

不难看出,朱熹所说"号为端人正士者",指的是宋孝宗初年的主守派史浩,也可能包括与他争论过的刘夙、李浩等人。这与已经死了七八年的卖国贼秦桧毫无关系,也与张浚北伐失败后东山再起的投降派汤思退、王之望等风马牛不相及。因此,有的人硬说朱熹"吹捧"秦桧是什么"端人正士",是完全没有根据的。

(三)

极力否定朱熹的另一个论据,是朱熹对主战派曾经"横加攻击"。这也是似是而非的论调。在对待宋、金和战的问题上,士大夫中的主战、主守与主和三派,随着宋朝国内外形势的急剧变动,展开了时起时伏、错综复杂的斗争。对于这三派,必须依据当时的历史条件进行细致的分析。

在宋朝三百多年的历史中,大致有三种类型的主战派,岳飞、韩世忠等是一种类型,童贯、蔡京等是一种类型,而韩侂胄等又是一种类型。岳飞、韩世忠等人坚决抗金,在战场上屡建功勋,是不折不扣的主战派。韩侂胄等人在南宋宁宗初年,发兵出征金朝,但因军事上准备不足,壮志未酬,最后又遭主和派暗害致死。尽管如此,韩侂胄等仍不失为值得基本肯定的主战派。至于童贯、蔡京和宋徽宗等人,他们在北宋末年制订了联合金朝女真贵族攻灭辽朝的战略,企图收复燕云地区。从对抗辽朝的意义上讲,他们自然是主战派。但是,他们缺乏深谋远虑,没有看出女真贵族的贪婪本性,其结果是引狼入室,导致灭国。这时候,具有远见卓识的官员却反对举兵,主张维持与辽朝的友好关系,并且支持辽朝抗金。历史证明,这些官员才是真正的爱国者,而童贯、蔡京等人却被当时的人民群众所唾弃,指为罪不容诛的"六贼"。南宋理宗时,蒙古南侵金朝,宋理宗等又重蹈北宋末年童贯、蔡京的覆辙,企图乘金朝危亡之机"复仇",联合蒙军一举灭亡金朝,但随之而来的是蒙古大军不断南侵。宋理宗和朝廷上主战的大臣们，不懂得"唇亡齿寒"的道理，其最后结局与北宋末年相差无几。对于童贯、蔡京等人之类的主战派，当然不值得人们称道。

朱熹在前期曾经坚决站在主战派的行列，但在宋孝宗初年张浚北伐失败和宋、金隆兴和议签订后，他就逐步转变为固执的主守派。对于宋孝宗初年指挥宋军北伐的统帅张浚，朱熹确实有过非议。他多次对弟子评论张浚，说张浚"才极短"，"全不晓事，扶得东边，倒了西边；知得这里，忘了那里"。但与此同时，他又肯定张浚的"一片忠义之心"，认为"中兴以来，庙堂之上，主恢复者，前者李伯纪（纲），后有张公（浚）而已"。他分析张浚急于北伐的原因，是张浚已"年老，觉得精神衰，急欲成事，故至此"①。这些言论表明，朱熹对张浚的"攻击"并不十分厉害。如果全面分析朱熹的这些言论，也算不上是对张浚的"攻击"，更谈不上是"横加攻击"了。

张浚"终身不主和议"②，积极抗金，是坚定的主战派。但是，他一生中多次与金人作战，败者居多，胜者极少。失败的原因固然有多种，其中有反对派尤其是主和派的破坏，但也与他缺乏作为军事统帅所必需的一定才能密切有关。他只能算是介于岳飞、韩世忠与韩侂胄两种类型之间的主战派。

这里，必须提到，历来被人们当作进步思想家和抗战派的叶适，他对张浚的评论才称得上是"攻击"。叶适对张浚在宋高宗绍兴年间的活动，评价是："张浚之始用也，少年狂疏，恩信未足以感士，智勇未足以服人，蠲迫强项玩命之将，一举而失关、陕，蜀之全者，幸耳。……浚尤为无统。"对张浚在宋孝宗隆兴初年的活动，评价是："隆兴之初，浚专以恢复之说自任，号召天下，名为忠义自喜者而从之，其实无措手足之地。"③

①　《朱子语类》卷131《本朝五·中兴至今人物上》。
②　《宋史》卷361《张浚传》。
③　叶适：《水心别集》卷15《外稿·终论五》。

所以,"符离之战,是妄进也。"①从叶适的这些言论,可以知道叶适这一时期也是属于主守派,所以对张浚等人兴师北伐持反对的态度。后来,在宋宁宗开禧初年北伐金朝时,叶适仍旧不予赞同,曾经一度是韩侂胄的反对派。

诚然,朱熹对宋孝宗初年的另几名主战派,如虞允文等人确实攻击过。他说:"为王公明炎、虞斌父(按虞允文之字)之徒,百方劝用兵,孝宗尽被他说动,其实无能,用着辄败,只志在脱赚富贵而已。"②虞允文在宋高宗绍兴三十一年(1161年),曾在采石镇指挥宋军,大败金海陵王的南侵军,建立过战功。在宋孝宗朝,是张浚死后比较著名的主战派。朱熹攻击他"无能",又攻击他主战用兵的动机仅"在脱赚富贵",这显然与事实不符,是完全错误的。但是,朱熹对虞允文等人的攻击,并不能作为朱熹就是主和派或投降派的证据。因为,自从朱熹逐步转变为主张"硬守"后,他从主守派的立场出发,既攻击过主战派,又痛斥过投降派。这与叶适在抨击主战派张浚等人的同时,又切齿痛骂秦桧、汤思退等投降派③,几乎如出一辙。朱熹、叶适与张浚、虞允文等的矛盾的实质,是主守派和主战派之间的意见分歧,这与投降派反对主战派和主守派、顽固地投降卖国不同。因此,不能一见到朱熹反对过某个主战派,就断定他是什么"投降派"、"卖国贼"或"第二个秦桧"。

(四)

在"文化大革命"中,有些人还把朱熹说成是南宋"投降派的理论家",把朱熹的理学说成是投降派的"反动理论根据"。这也与历史事实不符。儒家学说演变为宋朝的理学后,同样也还包含"爱国"的内容。当然,所谓"国"是指宋朝封建国家。儒家学说一贯宣扬"尊王攘

① 《水心别集》卷15《外稿·终论六》。
② 《朱子语类》卷133《本朝七·夷狄》。
③ 叶适:《水心别集》卷15《上殿札子》。

夷"的大一统和排外主义的理论。儒家的经典《春秋》,是当时理学家立论的重要依据。北宋孙复、胡瑗针对唐末、五代十国藩镇割据的混乱局面,阐发《春秋》中孔丘的"微言大义",声讨"无王"之罪,极力提倡"尊王"①。南宋胡安国面对金人的不断侵掠,申明《春秋》"讨贼复仇之义",主张"用夏变夷"②。南宋初年,不少主战派都引用"《春秋》之法",谴责投降派头子秦桧"倾心黠虏","力专误国之谋"③。这些事实说明,理学同样也提倡"尊王"、"爱国"。当然,这里的"国"是指宋朝,"王"是指宋朝地主阶级的总代表皇帝。

　　朱熹反对与金朝订立屈辱的和议,也是从"尊王攘夷"的观念出发,不过他又进一步结合纲常学说来论证。他说:"君臣、父子之大伦,天之经,地之义,而所谓民彝也。故臣之于君、子之于父,生则敬养之,没则哀送之,所以致其忠孝之诚者,无所不用其极,而非虚加之也。以为不如是,则无以尽乎吾心云尔。然则其有君父不幸而罹于横逆之故,则夫为臣子者,所以痛愤怨疾而求为之必报其仇者,其志岂有穷哉?"他引用儒家的经典说:"记礼者曰:君父之仇,不与共戴天;寝苫枕干,不与共天下也。"由此,他进一步阐述:"国家靖康之祸,二帝北狩而不还,臣子之所痛愤怨疾,虽万世而必报其仇者,盖有在矣。"④尽管他后来根据宋孝宗时的宋、金关系,认为谈论"复百世之仇者"是"乱说"。理由是"只要乘气势方急时便做了方好,才到一世、二世后,事便冷了"⑤。实际上认为事过境迁,难以"复仇"。但是他仍然从"爱国"的立场出发,主张坚守南宋的国土。同时,必须看到,他建立整个理学体系的目的,是为了使宋朝的封建统治永远继续下去,用他的话来说,就是依靠"朝廷三纲五常之教","使天下国家""长久安宁"⑥。这里自然

---

① 孙复:《春秋尊王发微》。
② 胡安国:《春秋胡氏传》序、卷3隐公十一年十一月壬辰"公薨"条。
③ 《三朝北盟会编》卷187、191。
④ 《朱文公文集》卷75《戊午谠议序》。
⑤ 《朱子语类》卷133《本朝七·夷狄》。
⑥ 《朱文公文集》卷23《乞放归田里状》。

也包含有"爱国"的意思。不难看出，理学照样也宣传"爱国主义"，虽然它的"爱国主义"是地主阶级的、封建主义的，其目的也是为了维护宋朝地主阶级的长远利益。所以，在理学和投降、卖国之间乱画等号，是十分荒谬的。

在宋朝与金、蒙的长期斗争中，投降派确实也曾利用儒家思想或理学体系的某些方面，为其卑鄙行为辩护，但不能归咎于儒家思想或理学体系本身。如宋高宗初年，投降派头子汪伯彦和黄潜善坚主和议，迫害抗战派，他们打出"忠君"的旗号，提出"非和则所以速二圣之祸"[①]。言下之意，不向金人投降，就会增加被金人俘去的徽宗和钦宗的生命危险。实际上，他们的逻辑是投降才能忠君，忠君必须投降。秦桧当宰相后，与宋高宗勾结一起，也利用"忠"、"孝"的说教为其投降活动辩解。宋高宗一再宣称他"不惮屈己，以冀和议之成"，是因为被金人所俘的皇太后"春秋已高，朕朝夕思念，欲早相见"。秦桧更把宋高宗的投降理论提到"孝"与"忠"的高度，他说："陛下不惮屈己，进和夷狄，此为人君之孝也；群臣见人主卑屈，怀愤愤之心，此为人臣之忠也。君臣之用心，两得之矣。"[②]即使从儒家的思想来看，秦桧等人所喋喋不休地谈论的"忠"和"孝"也是缺乏根据的，但是他们毕竟厚颜无耻地利用了，而且还成为他们自欺欺人的主要理由。这里也要看到，秦桧等人只是按照需要从儒家思想中选取有利于他们投降活动的一些东西，至于别的内容则完全避而不谈。按照儒家的理论，"孝"与"悌"是密不可分的。宋高宗虽然以尽"孝"道自我标榜，但对与"孝"道相关的"悌"却讳莫如深。究其原因，原来是宋高宗害怕被金人所俘的长兄宋钦宗南归，否则自己就有失去皇位的可能。这一事实说明，投降派在利用儒家思想为其服务时是有所取舍的，他们割裂它的整个体系而只抽取有利于自己的某些内容。所以，尽管投降派曾经利用儒家思想或理学体系的某些内容为其卑鄙行为辩护，但这一罪责主要应由投降派自己来负，而不应

---

①　《建炎以来系年要录》卷 20，建炎三年二月乙丑。

②　《三朝北盟会编》卷 223，万俟卨：《皇太后回銮事实》。

归咎于儒家学说或理学体系。

在南宋与金朝的斗争中，投降派也曾利用古代墨家学派的某些主张。如宋高宗多次自我表白："朕自始至今，惟以和好为念，盖兼爱南北之民，以柔道御之也。"①所谓"兼爱"，是墨翟从"贱人"的立场出发，用无等级差别的"爱"来反对孔丘提出的有等级亲疏的"仁"。这在当时是有进步意义的。但是，宋高宗利用了这一思想，荒谬地把它改变为不仅要"爱"宋朝百姓，而且还要去"爱"金朝统治下的百姓。为了"爱"这些百姓，就应该放弃武装抵抗，对金朝侵掠者屈膝投降。宋高宗认为这就是对付金人的一种"柔道"。他根本无视北方大批汉人沦为奴隶的悲惨情景，也无视南方汉族人民屡遭金人骚扰掳掠而带来的痛苦生活。显然，这不过是一种"曲线救国"的论调。尽管如此，责有攸归，不应诿过于墨家思想。

这些事实说明，宋朝的投降派不择手段地利用以程朱理学为主的儒学甚至墨家学说的某些内容，作为自己投降卖国的理由。但是，不能因为这些学说的某些方面曾经被投降派所利用，就可以不加分析地把这些学说当成什么"投降理论"或者"卖国哲学"。

有些人还把理学家和投降派等同起来，似乎理学家及其信徒必定要成为投降派。这是没有根据的。不妨以民族斗争最为尖锐激烈的南宋末年为例。南宋末年，确实曾经有不少理学的信徒纷纷向蒙古统治者投降，但是，当时也有很多理学的信徒，如著名的文天祥、陆秀夫、徐应镳、李成大等人誓师抗敌，最后不屈殉难②。文天祥在宋理宗时考中状元，他的《御试策》从道在物先谈起，用理学家的观点来阐述改革政治、军制等的方法③。南宋后期的大理学家真德秀，也没有因为信仰理学而成为投降派，相反地，他的"忧国念君之忠"常常溢于言表。他多次告诫宋朝皇帝"宗社之耻不可忘"。他的"待敌"之策，首先是"练兵

———————————

①　《建炎以来系年要录》卷159，绍兴十九年四月丙寅。另见卷144，绍兴十二年三月辛亥。
②　《宋史》卷451、452《忠义传》。
③　文天祥：《文山先生全集》卷3。

选将，直捣虏巢"。他认真总结北宋亡国的十大原因，指出"宜以政（和）、宣（和）为鉴"，吸取北宋末年的教训。在蒙古灭金的前夜，他预料蒙古必将操女真族的故伎来对付宋朝。在蒙古攻灭西夏和金朝的时候，他看到蒙古"先之以议和之使，随之以攻伐之兵"，指出蒙古"尝施之二国矣，又安知不欲施于我邪？是尤不可以不备也。"①呼吁宋朝统治者警惕蒙古侵掠者交替使用政治诱降和军事进攻的策略，尤其反对与蒙古侵掠者讲和。这些都证明他坚持民族气节，伸张民族正义，在南宋后期的大臣中是一位有远见卓识的政治家，而不是投降派。从南宋的整个时期看，在宋与金、蒙的斗争中，当民族矛盾比较缓和的时候，理学家和理学的信徒大多数是主守派，只有少数人主战或者主和；当民族矛盾十分尖锐激烈，特别是面临亡国的危险时刻，主守派就会迅速分化，有些人动摇、妥协，最后向金、蒙侵掠者投降，有些人则跟侵掠者作不屈不挠的斗争。不难看出，在民族斗争中理学家并不一定都要成为可耻的投降派。所以，在理学家和投降派之间乱画等号，是不符合事实的。

（本文刊载于朱瑞熙主编：《朱熹与中国文化》，

学林出版社 1989 年版）

---

① 《真文忠公文集》卷 5《江东奏论边事状》；卷 14《故事（乙未十一月二十四日）》。

二论朱熹的政治主张

　　本文是《一论朱熹的政治主张》(载中国武夷山朱熹研究中心编《朱熹与中国文化》)一文的续篇。笔者在《一论》中集中阐释朱熹在对待金朝方面的态度,指出他早期改变过主张,最后主张宋朝坚守国土,反对贸然北伐,也反对向金朝屈膝投降;同时,他还痛斥卖国贼秦桧。总之,他不愧为一位爱国者。本文则将集中论述朱熹在内政方面的主张,首先论述朱熹的"通变"理论,其次论述朱熹在内政各方面的具体主张,最后论述朱熹政治主张的实践情况。

一、朱熹的"通变"理论

　　多年来,学术界流行一种错误的观点,以为宋代理学家空谈性命,反对一切有利国计民生的改革措施,朱熹当然更不例外。有的学者还提出朱熹"反对社会的任何改革","对具有历史进化观点和主张革新政治的法家,都拼命加以攻击"等等。这种论断是不符合事实的。

(一)"通变"的理论依据——"事极必有变"

　　在朱熹的理学体系中,"通变"是他的社会政治学说的主要内容之一。朱熹从事物都"一分为二"的原则出发,深知"事极必有变"的道理。他在谈到宗室对于国家的财政负担时说:

　　宗室俸给，一年多一年。骎骎四五十年后，何以当之？事极必有变。如宗室生下，便有孤遗请给。初立此条，止为贫穷全无生活计者，那曾要得恁地泛及①！

为了周济贫困的宗室，宋朝规定宗室从小就享受特殊的优待，可以领取国家的俸禄。但时间一长，随着宗室人口的不断繁衍，宗室的俸禄总额不断增多，就成为国家财政的一项沉重负担。朱熹预计四五十年以后，这一负担必将使国家不堪承受，而必须采取变通的办法。当有人问到周代建都丰、镐，则王畿之内已出现西北的戎族，这样，"稍、甸、县、都，如之何可为也？"朱熹答道：

　　《周礼》一书，圣人姑为一代之法尔。到不可用法处，圣人须别有通变之道②。

圣人是古代公认的制礼作乐者，《周礼》只是他们为一代制订的礼法，等到这些礼法不切实用的时候，他们也会另找"通变"的办法。朱熹用从唐朝到宋初的历史来说明"通变"的必然性。他说：

　　……若论唐初，兵力最盛，斥地最广，乃在于统兵者简约而无牵制之患。然自唐末，大抵节镇之患深，如人之病，外强中干，其势必有以通其变而后可。故太祖皇帝知其病而疏理之，于是削其支郡，以断其臂指之势（当时至有某州某县直隶京师而不属节度者）。置通判，以夺其政；命都监、监押，以夺其兵；立仓场库务之官，以夺其财。向之所患，今皆无忧矣。其后，又有路分、钤辖、总管等员。神宗时，又增置三十七将③。

①　《朱子语类》卷111《朱子八·论财》。
②　《朱子语类》卷86《礼三·周礼·总论》。
③　《朱子语类》卷110《朱子七·论兵》。

宋太祖实行的一系列集中政权、兵权、财权的措施，正是唐末以后形势需要加以"通变"的必然结果。

（二）提出通变和守常的关系

在"变"和"常"之间的关系方面，朱熹提出了一个朴素辩证的观点。他的门徒问到"道之常变"，他回答说：

> 守常底固是是，然到守不得处，只着变，而硬守定则不得。至变得来合理，断得着如此做，依旧是常。

提出了"变"的必然性。"守常"固然是必要的，但"守常"到一定程度，不可能顽固坚持下去，而应该变化。等到变化到合理的时候，则仍旧回归到"常"的境地。朱熹进一步指出：

> 是他到不得已处，只得变；变得是，仍旧是平常，然依旧着存一个变①。

即使处于"平常"的状态，也还潜存着变革的因素。
朱熹认为要懂得变革，必须先懂得守常，了解现状。他说：

> 今且当理会"常"，未要理会"变"。常底许多道理，未能理会得尽，如何便要理会变？圣贤说话，许多道理平铺在那里，且要阔着心胸平去看，通透后，自能应变。不是硬捉定一物，便要讨常，便要讨变。……自古无不晓事情底圣贤，亦无不通变底圣贤，亦无关门独坐底圣贤②。

① 《朱子语类》卷62《中庸一·纲领》。
② 《朱子语类》卷117《训门人五》。

这段话有三层意义：一是对"常"的道理领会透彻后，才能领会变革的道理。二是不能只按主观愿望，硬要守常或者变革。三是自古以来，凡是"圣贤"，都了解现状，主张"通变"，不会关门独坐而不问不闻世事。

（三）不断革新，不迷信"圣贤"

朱熹多次提出，即使"圣贤"也要因时制宜，采取破旧立新的措施，决不会循故袭常。在谈到婚、丧的礼服时，他指出：

> 凶服古而吉服今，不相抵接。释奠唯三献法服，其余皆今服。百世以下有圣贤出，必不踏旧本子，必须斩新别做。……若圣贤有作，必须简易疏通，使见之而易知，推之而易行①。

从服装的古今演变，他预计一百世以后，"圣贤"也要不断革新，而且还要简单易懂易行。

朱熹不赞成迷信"圣贤"，认为对他们的论述不必一切照办。他说：

> "行夏之时，乘殷之辂"。此意皆可见。使圣贤者作，必不尽如古礼，必裁酌从今之宜而为之也。又如士相见礼、乡饮酒礼、射礼之属，而今去那里行？只是当存他大概，使人不可不知。方周之盛时，礼又全体皆备，所以不可有纤毫之差。今世尽不见，徒掇拾编辑于残编断简之余，如何必欲尽仿古之礼得②！

生活在周代的"圣贤"们，因为当时礼文齐备，所以完全依从这些礼仪，不做纤毫的改变。但现今只能从断简残编中辑掇周礼的遗文，已看不到当时完整的礼制，所以要完全仿照古礼是行不通的。现在如果有"圣贤"出来，也不会完全照行古礼，必定斟酌现代是否合适而后去实行。

---

① 《朱子语类》卷84《礼一·论考礼纲领》。
② 《朱子语类》卷89《礼六·冠昏丧·丧》。

（四）批评墨守成规和复古

朱熹批评当时士大夫中的几种错误倾向,如"不生事"、"循典故"、"得过且过"等。他针对两浙士大夫"以不生事抚循为知体"的现象,指出这"便是'枉尺直寻'"。他提出警告:按照这样的风俗和议论,再过十年,国家大事就都没有人去做了。"常人以便文,小人以容奸,如此风大害事。"他又针对当时人们习惯走老路的现象,指出今天人们只认定前日所做过的事情而去做,称为"循典故"。他认为这里"也须拣个是底始得"。主张不能只照旧章办事,而应该区别旧章或典故的是非,再去实行那些被实践证明了"是底"办法。他还针对当时士大夫得过且过的风气,指出今世士大夫"唯以苟且逐旋挨去为事,挨得过时且过。上下相咻,以勿生事、不要十分分明理会事,且恁鹘突。才理会得分明,便做官不得。"这是因为官场十分腐败,士大夫办事容不得半点认真;一旦认真办事,便无立足之地。所以,他叹息说:"风俗如此,可畏! 可畏!"[1]

朱熹反对复古,反对食古不化。他说:"今欲行古制,欲法三代,煞隔霄壤。"[2]不论古代的制度,或者三代的礼仪,都与今天相隔太远,难以仿效。他又指出,大抵古人制度"不便于今"。比如古代的乡饮酒礼,"节文甚繁",现在要勉强推行,毕竟没有益处,不如酌取今天的礼仪而实行[3]。他一再说明"古礼难行",古礼"零碎繁冗",如今不可能行用。后世即使有"大圣人"出来,"与他整理一番,令人苏醒",必定不会全部照搬古人,而首先应该"理会大本大原",把这些琐细制度当作具文,然后斟酌"古今之宜",吸取其中简易易懂的部分礼仪,再予随时裁损[4]。总之,他认为"虽是前代已用物事,到不是处,也须改用教是,始

---

① 《朱子语类》卷108《朱子五·论治道》。
② 《朱子语类》卷111《朱子八·论民》。
③ 《朱子语类》卷87《礼四·小戴礼》。
④ 《朱子语类》卷84《礼一·论考礼纲领》。

得"①。不赞成盲目崇拜古物和迷信古人,主张在分清"不是"和"是"的基础上,再去改变"不是"。

(五)主张祖宗之法可以"触动"

宋朝的"祖宗之法",最初是指宋太祖和太宗时期所制定的一系列政治、经济和文化制度或政策。后来,逐步扩展至真宗、仁宗时期的制度或政策。到南宋时,则北宋各朝皇帝制订的制度或政策,全部属于"祖宗之法"之列。

宋神宗和王安石主持推行新法时,变法派和保守派一度为"祖宗之法"是否可以改变问题展开过激烈的争论。保守派将"祖宗之法"奉若神明,极力反动变革。司马光认为,不仅汉代"常守萧何之法不变",如果三代的君主"常守禹、汤、文、武之法,虽至今存可也"。而"汉武取高帝约束纷更,盗贼半天下;元帝改孝宣之政,汉业遂衰"。司马光的结论:"由此言之,祖宗之法不可变也。"②文彦博向神宗提出:"臣以为方今之务,正在谨守祖宗之成法,……使爵赏刑罚不失其当耳。……无为而与虞舜比隆,而下视三代之盛矣。"③这些论调受到变法派的一一批驳。吕惠卿告诉神宗,"先王之法,有一岁一变者","有一世一变者","有数十世而变者"。他指出,汉初萧何虽然约法三章,但后来变为九章,可见萧"何已不能自守其法矣"。汉"惠帝除挟书律、三族令,文帝除诽谤、妖言,除秘祝法",这些"皆萧何法之所有,而惠与文除之,景帝又从而因之",可见"非守萧何之法而治之"④。王安石也认为"至于祖宗之法不足守,则固当如此"。他指出:"仁宗在位四十年,凡数次修敕;若法一定,子孙当世世守之,则祖宗何故屡自变改?"⑤即使"祖宗"也曾不断"变改"法制,所以"祖宗之法"是可以改变的。

---

① 《朱子语类》卷90《礼七·祭》。
② 《宋史》卷336《司马光传》。
③ 文彦博:《文潞公文集》卷9《进无为而治论》。
④ 《续资治通鉴长编拾补》卷6,熙宁二年十一月壬午。
⑤ 《通鉴长编纪事本末》卷59《王安石事迹上》。

朱熹看到宋神宗以前各朝皇帝谨守家法的详细情况。他说:"祖宗于古制虽不能守,然守得家法却极谨。"但他认为"祖宗之法"也不是一成不变的。比如官员的升迁制度,他说:

> 祖宗置资格,自立侥幸之门。如武臣横行,最为超捷。才除横行,便可越过诸使,许多等级皆不须历,一向上去。然今人又不用除横行,横行犹用守这数级,只落借官则无所不可。祖宗之法本欲人遵守资格,谨重名器,而不知自置许多侥幸之路,令人脱过,是甚意思? 除是执法者大段把得定,不轻放过一个半个,无一毫私,方执得住。不然,便不可禁遏矣。不知当初立法,何故如此? 今呆底人,便只守此为不可易之典,才触动着,便说是变动祖宗法制。也须睹过是,始得①。

他觉得"祖宗"所订资格之法,本身就有一些漏洞,当初立法者已经不知不觉地开了"许多侥幸之路",只有执法者百分之百地严格掌握,没有一毫私心杂念,才能堵塞住。现在却有一些头脑僵化的人,以为这是"不可易之典",如果稍有"触动",便看成是"变动祖宗法制"。其实,应该检验一下这些法制是否正确。这表明他反对盲目迷信"祖宗之法",认为应该进行具体分析,看看各项法制的利弊;事实证明有弊的一些"祖宗之法",则是可以变动的。当门生们问他:"今日之治,奉行祖宗成宪。然是太祖皇帝以来至今,其法亦有弊而常更者。"他回答道:

> 亦只是就其中整理,如何便超出做得! 如荐举,如科场,如铨试,就其中从长整理②。

表明他对"祖宗之法",只认为可以"从长整理"即进行整顿或改革,而

---

① 《朱子语类》卷128《本朝二·法制》。
② 《朱子语类》卷108《朱子五·论取士》。

不认为可以"超出做得"即彻底改变。他还驳斥有的官员提出的"祖宗法度但当谨守而不可变"的论调，提出"祖宗之所以为法，盖亦因事制宜，以超一时之便。而其仰循前代、俯徇流俗者，尚多有之，未必皆其竭心思法圣智、以遗子孙而欲其万世守之者也。是以行之既久而不能无弊，则变而通之，是乃后人之责。"①从"祖宗之法"的源头即最初制订"祖宗之法"的背景及其演变，来说明它们不过也是"因事制宜""以趋一时之变"的产物，而且在立法之初，并不希望子孙万代墨守不变，因而实行时间稍长，就难免出现弊端，因此"变而通之"，是后代子孙当仁不让的历史责任。

由朱熹对"祖宗之法"的态度，说明他与北宋的保守派司马光、文彦博等人不同，他主张"祖宗之法"是可以改变的，不应该盲目崇拜，当作"不可易之典"。这一观点倒与北宋的变法派王安石、吕惠卿等人如出一辙，而且比王、吕等人更加明确和深刻。

（六）对王安石及其新法的态度

以前有的史学家认为朱熹对王安石及其变法是"持否定态度"的，这不完全符合事实。事实上，朱熹并没有完全否定王安石及其新法，相反地，他采取了具体分析的态度。

朱熹对于王安石的为人，肯定的评价多过否定。虽然他在回答学生的"小人同而不和"问题时，曾经以吕惠卿和王安石为例②。但他更多地肯定王安石。比如他认为，王安石是一个"修饬廉隅孝谨之人"，"初间极好，他本是正人，凡天下之弊如此，锐意欲更新之，可惜后来立脚不正坏了。"他进一步指出，张方平之流"平日苟简放恣惯了"，"才见"到像王安石这样的"礼法之士"，"必深恶"。老苏（洵）也写《辨奸论》"以讥介甫（按即王安石）"③。

---

① 《朱文公文集》卷70《读两陈谏议遗墨》。
② 《朱子语类》卷43《论语二十五·子路篇》。
③ 《朱子语类》卷130《本朝四·自熙宁至靖康用人》。

对于王安石的学术,朱熹的评价也是肯定多于否定。他虽然说过王安石学术"支离穿凿,尤无义味,至于甚者,几类俳优"①。又说"王氏之学却不成物事,人却偏要去学"②。但他又充分肯定王学的长处,多次说过,王安石的《三经新义》"固非圣人意,然犹使学者知所统一。不过专念本经,及看注解,而以其本注之说为文辞,主司考其工拙,而定去留耳。岂若今之违经背义,恣为奇说,而无所底止哉!"③又说:"王氏《新经》(按即《三经新义》)尽有好处,盖其极平生心力,岂无见得着处!"④他还将王安石与当时的文人相比,指出:

> 今日偶见韩持国(维)庙议,都不成文字。元祐诸贤文字大率如此,只是胡乱讨得一二浮辞引证,便将来立议论,抵当他人。似此样议论,如何当得王介甫! 所以当时只被介甫出,便挥动一世,更无人敢当其锋。只看王介甫庙议是甚么样文字! 他只是数句便说尽,更移动不得,是甚么样精神! 这几个如何当得他? 伊川(按即程颐)最说得公道,云:"介甫所见,终是高于世俗之儒。"⑤

说明王安石的文字和精神都要高过哲宗元祐间的保守派。当然,朱熹从不回避王安石学术的"不正"之处。他说:"如王介甫为相,亦是不世出之资,只缘学术不正当,遂误天下。"又说:"王荆公遇神宗,可谓千载一时,惜乎渠学术不是⑥,后来直坏到恁地。"(《朱子语类》卷130《本朝四·自熙宁至靖康用人》)在谈到宋神宗命王安石撰《三经新义》时,他指出"只是介甫之学不正,不足以发明圣(按指宋神宗)意,为可惜耳。"⑦言谈之间,充满了惋惜之情。他试图探索造成王安石学术"不正"的原因,其一是穿凿附会。他说:"如王氏者,其始学也,盖欲凌跨

①　《朱文公文集》卷30《答汪尚书藻》。
②③⑦　《朱子语类》卷109《朱子六·论取士》。
④　《朱子语类》卷130《本朝四·自熙宁至靖康用人》。
⑤　《朱子语类》卷107《朱子四·内任·宁宗朝》。
⑥　《朱子语类》卷127《本朝一·神宗朝》。

扬、韩，掩迹颜、孟，初亦岂遽有邪心哉？……又自以为是而大为穿凿附会以文之，此其所以重得罪于圣人之门也。"①其二是出入老、释。他说："王氏之学，正以其学不足以知'道'，而以老、释之所谓道者为'道'，是以改之，而其弊反甚于前日耳！"②其三是引用"小人"。他说：王安石"所用者尽是小人，聚天下轻薄无赖小人作一处，以至遗祸至今。"③以上都是朱熹对王安石学术的长处和短处所作较为深刻的分析，有些还是比较中肯的。

对于王安石和神宗主持的变法运动，朱熹也是带着同情和惋惜的心情加以论述的。他提出熙丰变法的原因，是当时面临"苟且惰弛之余"，其"势有不容已者"，只是"变之自不中道"④。他又说："安石之变法，固不可谓非其时，而其设心，亦未为失其正也。"⑤他充分肯定变法的动机，同时又提出不能只看动机而不看变法的效果。刘叔通问他："王介甫其心本欲救民，后来弄坏者，乃过误致然。"他不赞成这种说法。他说：

> 不然。正如医者治病，其心岂不欲活人？却将砒霜与人吃。及病者死，却云我心本欲救其病，死非我之罪，可乎？介甫之心，固欲救人，然其术足以杀人，岂可谓非其罪⑥！

以医生治病为例，他将动机和效果结合起来，进一步追究王安石对新法的弊病的责任，认为王安石应该承担罪责。尽管如此，朱熹对王安石的新法仍是抱有同情和惋惜之情的，事实上也肯定了王安石的动机。

朱熹既然主张"通变"，赞成改革"祖宗之法"，就必然会同情实

① 《朱文公文集》卷30《答汪尚书（应辰）五》。
② 《朱文公文集》卷34《与东莱论白鹿书院记》。
③ 《朱子语类》卷55《孟子五·滕文公下》。
④ 《朱子语类》卷24《论语六·为政篇下》。
⑤ 《朱文公文集》卷70《读两陈谏议遗墨》。
⑥ 《朱子语类》卷130《本朝四·自熙宁至靖康用人》。

际上与自己观点一致的王安石及其新法。与王安石不同的是，朱熹从王安石新法实行后一百年稍多的历史经验中，看到了王安石及其学术的不足之处，也看到了王安石新法的弊病，从而提出了自己的见解。

二、朱熹对改革当时弊政的具体主张

朱熹在"通变"的理论基础上，提出"祖宗之法"是可以改变的，主张不断革新和不要迷信"圣贤"。同时，他没有回避现实问题，主张对当时的弊政加以改革。

根据对形势的估计，他认为当时的各种法度，上自朝廷，下到百司庶府，外而州县，没有一法不弊坏的（见前）。因此，主张对各方面的法度进行整顿和改革。

（一）对改革条件、目标和前景的估计

为了改革当时的弊政，朱熹对改革的条件、改革的目标、改革的前景等都作了估计。

朱熹认为，首先在改革前要充分估计形势。他说：

> 会做事底人，必先度事势，有必可做之理，方去做①。

必须预先估量事势，到了必须去做且有成功把握的时候，再动手去做。同时，要充分衡量利弊。他说：

> 为政如无大利害，不必议更张。则所更一事未成，必哄然成纷扰，卒未已也②。

---

①② 《朱子语类》卷108《朱子五·论治道》。

如果不是涉及国计民生的大事，就不必考虑改革；不然，连一件事还没有改革成功，就造成没完没了的社会动乱。他明确指出改革的艰巨性，叹息说：

> 措置天下事直是难。救得这一弊，少间就这救之之心，又生那一弊。如人病寒，下热药，少间又变成燥；及至病热，下寒药，少间又变得寒。看得这家计坏了，更支捂不住①。

所以，他认为实在不具备改革的条件，就不要轻易更张。他说："不能，则谨守常法。"②

朱熹还认为在实行改革前要确定改革的目标。当门徒们向他请教："三代规模未能遽复，且讲究一个粗法管领天下，如社仓举子之类。"他答道：

> 比如补锅，谓之小补可也。若要做，须是一切重铸。今上自朝廷，下至百司庶府，外而州县，其法无一不弊。学校、科举尤甚③。

生动地以铁锅为喻，如果像补锅一样，就只能是小修小补；如果要另造新锅，就必须重铸。现今朝廷内外之法无一不弊。在这里，他没有明确说明主张小补抑或重新铸造，但显然是主张后者的。他还认为只有改弦更张，才能恢复生机。他说："必须别有规模，不用前人硬本子。"④他在阐述《论语》中"齐一变而至于鲁"时，指出："若圣人变时，自有道理。大抵圣贤变时，只是兴其滞、补其弊而已。"⑤兴滞补弊，也可以说是他赞成的主要改革目标。

朱熹还提出要分析改革的前景。他认为当今的弊病中，"时弊"最

---

①②③　《朱子语来》卷108《朱子五·论治道》。
④　《朱子全书》卷61《历代一·秦》。
⑤　《朱子语类》卷33《论语十五·雍也篇四》。

难改变。他说：

> 今世有二弊：法弊、时弊。法弊，但一切更改之，却甚易；时弊，
> 则皆在人，人皆以私心为之，如何变得？

他列举宋仁宗嘉祐年间（1056—1063 年）的法度为例，说嘉祐间"法可谓弊矣"，到神宗时王安石"尽变之"，但"又别起得许多弊"，这是因为"人难变故也"①。所以，他反对士大夫们一心为己和一心为利。他十分赞赏陆九渊所说"今人只读书便是为利！如取解后又要得官，得官后又要改官，自少至老，自顶至踵，无非为利"，认为陆的这段话"说得来痛快"。他自己进一步指出："今人初生稍有知识，此心便惢矗矗地去了；干名逐利，浸浸不已，其去圣贤日以益远，岂不深可痛惜！"②他潜心理学并努力传播理学的目的之一，便是要克服人们的私心杂念，特别是士大夫的名利思想，劝导他们更多地关心社会、国家的利益和命运。

朱熹还从中国古代的治乱历史考察变革所需时间。当有人问到"治乱之机"时，他答道：

> 今看前古治乱，那里是一时做得？少是四五十年，多是一二百
> 年酝酿，方得如此。

说完，他低头叹息③。说明他已经观察到，历史上每一次重大的变革，都要经过短则四五十年，长则一二百年的酝酿，才会定局。

（二）法制方面的改革主张

与同时代的学者相比，朱熹对中国古代的法律制度有着较为深刻的了解。他多次说过，任何法律制度在订立之初就不可能完美无缺，即

---

①③　《朱子语类》卷 108《朱子五·论治道》。

②　《朱子语类》卷 119《训门人七》。

使古代"圣人"也不例外。他说:"大抵立法必有弊,未有无弊之法"。"虽是圣人法,岂有无弊者!"又说:"天下制度无全利而无害底道理,但看利害分数如何。"①由于法律制度存在弊病具有必然性,因此他主张立法时"只是立个得人之法"②。如果得人,即使法制本身存在"不善","亦占分数多了";"若非其人,则有善法,亦何益于事?"③他把执行法律制度的人放在关键的地位。

基于这个理由,他提出立法只要立个大原则,不必太细,过于繁琐。他说:"古之立法,只是大纲,下之人得自为。后世法皆详密,下之人只是守法。法之所在,上之人亦进退下之人不得。"立法过细,只会束缚执法者的手脚,难以调动他们的积极性,即使皇帝也不能随便进退官员。从他不赞成立法过分详密而使皇帝无法任免官员来看,他不赞成因之而限制了皇帝的用人权。他以铨选法为例,提出该法虽然公正,但"法至于尽公不私,便不是好法。要可私而公,方始好"④。认为尽善尽美的大公无私的法不是好法,好法必须大公而小私,给执法者留有灵活掌握的余地。

朱熹针对宋宁宗即位之初,朝廷"进退宰执,移易台谏,甚者方骤进而忽退之",皆出于宁宗的"独断",而人臣们不参与谋画、给事中和中书舍人无权进行议论等情况,提出这种做法是不正常的。即使这些决定确实出于皇帝的"独断",而事情又"悉当于理",但也不是"为治之体",其结果是"以启将来之弊"。而况内外传闻"无不疑惑",都说皇帝的"左右或窃其柄,而其所行又未能尽允于公议"。他担心"名为独断,而主威不免于下移;欲以求治,而反不免于致乱。"他认为从宋孝宗隆兴(1163—1164 年)年间以来,已经出现了这种失误,他曾向孝宗提出过,当时作了一些防范,但"积习成风,贻患于后,其害已有不可胜言者。"所以,他再次指出:

①③ 《朱子语类》卷108《朱子五·论治道》。
② 《朱子语类》卷109《朱子六·论取士》。
④ 《朱子全书》卷63《治道一·总论》。

> 朝廷纪纲,尤所当严。上自人主,以下至于百执事,各有职业,不可相侵。盖君虽以制命为职,然必谋之大臣,参之给舍,使之熟议,以求公议之所在,然后扬于王庭,明出命令而公行之。是以朝廷尊严,命令详审,虽有不当,天下亦皆晓然知其谬之出于某人,而人主不至独任其责;臣下欲议之者,亦得以极意尽言,而无所惮。此古今之常理,亦祖宗之家法也①。

皇帝和百官都有自己的职责,互不侵犯。皇帝虽然负责立法之命,但事先必定与周围大臣们谋画,又与给事中、中书舍人商讨,让他们仔细斟酌,使之符合公论,然后由朝廷发布命令。朱熹认为,这种做法不过是古今的"常理",也是"祖宗之家法"的部分内容。在这里,朱熹实际上是要维护宋初以来逐步形成的朝廷中央决策制度,这一制度已为长期的实践证明最能保证国家机器的正常运转。在这一制度下,皇权受到一定的约束,而各级政府机构则充分发挥了各自的效能。

(三) 刑政方面的主张

朱熹比较系统地论述当时的刑政问题,在政令与刑罚、德礼与刑政、轻刑、处理诉讼原则、赎刑、肉刑等方面,提出了自己的主张。

在政令与刑罚的关系方面,朱熹在回答门生吴英提出的"政治当明其号令,不必严刑以为威"问题时说:

> 号令既明,刑罚亦不可弛。苟不用刑罚,则号令徒挂墙壁尔。与其不遵以梗吾治,曷若惩其一以戒百? 与其核实检察于其终,曷若严其始而使之无犯? 做大事,岂可以小不忍为心②!

政令已经严明,刑罚也不可放松,如果不动用刑罚,政令只是一纸具文。

---

① 《朱文公文集》卷14《经筵留身面陈四事札子》。
② 《朱子语类》卷108《朱子五·论治道》。

所以,刑法成为施行政令的一种保证:对拒绝遵照政令者,实行惩治,起到罚一儆百的作用;事后惩治,不如预先告诫,可以起到防止违犯的作用。

在德礼与刑政的关系方面,朱熹提出了德礼和刑政兼施并用的主张。他把"德"看成是一种心理上的道德品质或善心;"礼"是"制度、品节";刑是刑罚措施,即保证法律得以实现的强制力量;政是"法制、禁令"①或"法度"②,即人们的行为规范。德礼要求人们具有"知善之可慕"和"知不善之可羞"的自觉行为,刑政则带有使"天下之人耸然不敢肆意于为恶"③的强制性。他认为,德礼和刑政是一个统一体,"有德礼,则刑政在其中。"两者"相为表里,如影随形,则又不可得而分别也"④。但在现实生活中,人们往往把两者的差别绝对化:有的人主张"有德礼而无刑政",他认为这"又做不得"。有的人又主张"刑政不好",他认为"不用刑,亦无此理。但圣人先以德礼,到合用处,亦不容已。""圣人为天下,何曾废刑政来!"但他又反对"专用刑政",他说:"若专刑政,不独是弱者怕,强者也会怕。""专用刑政,只是霸者事。"⑤他一贯主张实行王道,反对霸者事业,德礼与刑政兼施并用正是他心目中的王道的内容之一。

朱熹主张分清政与刑以及德与礼的关系。他认为,刑罚直接辅助"政","政"又以刑法为存在的条件;德是礼的根本,德又以礼为存在的前提。他说:

> 愚谓政者,为治之具;刑者,辅治之法。德礼则所以出治之本,而德又礼之本也。此其相为终始,虽不可以偏废,然政刑能使民远罪而已,德礼之效则有以使民日迁善而不自知。故治民者不可徒

---

① 《论语集注》卷1《为政第二》。
② 《朱文公文集》卷41《答程允夫四》。
③ 《朱文公文集》卷14《戊申延和奏札一》。
④ 《朱文公文集》卷70《读两陈谏议遗墨》。
⑤ 《朱子语类》卷23《论语五·为政篇上》。

恃其末,又当深探其本也①。

他还说:

> 政者,法度也。法度非刑不立。故欲以政道民者,必以刑齐民。②

政与刑、德与礼相辅相成,互为始终,不可偏废。德礼与刑政更是本与末的关系。

朱熹还提出用刑法来辅助教化,以达到取消刑罚的目的。他说:"道之而不从者,有刑以一之也。"③又说:"明刑以弼五教,而期于无刑焉。"④用行政命令来治理百姓,而有些百姓不肯服从,则用刑法来约束他们。最终目的是实行教化,取消刑法。

朱熹反对"宽政",也不赞成司法审判过程中出现的一味宽容的"轻刑"倾向。他认为司法造成"伤民之肌肤、残民之躯命"是合乎义理的⑤,而罪犯的"真心"也是会感到理所当然的。他说:"以刑罚加人,其人实有罪,其心亦自以为当然,故以刑加之,而非强之以所不欲也。其不欲被刑者,乃其外面之私心;若其真心,既已犯罪,亦自知其当刑矣。"⑥他批评"轻刑"论者,指出他们只看到犯人可怜,而不知道被杀伤的人更值得同情。如果人们都替劫盗杀人者求情,根本不想想死者完全无辜,这是"知为盗贼计,而不为良民地也"⑦,完全站到盗贼一边,而不为良民着想。他看到司法审判中的"轻刑"给社会带来了很大的危害性。他说:"刑愈轻而愈不足以厚民之俗,往往反以长其悖逆作乱之心,而使狱讼之愈繁。"一味强调"轻刑",只会促使狱讼更加繁多,而且助长了犯上作乱之心。所以,近年以来发生了一些妻子杀死丈夫、族子

①③　《论语集注》卷1《为政第二》。
②　《朱文公文集》卷41《答程允夫四》。
④⑤⑧　《朱文公文集》卷14《戊申延和奏札一》。
⑥　《朱子语类》卷4《论语二十四·颜渊篇下》。
⑦　《朱子语类》卷110《朱子七·论刑》。

杀死族父、地客杀死地主的案件,有关官府议刑时,"卒从流宥之法"⑧。他分析造成"轻刑"论泛滥的原因有二:一是士大夫以当法官为耻,判刑往往宽大为怀。他说:"法家者流,往往患其过于惨刻。今之士大夫耻为法官,更相循袭,以宽大为事,于法之当死者,反求以生也。"①二是受到佛教"因果报应"说的影响。他说:"今之法家惑于罪福报应之说,多喜出人罪以来福报。其实,使无罪者不得直,而有罪者得侥免,是乃所以为恶尔,何福报之有!"②他要求将佛教的这种消极影响从司法审判领域中清除出去。

朱熹提出了一个"以严为本,而以宽济之"的"为政"原则。他引述《曲礼》"莅官行法,非礼,威严不行",指出"须是令行禁止。若曰令不行,禁不止,而以是为宽,则非也。"否则,一味宽容,其结果是"事无统纪,缓急予夺之权皆不在我,下梢却是奸豪得志,平民既不蒙其惠,又反受其殃矣。"所以,他再三说:"今人说宽政,多是事事不管,某谓坏了这'宽'字。"③

在官府处理案件方面,朱熹强调等级名分,主张对等级低微者严格实行歧视。他建议朝廷司政典狱之官,都应该这样做:

> 凡有狱讼,必先论其尊卑、上下、长幼、亲疏之分,而后听其曲直之辞。凡以下犯上、以卑凌尊者,虽直不右。其不直者,罪加凡人之坐。其有不幸至于杀伤者,虽有疑虑可悯而至于奏谳,亦不许辄用拟贷之例④。

他的这一建议有四层意思:一是封建法庭在审理刑事或民事案件时,首先应该明确原告和被告之间的尊卑、上下、长幼、亲疏四个方面的等级区别,然后再听取双方陈诉。二是地位低微者侵犯长上,虽然理在低微

---

① 《朱子语类》卷78《尚书一·大禹谟》。
② 《朱子语类》卷110《朱子七·论刑》。
③ 《朱子语类》108《朱子五·论治道》。
④ 《朱文公文集》卷14《戊申延和奏札一》。

者一方,法庭也不予袒护。三是如果理在长上一方,法庭便要对低微者加罪惩处。四是遇到杀伤的严重情况时,对低微者一概不予宽贷。法律上的等级歧视,不是朱熹的发明,中国古代早已有之。远者不说,《唐律疏议》中出现了杂户、官户、部曲、奴婢等在法律上受到歧视的种种规定。宋神宗元丰年间(1078—1085 年),也开始规定了佃客侵犯地主,罪加平民一等,而地主侵犯佃客,则徒罪以上较平民减轻一等,杖罪以下更不予追究①。朱熹的建议只是重申封建法律的等级歧视,不过他的创造性在于把它提到哲理和社会政治学说的高度。

朱熹主张限制赎刑。中国古代刑法允许罪犯用财物赎罪,以免除所应受的刑罚。赎刑和罚金并存,但两者性质不同。赎刑是用财产来代替刑罚,罚金是一种财产刑。赎刑可以减免犯罪所判的刑,但不能免去罪名。制定赎刑的原因有多种,对于贵族、官僚及其家属而言,也是一种特权。到宋代,享受赎刑待遇者,主要是品官及其家属,其次是各类学校的学生、将校、僧道录等。赎罪的物品可以是官、职、差遣和铜(每斤值铜钱120 文足),不包括爵和勋。赎刑适用于死刑及其以下各种刑罚,但须视具体情况而定其适用范围②。朱熹并不主张废除赎刑,但认为对赎刑的罪行适用范围应该有所限制。他说,古代的赎刑只是讲"鞭、扑二刑之可恕者","许用金以赎其罪"。及至周穆王,为了替巡幸筹款,乃扩大赎法,一些重刑(墨、劓、剕、宫、大辟等五刑)都可用钱赎免。于是"既已杀人伤人矣,又使之得以金赎,则有财者皆可以杀人伤人,而无辜被害者,何其大不幸也! 且杀之者安然居乎乡里,彼孝子顺孙之欲报其亲者,岂肯安于此乎?"③他主张把杀伤他人的罪犯从赎刑的适用范围中排除出去,只对(一)罪行较轻者;(二)虽然"入于五刑",但"情可矜,法可疑"者;(三)"亲贵勋劳而不可加以刑罚者",实行赎刑④。限制赎刑,实际也是对贵

---

① 拙作:《宋代佃客法律地位再探索》,载《宋史研究论文集》,浙江人民出版社 1987 年版。
② 《庆元条法事类》卷 76《当赎门》。
③ 《朱子语类》卷 78《尚书一·舜典》。
④ 《朱文公文集》卷 37《答郑景望二》。

族、官僚等所享有法律上的特权的一种限制。

　　朱熹主张恢复肉刑。中国古代的肉刑，是指一种残废肢体或残害肌肤、机能的刑罚，如墨、劓、刖、宫等。到宋代，仅沿袭五代后晋天福年间实行的刺配（加墨刑配役）之法，其他都已废除。逐步废除残酷的肉刑，看来是社会发展的必然趋势。北宋初，宋军在镇压广州、杭州百姓的暴乱时，多用"支解脔割、断截手足、坐钉立钉、悬背烙筋"等各种毒刑，"靡所不至"，曾遭到一些官员的抗议①。皇帝采纳其言②。宋神宗熙宁六年（1073 年），因为犯罪者众，考虑另外立法。韩绛建议恢复肉刑。张载也赞成一部分大辟罪改用肉刑，使罪犯得以活命，"人观之，更不敢犯"，"此亦仁术"③。遭到吕公著等大臣的反对，最后没有付之实践④。朱熹觉得现行的笞、杖、徒、流、死等刑罚（从广义而言，这些刑罚已属肉刑）还不够，他说："今徒、流之法，既不足以止穿窬淫放之奸，而其过于重者，则又有不当死而死。如强暴赃满之类者，苟采陈群之议，一以宫、刖之辟当之，则虽残其支体，而实全其躯命，且绝其为乱之本，而使后无以肆志，岂不仰合先王之意而下适当世之宜哉！"⑤主张对强盗而赃满条限者，不判死刑，而改判宫刑或刖刑（一种砍断脚的酷刑），以保全其躯命。他举例说，比如对经过"贷命而再犯"的强盗，"杀之似亦太过，不若斩其左足，使终身不复能陆梁"。这种做法，可使"全仁之生、禁非之义，并行不悖"，这也是"先王制刑督奸之本意"⑥。

　　朱熹主张严刑，并不等于滥刑，他还主张慎刑和准确用刑。他认为遇到疑难案件，应该看到"系人性命处，须吃紧思量，犹恐有误也"。在案情尚有疑问的情况下，宁愿从轻处理⑦。为此，他主张重视选拔和培

①　《宋文鉴》卷 42，钱易：《请除非法之刑》。
②　《续资治通鉴长编》卷 61，景德二年九月戊午。
③　张载：《张子全书》卷 4《周礼》。
④　魏泰：《曲洧旧闻》卷 9；《三朝名臣言行录》卷 8《吕公著》。
⑤　《朱文公文集》卷 37《答郑景望二》。
⑥　《朱文公文集》卷 25《答张敬夫二》。
⑦　《朱子语类》卷 110《朱子七·论刑》。

养州县治狱之官,提高审判效率和质量。他对当时州县的治狱情况极不满意。他注意到县令或知县治本县刑狱,"未必皆得人,其弊未易革也"。至于州狱,司理参军仅"进纳癃老之人"不能任用,其余不论"昏缪疾病之人,皆得而为之","甚至于流外补官,若省部胥史,亦得而为之"。前者"苟且微禄","唯知自营,其于狱事,蒙成吏手,漫不加省";后者也是"狃于故习,与吏为徒,贩鬻走弄,无所不至"。所以,"州郡大小之狱,往往多失其平,怨言咨嗟,感伤和气"。他建议宋孝宗明诏吏部改定选格:凡州郡两狱的官员,专门注拟任期届满而有举主的关升人;如果及格的人数不足,则任命任期届满而铨试中第二等以上的人。不准任命常调关升以及省部的胥吏。现任州郡的治狱官,如果不是有举主担保的关升人,即命知州和通判铨量;如果这些人中实在昏缪疾病,即"保明闻奏,特与祠禄"。尚未到任者,等到上任的时候,也由知州和通判铨量,才准许就职。如果知州和通判徇私失实,即准许监司劾奏罢免。所有省部胥吏,虽然已经注官待缺,皆令赴吏部,另授差遣。目的是使治狱之官"其选少清,各知任职"①。他还提议特命一名大臣,专门监督治狱之官,严立期限,命令各州奏案,依照先后的资次,安排日期结案。对于其中应予免死从宽的人,应该当天处理完毕;其中情节严重、不应减降的人,即再延长一段时间,责令审核,然后处理完毕。以便罪轻者得以早日发落释放,罪重者不至于仓促审判枉滥②。

(四) 田制方面的主张

朱熹也注意到当时的土地制度,对学者们热衷讨论的井田、封建、限田等问题提出了自己的主张。

北宋时,有一些学者如田锡、李觉、王安礼等认为,自废除井田制而"为阡陌疆理之法"后,井田"不可复讲矣";"口分、世业之田坏,而为兼并限田之令"后,井田"不可复行矣"③。张载等人则认为恢复井田制十

---

① 《朱文公文集》卷14《戊申延和奏札二》。
② 《朱文公文集》卷16《奏推广御笔指挥二事状》。
③ 王安:《王魏公集》卷4《元丰五年殿试进士策问》。

分容易,只要"朝廷出一令,可以不笞一人而定"。"井田亦无他术,但先以天下之地,棋布划定,使一人受一方,则自是均"①。

朱熹觉得井田制是"圣王之制"、"公天下之法","岂敢以为不然"！"但在今日,恐难下手。设使强做得成,恐亦意外别生弊病,反不如前,则难收拾耳。"②他对汉代郑玄的"井田图"深表怀疑,他发现丰、镐离洛邑三百里,长安管辖六百里,王畿千里,"丰、镐皆在山谷之间,洛邑、伊阙之地亦多是小溪涧","亦有横长处,非若今世之图画方也"。按照这样复杂的地形,"天下安得有个王畿千里之地,将郑康成图来安顿于上"！③ 他认为,目前的社会状况不具备实行井田制的条件。必须要"经大乱之后,天下无人,田尽归官,方可给与民。如唐口分世业,是从魏、晋积乱之极;至元魏及北齐、后周,乘此机,方做得"④。他指出程颐年轻时主张复行井田封建,到晚年又觉得难行,想来他"经世历故之多,见得事势不可行"⑤。又指出张载的井田之说也缺乏事实根据,今天仅是差役,"尚有万千难行处,莫道便要夺他田,他岂肯"！而且还要"将钱向富人买田来均,不如知何得许多钱?"⑥事实上,他认为这不过是一种幻想。

由井田而涉及封建制。封建制是指商、周的诸侯分封制度,属于国家的形式即政体问题。朱熹认为,实行井田制的前提是封建制的实行,"令逐国各自去理会"。他指出唐代柳宗元的《封建论》"全以封建为非",而南宋初人胡寅反驳柳说,"专以封建为是"。其实,"天下制度无全利而无害底道理,但看利害分数如何:封建则根本较固,国家可恃;郡县则截然易制,然来来去去,无长久之意,不可恃以为固也"⑦。认为封建制和郡县制两者各有利弊。他进一步指出,不论封建制或郡县制,关键在于"得人"。在封建制下,如果不得其人,使不学无术的"膏粱之子

---

① 《张子全书》卷4《周礼》。
②⑦ 《朱子语类》卷108《朱子五·论治道》。
③ 《朱子语类》卷86《礼三·周礼》。
④⑥ 《朱子语类》卷98《张子之书一》。
⑤ 《朱子语类》卷97《程子之书三》。

弟"居士民之上,而且世世相继,就难以罢免他,最后会出现"尾大不掉之势";在郡县制下,如果不得其人,却仅两三年任满便会离去,说不定会换个好官来。比较两者,他的结论是"封建实是不可行"①,在宋朝的条件下,如果硬要将一州一县封给某人当诸侯,别人"未必安之",而且经过几代后,其弊病非也一端②。这说明他已经初步看到了历史发展的必然趋势。

从宋仁宗朝开始,因为上书者论述开国以来天下太平六十多年,但赋役不均,田制不立,如不禁止,天下田产将"半为形势所占"。所以朝廷下诏限田,规定公卿以下毋过十三顷,衙前将吏应免本户差役者毋过十五顷③,但"任事者终以限田不便,未几即废"④。此后,朝廷屡次下令限制官员的占田数额,不过都仅同具文。仁宗宝元二年(1039 年),学者李觏曾经提出,为了消除地力不尽和租税不增的弊病,必须推行抑末之术,迫使游民务农。然后"限人占田,各有顷数,不得过制"。李觏以为,这样便能断绝"逐末之路",从而"地力可尽"⑤。后来,王安石、吕陶、苏轼等人都赞成逐渐推行限田之制。朱熹认为,苏轼的限田之说"都是胡说"。他说:

> 作事初如雷霆霹雳,五年后犹放缓了。况限田之法虽举于今,明年便淡似今年,后年又淡似明年,一年淡一年,便寝矣。若欲行之,须是行井田;若不能行,则且如今之俗。必欲举限田之法,此之谓戏论!且役法犹行不得……况于田,如何限得⑥?

他从当时政令的实行情况,说明即使在全国范围内推行了限田措施,也

① 《朱子语类》卷 108《朱子五·论治道》。
② 《朱子语类》卷 98《礼三·周礼·总论》。
③ 《续资治通鉴长编》卷 98,乾兴元年。
④ 《宋史》卷 173《食货上一》。
⑤ 《直讲李先生文集》卷 116《富国策第二》。
⑥ 《朱子语类》卷 98《张子之书一》。

维持不了多长时间,最后仍然归于失败。所以,他认为有些人一定要实行限田法,不过是一种"戏论"而已。

(五) 对经界法的主张

宋朝官僚、地主凭借经济上的优势地位和政治特权,想方设法逃避赋税,使封建国家陷于财政危机。各级官府为了保持财政收入,不得不转而加强对农民的剥削,从而加剧了农民与封建国家的矛盾,使封建国家陷于政治危机。为此,封建国家不得不采取一些相应的对策。

朱熹从宋朝的长治久安出发,一方面认识到官税的不断增加,已经使农民不堪忍受;另一方面主张丈量田亩,清理税籍。宋孝宗淳熙十六年(1189 年)十一月,朝廷任命朱熹为漳州知州。光宗绍熙元年(1190年)四月,朱熹到漳州任职。早在他任泉州同安县主簿时,他经过调查,了解到漳州、汀州和泉州在高宗绍兴年间(1131—1162 年)虽然一度推行过"经界法",但半途而废,没有进行到底。这时,恰逢一名姓唐的官员上殿向孝宗论述经界法,于是下命漳、泉二州研究其可行性。漳州汇报认为可以实行,知泉州颜尚书却"操两可之说",光宗不免略为犹豫。官员黄伯耆轮对再论,其奏札最后说:"今日以天下之大,公卿百官之众,商量一经界,三年而不成,使更有大于此者,将若之何?"光宗批付三省,宰执不同意推行,乃仅下"诏相度漳州先行经界"①。

是年八月,朱熹在奏状中向朝廷指出实行经界法的利弊。他说:

> 窃见经界一事,最为民间莫大之利。其绍兴年中已推行处,至今图籍有尚存者,则其田税犹可稽考,贫富得实,诉讼不繁,公私之间,两得其利。独此泉、漳、汀州不曾推行,细民业去产存,其苦固不可胜言,而州县坐失常赋,日朘月削,其势亦将何所底止②。

---

① 《朱子语类》卷 106《朱子三·漳州》。
② 《朱文公文集》卷 19《条奏经界状》。

通过经界法,整理田税税籍,保证了官府的税收,减轻了贫苦农民的负担,减少了纠纷,使官府和百姓两得其利。然而泉、漳、汀三州未曾推行经界法,带来了无穷的弊端:贫苦农民丧失田产后继续负担田税,苦不堪言;州、县官府不能保证正常的田税收入,财赋日益减少。

经界法既然有百利而无一弊,为什么泉、漳、汀三州一直无法推行呢? 朱熹指出,有两种人专门反对实行经界,第一种人是"豪家大姓有力之家",他们"包并民田而不受产(按指田产税额),则其产虚桩在无业之家;冒占官地而纽租,则其租俵寄于不佃之户"。他们长期习惯于"田多税少"的状况,害怕经界法实行后"夺其利,尽用纳税",所以"群起遮拦","造说嗃吓,以为必有害无利"。这些人一心想叫贫苦农民代他们交税,而自己坐收田租。如果地方长官听任他们"置田不要纳税",他们就称赞这些官员;如果一切顺着他们,他们就称颂这些官员是"贤守"。第二种人是一部分士大夫,他们平日"惮劳,懒做事",动辄说:"我只认做三年官了去,谁能闲理会得闲事,闲讨烦恼! 我不理会,也得好好做官去。"他们被豪家上户的恫吓所慑,"遂合辞以为不可"①。

朱熹还驳斥以上两种人对经界法制造的谣言。这两种人说,经界法会造成社会的动乱,藉此"恐胁朝廷"②。他尖锐地指出:泉、漳二州的百姓,"本自良善,不能为寇"。仅汀州和漳州龙岩县"素号多盗",但先后几起像沈师、姜大老等,"皆非为经界而起也,乃以不曾经界,有税无业之民狼狈失所者众,而轻于从乱耳"。至于那些"富家巨室、业多税少之人",虽然"有不乐受产(按指承认税额)之心",有谁愿意因之放弃其"子孙久远之业",去发动叛乱,"以为族灭无余之计也哉"③! 说明豪家上户是不会发动叛变的,而贫苦农民起来造反不是因为推行了经界法,事实恰恰相反,是因为没有推行经界法的缘故。

---

① 《朱子语类》卷109《朱子六·论取士》,卷106《朱子三·漳州》;《朱文公文集》卷100《晓示经界差甲头榜》。
② 《朱文公文集》卷19《条奏经界状》。
③ 《朱文公文集》卷21《经界申诸司状》。

　　朱熹为漳州的经界法制订了比较详细周密的计划。具体有：一、依照绍兴年间经界法的实施办法，另差大小正副甲头专门负责"打量（按即清丈田亩）"，每都约二三十户。由各县通知现役都副保正等，先将本都四至以内周围里数（东到西几里，南到北几里），大约估计田亩数（不需统计准确数字），写成状子，申报县衙。县衙据此划分"方"界，定差大、小甲头。定差甲头以后，凡"打量攒造（造帐绘图）"，皆责成甲头负责。现役保正，如果不是应充甲头之人，则不参与经界的事务①。二、"打量"的方法，是将各县按大小，划分为几百、几千保，或者几十、几百保，使甲头（按各保设小甲头）分头四出，各自打量步亩。三、画图造帐的方法，是以保为基本单位，将各保的山川、道路以及人户的田宅，必须"东西相连，南北相照"，乃至田亩的阔狭、水土的高低，也须"当众共定，各得其实"。各都（以十保为一都）的图帐，只须明确山水的连接和各保的大致疆界总数，不必开列人户的田宅和田亩的阔狭高下。各县图帐与各都图帐格式相同，不必分清各保的情况②。四、"打量纽算"田亩，设置土封，桩标界至，分方造帐，画成鱼鳞图、砧基簿，以及申报官衙的文书格式等，皆由州衙刻板颁发给各县③。五、"打量"工作完成后，以县为单位，按亩均摊产钱，准许产钱过乡。绍兴经界法，在结束"打量"后，各县以乡为单位按亩均摊税钱，不准许产钱过乡。但这一方法因"算数太广"，难以均摊税钱，难以防止"或有走弄失陷之弊"。具体地说，第一、各乡的产钱祖额本来已经轻重不均，如仍以乡为单位均摊产钱，百姓徒遭一次清丈和编绘的干扰，而依然不能革除原来轻重不均的弊病。第二、产钱不得过乡是"平世之常法"，但未立此法时，产钱往往过乡，割往本户"烟炊去处"（按指食宿地点），所以州城县郭所在的乡，其产钱没有不很重的，以至有与穷乡僻壤相差成倍的。所以，准许产钱过乡，以县为单位均纽，可使一县方圆几百里以内，"轻重齐

---

①③　《朱文公文集》卷100《晓示经界差甲头榜》。
②　《朱文公文集》卷21《经界申诸司状》。

同,实为利便"①。将田地分为九等,按亩定产计钱。再统计一州的赋税钱米总数,以产钱为母,每一文交纳米多少和钱多少,只在一仓一库受纳。在百姓交纳以后,再参考原额,决定省计、职田、学粮、常平的数额,分拨各个仓库②。

是年十一月,光宗下诏"先将漳州经界措置施行"。但好事多磨,直到第二年正月,漳州尚未实行经界。朱熹眼见已到春初,"事已无及",乃"申(福建路)转运司,经界乞候冬季打量"③。三月,光宗下诏福建路提点刑狱陈公亮、知漳州朱熹,共同措置漳、泉、汀三州经界④。这时,更值"农事方兴",朱熹便"益加讲求,冀来岁行之"⑤,但极不凑巧,在朝宰相留正恰恰是泉州人,他的原籍亲属多以为经界不可推行⑥加上贵族、豪右"胥为异论以摇之"⑦,四月底,朱熹无奈辞去知漳州之职。十月初,漳州进士吴禹圭"讼其扰人",光宗遂决定停止经界⑧。朱熹的经界计划终于成为泡影。

按照朱熹的计划,经界法在漳州实行半年就可完成。他觉得以半年之劳,而革除几百年之弊,是合算的。当然,他根据以往的经验,认为经界不可能一劳永逸,最多保持四、五十年也就又要颓坏⑨。所以,他主张最好是每隔三十年经界一次。唯有定期实行经界,"赋入既正,总见数目,量入为出,罢去冗费,而悉除无名之赋,方能救百姓于汤火中"⑩。

(六) 学校教育和贡举方面的主张

学校和贡举是宋朝选拔士人做官的主要途径,属于当时的"选举"制度。在朱熹以前,宋朝的学校和贡举已屡经改革,但依然存在一些弊病。

---

①　《朱文公文集》卷1《条奏经界状六》。

②⑤⑦　《宋史》卷173《食货志上一·农田》。

③⑥　(清)王懋竑:《朱子年谱》卷4之上;《朱文公文集》卷21《回申转运司乞候冬季打量状》。

④⑧　《宋史》卷36《光宗纪》。

⑨　《朱子语类》卷106《朱子三·漳州》。

⑩　《朱子语类》卷111《朱子八·论民》。

　　朱熹主张撤销作为国内最高学府的太学。他赞成门生林择之所说的话："今士人所聚多处，风俗便不好。故太学不如州学，州学不如县学，县学不如乡学。"指出："太学真个无益，于国家教化之意何在？向见陈魏公说，亦以为可罢。"理由是太学对于国家的政教风化没有带来什么益处。具体表现为各级学校的教员，只教学生"做科举时文"，不讲德行和名节。当学生问他："今之学校，自麻沙（按即福建建阳县麻沙镇，宋时刻书最多）时文册子之外，其他未尝过而问焉"时，他答道："怪它不得，上之所以教者不过如此。然上之人曾不思量，时文一件，学子自是着急，何用更要你教！你设学校，却要教他理会本分事业。"士人们"心心念念要争功名"，必定要尽力学习做科举时文①，如果不设学校，他们也一定会自己去钻研，这样，设立学校就没有什么实际意义了，于是学官"只是备员考试而已"。学官们本来"不是有德行道艺可为表率"的人，对于"仁义礼智，从头不识到尾"。他们"学识短浅，学者亦不尊尚"，平日只是虚费廪禄，等待"计资考迁用"。为了改变各州学官都是"未生髭须"的"小儿子"，而学生"多是老大底人"的现象，他设想订出制度，不到四十岁以上的人，不得担任学官。同时，停止实行堂除（直接由政事堂选授）学官的办法，各州学官皆注授本州的"乡先生"担任。

　　朱熹对当时太学实行的招生办法——待补法，持勉强肯定的态度，而不赞成实行混补法，也不赞成恢复州学的三舍法。他认为混补法的考生太多，开考时天寒粮贵，京城一下子增加一万多人应考，"米价愈腾踊矣"！他又认为，恢复州学的三舍法（先考入县学；由县学比试，考入州学；由州学推荐到临安补试，才入太学）也不切实际，因为至少"州郡那里得许多钱谷养他"！他的具体想法是：由于太学贡举的解额较多，学生享受许多优待，尤其是便于通过应举获得官职，"利之所在，人谁不趋？"因此，不妨将太学的解额均摊给各路解额较少的州军，这样，

---

①　《朱子语类》卷109《朱子六·论取士》。

士人就可以直接在本州军应试，不必参加补试了①。

朱熹还提出促使"当世之人无不学"的普及教育的主张。他认为，理想的教育制度应该像夏、商、周三代那样，"人生八岁，则自王公以下，至于庶人之子弟，皆入小学"。"及其十有五年，则自天子之元子、众子，以至公、卿、大夫、元士之适子，与凡民之俊秀，皆入大学"②。人所共知，宋代大批寒素子弟可以堂而皇之地进入各级学校，特别是进入太学，享受官费。专门为贵胄子弟设立的学校（国子学），逐渐被士、庶混合学校（太学）所取代③。学校教育应该说是已经获得了充分的发展。在这样的历史条件下，他提出这种普及教育的主张是顺理成章、不足为怪的。

朱熹要求像三代一样，小学"以洒扫、应对、进退之节，礼乐、射御、书数之文"为教学内容，大学"以穷理、正心、修己、治人之道"为教学内容④，实际都是为统治阶级服务的技能和知识以及改造自己和统治人民的办法。

朱熹在知南康军（治今江西星子县）和知漳州期间，对当地白鹿洞书院和漳州州学的建设做了大量的工作，同时也表达了他在学校教育方面的主张。出知南康军伊始，他发布榜文共三条，其第二条要求士人、乡民、父老"岁时集会"，教诫后生子弟，使他们"咸知修其孝弟忠信之行，入以事其父兄，出以事其长上，敦厚亲族，和睦乡邻，有无相通，患难相恤，庶几风俗之美不愧古人"。第三条针对近年南康军学仅招收学生三十名的"士风衰弊"情况，要求乡党父兄"各推择其子弟之有志于学者，遣来入学，陪厨待补，听讲供课"。军衙也多方增添学粮，长官在暇时诣学，与学官"同共说论经旨，多方诱掖，庶几长材秀民，为时而出"⑤。嗣后，他每逢四、五日赴军学一次，为学生讲说，还礼聘本军贤德之士担

① 《朱子语类》卷109《朱子六·论取士》。
②④ 朱熹：《大学章句序》。
③ 张邦炜、朱瑞熙：《论宋代国子学向太学的演变》，载《宋史研究论文集》，河南人民出版社1984年版。
⑤ 《朱文公文集》卷99《知南康榜文》。

任学职,于是"士风翕然丕变"①。同时,他发布牒文,征询白鹿洞学馆是否存有屋宇②。随后,他亲自踏勘白鹿洞书院遗址。到十月,决定修复书院,发牒军学教授杨大法和星子县令王仲杰董其事,并申报朝廷要求给赐敕额③。次年三月,书院初步修复。他进而筹措置田的资金,延聘名士来院讲学或者担任堂长,招收生徒,还为书院制定了条规。这份条规称《白鹿洞书院揭示》。它不同于宋代其他带有"规矩禁防"性质的学规,而是概括叙述"圣贤所以教人为学之大端",要求学生们"相与讲明遵守,而责之于身"。

朱熹并不一概反对"科条纤悉"的学规。他按照学生的年龄,把学校分为大学和小学。对于小学生,"自其能食、能言",就要用规矩来培养习惯,使之"长大则易语";对于大学生,则讲明义理,尽量启发自觉。因此,对待小学和大学采用了不同的条规。白鹿洞书院是大学,所以采用了《揭示》的形式④。

朱熹在知漳州任期,仍然留意学校教育。每旬的第二天,他必定率领官属到州学,看望学生,讲解《小学》,"为正其义"。每旬的六日则到县学,与到州学一样⑤。

朱熹还重视儿童教育。他亲自从各类传记中,搜辑古代小学教育的内容,编成《小学》内、外篇,"庶几小学之教,复明于后世"⑥。他认为,"仁义礼智,人性之纲,凡此厥初,无有不善。"只因"物欲交蔽,乃颓其纲"。他主张在人们"幼稚之时,欲其习与知长、化与心成,而无扞格不胜之患",便要讲习《小学》,使学生懂得"洒扫应对进退之节"和"爱亲敬长、隆师亲友之道",为长大成人后"修身齐家治国平天下"打好基础⑦。

---

① (清)王懋竑:《朱子年谱》二之上。

② 《朱文公文集》99《又牒》。

③ 《朱文公文集》卷99《白鹿洞》牒、卷20《申修白鹿洞书院状》;吕祖谦:《东莱吕太史文集》卷6《白鹿洞书院记》。

④ 李才栋:《白鹿洞书院考略》,《江西教育学院学报》1985年第S1期。

⑤ 陈淳:《朱子守漳实迹记》。

⑥ (元)戴良:《九灵山房集》卷11《礼学幼范序》。

⑦ 《朱文公文集》卷76《小学题辞》、《题小学》。

贡举考试是唐代以后统治阶级选拔官员的主要途径。北宋时期逐步形成一套比较完整而严密的制度,同时,又出现许多弊病。朱熹认为,贡举问题的关键,在于制度本身存在许多弊病。他一再指出"科举是法弊……虽有良有司,亦无如之何。""今科举之弊极矣!"朝廷"分明以盗贼遇士",士子"亦分明以盗贼自处","动不动便鼓噪作闹,以相迫胁,非盗贼而何?"当时进士科已分为经义和诗赋两科。不论经义进士或者诗赋进士,都要考《周易》、《诗经》、《尚书》、《周礼》、《礼记》、《春秋》等六经的经义,还有《论语》或《孟子》义。经义进士考试道数比诗赋进士多一些。这两类进士还考试"论",篇幅限在 500 字以上。经义和论的文体,已经形成一种新的体式,出现了"全用套类"即使用现成章法或格式的现象。每篇经义或论一般均必须由十个段落组成,依次为破题、接题(又称承题)、小讲、缴结(以上总称"冒头"或冒题、冒子)、官题、原题、大讲(又称讲段或讲题、论腹)、余意(又称后讲或从讲)、原经(又称考经)、结尾。这种体式已基本接近于明、清的八股文。同时,为了控制录取人数,考官尽量增加考试的难度,想方设法出难题和怪题,于是有了"关题"、"断章"等新的题式。新的文章体式和题式带来一些弊病,使士子难以发挥独立见解,程文往往空洞无物,废话连篇;形式僵化死板,只能用于贡举和学校考试①。

朱熹几乎全盘否定当时的经义。他多次说过:"今人作经义,正是醉人说话。只是许多说话改头换面,说了又说,不成文字!""今人为经义者,全不顾经文,务自立说,心粗胆大,敢为新奇诡异之论。""今时文赋却无害理,经义大不便,分明是'侮圣人之言'!"他从理学的角度,认为士子们做经义程文都是乱说,一点不符合古代经典的本意。当时人们习惯把经义和论的程文称为"时文"。他以十分轻视的态度来评价这些时文。他说:"如今时文,取者不问其能,应者亦不必其能,只是盈纸便可得。"又说:

---

① 拙作:《宋、元的时文——中国八股的雏形》,《历史研究》1990 年第 3 期。

> 不知时文之弊已极，虽乡举又何尝有好文字脍炙人口？若是
> 要取人才，那里将这几句冒头见得？只是胡说！今时文日趋于弱，
> 日趋于巧小，将士人这些志气都消弱得尽。……只看如今秤斤注
> 两，作两句破头，如此是多少衰气。

按照现成章法或格式做成的时文，十分注重冒头特别是破题的写法，但
仅靠这几句"秤斤注两"，怎能衡量全篇的水平呢？所以，他认为时文
日趋于弱，日趋于巧小，而且还将士子的气节都消蚀干净了。同时，他
反对出怪题。他说，考官们"出题目定不肯依经文成片段，都是断章牵
合，是甚么义理！……今为主司者，务为隐僻题目，以乘人之所不知，使
人弊精神于检阅，茫然无所向方，是果何法也！"①

　　针对这些弊端，朱熹主张：用诗赋来考试士子，"实为无用"，可以
废除。至于经义，则不妨保留，但必须改变"虚浮之格"。每次开科取
士，预先在三年前晓示全国，下一次科场，考试某经、某子、某史。如第
一场经义出题目在某经内，论题在某史内（如《史记》、《汉书》，可笼统
说此两书），策只出一两件事。其中大义，每道限定不超过600字。下
次开考，仍旧预告考试某经、某子、某史。这样，周而复始，士人得以"逐
番精通"。同时，禁止考官出"暗僻难晓"的题目。此外，继续"严挟书
传义之禁"，"不许继烛"，这样，可以淘汰一半考生，使"不是秀才底人，
他亦自不敢来"。还要严格保委制度，使保正、社首保明真正的秀才；
减少太学的解额，均摊给各州、军，促使士子回到本州、军应试，以革除
"奔竞之弊"②。

（七）社仓法

　　为了预防意外的天灾人祸而引起的粮荒，宋朝统治者采用了许多
种储备粮食的办法，建立了极为详密的仓储制度。宋太祖初年，曾下令

---

① 以上均见《朱子语类》卷109《朱子六·论取士》。
② 《朱子语类》卷109《朱子六·论取士》。

各县设置义仓,但实行不久即停罢,直到仁宗庆历元年(1041年)才恢复。太宗时,开始设立常平仓,到真宗时已遍及全国各路(仅福建除外)。常平仓与义仓之间的区别在于:常平仓由官府拿出一笔现钱作为籴本,川流不息地赈籴赈粜,其性质是官仓,其根本目的在于平衡粮价。义仓则由百姓义务交纳给官府,充当籴本,其性质是民仓,其目的乃专为赈济凶荒。此外,还有惠民仓、广惠仓、丰储仓、平籴仓、平粜仓、平济仓等十多种①。

宋朝陆续设置的这些官仓或官办民仓,都曾一度在备荒救荒上发挥过积极作用,做出贡献。但随着时间的推移,它们都不同程度地遭到了人为因素的破坏,以致到朱熹生活的时代实际已经名存实亡了。比如常平仓和义仓,朱熹看出它们的弊端在于"藏于州县,所恩不过市井游惰辈,至于深山长谷力穑远输之民,则虽饥饿濒死而不能及也";同时,"其为法太密,使吏之避事畏法者,视民之殍而不肯发,"一旦不得已而开仓,"则已化为浮埃聚壤而不可食矣"②。常平仓又往往与省仓相连,每逢官吏前来检点省仓,则挂起省仓某号的牌子;检点常平仓,则挂起常平仓的牌子。"只是一个仓,互相遮瞒"! 他在知南康军和知漳州任期,发现南康军常平仓积储五六万,漳州也有六七万石,但实际上"尽是浮埃空谷"。此外,各州的常平仓名义上属通判管辖,实际上归司法参军掌管,但有时知州要贪污挪用,司法参军岂敢加以拒绝③。

有鉴于此,宋孝宗乾道四年(1168年)春、夏之交,当福建建宁府崇安县遇到饥荒时,朱熹在寄居地——该县开耀乡,设置一所社仓。由建宁府衙拨给常平米600石,委托他和土居官、朝奉郎刘如愚共同负责赈贷,到当年冬天收回原米。第二年夏季,府衙再命依旧贷给百姓,冬季归还。于是他与刘如愚等申报府衙:社仓借贷每石米适当收息二斗,此后每年按此利息借贷;如遇歉收,便减免一半利息;遇严重饥荒,便全部

---

① 王德毅:《宋代灾荒的救济政策》,台北中国学术著作奖助委员会1970年版。
② 《朱文公文集》卷77《建宁府崇安县五夫社仓记》。
③ 《朱子语类》卷106《外论·总论作郡》。

减免。这一社仓连续实行十四年，到淳熙八年，已用所收利息米建造粮库三间，并将 600 石米归还府衙。余下 3 100 石，都是历年百姓交纳的利息米，今后依旧敛散，不再收息，每石只收耗米三升。社仓由他自己和本乡土居官以及士人几个人共同掌管，遇敛散时，即申府衙派县官一员，监视出纳。社仓实行后，成效卓著，"一乡四五十里之间，虽遇凶年，人不缺食"①。淳熙八年十一月，担任提举两浙东路常平茶盐公事之职的朱熹，在延和殿面见孝宗，建请推行崇安社仓法于各地。十二月，奉旨颁行。为便于各地推广，朱熹撰成《社仓事目》。该《事目》规定，主要有：一、每年十二月，分派各部社首、保正副重新编排保簿。二、每年五月下旬，是该年粮食新陈不接之际，选差县官一员，与乡官一起，依例给贷。三、各都排定日程支散，准备借贷的百姓每十人结成一保，互相担保，由本人亲自赴仓请米；各社社首、保正副、队长、大保长到仓识认请米人的面目，照对保簿，防止假冒和重复。四、遇到丰年，如有百姓请贷官米，便开两仓，存留一仓；遇到饥歉，便开第三仓，专门赈贷深山穷谷的农民。五、每年冬天（不超过十一月下旬）收回所贷官米，每石适当收取耗米三升，也预先排定各都百姓赴仓交纳的日程②。

朱熹的社仓法，以赈贷为手段，以达到救荒弭盗的目的，其性质与义仓相近。但两者也有区别：社仓是民办的单位，百姓自己经营，先借官米为本，用以放借生息；义仓则由官府主办，向百姓征收，储于官仓。

社仓法颁行全国后，各路州、军纷纷仿效，取得了显著的效果。真德秀说："自是数十年间，凡置仓之地，虽遇凶岁，人无菜色，里无嚣声。"③如长沙县各乡设社仓二十八所，宋宁宗时有一年春季艰食，凡占田二十亩以下的百姓，都可借谷，靠此得充粮、种，"比之他县贫民，粗有所恃"④。但真德秀又指出，社仓"岁久法坏"，他"每为之太息"⑤。

---

① 《朱文公文集》卷 13《辛丑延和奏札四》。
② 《朱文公文集》卷 99《社仓事目》。
③ 《真文忠公文集》卷 10《奏置十二社仓状》。
④ 《真文忠公文集》卷 10《申尚书省乞拨和籴米及回籴马谷状》。
⑤ 《真文忠公文集》卷 10《奏置十二社仓状》。

正如常平仓一样，各州官府随意动用社仓本、息米，荒年根本不曾给散，而每年仍旧利用名籍，照收息米。百姓"年年白纳"社仓息米，"永无除放之期"，"无异正赋"①。朱熹原来规定社仓米的敛散事宜，"州县并不须干预抑勒"②，但到后来，社仓"领以县官，主以案吏，各乡又非有德望之人为官吏之所畏敬者，俯首听命，苟且逃责，利害不敢专决，奸弊不敢自惩，玩舞虚文，雍塞实意"等等。完全违背了朱熹的初衷。这是朱熹之始料所未及的③。

（八）理财和茶、酒等专卖方面的主张

朱熹提出了独特的理财主张。他不赞成由官府独占财利，而主张与民共利。在谈及《大学》治国平天下章的财用问题，他说：

> 财者，人之所好，自是不可独占，须推与民共之。未论为天下，且以作一县言之：若宽其赋敛，无征诛之扰，民便欢喜爱戴；若赋敛稍急，又有科敷之扰，民便生怨。决然如此。

又说：

> 宁过于予民，不可过于取民。且如居一乡，若屑屑与民争利，便是伤廉。若饶润人些子，不害其为厚④。

他认为财富不能由官府一家垄断，而应该由官府和百姓一起分享，不然，谈不上治理国家。宁愿官府多给百姓一点好处，不可过分征收百姓的财物。如果士大夫在乡村寓居，而与百姓们斤斤计较地争利，这就

————————

① 俞文豹：《吹剑录外集》。
② 《朱文公文集》卷99《社仓事目》。
③ 王柏：《鲁斋集》卷7《社仓利害书》。
④ 《朱子语类》卷16《大学三》。

"伤廉"了；不如宽宏大量一些，多给百姓们一些实惠，也不失其为宽厚。

依照"与民共利"的原则，朱熹对于宋朝现行的茶、盐、酒、矾等专卖的政策，提出了自己的改革主张。他实际上不赞成茶、盐的专卖。在回答学生关于《大学》中"絜矩"的问题时，他说："如今茶、盐之禁，乃是人生日常之用，却反禁之。这个都是不能絜矩。"（按絜原意为度量，矩为法度。朱熹此处释絜矩为"四面均平底道理"）①茶、盐是百姓的日用必需品，本来不应该由国家来垄断，但国家却实行榷卖，这是不甚合理的。这是他对茶、盐等专卖的基本主张。同时，他认为各地官府所管盐、酒课利，"国计所资为甚广，而民情所患为甚深"，如果不"根索弊原，别行措画"，担心"民力日困"，这不是"国家久远之利"。所以，他建议朝廷另选"忠厚通敏之臣"，"令其详细稽考，因事制宜，使民情亟得去其所患，而国计永不失其所资，实为利便"②。

在盐的专卖方面，朱熹认为应该"公私两便"，然后"法可久行"③。他通过自己在福建多年生活的体验，觉得福建下四州军（福州、泉州、漳州和兴化军）的现行盐法勉强可行。原来，福建路共有八个州军，上四州军（建宁府、南剑州、汀州、邵武军）远离沿海，不产食盐，官府实行客钞和官般（官府运输）两法。下四州军则因为靠海产盐，实行"产盐法"，命百姓随二税交纳产盐钱，而百姓从官府领取食盐。近年官府停支食盐给百姓，百姓只得改食私盐，但官府因为获得产盐税钱，所以也不再追问私盐买卖。他认为这"虽非正法，然实两便"。不过，他对这一盐法也不满意，他十分担心在百姓交纳产盐钱而官府"例不给盐"后，有的官员又会自作主张地暗中增出一种无名之赋。因为帅司一度在下四州"复行榷卖"，帅司的理由是"相承已久，调度所资，有不获已者"。对于这种"暗行货卖"，他觉得只是官府的"不得已之计"，但"他

---

① 《朱子语类》卷16《大学三》。
② 《朱文公文集》卷18《奏盐酒课及差役利害状》。
③ 《朱文公文集》卷24《答陈漕盐法书》。

日或有能弛之者",则民间只增添了一项苛捐杂税①。他总的主张,在
《与王漕(齐贤)书》中说得十分清楚:

> 欲得使司(按即转运使司)于见行盐法之中,择其不可行之甚
> 处,小变其法,而损其岁入之数,使官享其利,而民不以为病,州县
> 可以立脚,而漕司不失岁输之实而已(今一等破败县道,窃料不过
> 虚有欠数,实无可得之钱)。然此事乃在使司审熟讨论百全,而后
> 可发,非一旦猝然之所可言也②。

原则上是选择盐法中最不可行的环节,稍稍进行改革,使官、民、州县、
漕司四个方面都有一些好处。

朱熹还主张对两浙东路的沿海四州——明、越、温、台州的盐法加
以改革。这些州都是产盐地区,但民间食盐依赖客钞(盐贩申请领取
的钞引),各州、县衙又有空额比较增亏,这是"不便之大者"。这些地
区离产盐亭、场较近,所以私盐一直比较便宜,而官盐价贵。"利之所
在,虽有重法,不能禁止"。于是私盐贩"百十成群",有的用大船载运,
巡、尉不能检视,州郡不能查问,反而与他们串通一气,藉此捞取好处,
或者敲诈财物,或者私收税钱。因此,除明、越两州稍通客贩、稍有课利
外,台、温两州民间公然食用私盐,"客人不复请钞",以致官场数月不
支一袋,不收一袋,而这些机构的官员费用和吏卒骚扰,就更一言难尽
了。但因为有"比较之法",州、县官衙害怕卖盐不多而受罚,于是创立
盐铺,乱用名义,强迫百姓买盐。他们这样做,无非是"瘠民以肥吏,困
农民以资游手"。州县或提举主管官员不是不知道这些情况,只是因
为"国计所资,不敢辄有陈说,日深月久,民逾无聊","若不变通,恐成
大患"。所以,他要求宋孝宗在这四州,根据各州地里远近和盐价高

---

① 《朱文公文集》卷27《与赵帅书三》。
② 《朱文公文集》卷27《与王漕齐贤书》。

低，参照福建路下四州军现行的"产盐法"，订立浙东"沿海四州盐法"。其它州军则仍按旧法施行①。

在酒法方面，朱熹对浙东的四种酒法进行比较，认为"万户"酒法最为方便。他说：

> 酒坊之弊，其说有四：一曰官监，二曰买扑，三曰拍户抱额，四曰万户抱额。臣窃以为莫不便于官监，莫便于万户，其他则亦互有利害，而万户之中，亦不能无少利害，要在讲究详尽，然后施行，则庶乎其弊之可革矣。

他认为官监最为害政，万户最为便利，买扑和拍户则利害参半，但万户也不是全无缺点。接着，他又说：一、现在朝廷既然已经知道官监的为害而加以废除了，但"州郡占吝，多不遵禀"；"户部、漕司所扑"的酒坊，"仍不废罢"，这样，"害虽除而未尽者也"。二、买扑的弊病，在于"买人有亏折本柄、破坏家产之患"，在于"众人有拽托抑勒、捕捉欺凌之扰"，虽然严加禁防，"法式明备"，但"势之所在，终不能革"。三、拍户的"抱额"（承包的定额）也许合适，但有的因定额高而"抱纳不前"，有的"藉此而拽托骚扰"，这样，弊病就无异于买扑。四、只有"万户抱额最为简便"，但也须要以一州或一县为单位，统计田亩浮财物力，然后均摊，使官户和民户同等待遇，也没有城居和村居的不同，一律均摊，"立为定籍"。如果不计官户而只均摊给民户，不计城市居民而只均摊给乡村居民，不立官簿而只私置草簿，使吏胥得以"阴肆出没，走弄于其间"，则又带来弊端。这一办法在本路处州（治今浙江丽水）已经实行了四、五十年，收到了"民无争讼，官省禁防"的效果，虽然其中不无小害，但"入其封境，观其气象，宛然乐国，与诸州不同"。他建议将此法推广到其他各州，估计或许有人会说处州酒税定额从来较轻，无法与其他州相

---

① 《三文公文集》卷18《奏盐酒课及差役利害状》。

比,"未可遽议",但应该看到各州税额虽然比较多,但"从来拘催,少曾登足,皆是虚名,徒挂空簿"。所以,希望取淳熙六年、七年、八年三年实际拘催到库的数额参校,以适中的数字为定额,然后"以此科敷,俾为万户"①。

福建建宁府原来也对酒实行官榷,由官衙设置酒务。到宋徽宗政和、宣和年间,前御史中丞翁彦国出知该府,"始以官务烦费,收息不多,而民以私酿破业陷刑者不胜其众",于是申请废罢官务,而计算全年的酒课收入,除去米麦本钱和官吏俸禄以外,总计净利多少,均摊在二税小麦、秋税糯米折钱数内,命百姓另项交纳。民间因而"除去酒禁,甚以为便"。实际这就是"万户抱额"酒法。朱熹对翁彦国的这一酒法十分赞赏。但他又为"净利"两字感到忧虑,在《与陈建宁札子》中提出:"今窃详'净利'二字,不见本是酒课之意。窃虑将来官司不知本末,或有再榷之议。欲望台慈询究本末,申明都省将'净利'二字改作酒息,庶几翁公所以惠于乡邦者,垂于永久。"②他从前代和当代许多杂税的产生,引为教训,担心天长日久,无法稽考,必定会后患无穷,所以要求将"净利"改为酒息。这不能不是一种立足于长远考虑的主张。

三、朱熹政治主张的实践情况

朱熹是一个仕途坎坷的历史人物,他一生共活了七十一岁,从初任同安县主簿到退休的四十七年内,在地方或入朝真正担任实职的时间并不多,充其量总共不过九考,实际不过七年稍多;其余近四十年时间,大部分担任监、主管、提举宫观一类的闲职,只领俸禄;另一部分为待缺。此外,他还辞去了许多差遣,如枢密院编修官、秘书省秘书郎、江南西路提点刑狱公事、江南东路提点刑狱公事、江南东路转运副使、荆湖

---

① 《朱文公文集》卷18《奏盐酒课及差役利害状》。
② 《朱文公文集》卷29《与陈建宁札子》。

南路转运副使、知静江府兼广南西路经略安抚使等。这样,便保证自己有足够的时间去潜心学问,构筑成一个庞大而精致的理学思想体系,完成了中唐以后新兴官僚地主阶级建立自己理论体系的时代使命。这是一件具有历史意义的事情。但是,当时的统治集团没有认识朱熹这一历史活动的重要意义,也没有看到朱熹理学体系的理论价值,相反地,因为他建立了学派,提出了不同的见解,对他多次进行打击。所以,在朱熹的后半生,政治上屡屡受挫,他的一系列政治主张较少能够付诸实践。比如他在刑政、田制、理财和茶酒法等方面的主张,几乎完全没有得到贯彻。至于经界法,他也是费了九牛二虎之力,设计了详尽的方案,但终因遭到朝、野官僚大地主的反对,根本无法推行。唯有在教育方面,因为没有损害多少人的利益,他得以亲自兴复白鹿洞书院,使书院成为实践他学校教育方面主张的一个基地。在赈济方面,他乘赈济福建崇安饥民之机,推行了自己设计的社仓法,取得了一定的成效。

朱熹不是政治家,也不是改革家,但不能因为他的大部分政治主张没有付诸实践,而认为他是一位空想家。历史的悲剧往往在于,有些人空有抱负和才能,但没有牢牢捕捉更多的施展机会;又有一些人,则因为客观环境没有为他提供更多的活动场地。朱熹的境遇,使他属于后一种人。他在政治上并不是平庸的、缺少才能和抱负的人,但当时的统治集团不断在政治上和组织上对他加以打击,使他备受折磨,以致他的一系列政治主张很少得到实施,他的学术体系也要在他死后逐步得到承认。

必须指出,朱熹生活的时代,是中国封建社会的中期即封建社会进一步发展的新阶段。自从唐代中期以后,随着社会阶级结构的重大变动和社会经济的迅速发展,到北宋时期,官僚地主阶级逐步建立起一系列新的经济、政治和文化制度。这些制度延续到南宋前期,虽然已经出现过许多弊病,但尚未达到腐朽透顶、不可收拾的地步。在这种历史条件下,任何一个思想家不可能超越时代,提出彻底推翻封建制度的社会革命的观点。同时,这时的任何一位思想家,作为地主阶级的一个成员,也不可能背叛本阶级,提出触动整个地主阶级的根本利益和封建专制制度的主张。朱熹不可能不受到时代的和阶级的局限。因此,他的政治主张就总体而言,只能是一种治弊补偏的社会改革的方案。

（本文刊于武夷山朱熹研究中心编:
《朱熹与闽学渊源》,上海三联书店 1990 年版）

范仲淹和庆历新政
研究中的一些问题

在中国历史上著名的政治家和文学家范仲淹诞辰一千周年之际，为弘扬他的革新精神和先忧后乐的高尚风格，总结多年来中国学术界对他和庆历新政的研究情况，提出今后共同努力的一些设想，也是不无意义的。

据杭州大学宋史研究室和古籍研究所合编《宋辽夏金史研究论著索引》统计，从 1900 年到 1982 年，全国共发表有关范仲淹和庆历新政的大小论文 131 篇，其中有关范仲淹的文学作品的共 58 篇，综论范仲淹一生的共 62 篇，专论庆历新政的共 11 篇。本世纪七十年代和八十年代，有关范仲淹的研究著作，就我所能见到的，较有份量的有汤承业《范仲淹研究》①和《范仲淹的修养与作风》②，程应镠《范仲淹新传》③，陈荣照《范仲淹研究》④等。

众多的论文和专著的出现，说明对范仲淹和庆历新政的研究已经取得了相当大的成绩，有些论著提出的一些真知灼见，足以成为定论，这是应该充分肯定的。但稍嫌不足的是，对范仲淹的早期仕官经历、庆历新政各项措施的行废等问题的研究，仍然不够深入，因而出现了一些

---

① 台北国立编译馆中华丛书编审委员会 1977 年版。
② 台北商务印书馆 1977 年和 1982 年版。
③ 上海人民出版社 1986 年版。
④ 三联书店香港分店 1987 年版。

错误的论断。同时,专家们对一些不同的意见极少展开讨论,停留在各不相谋、各从其意的状态。本文将着重讨论这些不足之处,兼及今后的一些研究设想。

一

有关范仲淹和庆历新政研究的不足之处,首先,表现在对范仲淹早期的任宦经历出现了一些误解。

根据南宋人楼钥编《范文正公年谱》记载,范仲淹在宋真宗天禧元年(1017 年),"迁文林郎,权集庆军(原注:案《九域志》,亳州也)节度推官"。又记载次年"为谯郡从事(原注:亳州也)"。节度推官是北宋前期的幕职官之一,许多初登进士第者都担任幕职官,而"从事"则是幕职官的一种别称。汉代以后,三公及州郡长官都可自辟僚属,多以"从事"为称,如治中从事、都官从事、功曹从事、兵曹从事、别驾从事等,又统称为"百万"①。后代人们就经常用"从事"来表示幕职官。所以,谯郡从事就是权集庆军节度推官的一种别称,两者实际是同一个官职。但是,陈荣照《范仲淹研究》,即照抄《范文正公年谱》,以为范仲淹在"真宗天禧元年,年二十九,迁亳州(今安徽亳县)集庆军节度推官,……二年,为谯郡(亳州)从事。"②这就把上述两种官称当成两种官职(宋人称官员的实际职务为"差遣")。

根据《范文正公年谱》记载,范仲淹在天禧三年,"除秘书省校书郎",次年"校书芸省,守官集庆"。"芸省"是秘书省的一种古称,"校书芸省"就是担任"秘书省校书郎"的一种典雅的表述方式。但由此产生了现代学者的一些误会,如程应镠《范仲淹新传》据此描述:"仲淹在亳州好几年,有个短时期在京师,校书于秘书省"③。该书"范仲淹事迹著

①　孙逢吉:《职官分纪》卷 10《诸从事》。
②　三联书店香港分店 1987 年版,第 70 页。
③　上海人民出版社 1986 年版,第 13 页。

作编年简录"也以为范仲淹在天禧三年"除秘书省校书郎"，四年"校书秘书省"①。显然以为范仲淹在亳州期间，一度到过京师在秘书省校书。汤承业《范仲淹研究》也这样叙述："天禧三年（1019年），除秘书省校书郎，校书芸省。"②也以为范仲淹曾经到秘书省校勘过书籍。不然，完全不必要在"除秘书省校书郎"后再重复一句"秘书省校书郎"的同义词"校书芸省"了。事实上，范仲淹这段时间一直在亳州，根本没有到京师在秘书省担任过校书的差遣。据《范文正公年谱》，范仲淹在天禧五年调任"监泰州西溪镇盐仓"。次年即仁宗乾兴元年（1022年）十二月，他撰《上张（知白）右丞书》，自称为"文林郎、试秘书省校书郎、权集庆军节度推官、监泰州西溪镇监仓范某"③。按照这时的职官制度，文林郎是一种文官的散阶。《宋史·职官志九》记载，文林郎是文散官的第二十八阶，属"从九上"品阶。散官是一种附加性官衔，只表示一定的级别，决定服色、资序，与实际职掌和俸禄无关。试秘书省校书郎是试衔或试秩之一。《宋史·职官志九》记载了"试秩"的六阶，接着又说："右幕职初授，则试秘书省校书郎，再任至两使推官，则试大理评事。"④试秩在当时只是幕职官的一种附加性官衔，可以候选得到差遣。这表明范仲淹在天禧三年所授"秘书省校书郎"，完整的名称应该是"试秘书省校书郎"，只是一种附加性官衔，不是实职，所以不能说他真的跑到京师的秘书省去校勘书籍了。至于为什么到泰州担任监西溪镇监仓后，仍旧领"权集庆军节度推官"衔呢？原来，北宋的幕职州县官（又称选人）既是低级地方官职务的总称，又是低级文臣阶官的总称，情况较为复杂。经常有以京西路某县令为阶官，而实际担任河北路转运司勾当公事；或者以陕西路某军节度判官为阶官，而实际担任河东路某州州学教授的。范仲淹在天禧元年到四年，担任权集庆军节度推

①　上海人民出版社1986年版，第197页。
②　台北商务印书馆1977年版，第53页。
③　范仲淹：《范文正公集》卷8。
④　脱脱等：《宋史》卷169。

官,这是一种差遣。他在《祭龙图杨给事文》中说:"余岁三十兮,从事于谯,独栖难安兮,孤植易摇。公方监郡兮,风采翘翘,一顾而厚兮,甚乎神交。"①龙图杨给事是龙图阁学士、给事中杨日严。当范仲淹在亳州担任集庆军度推官时,杨日严是该州的通判②,杨日严十分看重范仲淹。在范仲淹从亳州改任监泰州西溪镇监仓后,他原有的集庆军节度推官差遣,便立即变成他的一个阶官,而新加的监泰州西溪镇盐仓头衔才是他的真正的差遣官称。

二

有关范仲淹和庆历新政研究的不足之处,还表现在《答手诏条陈十事》的作者是谁的问题上出现了误解。《中国历史图说》第八册《宋代》,在介绍范仲淹与庆历新政时,以为范仲淹与韩琦、富弼"联合草拟十项革新纲领"③。这也不符合事实。韩琦虽然是革新派的主要成员,但他没有机会参加草拟工作。在宋仁宗开天章阁召见范仲淹、富弼等人不久以前,韩琦刚刚被派往陕西路。宋仁宗赐给范、富的手诏里写道:"比以中外人望,不次用卿等,今琦暂往陕西,仲淹、弼宜与宰臣章得象衷心国事,毋或有所顾避。"④所以,可以肯定这时韩琦不在京城。韩琦确实也曾在天章阁与仁宗商谈过改革事宜,他还向仁宗奏陈九事,随后又奏陈七事,但时间不详⑤。而且,韩琦并不赞成《答手诏条陈十事》之七"修武备"中提出的实行唐代府兵制一类的主张,他十分肯定宋代的募兵制,以为"养兵虽非古,然亦自有利处。议者但谓不如汉、唐调兵于民,独不见杜甫《石壕吏》一篇,调兵于民,其弊乃如此!后世既收拾强悍无赖者,养之以为兵,良民虽税敛良厚,而终身保骨肉相聚

---

①　范仲淹:《范文正公集》卷10。
②　脱脱等:《宋史》卷301《杨日严传》。
③　台北世新出版社1984年版,第35页。
④　李焘:《续资治通鉴长编》卷143,庆历三年九月丁卯。
⑤　李焘:《续资治通鉴长编》卷143李焘注,据《韩琦行状》。

之乐。父子兄弟夫妇生离死别之苦,此岂小事!"①因此,韩琦没有与范仲淹一起草拟这份万言书。至于富弼,实际上也没有与范仲淹联合草拟。苏轼撰富弼神道碑说:在宋仁宗开天章阁后,"公遂与仲淹各上当世之务十余条,又自上河北安边十三策"②。这说明富弼与范仲淹各自献策,没有"联合"行动过。造成范、富"联合"行动的这种误解,是由于李焘《续资治通鉴长编》在记载范仲淹十项建请时,一开始就是这样写的:"仲淹、弼皆惶恐避席,退而列奏曰……"最后,李焘又加注说明他把这十项建请系于十月丙午的理由:"《实录》于十月丙午载仲淹、弼《答手诏条上十事》,其四曰择官长,即附见丙午。"似乎富弼也参与这一奏疏的草拟和奏陈。但是,富弼的神道碑证明富弼没有与范仲淹"联合"行动,而是独自向仁宗条奏"当世之务"。因此,富弼看来也没有与范仲淹"联合"上奏。

三

有关范仲淹和庆历新政研究的不足之处,还表现在对范仲淹的十项建策如何实行问题上有所误解。

近来,各种专著对范仲淹十项建策是否全部实行有着不同的说法。程应镠《范仲淹新传》认为:"庆历三年至四年,这十项建议先后由朝廷颁布,付诸实施。""皇帝对于他的请求、建议,一律付诸实施。"③陈荣照《范仲淹研究》提出,范仲淹的十大纲领中,第一、二、三、四、五、八各条"已略有实行"。又认为"二府如果选到好的地方官吏,对第六、九、十各项也会注意,只有第七项'修武备',除了陕西营田外,好像并未经办"④。《中国大百科全书·中国历史·辽宋西夏金史》"从庆历新政到

① 罗大经:《鹤林玉露》卷 10;沈作喆:《寓简》卷 5。
② 苏轼撰:《苏轼文集》卷 18《富郑公神道碑》。
③ 上海人民出版社 1986 年版,第 126、132 页。
④ 三联书店香港分店 1987 年版,第 155 页。

王安石变法"节,主张"范仲淹、富弼提出'厚农桑'、'修武备'等建议则并未实施"①。三种著作提出了三种不同的看法。究竟哪一种看法比较符合史实呢?

我认为,这三种看法都不准确,与史实有一段距离。理由之一,是李焘《续资治通鉴长编》卷143 和《宋史·范仲淹传》,都记载范仲淹的十项建请,仁宗"以诏书画一,次第颁下。独府兵,辅臣共以为不可而止"。明确提出十项建请中有"修武备"一项没有实行。这说明这十项建请没有全部付诸实施。

理由之二,是《宋会要辑稿》等书记载了其他九项的实行情况。虽然李焘在《续资治通鉴长编》中只写明了第一、二、三、四、五、八条的实行日程,但根据《宋会要辑稿》等史籍,还可以知道第六、九、十条的实行情况。李焘是这样记载的:第一项"明黜陟",庆历三年"十一月壬戌施行"。第二项"抑侥幸","十一月癸未试馆职,丁亥减任子"。第三项"精贡举","明年三月乙亥,施行贡举新制"。第四项"择官长","十月丙午施行"。第五项"均公田","十一月壬戌施行"。第八项"减徭役","明年五月己丑施行"。李焘还写明其"余六、七、八、十并未详"。我们觉得,当时第六、九、十项还是初步实行。现分述理由如下。

第六项"厚农桑"。据《宋会要辑稿》记载,可以知道庆历三年十一月七日,仁宗曾依从范仲淹的建议,下诏说:"访闻江南旧有圩田,能御水旱,并两浙地卑,常多水灾,虽有堤防,大半隳废。及京东西亦有积潦之地,旧常开决沟河,今罢役数年,渐已堙塞,复将为患。宜令江淮、两浙、荆湖、京东、京西路转运司辖下州军圩田并河渠、堤堰、陂塘之类,合行开修去处,选官计工料,每岁于二月间未农作时兴役,半月即罢。仍具逐处开修,并所获利济大小事状,保明闻奏,当议等第酬奖。内有系灾伤人户,即不得一例差夫骚扰。如吏、民有知农桑可兴废利害,许经运司陈述,件析利害,画时选官相度,如委利济,亦即施行。"②将这一诏

①　中国大百科全书出版社 1992 年版,第 33 页。
②　徐松:《宋会要辑稿》食货 7 之 11。

书与范仲淹的"厚农桑"加以对照,这一诏书显然依照范仲淹的"厚农桑"改写而成,显然是为了推行"厚农桑"而颁布的。庆历四年正月二十八日,仁宗又下诏,要求各地将陂塘、圩田和堤堰、河渠可备水灾的,或能够创置开掘的,或能够兴复的,统计所需工料多少和利益广狭,申报朝廷①。又规定了对地方官在兴修水利、课督农桑、开辟田畴和增加户口方面的奖惩原则,成绩显著者给予改转官资或升迁差遣、循资、给予家便差遣等奖赏;提点刑狱、转运判官今后官衔中都带兼本路劝农,等等②。

第九项"覃恩信"。范仲淹在《奏为赦后乞除放祖宗朝欠负》疏中,说得十分清楚,经仁宗批准,派杨日严和王质与三司一起"详定不系侵欺、盗用、该赦欠负",还进一步要求仁宗批准将"祖宗朝天下欠负,更不问侵欺、盗用,并与除放"③。这是"覃恩信"初步推行的有力证明。

第十项"重命令"。据《宋会要辑稿》记载,庆历四年五月十二日,司勋员外郎吕绍宁建议朝廷将现行编敕年月以后续降宣敕,命令大理寺检法官依律门类,分成十二卷,颁行全国,以便检阅,防止出入刑名。仁宗采纳了这一建议④。这是推行"重命令"方面的措施之一。

以上说明范仲淹的十项建策并没有全部实施,认为一律实施是不对的,因为第七项"修武备"没有实行过。同时,认为第六、九、十项没有怎么实行也是不对的,因为这几项当时都陆续实施了。

顺便说明,庆历新政时范仲淹等人提出的改革方案不仅仅是范仲淹《答手诏条陈十事》中的十项建请,事实上还有取消茶、盐专卖而改行通商,实行赎刑等。其间也有是否可行的问题,遗憾的是各家著述均极少论及。

---

① 徐松:《宋会要辑稿》食货7之11。
② 徐松:《宋会要辑稿》食货1之25—26。
③ 范仲淹:《范文正公集·奏议》卷上。
④ 徐松:《宋会要辑稿》刑法1之5;李焘:《续资治通鉴长编》卷149,庆历四年五月癸酉。

四

　　有关范仲淹和庆历新政研究的不足之处,还表现在对范仲淹的十项建策如何被推翻的问题上有所误解。

　　近年来,各种涉及庆历新政和范仲淹的历史著作,大都认为在庆历五年正月范仲淹和富弼分别被罢去参知政事和枢密副使之职后,各项建策便被推翻,一切恢复旧制,庆历新政宣告失败。如陈荣照《范仲淹研究》认为"他的新政是由庆历三年十月开始实施,到庆历五年正月,他罢知邠州便全部废弃,前后不过一年零三个月"①。《中国大百科全书·辽宋西夏金史》"庆历新政"条也认为:"(庆历)五年初,范仲淹、韩琦、富弼、欧阳修等人相继被排斥出朝廷,各项改革也被废止。"②我认为,庆历新政是一次政治改革运动,随着它的领导人范仲淹、富弼、韩琦等人退出朝廷中央,从总体上看,它是失败了。但是,它的各项措施并没有与之同步废罢。因此不能把庆历新政的失败和范仲淹十项建策的被废罢混为一谈。这一点往往被人们忽略。

　　范仲淹的十项建策,除"修武备"没有实行而无涉废罢外,其余九项的遭遇不完全一样。最受贵族官僚痛恨的"抑侥幸"一项,原来包括好几方面的内容,被废罢时也是逐个方面陆续进行的。首先,在庆历五年三月己卯,朝廷下诏宣布停止执行庆历三年十一月(丁亥)的"条制",重新规定凡依靠恩荫得官的选人,自今只由吏部流内铨遇参选的时候,适当考试所习艺业注官③。庆历三年十一月丁亥的"条制"规定,依靠恩荫得官的选人担任差遣,必须达到一定的年龄,还要经过严格的考试,如果不参加考试和找不到三名京朝官担保,就"永不预选"④。在

---

① 　三联书店香港分店 1987 年版,第 164 页。
② 　中国大百科全书出版社 1992 年版,第 257 页。
③ 　李焘:《续资治通鉴长编》卷 155。
④ 　李焘:《续资治通鉴长编》卷 145。

宣布废罢这一"条制"后，也曾遭到有的大臣的反对。监察御史包拯曾向仁宗上疏，提出自从限制奏荫选人注官后，"天下士大夫之子弟莫不靡然向风，笃于为学"。有的臣僚最近要求撤销这一限制，是"未之熟思尔"。也许"条制"还有不够完善的地方，但只须"令有司再加详定，依旧施行"①。说明包拯不赞成废罢这一"条制"。其次，在庆历六年四月，朝廷废罢庆历四年范仲淹所订限制大卿监以上圣节（即乾元节，乃宋仁宗生日）陈乞恩泽的"新制"，宣布"并依旧者"。这时，一度反对过范仲淹的权御史中丞张方平上疏表示异议。他说：范仲淹的"新制"中难以实行的部分已经冲改了，只有"恩例"照旧执行。不妨将范仲淹的"新制""略加裁损，考之理道，已是适宜"。其中臣僚恩例，请求"且依新制为便"，"不可以人废言"②。几天后，朝廷又下诏恢复部分高级武官的"奏荐班行恩例"，一般武官则仍"依前后条贯施行"，即遵照庆历新政期间颁布的制度执行③。李焘在编写到这段历史时，特意注明：这或许与张方平所说"不可以人废言相关"。这反映武官的恩荫待遇只有一部分恢复旧制，另一部分仍然执行改革后的新制。再其次，在庆历八年九月，殿中侍御史何郯向仁宗提出："近年大臣罢两府任，便陈乞子弟召试充馆职或出身，用为恩例。望自今后，馆阁不许臣僚陈乞子弟外，其陈乞及奏举召试出身，候有科场，与免取解及南省试，令赴御前与举人同试，以塞私幸。"这一"恩例"是指庆历新政以前的旧制。朝廷大臣们经过商议后，由仁宗下诏："今后臣僚奏子孙弟侄等乞出身及馆职，如有合该恩例者，类聚一处，候及三五人，送学士院试诗、赋、论三题，仍弥封、誊录考试。其试官，令中书具学士姓名进呈点定。仍精加考试，候定到等第，临时取旨。"④为了便于比较，我们姑称这一诏书为"后诏"，庆历三年十一月癸未根据范仲淹建议而颁布的诏书为"前

①　李焘：《续资治通鉴长编》卷155，庆历五年三月己卯；《包拯集》卷2《请依旧考试奏荫子弟》。
②　李焘：《续资治通鉴长编》卷158，庆历六年四月壬子。
③　李焘：《续资治通鉴长编》卷158，庆历六年四月戊午。
④　李焘：《续资治通鉴长编》卷165，庆历八年九月己未。

诏"。"前诏"一律不准现任和前任两府和大两省以上官员为其子弟、亲戚申请馆职和读书等。何郯仍然坚持"前诏"的原则,不过也作了让步,提出准许官员为其子弟申请和奏举召试出身,在科举年份,给予免解和免省的优待,与其他举人一起参加御试。"后诏"则作了更多的让步,改为凑满三五人,送学士院严格考试,然后取得出身或馆职。可见何郯的建议没有被朝廷采纳,但官员的子弟获得馆职或出身,还要经过严格的考试,这一点仍然比庆历以前的旧制严格一些。再其次,在皇祐二年(1050年)八月,新任知汉州何郯再次上疏,提出"朝廷向来已曾更改资荫条制,然而亲子孙亦以限年厘革,是致人心嗟怨,遂即复故"。他建议区别官员亲属的亲疏,凡逢圣节可荫补亲属的官员,子孙依照旧制荫补,期亲逢郊祀荫补一名,其他亲属须两次郊祀荫补一名;凡逢郊祀可荫补亲属的官员,子孙依照旧制荫补,期亲须两次郊祀荫补一名,其他亲属须三次郊祀荫补一名。其中沿边守臣和路分应得的恩例,照旧不变。何郯希望"如此等级裁减,一年内可省入官数十人";同时,对官员的远亲也"不尽隔绝",这样,"酌于众心,计亦无怨"[1]。皇祐四年九月,经御史中丞王举正与两制、台谏官议定,仁宗下诏:凡逢圣节可荫补亲属的官员,期亲依照旧制荫补,大功亲逢郊祀荫补一名,小功以下亲须两次郊祀荫补一名;凡逢郊祀可荫补亲属的官员,子孙依照旧制荫补,期亲须两次郊祀荫补一名,大功以下亲须三次郊祀荫补一名[2]。此后,朝廷还停止了圣节时的奏补[3]。由此可见,范仲淹的"抑侥幸"措施并没有完全被推翻,旧的恩荫制度也没有完全恢复。在范仲淹和富弼离朝之后,还有一些官员站出来支持"抑侥幸"的措施。又有一些官员主张对"抑侥幸"的措施稍作修改,借以减少阻力。

　　受到贵族官僚激烈反对的另一项改革措施即"明黜陟",在被废止

---

① 李焘:《续资治通鉴长编》卷169,皇祐二年八月己未。
② 李焘:《续资治通鉴长编》卷173,皇祐四年九月甲辰。
③ 李焘:《续资治通鉴长编》卷169,皇祐二年八月己未。此指嘉祐元年(1056年)四月丙辰事,见《续资治通鉴长编》卷182。

的过程中,也出现过一些波折。庆历八年二月,翰林学士张方平上奏札,重新提出旧有的官员磨勘叙迁制度存在弊病,人们对此已经"习以为常,皆谓本分合得,无贤不肖,莫知所劝"。他要仁宗"稍革此制"。其中理应磨勘叙迁的官员,一定要有劳绩值得褒扬,或者朝廷特敕择官荐举的官员,才准予迁转。如果没有劳绩,又不经过荐举的官员,则应延长其年考①。宋仁宗是否采纳他的建议,不得而知。但这证明废止"明黜陟"也不是一帆风顺的。

"精贡举"一项,原来包括改革贡举考试制度和兴办学校两个方面。庆历五年二月己卯,仁宗下诏"礼部贡院,进士所试诗赋,诸科所对经义,并如旧制考校"。这是采纳了知制诰杨察关于恢复贡举考试旧制的提议的结果。庆历八年二月,御史中丞鱼周询回答仁宗手诏所问说:"愿陛下特诏进士先取策论,诸科兼通经义,中第释褐,无令过多。"他试图恢复"精贡举"中改革举考试的措施,减少冗员②。至于兴学养士方面,自从重建太学以后,即使保守派官员,也没提出过撤销太学的建议,尽管太学一度处于极不景气的境地,各地州县纷纷创办学校,"往往有学舍、官田、房廊之利",使"学校之盛,侔于汉、唐矣"③。

"厚农桑"一项,自从实行以后,从来没有人提出过异议。庆历五年九月,两浙路提点刑狱宋纯等人还向仁宗上疏说,凡官员能擘画开修水利,都须事先具所见利害,画成地图,申报本属州军和转运司或提刑司;确系在官衙选派部下官员,亲赴该地考察;确系应该开修,可获长期利益,当地乡耆调查落实后,差官具保,申报转运司和提刑司审查允当,才下达本属州县,计算民夫和材料、粮饷的数量,设法劝导得益人户自愿提供。李纯等还说:"仍依元敕,于未农作时兴役半月,不得非时差扰。候毕,具元擘画官,依近诏保明施行。"最后还声明,如果官吏擅自开修,不预申本属,"不得理为劳绩"等等。仁宗批准了这一建议④。这

① ② 《续资治通鉴长编》卷163,庆历八年二月甲寅。
③ 赵汝愚:《国朝诸臣奏议》卷80,孙觉:《上神宗论取士之弊宜有改更》。
④ 徐松:《宋会要辑稿》食货7之12—13。

说明"厚农桑"措施仍在继续推行,只是强调在开修水利前要充分调查研究,保证有"经久利济",避免盲目动工。其中提到的"元(原)敕",就是庆历三年十一月七日颁布的诏书。此后,也没有看到宋朝统治者宣布废止"元敕"的任何诏令。

"择官长"一项,在被废罢过程中,也有一些波折。庆历五年二月,有一名官员上疏攻击"择官长"措施,说这"不唯上侵宰执之权,又下长奔竞之路","遂令端士并起驰骛"。要求仁宗"特罢此诏,一切令依旧"。欧阳修立即上奏状,指出这名官员所说"悉涉虚妄",对这名官员的这些谬论逐条反驳,要求仁宗"审察爱憎之私,辨其虚实之说,凡于政令,更慎改张"①。庆历八年二月,御史中丞鱼周询重提荐举州县长官问题,认为"改弦易辙,正在此时"。要求选派两制和谏官推荐两任的通判担任知州军(必须是京朝官);如果这些通判"治状尤异",便允许直升省府判官、转运使副或提点刑狱。原来按照"常例"升迁知州等,"并一切停罢"②。显而易见,鱼周询实际上是主张继续执行"择官长"中荐举州军长官的措施。

根据以上逐条分析,可以知道在庆历新政失败后,"厚农桑"措施在照常推行;"抑侥幸"和"精贡举"措施没有完全废止,它们的一部分新制还在继续执行。所以,只能这样说:庆历新政随着范仲淹等人的离朝,他们的大部分改革措施被废罢了,但也有一部分措施照常实行,有的措施还被进一步完善。

五

范仲淹在庆历新政过程中提出的各项改革措施,并非尽善尽美、毫无缺点的。

首先,有些措施缺乏可行性。这些措施遭到抵制,也是合乎情理

---

① 李焘:《续资治通鉴长编》卷154,庆历五年二月乙卯。
② 李焘:《续资治通鉴长编》卷163,庆历八年二月甲寅。

的。如"修武备"一项，实际上是要全面恢复唐代的府兵制，以代替宋朝的募兵制。唐代沿袭隋代实行征兵制，也就是府兵制，进一步与均田制结合起来。凡年满二十到六十岁而接受国家田宅的百姓，都要应征入府服役，自备甲仗、粮食和武器。精壮的男子充当士兵，长期戍守边境和征战，无法务农。这种寓兵于农制度下的军队，也是一种强制性的劳役组织。唐代中期以后，均田制逐步崩溃，府兵制赖以维持的物质基础逐渐消失，代之以雇佣性质的募兵制。宋代的募兵制虽然也成冗兵、冗费以及士兵生活惨苦和骄横的弊病，但从历史上看，国家雇佣大批职业兵士，广大直接生产者可免受征战和屯戍之苦，保证农业和手工业生产的正常进行。同时，占全国军队总数约三分之一的厢军是一支从事牧业和手工业的专业生产兵，这支军队分担了农民和工匠的大部分夫役。所以，募兵制造成了兵、农的分离，是劳役地租向实物地租过渡的一个表现，是历史上一种进步的现象。范仲淹要推翻募兵制，恢复府兵制，走唐代中期以前的老路，这当然是行不通的。当时朝廷大臣们一致加以反对，也是无可非议的。

又如范仲淹在庆历三年九月壬辰稍前提出，陕西、河东路因边防经费不足，改铸铁钱，以助军费，但百姓多盗铸，犯法者日众。他建议在这两个路的沿边州军实行赎刑。赎刑的适用范围是杖罪和杖以下罪，兵士和公人一般不赎。宋仁宗采纳他的建议，下诏实行赎法，准许"乡民以谷麦，市人以钱帛"。但诏令一出，立刻遭到谏官余靖的反对，他说如今"三边有百万待哺之卒"，二税上供以及尽归于官的茶盐酒税等，"尚犹日算岁计，恐其不足"，百姓"贪其利而犯禁者，虽死不避"。现今"一为赎刑，以宽其禁，三军之食，于何取之?"他要求"寝罢"这一诏书。当时议论者也认为如果实行此诏，则"富人皆得赎罪，而贫者不能自免"[1]。宋朝法律规定品官、太学生、州县学生、医生等犯一定的罪名和罪行时，允许赎罪[2]，但不准许吏人用荫赎罪[3]。显然，宋朝只有官员和

---

① 李焘：《续资治通鉴长编》卷143，庆历三年九月癸巳。

② 《庆元条法事类》卷76《当赎门·罚赎》。

③ 王栐：《燕翼诒谋录》卷3《有荫人不得为使》。

士人享有在法律上赎罪的特权。范仲淹提议把赎刑扩大到普通百姓，使一般富人可以赎罪，这不仅会严重影响陕西、河东一带的军费，而且还会使一般富人享有赎罪的特权，所以也是难以实施的。

再如范仲淹在"精贡举"一项中，提出外州解发进士和诸科举人，用"乡举里选之式"，首先考察其履行，然后试以艺业，由地方长官"保明行实"；同时，取消乡试的弥封和誊录试卷办法。各州解试（乡试）实行弥封制，是从宋仁宗明道二年（1033年）仿照殿试和省试而开始的。在尚未实行弥封和誊录以前，各州解送举人"多采虚誉"，即使考试官不受"请托"，也只取从前曾经荐送的举人，新录取的不到百分之一，弥封和誊录以后，考试官不知道考生的姓名，难以舞弊，阅卷评分时必须认真一些，所以"稍合至公"①。范仲淹试图恢复明道二年以前的乡试办法，使录取举子失去了比较客观的标准，为考试官们提供了更多的舞弊的机会，所以也是行不通的。"精贡举"中还提出进士科先考策、论，后考诗、赋，用策、论成绩决定去留，再用诗、赋决定成绩的高低。但参加省试的举人往往达五、七千人，只用策、论，较难考校和升黜，不像诗、赋"以声病杂犯，易为去留"；而在实行的过程中，举人都"以激讦肆意为工"，"中外相传，愈远愈滥"②。在当时的技术条件下，实行也有具体的困难。

其次，有的措施本身存在缺点。"精贡举"一项中兴学养士方面，也有一些制度不够完善的地方。马端临说过："今庆历之法，所谓习业者，虽有讲肄听读，而未尝限以通经之岁月。所谓荣途者，止于拔解赴省，而未尝别有优异之捷径。此所以科场罢日，则生徒散归，讲官倚席，虽限以听学之岁月，而不能强其久留，反以淹滞为困，故不久而遂废也。"③这是指兴办太学后，对太学生只限定在校"习业三百日，乃听预秋试"④，但没有规定在校学成的期限；太学生成绩优异，只是准予发解

---

①② 《续资治通鉴长编》卷164，庆历八年四月丙子礼部贡院言。

③　马端临撰：《文献通考》卷42《学校三·太学》。

④ 《续资治通鉴长编》卷147，庆历四年三月甲戌。

参加省试，太学本身不能给成绩突出的太学生授官。总之，太学对士子缺少吸引力，所以一旦科场结束，学生星散，教官也就无事可做。太学不免逐渐出现不景气的境地，"殆将废弛"①。

六

　　庆历新政虽然失败了，但对以后的宋朝政治产生了深远的影响。陈荣照《范仲淹研究》一书，曾以专节论述此事。该书指出庆历新政对于王安石变法的影响时说："庆历改革失败后二十四年，即神宗熙宁二年（1069 年），就有王安石变法的继起。这两个相隔不远的政治改良运动是有联系的，实际上王安石变法的某些部分，如官僚机构、科举、教育与军制的改革，就是以庆历新政的措施为蓝本而制订的。"又说："庆历新政为王安石变法作了一次有价值的演习。"②精辟地分析了庆历新政对王安石变法的影响。不过，也须指出，在军制方面，被王安石变法时采用的分将守边法，是范仲淹在庆历新政之前创造的。仁宗康定元年（1040 年）八月，身任陕西经略安抚副使的范仲淹，在鄜延路将州兵分为六将，每将率三千人，"分部教之，量贼众寡，使更出御贼，贼不敢犯。"此后，"诸路皆取法焉"③。宋人徐度指出："熙宁将法，盖本范公之遗意也。"④从时间上看，范仲淹的分将守边法在庆历新政之前，所以不应属于庆历新政的影响范围。

　　此外，不应忽视范仲淹和"庆历之风"对宋代以后士风的深刻影响。庆历新政的反对者之一张方平（字安道）认为，宋朝本来"风俗淳厚，自范文正公一变，遂为崖异刻薄。后来安道门人和其言者甚众，至今士大夫莫能辨明"。朱熹认为这是一种"不正"的议论，造成了"是非

---

① 赵抃：《清献集》卷8《乞给还太学田土房缗》。
② 三联书店香港分店 1987 年版，第 165、167 页。
③ 《续资治通鉴长编》卷 128，康定元年八月庚戌。
④ 徐度：《却扫编》卷上。

反覆"①。他提出:"范公平日胸襟豁达,毅然以天下国家为己任"。范仲淹"大厉名节,振作士气,故振作士大夫之功为多"。这里的"名节",指忠义和廉耻两个方面。庆历以前,即使"人品甚高"的大臣王曾,"晚年乃求复相",当时士大夫"都不以此事为非"。所以到范仲淹开始,"方厉廉耻,振作士气"②。朱熹还指出:"本朝忠义之风,却是自范文正公作起来也。"③陈傅良也指出:"宋兴七十余载,百度修矣,论卑气弱,儒士犹病之。及乎庆历,始以通经学古为高、救时行道为贤、犯颜纳说为忠。"④可见范仲淹在庆历时期所提倡的名节、忠义、廉耻等主张,成为宋代士风的转折点。这种新士风的形成,对以后一些士大夫在抵抗金、蒙侵掠的过程中,能够坚持民族气节、视死如归,发挥了不可估量的作用。

七

有鉴于目前范仲淹和庆历新政研究中的一些不足之处,我们感到以下几个方面值得大家共同去努力。

第一、整理出版范仲淹的全部诗文。直到今天为止,范仲淹全集或范仲淹诗文集尚未点校出版,给学者带来了许多不便。现存的明翻元刊本《范文正公集》,只是收录了范仲淹一生的主要诗文,还有一些诗文散见于其他各种史籍。诸如李焘《续资治通鉴长编》中,就保留了《范文正公奏议集》未收的一些奏疏。清人编《范文正公全集》时,做了大量的辑佚工作,补录了许多范仲淹奏疏和书信。但是,难以避免,仍然有一些疏漏。

第二、重新编写范仲淹的年谱。现存的范仲淹年谱,是南宋人楼钥

---

① 黎靖德编:《朱子语类》卷52《孟子·公孙丑上》。
② 黎靖德编:《朱子语类》卷129《本朝三》。
③ 黎靖德编:《朱子语类》卷47《论语二十九》。
④ 陈傅良编:《止斋文集》卷43《策问十四首》。

编撰的，内容比较简略，不尽人意。尤其是范仲淹担任幕职州县官期间的经历，由于记载过分简单，给有关范仲淹的研究造成了一些困难。清人张伯行也编有范仲淹年谱，但至今未见。清代郭善邻撰有《范文正公行实》，但尚未刊行①。所以，有必要重新编写一部新的内容比较详尽的年谱，为今后进一步深入研究范仲淹打下一个坚实的基础。

第三、收集和整理研究各地范仲淹后裔的范氏宗谱或家谱。估计各地保存的范氏宗谱或家谱为数甚多，其间因历代辗转传钞或刻板，真伪混杂，有待于鉴别和研究。

第四、撰写更有质量的范仲淹传记和研究著作。近年出版的范仲淹传记和研究著作，都已对范仲淹的研究工作做出了贡献，但仍嫌不足，有必要编撰新的范仲淹传记和研究著作，比较全面地论述范仲淹的一生及其业绩。

第五、收集和编纂国内外有关范仲淹和庆历新政的研究著作和论文目录。

第六、成立范仲淹研究会，不定期召开学术讨论会，出版研究通讯和研究集刊。

（本文刊载于《苏州大学学报》"纪念范仲淹诞生一千周年学术讨论会论文专辑"，1990 年。后又刊载于台北《大陆杂志》81 卷第 4 期，1990 年。又刊载于《范仲淹研究论文集》，苏州大学出版社 1995 年版）

---

① 刘乾:《燕石居藏书散记》，《文物》1985 年第 4 期。

宋代官民的称谓

宋代官员和百姓的称谓，随着社会生活的发展，与前代有很多的不同。宋徽宗政和（1111—1118年）年间，苏轼的次子苏过（字叔党）来到汴京（治今河南开封市），他见倡妓被称为"录事"，情不自禁地叹息道："今世一切变古，唐以来旧语尽废，此犹存唐旧为可喜。"简直有些喜出望外①。当然，不是一切旧称谓都废而不用，而是出现了许多新的称谓，或者利用旧称谓而给予新的内容。宋代的各种称谓，按其性质可分为尊称、卑称、通称、美称、恶称、谬称等六种。本文将叙述各行业的通用称谓，亲属间的称谓，士大夫和妇女的行第、名讳等。

一、各行业的通用称谓

宋代各行业的人们彼此间通用的称谓很多。首先是皇帝和皇后、嫔妃、公主、驸马、宗室等的称谓。宋代官员和百姓都尊称皇帝为"官家"。赵彦卫《云麓漫钞》卷3记载："蔡邕《独断》，汉百户小吏称天子曰'大家'，晋曰'天'，唐人多曰'天家'，又云'官'。今人曰'官家'，禁中又相语曰'官里'。官家之义，盖取'五帝官天下，三王家天下。'"有人说过：宋仁宗"百事不会，只会做官家。"②官员又经常称皇帝为

---

①　陆游：《老学庵笔记》卷6。
②　施彦执：《北窗炙輠》卷上。

"上"①。宋孝宗时，高宗做太上皇，孝宗有时陪伴高宗游赏。如一起至聚景园，"太上、太后并乘步辇，官里乘马，遍游园中"。又有一次，"太上云：'传语官家，备见圣孝，但频频出去，不惟费用，又且劳动多少人。……'……自此官里知太上圣意不欲频出劳人"②。在宫中，嫔妃们也称皇帝为"大家"。有一次，宋仁宗从御苑回宫，吩咐嫔妃们说："渴甚，可速进熟水。"嫔妃送上开水，问仁宗："大家何不外面取水而致久渴耶？"③太尉、西平王李筠之女嫁给崔枢，崔枢之父患病，李女告诉其父说："大家昨夜小不安，适使人往候。"李筠答道："汝为人妇，岂有阿家体不安，不检校汤药……"④说明王室中媳妇也称公公为"大家"或"阿家"。宫中称皇后为"圣人"，称嫔妃为"娘子"⑤。宋代还称皇帝的女儿为"公主"，皇帝的妹妹为"长公主"，皇帝的姑母为"大长公主"。宋徽宗时，一度改称"帝姬"，不久复旧⑥。有时皇太后可以称公主为"主主"，看来是一种亲热的称谓。官员们称大长公主为"大主"⑦。俗称驸马为"国婿"、"粉侯"。王师约当了驸马，人们因称其父王尧臣为"粉父"。文及甫写信给邢恕，也称驸马韩嘉彦之兄忠彦为"粉昆"⑧。宗室之女封为郡主者，其夫称为"郡马"；封为县主者，其夫称为"县马"。亲王南班的女婿，号称"西官"，又称"裙带头官"⑨。

　　其次是官员的通用称谓。皇帝可称臣僚为"卿"，但臣僚不敢自相称呼为"卿"⑩。官员们对上级或同级官员自称"下官"⑪，是一种谦称。但称呼别人，常常过称官名，实际是互相吹捧。宋仁宗初年，曾经发现

---

①　高承：《事物纪原》卷1《呼上》。
②　周密：《武林旧事》卷7。
③　魏泰：《东轩笔录》卷11。
④　彭乘：《墨客挥犀·崔刑部夫人》。
⑤　蔡絛：《铁围山丛谈》卷1。
⑥　吴曾：《能改斋漫录》卷12《公主称》。
⑦　钱世昭：《钱氏私志·董夫人》。
⑧　（清）梁章钜：《称谓录》卷11。
⑨　赵昇：《朝野类要》卷3《入仕》。
⑩　王观国：《学林》卷5《朕》。
⑪　高承：《事物纪原》卷2《下官》。

文、武官员过称官名,"妄相尊"。如任节度使和观察使者,检校官不到太傅,就允许别人称自己为"太傅";诸司使允许别人称自己为"司徒",等等。当时朝廷特地制定专法加以禁止,但收效甚微,撤销禁令后,"其风愈炽,不容整革矣"①。有些官员的寄禄官只是朝议大夫(正六品),却擅自让人称己为"中大夫"(正五品),提高了整整三阶。甚至知州以上的官员都乱称"中大夫"或"通奉大夫"(从三品)②。百姓们通称现任官员为"官人"。宋真宗曾经率领百官和卫兵队伍过泰山脚下,数万村民围观,道路为之堵塞,队伍不能行进。真宗问左右怎么办,有人献策说:"村民所畏者尉曹也,俾弹压之。"立即下令召来。一会儿,一名身穿绿衣的青年官员跃马疾驰而来,村民们大呼:"官人来矣!"纷纷走逃而散。真宗笑道:"我不是官人邪?"③官员守选或待缺期间,如不回故里,而寄居外乡,在当地被称为"寓公"④。

　　第三、富室的通用称谓。宋代称宰相之子为"东阁"。其实,东阁最初是宰相招延宾客的场所,与宰相之子不相干。后来把"郎君"加在东阁之下,表示宰相之子。到宋代,直接以宰相之子为东阁⑤。权贵的子弟又可称为"衙内"。宋太宗时,河南府洛阳有"十衙内",他们是一些节度使在军队中充当牙校的十名子弟⑥。达官显宦家的子弟还可称为"舍人",得名于武官的官称"阁门宣赞舍人"。各地富人在社会上普遍被尊称为"员外"。南宋末年人方回指出,北宋时汴京"富人皆称员外","员外"得名于尚书省各部的员外郎,为长官的副手。追溯到宋以前,"员外"乃指宋代的"添差"即超编官员⑦。如果富人的年龄较轻,则人称"小员外"⑧。有些富人被称为"承务"或"郎"。宋高宗时扬州人

①　洪迈:《容斋三笔》卷5《过称官名》。
②　赵彦卫:《云麓漫钞》卷4。
③　王明清:《挥麈后录》卷5《村人所畏者尉曹》。
④　萧参:《希通录》。
⑤　戴埴:《鼠璞·东阁》。
⑥　《续资治通鉴长编》卷18。
⑦　方回:《续古今考》卷10《附秦汉九卿考》。
⑧　洪迈:《夷坚甲志》卷4《吴小员外》。

胡十,"其家颇足,故有承务之称"①。得名于文官的官阶之一"承务郎"（京官的最低阶）。宋孝宗时,湖州市民许六,原以售饼为生,被称为"许糖饼"。后来"家业渐进,遂有'六郎'之称"②。南剑州尤溪县酒户璩小十,"沽道颇振",被称"十郎"③。"郎"得名于宋代中下级文武官员的寄禄官通称,具体如迪功郎、承信郎。广州民间还称拥有铜鼓者为"都老",原来当地人称呼所尊敬者为"倒老",而后讹化为"都老"④。

第四、巫医、倡妓、工匠、军人等的通用称谓。宋代市井的巫师、医人、祝卜、技艺之流,无不自称为"助教"⑤。助教是各类官学的低等学官;同时,又是州衙所属一种最低级的官员,没有职掌,皇帝有时以此授给士人,有时用以安置犯过失的官员,更多的是富人们通过向官府纳粟来买得这一头衔。所以,三教九流都可称为"助教"。北方称卜相之士为"巡官",得名于巡游四方卖术。宋代还开始称医人为"大夫"或"郎中",《清明上河图》绘有汴京"某某大夫"行医售药的药铺。饶州波阳医人赵珪,"人称为赵三郎中"⑥。汴京迁临安医家张二大夫,后在吉州开药店⑦。朝廷太医局设有医师、针师、按摩师、咒禁师,各"师"之上都有"博士"负责教导,之下又设工、生等。"医生"是对各级医学中学生的称呼。太医局的学生也可称为"局生";见习学生称为"习医生"或"习学医生","习医生"经过考试合格,则可升为"局生"⑧。当时北方民间又常常称医人为"衙推"⑨。各行业工匠,开始被人们称为"司务"⑩。木匠称为"手民"或"手货"⑪。在饭馆酒肆内,卖下酒食品的厨

---

① 《夷坚支戊》卷6《胡十承务》。

② 《夷坚支景》卷5《许六郎》。

③ 《夷坚三志己》卷2《璩小十家怪》。

④ 《永乐大典》卷11907《广字·广州府三》。

⑤ 曾敏行:《独醒杂志》卷2。

⑥ 《夷坚三志辛》卷9《赵珪妻》。

⑦ 《夷坚支乙》卷7《张二大夫》。

⑧ 《宋会要辑稿》职官22之42—43。

⑨ 《老学庵笔记》卷2。

⑩ 《日知录》卷24《郎中待诏》。

⑪ 陶穀:《清异录》卷上。

子,叫"茶饭量酒博士",或称"量酒博士"。店内的年轻后生,称为"大伯"。在厨内掌勺的厨师,是"当局者"称"铛头"。在两廊负责向客人端菜者,称"行菜"①。女厨师被称为"厨娘"②。临时到店内向食客唱喏,为之办事,像"买物命妓,取送钱物",称为"闲汉"。在客人桌前换汤、斟酒、歌唱,或送上水果、香药,等客人离去时索取赏钱,称"厮波"③。专门替人"拂拭头面"而有"缴鼻"、"缴耳"和"缴面之末技"的理发修脸匠,称为"剃剪工"、"剃工"、"刀镊家儿",妇女当理发修脸匠则称为"刀镊妇"④。汴京百姓鄙称军人为"赤老"⑤,因为北宋时士兵都穿红色的军装。妓女称为"录事"或"酒纠"⑥。汴京相国寺南有"录事项(巷)妓馆"⑦。妓院中姿色出众、地位最高者称为"上厅行首"或"行首"⑧。人们还称收生婆为"助产"⑨、"老娘"⑩。宫中后妃怀孕将满七月,命本阁"踏逐(按即物色、挑选之意)老娘、伴人"⑪。这种称呼,江浙有些地区沿袭至今。船上的篙师称为"长年"或"长老"⑫。穷书生在村中教学,或者士人应举专攻学究科,人们称之为"某某学究"⑬。范仲淹少年时便被人称为"朱学究"。

第五,仆隶的通用称谓。江西和江东俗称受雇的佣工为"客作儿",此词早在三国时已经出现,但宋代更为普遍使用,且成为一个骂人的词语⑭。宋朝官员们称自己的家仆为"院子"⑮,称主管自家杂事

① 孟元老:《东京梦华录》卷4《食店》。
② 吴自牧:《梦粱录》卷19《顾觅人力》。
③ 《东京梦华录》卷2《饮食果子》;《梦粱录》卷16《分茶酒店》。
④ 《名公书判清明集》卷14《惩恶门·卖卦人打刀镊妇》;耐得翁:《都城纪胜·闲人》。
⑤ 江休复:《江邻几杂志》。
⑥ 《老学庵笔记》卷2、卷6。
⑦ 《东京梦华录》卷3《寺东门街巷》。
⑧ 《梦粱录》卷2《诸库迎煮》。
⑨ 袁褧:《枫窗小牍》卷下。
⑩ 《朱子语类》卷138《杂类》。
⑪ 周密:《武林旧事》卷8《宫中诞育仪例略》。
⑫ 戴埴:《鼠璞·篙师》。
⑬ 王铚:《默记》卷上。
⑭ 《能改斋漫录》卷2《俗骂客作》。
⑮ 谢采伯:《密斋笔记》卷4。

的仆人为"内知"①或"宅老"。张知白（谥文节）不纳年轻美貌的婢女为妾，"遽召宅老，呼二婢之夫兄，对之折券"②。吴楚地区的主人称自家年轻的女使为"丫头"③。京城富人购买婢女，其中从未进入人家者被称为"一生人"，主人喜欢她们"多淳谨也"④。一般人称未婚的女婢为"妮"、"小妮子"、"小环"。梅尧臣《宛陵先生集》卷53《听文都知吹箫》诗有"欲买小环以教之"之句。仆隶们往往彼此互称官名，比当官的主人的官阶还要高许多。如宋神宗时大臣文彦博说过："某生平作官，赴家仆不止。"文彦博发现自己刚当侍从官时，家仆们已经自称为"仆射"；刚当宰相，家仆们又先升等称"司徒"了。曾慥因之说："近年贵人仆隶，以仆射、司徒为卑小，则称'保义'，或称'大夫'也。"⑤"保义"即保义郎，为武官的一阶，原称右班殿直；"大夫"指武官的官阶武翼大夫以上。两浙地区还称富人家年幼的奴仆为"将军"⑥。奴仆一般称男、女主人为"郎君"和"娘"⑦或"小娘子"⑧，这些"郎君"或"小娘子"应该是年纪比较轻的。年纪较大的仆隶在主人前，自称"老奴"⑨。

二、亲属间的通用称谓

宋代亲属之间的称谓，因传统习惯的不同而有所区别，但也有一些各地通用的称谓。这些称谓包括晚辈称呼长辈，同辈之间的称谓等。

第一，子女对父母的通用称谓。古代子女称父亲为"大人"或"家

---

① 《东轩笔录》卷2。
② 赵善璙：《自警篇·嗜好》。
③ 王洋：《东牟集》卷6《弋阳道中题丫头岩》。
④ 《老学庵笔记》卷6。
⑤ 曾慥：《高斋漫录》。
⑥ 《容斋随笔》卷7《将军官称》。
⑦ 《淳熙三山志》卷40《岁时·序拜》。
⑧ 吕希哲：《吕氏杂说》卷上。
⑨ 沈俶：《谐史·戴献可仆》。

府"、"家君"、"家父",称母亲为"因母"或"家夫人"①。到宋代,子女普遍称父亲为"爹"或"爹爹",称亲生父亲为"嫡父"②;称母亲为"妈"或"妈妈"③,称亲生母亲为"嫡母"④。庄绰认为,这种称呼是"举世皆然"⑤。不过,也有一些地区的子女称父亲为"爷"或"爷爷"⑥,称母亲为"娘娘"的。如高宗初,东京留守宗泽威名日著,金人既敬重又害怕,尊称为"宗爷爷"⑦。又如宋仁宗称真宗刘皇后为"大娘娘",称真宗杨淑妃为"小娘娘"⑧。宋徽宗也称杜太后为"娘娘"。蔡绦指出,徽宗"至谓母后亦同臣庶家,曰'娘娘'"⑨。江州(治今江西九江市)农村中称父亲为"大老"⑩。福建人称父亲为"郎罢"或"郎伯"⑪。黄庭坚《送少章从翰林苏公余杭》诗云:"但使新年胜故年,即如常在郎罢前。"⑫陕西一带"俚俗",子女称父亲为"老子",即使年仅十七八,只要生子,也用此称。所以,西夏人称范仲淹和范雍为"小范老子"和"大范老子",是尊崇他们为父的缘故⑬。有些地区的子女称父亲之妾为"少母"或"支婆"。陆游:《家世旧闻》载有"杜支婆"者,注云:"先世以来,庶母皆称支婆。"还有一些地区,做儿子的在众人面前,称自己父亲为"老儿",死后称为"先子","习以为常,不怪也"⑭。

　　第二、长辈对儿女辈的称呼。福建人称儿子为"团"(音检)⑮,陆游

---

①　任广:《书叙指南》卷3《父母奉养》。

②④　张舜民:《画墁录》

③　《夷坚志补》卷21《鬼太保》。

⑤　《鸡肋编》卷上。

⑥　程大昌:《演繁露》卷4《父之称呼》。

⑦　《宋史·宗泽传》。

⑧　苏辙:《龙川别志》卷上。

⑨　《铁围山丛谈》卷1。

⑩　赵令畤:《侯鲭录》卷8。

⑪　吴处厚:《青箱杂记》卷6。

⑫　《豫章黄先生文集》卷4。

⑬　《老学庵笔记》卷1。

⑭　《云麓漫钞》卷3。

⑮　《青箱杂记》卷6。

有"阿囡略知郎罢老"的诗句。各地习惯称非自己亲生之子为"螟蛉"①。称遗腹子为"别宅子"，法律规定："诸别宅之子，其父死而无证据者，官司不许受理。"②称过继与本族本房人为子者为"过房儿子"或"养子"③、"义子"④、"继子"⑤。出继给他人为子者，称"出继子"⑥。一般民户称人家的在室女（处女）为"小娘子"⑦。宋代"小姐"一般是对散乐路歧人和妓妾等地位低微的女性的称呼。孝宗时，蕲春人傅九"与散乐林小姐绸缪"，因家长阻拦，双双自尽⑧。钱惟演《玉堂逢辰录》载荣王宫起火，系"掌茶酒宫人韩小姐"放火所致。只在区别人家的长女和次女时，才称长女为"大姐"，称次女为"小姐"⑨。

第三、子孙对祖父母和外祖父母的通用称谓。子孙一般称祖父为"翁"、"翁翁"、"耶耶"、"祖公"或"太公"，称祖母为"婆"、"婆婆"、"娘娘"、"祖婆"、"太母"或"太婆"⑩。福建建安人叶德孚对其祖母说："告婆婆，当以钱奉还……"⑪北宋末，燕山府永清县有一石幢，上刻"亡耶耶王安、娘娘刘氏……"⑫孔平仲撰《代小子广孙寄翁翁》诗云："太婆八十五，寝膳近何似？"四川民间尊称长者为"波"，因而对祖父或外祖父也都称"波"⑬。一般外孙称外祖父母之家为"外家"，称外祖父母为"外翁"和"外婆"⑭。有的地区也称外祖父为"外大父"，如朱熹即撰有《外大父祝公遗事》⑮。

---

①　王楙：《野客丛书》卷15《螟蛉》。
②　《名公书判清明集》卷8《户婚门·别宅子·无证据》。
③　《名公书判清明集》卷8《遗嘱·女合承分》。
④⑤　《名公书判清明集》卷8《义子·背母无状》。
⑥　《名公书判清明集》卷7《户婚门·归宗·出继子不肖勒令归宗》。
⑦　《夷坚三志》卷2《许家女郎》。
⑧　《夷坚三志》己卷4《傅九、林小姐》。
⑨　《永乐大典》卷13136《梦字·梦亡夫置宅》。
⑩　阮元：《两浙金石志》卷13《宋修六和塔砖记》。
⑪　《夷坚丁志》卷6《叶德孚》。
⑫　钱大昕：《十驾斋养新录》卷15《永清县宋石幢》。
⑬　范成大：《吴船录》卷上。
⑭　《夷坚丁志》卷5《陈通判女》。
⑮　载《朱文公文集》卷98。

第四、女婿与岳父母之间、女婿与女婿之间、媳妇与公婆之间等通用称谓。宋代女婿普遍称岳父为"丈人",称岳母为"丈母"①。也有称岳父为"冰叟"或"冰翁"。苏轼《次韵王郎见庆生日并寄茶》诗云:"竭从冰叟来游宦,肯伴臞仙亦号儒。"②张世南称其兄的岳父为"冰翁"③。王琪《续纂》说,"左科"即差错之一为"丈母牙痛,灸女婿脚跟"④。有些地区女婿称岳父为"泰山",称岳母为"泰水"⑤。当时人们尊称他人的岳父为"令岳",称他人妻子的伯父和叔父为"列岳"⑥。至于岳父母,也可雅称女婿为"娇客"、"东床"、"坦床"或"郎"。黄庭坚《次韵子瞻和王子立风雨败书屋有感》诗云:"妇翁不可挝,王郎非娇客。"此处"娇客"王子立,是苏辙之婿。⑦陆游也记载秦桧有十客,以爱婿吴益为"娇客"⑧。江休复《嘉祐杂志》载,外戚曹佾太尉是仁宗曹皇后之弟、大臣张耆的"坦床"。蔡襄称自己的女婿谢仲规为"谢郎"⑨。两广地区的岳父母直称女婿为"驸马",这是"中州所不敢言"者⑩。

前夫死后,续招一夫进家,世称后夫为"接脚婿"。宋理宗时,太学生林乔由徐元杰的家属"为伐柯一村豪家,为接脚婿"⑪。宋朝法律允许接脚夫的存在,"盖为夫亡子幼,无人主家设也"⑫。有些人家无子,唯恐世代从此断绝,不肯出嫁其女,于是招婿以补其世代,称为"补代"。民间讹传赘婿为"布袋",有人望文生义,以为当了赘婿,"如入布袋,气不得出",故名。有人入赘岳父家,号"季布袋"⑬。江西一带称赘

---

① 《夷坚三志》壬卷 10《解七五姐》。
② 《东坡集》前集 13。
③ 《游宦纪闻》卷 6。
④ 《说郛》卷 5。
⑤ 晁说之:《晁氏客语》。
⑥ 谢维新:《古今合璧事类备要》前集卷 29《外亲属门》。
⑦ 《豫章黄先生文集》卷 4。
⑧ 《老学庵笔记》卷 3。
⑨ 岳珂:《宝真斋法书赞》卷 9《蔡忠惠家书帖》。
⑩ 庄绰:《鸡肋编》卷下。
⑪ 周密:《癸辛杂识》别集卷上《林乔》。
⑫ 《名公书判清明集》卷 9《户婚门·违法交易·已出嫁母卖其子物业》。
⑬ 朱翌:《猗觉寮杂记》卷上。

婿为"入舍女婿"①。

女婿和女婿之间的称呼。大女婿称为"大姨夫",小女婿称为"小姨夫"。欧阳修与王拱辰同为薛奎的女婿,欧阳修先娶薛奎的长女,王拱辰娶其次女;后来,欧阳修再娶其第三女,所以欧阳修有"旧女婿为新女婿,大姨夫作小姨夫"的诗句②。人们还称同门女婿为"连襟"、"连袂"、"连袂"或"僚婿"、"友婿"。马永卿《嬾真子》卷2《亚婿》说,江东人称为"僚婿",江北人称为"连袂"、"连襟"。吴曾记载,范仲淹和郑戬"皆自小官、布衣选配,为连袂"③。

媳妇一般称公公为"舅"或"阿翁",称婆婆为"姑"或"阿姑"、"阿婆"。屠夫张小二之妻说:"分一半与阿翁食矣"。④一位女子敲他人之门说:"为阿姑谴怒,逐使归父母家。"⑤两广、浙西苏州一带民间还称公公为"官",称婆婆为"家"⑥。公、婆普遍称儿子的妻子为"媳"或"新妇"。刘跂《学易集·穆府君墓志》说:"女嫁唐诵,我姑之媳。"

第五、兄弟姊妹之间的通用称谓。世俗都称兄长为"哥"或"哥哥",庄绰说这一称呼"举世皆然"⑦。周密《齐东野语·优语》记载,"其旁者云:'他虽做贼,且看他哥哥面。'"陆九龄称其兄陆九渊为"大哥"。《颍川语小》也记载:"哥,今以配姐字,为兄弟之称。"世俗又称姊为"姐"或"姐姐",吴曾说:"近世多以女兄为姐,盖尊之也。"⑧弟、妹还称兄之妻为"嫂嫂"⑨。

第六、夫妻之间的通用称谓。宋代世俗,丈夫可称妻子为"老婆"或"浑家"、"老伴"。唐代已有老婆一词,但不指妻子,与一般人所说的

---

① 《夷坚三志》壬卷6《隗伯山》。
② 《古今合璧事类备要》前集卷60《婚礼门》。
③ 《能改斋漫录》卷18《李氏之门女多贵》。
④ 《夷坚甲志》卷7《张屠父》。
⑤ 《夷坚乙志》卷7《毕令女》。
⑥ 《野客丛书》卷12《称翁姑为官家》;《鸡肋编》卷下。
⑦ 《鸡肋编》卷上。
⑧ 《能改斋漫录》卷2《妇女称姐》。
⑨ 《宝真斋法书赞》卷18《陈忠肃书简帖》。

老妇相同。寒山子诗云："东家一老婆,富来三五年。"《太平广纪》引《王氏见闻》,枢密使宋光嗣不留胡须,自愧说:"吾无须,岂老婆耶?"后遂蓄须。说明这时的"老婆"一词没有妻子之意。到宋代,"老婆"成为表示妻子的主要俗语。临安府的卖卦人,在街市边走边叫:"时运来时,买庄田,取(娶)老婆。"①借此招徕顾客。《京本通俗小说·西山一窟鬼》描写:"王七三官人口里不说,肚里思量:吴教授新娶一个老婆在家不多时。"有时,老年妇女也可自称"老婆"。如长兴霍秀才之母对官员说:"此老婆之子霍某,儿女尚幼……"②"浑家"一词宋时也较多使用。尤袤《淮民谣》诗云:"驱东复驱西,弃却锄与犁。无钱买刀剑,典尽浑家衣。"③《京本通俗小说·碾玉观音》描写:"崔宁到家中,没情没绪,走进房中,只见浑家坐在床上。"同时,沿用唐人习俗,"浑家"有时当作"全家"之意使用。如有人赋诗云:"深夜一炉火,浑家团圆坐,煨得芋头熟,天子不如我。"④夫妻年老后,丈夫可称妻子为"老伴"。姜特立《老伴》诗云:"老人须老伴,旧事可重论。今古不同调,后生难与言。"⑤从宋初到徽宗政和二年(1112年),升朝官的妻子从上到下可获国夫人、郡夫人、郡君、县君四级封号,其母亲的封号则皆相应加上"太"字。政和三年起,升朝官的妻、母的封号,从上到下改为夫人、淑人、硕人、令人、恭人、宜人、安人、孺人共八等⑥。人们包括丈夫也可用这些封号来称受封的妇女。如罗晏与一僧坐谈,罗"忽起曰:'房令人来。'僧惊问何在"⑦。又如全州司户参军单飞英准备娶邢春娘为妻,全州知州对春娘说:"汝今为县君矣,何以报我?"另一通判对知州说,此女"今是司户孺人,君子进退当以礼"⑧。"县君"和"孺人"在宋代民间

---

① 《梦粱录》卷13《夜市》。
② 《夷坚三志》壬卷9《霍秀才归上》。
③ 《梁溪遗稿》补遗《淮民谣》。
④ 林洪:《山家清供》。
⑤ 《梅山续稿》卷13。
⑥ 袁褧:《枫窗小牍》卷上。
⑦ 《夷坚丙志》卷2《罗赤脚》。
⑧ 王明清:《摭青杂说》,载《说郛》卷37。

似乎成了官太太的同义词。丈夫对小妻的称呼，常因地而异。西北人称为"祇候人"或"左右人"，两浙人称为"贴身"或"横床"，江西和江东人称为"横门"①。

妇女常称丈夫为"郎"。宋高宗时，探花陈修，年六十三，娶妻施氏年方二十三，有人戏为诗："新人若问郎年几，四十年前二十三。"②还常尊称成年男子为"郎君"，请安时含笑迎揖道："郎君万福。"③

第七，其他亲戚的称谓。宋代人们称父亲的哥哥为"伯伯"，称父亲的弟弟为"叔叔"；父亲的弟妻即叔母为"婶"，"婶"字是"世母字二合呼也"④。富弼在家信中说："伏惟大叔、大婶尊体起居万福……弼再拜，大叔秘监、大婶郡君坐前。"⑤又称父亲的堂哥为"堂伯伯"⑥，称父亲的姊妹为"姑姑"，称姑姑的丈夫为"姑夫"。吕本中在信中写道："本中再拜……徽猷侍讲姑夫、淑人四十七姑座前。"⑦还称母亲的兄弟为"舅父"，称舅父之妻为"舅母"或"妗"。张耒《明道杂志》指出："经传中无……妗字，妗字乃舅母字二合呼也。"邵鬷的家信中写道："三十一舅、三十一妗县君到乡，事少间，即常到省见外婆及诸妗也，间恐知之。"⑧称母亲的姊妹为"姨"或"姨姨"，称姨的丈夫为"姨夫"。宗泽在家书中说："暑热计时奉姨姨太孺人安佳。"⑨人们又称妻子的兄弟为"舅"或"舅子"，这是依随其子女的称谓。岳州百姓邹曾九，娶甘氏为妻，甘氏之兄叫甘百九。邹曾九说："叵耐百九舅，更无兄弟之情。"⑩青州人韦高娶杨三娘子为妻，后来遇到杨签判宅的"二承务"，"视之，乃舅子也"⑪。

---

① 《鸡肋编》卷下。
② （明）田汝成：《西湖游览志·余志》卷2《帝王都会》。
③ 《夷坚支乙》卷4《衢州少妇》。
④ 张耒：《明道杂志》。
⑤ 《宝真斋法书赞》卷10《富文忠出身帖》。
⑥ 《东轩笔录》卷15。
⑦ 《宝真斋法书赞》卷25《吕居仁瞻仰、收召二帖》。
⑧ 《宝真斋法书赞》卷21《邵仲恭展晤、省见二帖》。
⑨ 《宝真斋法书赞》卷22《宗忠简留守司二札，家书、吾友三帖》。
⑩ 《夷坚三志》壬卷10《邹九妻甘氏》。
⑪ 《夷坚志补》卷10《杨三娘子》。

称妻子的姊妹为"姨",常与对母亲的姊妹的称呼相混①。

女方称丈夫的兄妻为"母母"。吕祖谦《紫微杂记》载:"吕氏母母受婶房婢拜,婶见母母房婢拜,即答。"②南宋临安习俗,小孩满月剃掉胎发后,家长抱着小孩遍谢宾客,"及抱入姆婶房中,谓之'移窠'"。③"母母"或"姆姆"都是弟妻对嫂子的称呼。

婚姻之家互称"亲家",双方的男长辈称为"亲家公"④或"亲家兄",女长辈称为"亲家母",这是承袭了唐代的习俗⑤。黄庭坚在信中写道:"庭坚顿首,上伯时亲家兄。"⑥薛绍彭在信中也写道:"绍彭再拜,县君亲家母妆阁。"⑦

三、士大夫之间的通用称谓

宋代士大夫私交,常以"丈"字相称。在现存的宋代史籍中,士大夫之间往来的书信,往往互相称为"丈"。朱弁说:"近岁之俗,不问行辈年齿,泛相称必曰'丈'。不知起自何人,而举世从之。至侪类相狎,则又冠以其姓,曰'某丈'、'某丈',乃反近于轻侮也。"⑧如有些文人称司马光为"司马十二丈"⑨,称苏轼为"东坡二丈"⑩,即是。苏辙在信中写道:"辙启……知军、大夫徐丈执事。"苏过也在信中写道:"过再启,窃承文登信至,丈丈尊候万福,欣慰何已。"⑪士大夫们普遍以别人称自己为"公",为敬重自己;反之,如别人称自己为"君",则认为"轻己"⑫。

---

① 吕希哲:《吕氏杂说》卷上。
② 引自《称谓录》卷7。
③ 《梦粱录》卷20《育子》。
④ 《野客丛书》卷29《续释常谈》。
⑤ 赵与时:《宾退录》卷5。
⑥ 《宝真斋法书赞》卷15《黄鲁直先王赐帖》。
⑦ 《宝真斋法书赞》卷13《薛道祖书简帖》。
⑧ 《曲洧旧闻》卷10。
⑨ 《续资治通鉴》卷79。
⑩ 黄庭坚《豫章黄先生文集》卷26。
⑪ 《宝真斋法书赞》卷12。
⑫ 王得臣:《麈史》卷中《体分》。

　　宋代人们还喜欢用行第相称。所谓行第，就是今天的排行。行第有多种排列方法。明人顾炎武说："兄弟二名而用其一字者，世谓之排行。如德宗、德文，义符、义真之类。起自晋末，汉人所未有也。"如起单名，即"以偏旁为排行"，这种办法与用"兄弟行次，称一为大"的做法，顾炎武说已"不知始自何时"①。宋代的宗室仍然"依行第连名"，规定不能使用单名，同一辈必须联同一个字如"士"字、"之"字之类②。这是所谓双名行第法，其中同一辈的名字中必须一字相同。另一种是单名行第法，名字必须同一偏旁。第三种是按出生次序排列的行第法。如宗室赵德文，是赵廷美第八个儿子，其兄三人早死，依照活着的五兄弟的顺序，他为老五，因此宋真宗戏呼他为"五秀才"，宋仁宗尊称他为"五相公"③。宋英宗的行第为十三，宋仁宗说："朕为十三，后为滔滔（按：英宗皇后的小字）主婚，使相嫁娶。"④又如黄庭坚称苏轼为"苏二"或"东坡二丈"。苏轼的正式排行为"九二"，所以其弟苏辙人称"九三郎"。苏轼曾经对苏辙说："九三郎，尔尚欲咀嚼耶？"⑤陈师道称秦观为"秦七"，秦观称陈师道为"陈三"，又称黄庭坚为"黄九"⑥。刘敞称欧阳修为"欧九"⑦。苏轼称李师中为"李六丈"⑧。宋徽宗对蔡京一家极为优遇，对蔡氏兄弟都"用家人礼，而以行次呼之"。徽宗称蔡卞为"蔡六"，称蔡仲兄为"十哥"，季兄为"十一"，称蔡絛为"十三"⑨。使用这种行第法时，往往将同胞兄弟和姐妹一起按照出生的先后顺序排列。如岳州妇女甘氏的行第是百十，而其哥名"甘百九"⑩。第四种行第法是前面用百、千、兆等中的一个字序辈，下一字则按出生次序排列行第。

---

①　《日知录集释》卷23《杂论·排行》。
②　《宋会要辑稿》帝系5之23。
③　《宋史》卷244《宗室一》。
④　赵与时：《宾退录》卷3。
⑤　《老学庵笔记》卷1。
⑥　杨伯嵒：《臆乘·行第》。
⑦　员兴宗：《九华集》卷20《跋刘原父文》。
⑧　吕颐浩：《忠穆集》卷8《燕魏杂记》。
⑨　《铁围山丛谈》卷2。
⑩　《夷坚三志》壬卷10《邹九妻甘氏》。

现存的《宝祐四年（1256年）登科录》，载有状元文天祥以下殿试中榜人名单，也记录了他们的行第。如文天祥为"第千一"（有弟一人，名天璧）、陈桂"第兆二"。其中王景俒"第小一"，有兄一人；傅一新"第大"，有弟一人。这种行第法较为复杂。宋代士大夫们以被人按行第称呼为荣。陆游说过："今吴人子弟稍长，便不欲人呼其小名，虽尊者亦行第呼之矣。"①这显然是唐代以来的一种新的风气。

　　然而，也有少数地区不习惯用行第相呼。如两广地区风俗，"相呼不以行第，唯以各人所生男女小名呼其父母"。如百姓韦超，其子叫韦首，人们称韦超为"父首"；韦遘之子叫韦满，人们称韦遘为"父满"；韦全之女名插娘，人们即称韦全"父插"②。

四、妇女的名讳

　　宋代普通的妇女不起正名，常常用姓氏加上一个"阿"字，便算她的正式名字。赵彦卫说："妇人无名，以姓加阿字。今天官府，妇人供状，皆云阿王、阿张。"③在平时，妇女只是按照自己的行第组成名字，称为"某某娘子"。如果是未婚的闺女，则称"某某小娘子"。吴自牧《梦粱录》记载，临安府女家在答复男家定亲的帖子上，开具新娘系本宅"第几位娘子"④。比如宋孝宗时一名妇女姓张，排行第三，人们称之为"张三娘"⑤。再如"史氏百九八娘"、"郑氏三十娘"、"张氏十一娘"、"孙四娘子"等⑥。这一类妇女的姓名，在有关文献中俯拾即是。像李清照、朱淑真等有正名和字、号的妇女，在宋代只是为数不多的中上级官员的家属而已。宋代妇女经常自称"妾"。如一名娼女对秦观说：

---

① 《老学庵笔记》卷5。
② 江少虞：《宋朝事实类苑》卷60《风俗杂志·岭南人相呼》。
③ 《云麓漫钞》卷10。
④ 《梦粱录》卷20《嫁娶》。
⑤ 《夷坚支景》卷8《张三娘》。
⑥ （清）阮元：《两浙金志石》卷11《宋资福寺铜钟铭》。

"妾僻陋在此……"①妇女又常常自称"奴"、"奴奴"或"奴家"。华岳《新市杂咏》十首之一云:"试问行云何处觅?画桥东畔是奴家。"②《鬼董》也记载,一名少女自称"奴奴小孩儿,都不理会得。"宋仁宗曾经想裁减宫女,一名掌梳头者告诉他:"若果行,请以奴奴为首。"③相传为天台官妓严蕊而实为唐仲友的表弟高宣教所撰《卜算子》词云:"去也终须去,住也如何住。若得山花插满头,莫问奴归处。"朱翌认为,"今则'奴'为妇人之美称。贵近之家,其女其妇,则又自称曰奴"。他指出:妇女"一例称奴,起于近代。"朱翌还记载,两广的女子都自称为"婢",男子自称"奴",与其他地区稍有不同。④清代学者钱大昕经过研究,发现妇人自称为"奴"是从宋代开始的⑤。这一现象反映,从唐代到宋代,妇女的社会地位在逐步降低。

(本文刊载于《上海师范大学学报》1990 年第 3 期)

---

① 《夷坚志补》卷 2《义倡传》。
② 《翠微南征录》卷 10。
③ 《曲洧旧闻》卷 1。
④ 《猗觉寮杂记》卷下。
⑤ 《十驾斋养新录》卷 19《妇女称奴》。